日本語表記の新地平

Nihongo Hyōki no Sintihei

漢字の未来・ローマ字の可能性

茅島 篤

編著

岩瀬 順一・岩淵 匡・木村 一郎・清水 正之・清水 康行・杉本つとむ
高取 由紀・竹端 瞭一・野村 雅昭・前田 均・松浦 明・宮島 達夫

著

くろしお出版

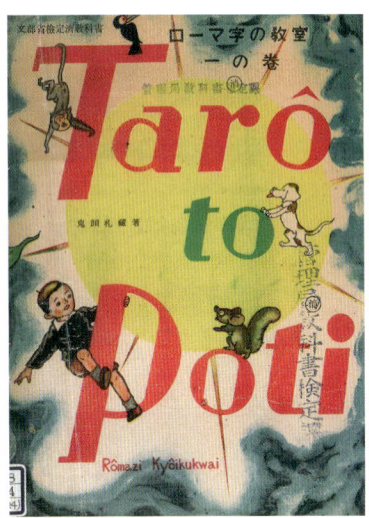

（上左）文部省著作発行の小学生用ローマ字教科書『TARŌ SAN』（昭和23年）。（上右）民間初期の文部省検定済小学生用ローマ字教科書『Tarô to Poti』（昭和23年，ローマ字教育会，いずれも公益財団法人教科書研究センター附属図書館蔵）。（下）小学校4年生用文部省検定済教科書『Kokugo Rômazi』（昭和29年，日本書籍）。小学校は昭和36年，中学校は昭和37年までの間，ローマ字単独の教科書が発行されていた。

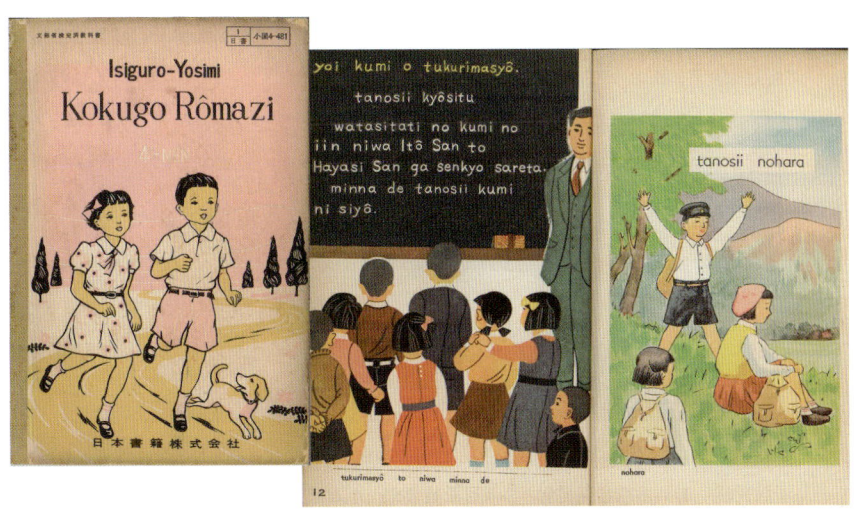

明六社雑誌第一号
洋字ヲ以テ国語ヲ書スルノ論

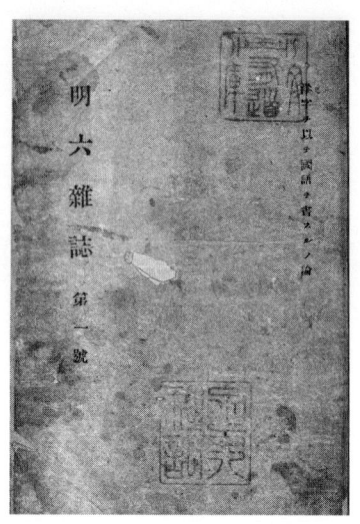

明治時代の啓蒙書『明六雑誌』創刊号の表紙と，その巻頭を飾った西周の「洋字ヲ以テ國語ヲ書スルノ論」(明治7(1874)年，早稲田大学中央図書館蔵)。

早稲田ローマ字会のお話し会(昭和13年頃)。前列右から3人目鈴木和一，4人目田中館愛橘，前列左端松下秀男，2人目永雄節郎，4人目土岐善麿，後列右から4人目岡野篤信，左端鹿沼忠義の各氏(本書登場人物のみ)。

目　次

序 iii
各部の要旨 ix

第 1 部　日本語表記の可能性

1. 江戸時代　東西比較文化の論 .... 杉本　つとむ　2
2. 漢字文化圏から漢語文化圏へ .... 宮島　達夫　19
3. 平成 22 年告示　常用漢字表考──字種「俺」を通して見た問題点──
　　.. 岩淵　匡　34
4. ローマ字日本語の可能性 .... 竹端　瞭一　49

第 2 部　国語教育とローマ字

1. 義務教育への国語ローマ字教育の導入──回顧と展望── ...... 茅島　篤　71
2. ローマ字実験学級──占領軍の目に映った日本の言語改革── 高取　由紀　91
3. 漢字とローマ字 .... 清水　正之　104
4. 分かち書き「いま」と「むかし」──田中館愛橘，田丸卓郎，寺田寅彦を読む──
　　.. 岩瀬　順一　119

第 3 部　日本語改革のゆくえ

1. 上田万年と明治の文字政策 .... 清水　康行　141
2. 田中館愛橘とローマ字 .... 松浦　明　155
3. 第二次大戦下のローマ字運動と石森延男の戦時下の作品 .. 前田　均　167
4. 占領下の国語改革をめぐる言説──国字改革に関する誤解を中心に──
　　.. 茅島　篤　180
5. それでも漢字はなくなる .... 野村　雅昭　200

年表・資料編

ローマ字年表 .... 木村　一郎，竹端　瞭一，茅島　篤　217

資料 297
　（Ⅰ）内閣訓令第三號「國語ノローマ字綴方統一ノ件」（昭和12年）....... 297
　（Ⅱ）文部省発表「ローマ字文の書き方」（昭和22年）........................ 298
　（Ⅲ）内閣告示第一号「ローマ字のつづり方」（昭和29年）.................. 301
　　　　内閣訓令第一号「ローマ字のつづり方の実施について」（昭和29年）303
　（Ⅳ）国際規格　ISO3602（平成1年）... 303
　解説 .... 茅島　篤　306

編著者・執筆者紹介 310

序

　言葉としての日本語はやさしいが，日本語を表記する文字は世界でもっとも多様かつ複雑である。日本文化の豊穣か宿痾(しゅくあ)か。文字をもたなかった日本語は外国の文字である漢字を使って表記された。そしてかな発明後は漢字(真名・本字)とかな(仮名)を組み合わせる漢字かな交じり文を定着させた。漢字かな交じり文化はわが国が誇れるものである。同時に漢字を使うかぎり厳密な意味での正書法(正字法)の確立は困難であり，その習得には永年の努力を要する。読み方ひとつとっても，多いものでは「生」という漢字の読み方は中国語ではひとつだが日本語では80以上の読み方がある。その漢字は，昭和21年の「当用漢字表」(1850字に制限，音訓計3122)から見直しを経て，平成22年の「改定常用漢字表」(2136字，音訓計4388)と増えている。

　ひるがえって，現状の一面を観れば，グローバル化(地球一体化)と高度情報化がますます進展するなか，英語が社会に浸透してきており，この流れは止められない。かつて平成12年1月に，小渕恵三首相の私的諮問機関「21世紀日本の構想懇談会」(座長：河合隼雄・国際日本文化研究センター長)が英語第二公用語論の考えを公表したことがあった。このときは突飛に聞こえたかもしれないが，今日，企業における外国人の採用は増えており，会議では英語が公用語といった話は決して珍しくない。英語が世界言語へと普遍語化していくなか，就職活動の大学生のエントリーから昇進，希望する職種に就くにも実用英語力が求められるようになった。

　日本語は表記が難しすぎるために，日本と日本語に関心をもつ非母語者からさえ敬遠する人がでてこないともかぎらない。国際語としての日本語という観点からは，日本語を学ぶソトの視点から見た日本語の表記問題からも学び，漢字・漢語問題，ことば直しなどに取り組む必要があろう。

　周知のように，日本語は，漢字かな交じり文のほか，ローマ字(アルファベット)26文字，つまり，かな(カタカナ・ひらがな)の約5分の1の文字で表記することができる。第一段階としてこの層の日本語使用人口が増えれば，世界でも

貴重な日本語という文化資源の保護になろう。学習者のニーズ，求めるレベルは多様である。漢字かな交じり文を第一表記とすれば，第二表記として日本語ローマ字文が活用されてよい。ローマ字表記も日本語愛護につながる。

　表記改革にはさまざまな考え方がある。このたび13名の執筆者で『日本語表記の新地平──漢字の未来・ローマ字の可能性──』という題名のもと，日本語の表記問題を世に問いかけることにした。

　近代黎明期以降，漢文・漢字への対策としてはじまった国語国字問題は，古くて新しい今日的テーマである。抜本的解決策と言われたローマ字専用とかな専用はそのつづり方問題に明け暮れた。折衷文化を享受する大方の日本人にとって，この表記問題の深層には日本漢字とかな交じりの魔力が宿っていよう。温故知新。これまでの改革遺産の意味を探究し，どう生かすか，日本語の将来を考えていただくきっかけとなればこれに過ぎる喜びはない。

　日本語表記問題には学際的なアプローチで研究がすすんでいる。同じ版元から，まもなく高名な学者山田尚勇氏の著作集『コンピュータ科学者が見た日本語』(仮題)が刊行される。

　以下，本書出版の経緯について触れ，次に各論文の要旨とローマ字年表の特徴を述べる。

出版の経緯

　「くろしお出版創業者 Okano Atunobu をしのぶ会」が平成23年7月16日，東京・新宿のホテルセンチュリーサザンタワーで開催された。

　会は第Ⅰ部と第Ⅱ部で構成された。第Ⅰ部は岡野篤信氏が戦前から深く関わり戦後の経営を支えた財団法人日本のローマ字社(NRS)との共催によるもので，NRSから木村一郎の「≪ローマ字≫を生きた男 Okano-Atunobu」，茅島篤の「岡野篤信とローマ字──早稲田ローマ字会と検定ローマ字教科書を中心に──」の講演が行われた。第Ⅱ部は，清水康行，土屋俊，松村一登，菊地康人の諸氏が，言語・文法・正書法などを巡り講演された(なお，NRSの歴史・概要については，本書所収の「ローマ字年表」を参照されたい)。

　本書はその第Ⅰ部の講演をきっかけに，岡野氏ご息女でくろしお出版社長さんどゆみこ氏のお勧めによって企画したものである。

序

岡野篤信とローマ字運動

　ここで少しく岡野篤信（以下，敬称略）の生涯をたどり，本書発行の経緯を敷衍(ふえん)したいと思う。

　岡野は大正5年12月12日生まれ，平成22年11月27日に不帰の客となった。93年と11ヶ月の生涯であった。

　岡野のローマ字運動とのかかわりは，岡野が国字問題に目覚めた早稲田大学高等学院時代の昭和10年に遡る。早稲田ローマ字会は岡野が生まれた大正5年に結成された。岡野は高等学院から文学部に進んだが，この間，早稲田ローマ字会（早稲田高等学院ローマ字会と早稲田大学ローマ字会）に所属し，昭和15年に卒業するまで積極的に活動した。

　早稲田には樋口勘治郎，巌谷季雄（小波），浮田和民らローマ字論者の教員，そしてOBの活動家には土岐善麿や川副佳一郎らがいた。国字ローマ字主張の代表格と言えば，首相を務めた大隈重信，文相を務めた高田早苗の両総長があった。高田の岳父で早稲田大学の前身の東京専門学校第2代校長であった前島密も後年はローマ字論者として活動した（拙稿「前島密と国字ローマ字」『Rômazi no Nippon』654号参照）。早稲田は大学でいち早く昭和5年9月1日に永雄節郎のローマ字書き学位論文に対し工学博士の学位を授与した大学であった。

　岡野が在籍したときの早稲田ローマ字会は「ローマ字を将来の日本の国字とすることを目的とし，それの研究及び普及運動を行ふ」「WASEDA RÔMAZIKWAI」（昭和11年4月10日付）ことを目的としたが，大正5年に創部したときは「日本式書き方をもととしてローマ字書きを世間にひろめる」（『RÔMAZI SEKAI』大正5年3月号）ことを目的としていた。よって，同会は，「日本式綴り方でローマ字を国字にすること」を目的としていた日本ローマ字会の田中舘愛橘，土岐善麿，佐伯功介らの指導を仰ぎ，親団体である日本のローマ字社（「社友」になる学生もいた）と連携した行動をとり，ローマ字講習（教育）を支援した。名士を招いて「お話し会」を開催したり，昭和10年には機関誌『Rômazi no Waseda』，同11年にはガリ版刷『早大RKテキスト（シリーズ）』（早稲田大学ローマ字会出版部編），同12年には大隈重信侯爵生誕百年記念出版の大隈の『文字の維新革命』（Hasigaki Kanuma-Tadayosi，早稲田ローマ字会出版部），そして同13年には同会編『國民ローマ字讀本』（日

本のローマ字社刊)等を発行した。

　岡野はいう。「早稲田の主な先生がたは　たいがい　ローマ字論者で津田左右吉も　会津八一も　西村真次も　将来　日本の国字は　ローマ字になるのが　あたりまえだ　というような顔をしておりました」(岡野篤信他『ローマ字50年——過去・現在・未来——』ローマ字文化をかんがえる会, 昭和63年, 2頁)と。岡野の在学中の昭和12年9月21日に内閣訓令第3号「国語ノローマ字綴方ニ関スル件」(訓令式)が公布された。臨時ローマ字調査会で日本式に近いつづり方で決まったが, このローマ字つづり方の正字法を決めるに当たって, ヘボン(標準)式と日本式との間でお互い相容れぬ激しい論争を戦わすなか, 岡野らは日本式を応援した。

　早稲田ローマ字会の中にはローマ字運動を唯物弁証法と結びつけた言動をする学徒もいた。岡野自身はかつて筆者に「思想的に違い, 思想運動には関心を持っていなかった」と語った。悪名高い治安維持法の時代, 同会は特高も目を光らせる存在にもなった。昭和14年6月5日には「(唯研, 言語運動関係)治安維持法違反事件」(いわゆる左翼言語文字運動事件)の名のもと, エスペランチストや同会の会員が逮捕されるという事件が起きた。このときはヘボン式ローマ字関係者はいなかった。

戦後のローマ字教科書・ローマ字図書出版

　岡野は大学卒業後, 旧制豊山中学で教鞭を執っていたが軍に招集され, 中国北部で約5年の軍務に就いた。復員後は, GHQの日本の民主化, 対日米国教育使節団の国語の民主化, なかんづく「国字ローマ字採用」勧告に勇気づけられ, ローマ字教育とローマ字出版文化の普及にエネルギーを注ぎ込んだ。

　占領下, 対日米国教育使節団の国語改革勧告後, 日本式団体はローマ字運動本部(委員長土岐善麿, 教育部委員長鬼頭礼藏, 企画部委員長平井昌夫)を昭和21年4月5日に設立した。わが国では昭和22年度より国民学校から名称変更した小学校と新制中学校でのローマ字教育が開始された。岡野篤信・長谷川弘三らは, 教育使節団勧告公表3か月後の昭和21年7月に, 当時珍しい日本語ローマ字図書専門出版のローマ字教育会を興した。ローマ字教育会は昭和23年に検定制度がはじまるや, 岡野は長兄岡野間一(じゅんいち)の協力を得て, 国語ローマ字検定教科書の発行に精力を傾けた。同社は, ローマ字教育の父

といわれた鬼頭礼藏の小学生用『Gakkô no Mado kara』『TARÔ to POTI』を昭和23年8月と9月に他社に先駆けて発行した。ローマ字教育会は，児童のローマ字読み物，副読本・練習帳なども数多く出版し，質・量ともライバル他社の追随を許さぬ圧倒的な存在であった。岡野自身も，平井昌夫・橘田広国と共に中学生用『SEKAI no TABI』を著した。

　ローマ字教育会には戦前からのローマ字論者(学者・運動家)の仲間がこぞって集い，彼らが日本式のローマ字教育の一翼を担った。早稲田ローマ字会の相談役的立場にあった土岐善麿をはじめ，石黒修，鬼頭礼藏，平井昌夫，鈴木和一，戸沢辰雄，松下秀男，藤井駿一，松浦四郎らであった。岡野は昭和22年6月20日，平井と都下の小学校のローマ字講習会を皮切りに，鬼頭，松下らと同様，本州各地はもちろんのこと，九州は佐賀県まで教育の現場を訪ね，ローマ字授業を実践し，啓蒙，講演に努めた。また，岡野は昭和22年11月から自社の『ローマ字の友・教育版』(昭和24年4月改題して，月刊『ことばの教育』，ローマ字に関する唯一の研究雑誌)の発行人として全国のローマ字教育を支え，昭和36年3月1日刊の131号の発行が日本ローマ字教育協議会に移るまで発行した。

　ローマ字教育会は，昭和22年3月に土岐善麿(哀果)の『Kazaguruma』を刊行，これが戦後の本格的なローマ字読み物の第1号であった。同6月にはペリカン文庫(全文ローマ字)をはじまりに，昭和41年8月に刊行した石森延男の『Sobieto Tokorodokoro』まで文芸作品を含む子どものローマ字読み物を刊行しつづけた。

出版人としての転換期

　ローマ字教育は導入時から単独のローマ字教科書が使用されたが，小学校で昭和36年，中学校で昭和37年にそれぞれ履修が必修となるのに合わせたように，ローマ字教科書は国語教科書に包含されることになった。黄金期は，岡野のよき先輩土岐善麿がローマ字教育協議会議長ほかの要職にあり，そして国語審議会会長を全5期務めていた期間(昭和24年6月〜昭和36年3月)にあたる。

　この転換期は興味深いので少し述べる。国語審議会ローマ字調査分科審議会は土岐退任の昭和36年3月に廃止され，同年4月には国語審議会令が改

正され，建議機関から諮問機関になり任命方法が変わった。3月22日の国語審議会総会では舟橋聖一ら5人の不満委員が同会を脱退する出来事があった。第6期には表音派委員ローマ字論者大塚明郎，カナモジ論者松坂忠則らは委員から離れ，会長・副会長も交代した。

振り返れば，昭和21年3月来日の対日米国教育使節団は，連合国軍最高指令官マッカーサーに提出した報告書のなかで，漢字かな交じり文の破棄を意味する「国字ローマ字採用」を勧告したが，中村梅吉文相は昭和41年6月13日の第8期国語審議会において，諮問にあたっては「当然のことながら国語の表記は，漢字かなまじり文によることを前提とする」と述べた。これはスパンを拡げてみれば，ローマ字論者の上田萬年(かずとし)が主事・主査委員を務めた明治35年の国語調査委員会（委員長：加藤弘之）の調査基本方針の決議事項一項「文字ハ音韻文字（「フォノグラム」）ヲ採用スルコト，シ仮名羅馬字(ローマジ)等ノ得失ヲ調査スルコト」つまり，漢字廃止を否定したものとも捉えられよう（加藤も当時の文相菊池大麓も漢字廃止の考えを有していた）。昭和41年頃といえば，前島密が将軍慶喜に「漢字御廃止之儀」の建白を試みてから奇しくも1世紀後にあたる。

当然のことながら，岡野のローマ字への情熱はその後も変わることはなかった。岡野は昭和26年からつづけていた自社におけるNRSの機関誌の発行を昭和61年までの35年間引き受け，NRSの役員として活躍した。元首相片山哲が会長を務めた「言語政策をはなしあう会」（昭和33年4月設立。のち「言語政策の会」）でも活発に活動し，朝日新聞の論壇等に文字・ローマ字つづり方問題を提起した（「ローマ字年表」を参照）。

その後，ローマ字教育会はくろしお出版として，ローマ字論者だった三上章の日本語文法に関する著作を発行するなど，主に語学分野の出版をつづけ，現在に至っている。

本書上梓に際して誠意に満ちたご対応をいただいた，くろしお出版編集部の斉藤章明氏に深厚なる御礼を申し上げる。また，出版に向けてご芳情にあずかった，くろしお出版社長さんどゆみこ氏に心からの感謝の微意を表したい。

2012年9月

編著者　茅島　篤

各部の要旨

第1部　日本語表記の可能性
「江戸時代　東西比較文化の論」　　　　　　　　　　　　　　杉本　つとむ
　16世紀に来日の西洋人により，世界の文化史のうえではじめて日本の文化がユニークなものとして発見・観察記述された。いわば大航海時代による日本文化の紹介と考察である。しかしこれは鎖国により一時中断され，18・19世紀にはいって，今度は日本人が西洋の学芸・文化を発見し，自分から困難な外国語——主としてオランダ語・フランス語・ラテン語など——を学習して，理解，解明に努力した。そこに自ずと自国文化とヨーロッパ文化の比較考察がおこなわれた。おそらく当然のことであるが，東西学芸の比較は，基礎に語学だと思う。たとえば，助詞＜は＞(Topicを示す)とオランダ語の冠詞との関係である。これは人称とも関連させて論じられるが，さらにすすんで，手にした西洋百科事典——事典・辞典はある意味ではその国の文化の象徴ともいえる——の翻訳・解説である。当時の優秀な蘭学者により『厚生新編』の名で翻訳された。この厖大なる訳稿の中から，紙と酒の論を抜き出しつつ，蘭学者による東西文化の論の一端を紹介することにした。訳文の不審なところは原文によって再構築しつつ，私見をはさんで一遍の論として組み立てた。

「漢字文化圏から漢語文化圏へ」　　　　　　　　　　　　　　宮島　達夫
　日本・朝鮮・ベトナムの3国は中国の影響を深く受け，中国をふくめて「漢字文化圏」に属する。この文化圏で共通語だった漢文はヨーロッパのラテン語にくらべられることがあるが，ラテン語が話しことば・書きことばともに用いられたのに対し，もっぱら書きことばとしての共通語だった。しかし，今ではベトナムは完全にローマ字に移行し，北朝鮮も建国以来漢字廃止，韓国もほとんどハングルになったので，漢字を使っているのは中国と日本だけである。その意味では「漢字文化圏」はなくなった。しかし，ベトナムも北朝鮮も韓国も漢語を廃止したわけではない。つまり「漢語文化圏」は残っているわけであり，それはヨーロッパ語文化圏・アラビア語文化圏などとならぶ，世界の大文化圏の1つとしてつづいている。文化圏になるためには文字の共通性では不十分で，宗教や風俗習慣の共通性も必要である。

なお，漢語の多くは古い中国語からのものだが，一部は近代文明を受け入れるために漢文体の文章にあわせて日本で造語し，それが中国に逆流し，朝鮮に伝わったものである。

「平成22年告示　常用漢字表考――字種「俺」を通して見た問題点――」　岩淵　匡

　新「常用漢字表」は，諮問「情報化時代に対応する漢字政策の在り方について」に応えたものである。表中，諮問に対応する最も具体的な箇所である，新たに追加された字種「俺」は，文化庁の，ウェブサイト上での漢字調査において，使用頻度が，表外字中最多の100万を超える数となった。一方，今回の表改定に用いられた，主たる調査では，使用頻度2万6千余，朝日新聞についての調査の場合は，使用頻度100である。文化庁の各調査における「俺」の使用頻度数は，公表されている他の調査と比較すると，いずれも異常なくらい多くなっている。また，古代から今日に至る文献中の使用漢字には，今日の常用漢字がかなり多く含まれている。そこに日本語における基本的な漢字群の存在が予想される。そうした漢字群の存在を視野に入れながら，単なる使用頻度による字種選定ではなく，字種選定の方法そのものを問い直し，「常用漢字表」のあり方を検討してみる時代になってきたのではないだろうか。「俺」の使用頻度が極めて高い状況を考えると，応用範囲の広い字種を可能な限り多く選定する方法も検討すべきであろう。

「ローマ字日本語の可能性」　　　　　　　　　　　　　　　　　　　　竹端　瞭一

　日本語の文字としてローマ字も採り入れる必要がある。昭和12年および昭和29年にはローマ字つづり方を定める内閣訓令が公布され，公式の文字と認められている。オト文字は耳で聞いてすぐわかる表現を育てる。日本人はキリシタン・ローマ字やオランダ語ローマ字のすぐれた表記法を知った。近代化を支えるべき「国語」の建設が議論され，ローマ字国字論も現れた。言文一致や当用漢字などによって使いやすい日本語が育ってきた。しかし，漢字の高い壁を残したままでは国際的な日本語の未来につながらない。ローマ字論は日本文化をほろぼすどころか，日本語を発展させる提案である。ローマ字なしでコンピュータの操作はできない。ますます必要となるローマ字日本語の正字法を考えなければならない時である。ローマ字と漢字かなが支えあい，日本語を世界で通用する言語に育てなければならない。日本語は同音語が多いから漢字が便利だと

いうのは思いちがいで，これを救うのもローマ字である。外国人看護師も受ける国家試験の「冷罨法(れいあんぽう)，低残渣(ていざんさ)，気息性嗄声(きそくせいさせい)」といった専門語もわかりやすく言いかえる努力をすべき時代である。

第2部　国語教育とローマ字
「義務教育への国語ローマ字教育の導入──回顧と展望──」　　　　　　茅島　篤

　ダグラス・マッカーサー元帥が招聘した対日米国教育使節団の国語改革勧告を受け，文部省ではローマ字教育協議会を設置，同協議会の「ローマ字教育を行ふについての意見」を受け「国民学校におけるローマ字教育実施要領」を定めた。教授の方針，方法，その他については「ローマ字教育の指針」「ローマ字文の書き方」に拠った。ローマ字教育は，昭和22年度から小学校4学年以上（3学年も可）と中学校の国語科に「選択」導入された。ローマ字教科書は単独本で発行されていたが，「必修」（小学校：36年度，中学校：37年度）になると同時にローマ字独自の教科書はなくなり国語教科書に包含された。この間の文部省著と検定教科書は，小学校157，中学校49の総数206がこれまで判明した。
　ローマ字教科書は，当初，文部省著は訓令式とヘボン（標準）式，民間の検定はそれに日本式を含めた3式で発行された。ローマ字教育は国語教育の徹底充実を眼目に，漢字かな文と同様の読み書きが期待され，年40時間以上で実施されていたが，学習指導要領の改定とともに縮小され，ローマ字教育で重要な分かち書きの指導がなくなった。現在は小学校3年生に，概して年3時間から5時間で身近な単語の読み書きのみである。戦後のローマ字教育を振り返り教訓を得たい。

「ローマ字実験学級──占領軍の目に映った日本の言語改革──」　　　　　　高取　由紀

　昭和22年，全国の小学校でローマ字の指導が始まった。その1年後，ローマ字しか使わなかった場合の教育効果を調べるために教育研修所（のち，国立教育研究所）によって3年にわたる実験教室が設置された。本稿ではその実験教室ならびにローマ字教育に対する占領当局内部での見方を考察したい。資料にはアメリカ国立公文書館所蔵（National Archives and Records Administration）の文書を使った。国語改革の最初の担当者はロバート・K・ホール海軍少佐（Robert K. Hall）だったが，ホール少佐に関しては日英どちらの言語でも既に優れた先行研究が出版されているため，ここではその後任で実験教室の礎を築いた人類学者アブラハム・ハルパーン（Abraham Halpern）による覚書と会合の議事録に

焦点をあて，日本人関係者の間での主として訓令式とヘボン式ローマ字にかかわる軋轢がハルパーンの目にはどう映ったかを見ていきたい。また，表面的にはハルパーンと対立関係にあった分析調査課のハウエル・カルフーン(Howell Calhoun)の見解とも簡単に対比させた。

「漢字とローマ字」 清水　正之

　長年，漢字とかなづかいの難しさが問題とされてきた。かなづかいについては，いろいろな変遷があったが，昭和21年に制定された「現代かなづかい」によって，ほぼ安定してきている。

　漢字の弊害を避ける方策としては，「漢字制限」を主としてきた。表語文字は，本質的にその言語のもつ単語の数だけの返しが続いてきたのはこのためである。病の症状に対する対症療法では解決にはならない。根本的な対策が必要である。

　日本語と文字(漢字とローマ字)について，客観的な，科学的な検討をねらいとした。かなを議論に加えなかったのは，漢字とローマ字の中間にあって，この二者の議論から容易に結論が得られるからである。漢字とローマ字を公平に取り扱ったつもりであるが，情報を伝える信号としては漢字の側に重大な欠陥があることを示す結果となった。

　最後に，文字の歴史を取り上げた。ローマ字の原型であるアルファベットの完成のころに，漢字の先祖が発生した。この時間的なずれの他は，よく似た発達をしてきたことがわかっている。

「分かち書き「いま」と「むかし」——田中館愛橘，田丸卓郎，寺田寅彦を読む——」 岩瀬　順一

　ローマ字で文章を書く際に欠かせない分かち書きについて考える。まずは，自立語を前の語から離して書くことを覚えよう。自立語は，「前」「語」「離し…」「書く」など，辞書ですぐにひけるものなので，むずかしいことはない。残るのは付属語(「の」「から」などの助詞，「られる」「ます」などの助動詞)を，前の語から離すかどうか，複合語(「高等学校」など)を途中で分けるかどうか，だけである。付属語は数が多くないので，読み書きしているうちに，だんだんと自分の流儀が決まってくる。

　筆者のやり方を述べるが，それは一つの案にすぎない。複合語は無数と言っ

てよいほどあるので，すべてを決めることはできない。よって，分かち書きは人によってまちまちとなるが，異なるのは上の二点のみだとわかると，それほど重大なことではないと思えるようになる。漢字かなまじり文での漢字の使い方のほうがはるかにまちまちである。ローマ字運動の大先輩たちは，いまではあまり用いられない「田丸式」分かち書きで文章を残している。今回，分かち書きに重点をおいて，題名にあげた三人の文章を少しずつだが読んでみた。慣れれば苦労せずに読めるようになるのは，歴史的かなづかいと同様である。

第3部　日本語改革のゆくえ

「上田万年と明治の文字政策」　　　　　　　　　　　　　　　　　　清水　康行

　本稿は，明治期の「国語」問題に関する学術研究と行政施策の両面で中核的な役割を演じた上田万年の「文字」観について，明治期の「国字」問題の展開と絡ませつつ，概観しようとするものである。

　上田は若い頃から一貫してローマ字論の立場を取るが，彼は，欧州留学で手中にした最新の言語学的な方法を支えとして，文字の優劣議論に先立ち，「(話し)言葉を尊ぶ」姿勢と「音韻学」の理解が肝要であることを強調する。

　口語重視の姿勢は，上田が主導した国語調査委員会のそれとも重なるものであった。同委が，発足まもなく，音韻文字と言文一致体の採用という国語国字施策の根幹に関わる大方針を決するのは，上田だけでなく，委員の多くが国語改良論者であったことによる。

　しかし，彼らは小学校教育における仮名遣問題の議論の過程で，大きな挫折を味わう。義務教育のみで世に出る「大多数」に主眼を置いた上田らの表音式仮名遣論は，「国民中の精華」を重んずる歴史仮名遣派の理解を得ることは出来なかった。

　上田と彼に続く改革派は，その後も国語国字改革を志向し続けるが，上田の存命中も，現在に至るまでも，彼らの信じた「正しい事」が行なわれる「何時か」は訪れていない。

「田中館愛橘とローマ字」　　　　　　　　　　　　　　　　　　　　松浦　明

　筆者の曾祖父・田中館愛橘(1856 – 1952)は，専門の地球物理学(とくに地震学)をはじめとして，航空，度量衡，ローマ字などの分野において国内外で活躍した。周知のように，日本語ローマ字表記問題は，これら4分野のなかで愛橘

がもっとも長くかかわり，かつ国際的な広がりをもつものであった。愛橘はこのなかに，何を託そうとしていたのか。世界の平和か。

本稿は，愛橘が人生をかけた日本語ローマ字運動の意義を問いかけ，その特徴となるところに照射して，筆者の知見と解説を加え，結びにこれからの日本語にどのように生かしていけるかを論じた。

読者の皆様にお願いしておきたいことがある。筆者の目下の研究テーマは，「愛橘が取り組んださまざまなことが，現代社会にどう生かされているのか，あるいは今後どう生かされていくのか」である。愛橘のローマ字も決して例外であり得ない。こんにち日本語の文章をローマ字で書くことは現実的でないようにみえるが，未来永劫そうであろうか。日本語の将来を考えていくうえでひとつの指針になると思われる。愛橘がかかわり続けたローマ字運動のなかに，そのヒントを探り出していただければ幸いである。

「第二次大戦下のローマ字運動と石森延男の戦時下の作品」　　　　　　　前田　均

「日本のローマ字社」が明治42年に設立されて，はや103年になる。長い歴史を有するローマ字運動団体だが，その歴史を振り返る時，なぜか語られないことがある。それは戦時下での動きであるが，超国家主義下・軍国主義下の時代のなか，この団体にかぎったことではない。

戦時下（日中戦争期を含む）の機関誌等を見ると，運動団体として積極的に戦争に協力したり，占領地での日本語教育にはローマ字が有益と説いたりする記事が載るようになる。それ以外にも，戦後，ローマ字運動で活躍した人の中には植民地の学校で「国語（＝日本語）教育」に励み，植民地住民の言語に日本語が取って代わることを目指していた人がいた。また，児童文学者としても高名な石森延男が書いた戦時下の作品には戦争に協力するものがあり，これを中心に検討する。石森は戦後の暫定教科書の編纂者，童謡「野菊」の作詞者として知られる。

日本語教育の世界では，現在「多文化共生」の美名のもと，「移民受け入れ」を「来るべき」ものと疑いもなく認め，血道をあげている向きもある。だが，先達のさまざまな面を知ることは必要であり，自分たちの歴史を確かなものにするのが後進のつとめである。

「占領下の国語改革をめぐる言説――国字改革に関する誤解を中心に――」茅島　篤

連合国軍によるわが国の占領は，「ポツダム宣言」受諾を経て，降伏文書に

調印した昭和20年9月2日から講話条約が発効した同27年4月28日までであった。昭和21年元旦の「新日本建設ニ関スル詔書」(いわゆる「人間宣言」)は「終戦の詔書」と較べ、内容のみならず文体・用語・用字の点で簡易化された。日本国憲法は同11月3日「文語体漢字カタカナ交じり」でなく「口語体漢字ひらがな交じり文」で公布された。現代表記の基となった「当用漢字表」と「現代かなづかい」は同16日に公布された。戦前からの国語改革遺産があったとはいえ、日本側は占領下のモメンタムを活かして改革を実現させた。一連の国語改革は昭和34年の「送りがなのつけ方」で一区切りとなった。

　占領下の国字改革に関しては、今なお当時の関係者や高名な学者、日本を代表するジャーナリズムを通じて、「GHQ／CI&E はローマ字化政策を採っていた」、「日本人の読み書き能力調査と当用漢字表公布はローマ字化を意図した」等々、間違った言説が再生産・時に拡張されている。連合国軍総司令部・米国側と日本側の認識を踏まえて、かかる言説を検証し、幾つかの関連事項を訂正する。

「それでも漢字はなくなる」　　　　　　　　　　　　　　　　　　　野村　雅昭

　漢字がなくなる、あるいは、漢字使用を廃止するというかんがえは、現在ではいきおいをうしなってしまったようにみえる。一昨年の「常用漢字表」の改定のときも、それが漢字使用をいっそう確実なものにしようという方向のものであったことに対して、批判的な意見はきわめてすくなかった。

　日本語を表記する文字としての漢字は、まさに永遠に不滅であるようにおもえる。しかし、それは本当のことだろうか。近代以来、おおくの人々が漢字使用に疑問をもち、それをやめることの必要をとき、実践をこころみてきた。それにもかかわらず、そのこころみは成果をもたらしていない。

　その原因はなにか。それは大多数の日本人の心のなかにある「漢字がなくなってしまったらとても日本語で生活ができない」という漠然とした不安感である。その不安をとりのぞく努力がなされなかったわけではないが、十分ではない。

　「漢字をつかいつづける」ことが、わたしたちの言語生活にどのような不自由をもたらすのか。「漢字がなくなる」というのはどういうことか。そのことを事実にもとづいて、丁寧に説明することが、いま、ふたたび必要なことにおもわれる。

年表・資料編

「ローマ字年表」　　　　　　　　　　　　木村一郎，竹端瞭一，茅島　篤

　ローマ字が日本に伝わったのは，普通，1549年にフランシスコ・ザビエルがキリスト教を伝えた時だとされる。それ以後の約460年のうち，初めの300年余（江戸時代末まで）の間，ローマ字を知る日本人はごく少数に限られていた。明治維新を経て，ローマ字の知識は急速に広まってゆくが，当時ローマ字を自由に使うことができたのは英語，ドイツ語などを学ぶことのできる恵まれた階層の人々であった。

　それを補っていたのが知識人や政治家による「ローマ字運動」（日本語をローマ字表記に替えることを目指す運動）である。この運動は羅馬字会が創立された明治18年に始まり，日本式とヘボン（標準）式とのせめぎ合いの中で活発に展開され，昭和12年には単一のローマ字つづり方（訓令式）を内閣訓令第3号として公布させるまでになった。第2次大戦後の教育改革で，ついに国語教育の一環としてローマ字が義務教育で教えられるようになり，それが今日のコンピューター時代につながっている。

　本年表は5世紀にわたる日本人とローマ字のかかわりを中心に編んだ。明治以降の日本式・ヘボン（標準）式双方の動きについては，一方に偏ることなく，できるだけ公平な立場からたどり，まとめたものである。

■第1部■

日本語表記の可能性

江戸時代　東西比較文化の論

杉本　つとむ

はじめに

　和辻哲郎『鎖国』は〈日本の悲劇〉を副題にもつが，その考察のプロセスを通読すれば，キリシタンの追放，鎖国により西欧の学芸・文化と接触する道が断たれた点を悲劇ととらえたと思われる。D. キーン氏は『日本人の西洋発見 The Japanese Discovery of Europe』において，オランダ人が〈富を恋する思想〉によってのみ日本で活躍し，〈東印度会社の多くの代表者達(すなわち長崎出島の蘭人たち)が悪人でないまでも無能だった〉と結論，反面，〈日本人がオランダ人を有していたことは幸運〉といい，〈蘭学は長崎の通詞たちの小さなグループから将軍のお城まで拡がりやがて西洋研究に励む学者たちの姿が日本の津々浦々にまでみられるようになった〉と指摘する。私は従来の蘭学および長崎蘭通詞の諸研究を論評し，新たな視点を設定して通詞を実務派と学究派に分ける論点を明示した。小論でとりあげる東西比較文化の論の資料提供も根源は学究派の長崎通詞による。鎖国の中の西洋学の結晶である『厚生新編』(翻訳)がその一端である。

　1811年は蘭学史上もっとも注目すべき年であると思う。蘭学が私学から官学に昇格，幕府が積極的に蘭学を推進，『新撰洋学年表』〈1811年・文化8年辛未〉の項に，〈五月幕府新に天文方に蛮書和解御用[1]の一局を設け外国文書の翻訳に備ふ，馬場佐十郎大槻玄沢を訳員とす[2]／平日事無き時は百科全書の反訳にて厚生新編と題す原書は仏蘭西人ヌールショメール〔N. Chomël〕所撰西暦一七四三年和蘭重訳のもの撰者の名を書名に呼び此訳書の業をショメール御用と称したり是を幕府に於ける洋学読訳の始とす〉と。『厚生新編』の成立，翻訳事情の詳細は拙著『江戸時代西洋百科事典『厚生新編』の研究』(雄山閣)にゆずるが，責任者に指名された馬場佐十郎(貞由，穀里，アブラハム)は25歳，すでに蘭文典や魯語文法書を執筆，著作もあり西学博士と自称する長崎蘭通

1　公的には和蘭書籍和解御用，俗称，翻訳局。
2　公的文書では大槻は手伝。

詞(tolk)である。御家人にとりたてられ江戸永住となり，個人的にも三新堂を経営して多くの蘭学学徒を指導，〈紅毛読書達人〉の評価をえた語学の天才である。この「和解御用」は幕末には開成所，明治維新後は開成学校をへて，1871 年に東京大学となる。佐十郎の指導も受け，『厚生新編』翻訳に中心的に活躍したのは津山藩々医宇田川玄真(榛斎)，さらに幕末には杉田成卿や小関三英(好義)など蘭学界のエリートたちである。幕府の一大翻訳プロジェクトとして約四分の一世紀にわたって翻訳は続けられた。翻訳の目標は人民の福祉厚生，富国殖産であった。現存の翻訳草稿(写本)は 91 冊，6580 丁(約 1 万 3000 ページ)という大事業である。草稿は今後も発見の可能性がある。

1. 紙の論

　比較文化の論として，『厚生新編』により，紙と酒をとりあげたい。紙の論は，草稿 23 冊目と 69 冊目にみえるが，前者は文政 3 年(1820)，宇田川玄真・大槻玄沢の訳校，後者は天保 10 年(1839)，小関三英，湊長安(重胤)の訳校である。まず後者の訳文を引用検討してみる。

　〈紙和蘭「パピール」　紙の物たる事最モ奇なり。布片の陳朽して不用となるを集めて更に腐らしめ擣て糊となし展べ撒して薄膜となし是に糨し乾し固め遂に書載して記臆に代へ後昆に遺不朽に伝へ一大有用の珍宝となる／「パピール」の名は故に厄勒祭亜語「パピリュス」ト云ふより転じ来るなり。「パピリュス」は陀入多国に産する草の名なり蓋シ上古の人此草を以て書記の料を製せしなり。「パピール．リート」〈按るに「パピリュス」の蘭名なり〉の条下に載す。最モ諸国にて古今紙の用となす物品勝て計ふべからず。今其略を挙げて左に示す。

　書契の術起てより何にても印記を承くる物を撰みて是に書記す。即チ石，木葉，木皮，鉛板，木板，象牙等なり。その後陀入多紙出づ。次に「パルケメント」〈按るに薄き革なり〉，綿紙，木皮紙等を製起す。又中葉に及んで陳腐の布片を以て紙を造ることを反明せり。即チ当今用ふる所の紙なり。又最モ上古は魚皮，獣腸，亀甲を用ひたりと云ふ。然れども草木の皮及ビ葉を用ふる事は殊に多かりしと見えたり。〉[3]

---

[3] 原本第 5 部，p. 2580～88 ／ PAPIER に記述。冒頭の一端をあげると，PAPIER, is de

江戸時代　東西比較文化の論

　以上訳者の按文をまじえ，よくこなれた訳文，紙の小史である。紙(パピール)の語原がエジプト(阨入多)産の葦，ギリシア(厄勒祭亜)語に由来することを説明しており欧羅(邏)巴は綿紙が主になったこともものべる。さらに和蘭が征服する以前の則意蘭島(セイロン)の人々がタリポット(Talipot)の葉や，島の山岳地帯に生ずる椰子の葉(原文からインド南西岸のマラバル海岸，椰子の木 Malabaarsche Palm-boom)を利用して手紙に用いたという。また東印度諸国では，欧邏巴の商船来航以前は，ミュサ(Musa)，一名バナナス(Bananas)を用いることをあげる。さらに，ラエイは印度や亜墨利加産の数種の木の葉類をあげている。ラエイはおそらく J. Ray(1628～1705)でいわゆるリンネの植物分類の基礎を作ったという英国の博物学者であろう。他にもこうした人物，学者の説を参照して記述されているのが紙の論である。中で，〈支那及ビ日本紙は緻密精好なること比なし。欧邏巴人麻布の幣衣を以て紙を製する術漸く精功(ママ)を増し当今最上の極に至れり〉[4]と。かなり意訳されているが漢語では緻密精好とある点も繊細で見ばえのよく種類に富む点が明確に実証できるというような意で，おそらく蘭人の実感がこめられているのであろう。登場人物，Mabillon(1632～1707)は，フランスのカトリック教会歴史家，古文書学者，代表作"古文書学"(Diplomatica)，また Vossius(1577～1649)は，オランダの神学者，古典語学者，ライデン大学教授，"文典 de Arte grammat", "De historicis latinis"が名著としられる。Maffei(1675～1755)は，イタリアの作家，考古学に関心をもつ。"historica Diplomatica" = "Biblioth."がある。また Montfaucon(1655～1741)は，フランスのカトリック教学者。古典，考古学の研究家，作品，

---

　naam welke de Stoffe draagt, van zulk een wonderbaarlijke uitvinding, die tot zulk een groot gebruik in de zamenleeving verstrekt, het heugen der daaden bewaart en de Menschen onsterfelijk maakt. / Het woord Papier, is afkemstig van het grieksche παπ–υρός, Papijrus, zijnde de naam van die beroemde Egiptische Plant, waar van de Ouden zulk een veelvuldig gebruik maakten, om op te schrijven; de beschrijving hier van, kan men op het artijkel PAPIER-RIET vindn. ＊〈パピール．リート〉の項に，〈PAPIER-RIET (FRANsch) Mattenlisch; in't latijn Arundo Papijriacea.〉の見出しでみえる。riet は〈オランダ語で葦，ラテン語でパピリュスという葦〉とあり，南フランスに見出せるという。

4　Een beter getuigenis kan men van de Chineesche en Japansche Papieren geeven, want deezen verdienen door derzelver fijnheid, fraaijheid en verscheidenheid, alle onzen aandagt.

5

"Palaeographia graeca"(1708年)。GREW(1641〜1712)はイギリスの植物学者，植物学に解剖学的方法をとり入れた人物。これらの人物の著作を参考文献としてあげつつ論述している。そして主な紙の種類として陁入多紙(het Egyptische Papier)から個別的に解説する。西洋ではエジプトが紙発生の一つの基点を示すことになるのでつぎに紹介してみる。

〈是[5]は古代用ふる所の紙にして陁入多国の泥緑河に生ずる「パピリュス」といふ一種の芦を以て製するなり。「イシドリュス」ISIDORUS〈人名〉の説に，「メムヒス」MEMPHIS〈人名〉始めてこれを製すと云ふ。「リュカニュス」LUCANUS〈人名〉曰，古人用ひて書記する所の品物の中，陁入多紙より好(よ)きはなし。其質軽く且っ造るにも労なく又其草は少っしも人の保護をまたずして生ずる者なり。故に此紙天下に通用す。此紙何 $_\llcorner$ の時代に反明せる[6]や其説一定せず。「ハルロ」VARRO〈人名〉は「アレキサンデル大王」陁入多を伐て是を取り爰に「アレキサンドリヤ府」を建し時に始れりと云ふ。「プリニュス」PLINIUS〈人名〉は「ハルロ」が説を斥し専に良吏「カッシウスヘミナ」CASSIUS HEMINA〈人名〉の説による。其説に曰，「テレンチウス，スコリバ」CN. TERENTIUS SCRIBA〈人名〉と云ふ者，「ヤニキュリコ」〈地名〉の野を耕し櫃を掘出したり。其中に「ニュマ王」Koning NUMA の書あり。陁入多紙に記し杉脂を塗りてあり。今に至る迄五百三十五年の間地中に埋もれ，少っしも朽ずとなり又「プリニュス，申(かさ)ねて是を徴証して曰，「ミユシウス」MUCIUS〈人名〉と云ふ者三度「リシーン」〈地名〉の市正となるなり。其「リシーン」Lijcien〔という土地の〕王「サルペドン」SARPEDON〈人名〉が「トロエイエン」[7]より遣りたる書束(書簡)を神社に蔵めたり。其書即チ陁入多紙を用ふ。猶此他「アレキサンデル王」の前久き時代，陁入多紙を用ひたる徴多し。「プリニュス」陁入多紙の製法を著せり。そして「エウスタチ。ウス」EUSTATHIUS〈人名〉の説に紀元千百七十年に至て陁入多紙全く廃れたりといふ。〉[8]

Eustathius は原文にみえるとおり(訳文では省略)，ホメロス Homerus の

---

5 陁入多紙。
6 原語，begonnen.〈はじまる／発明する〉の意。
7 Troijen〈地名〉
8 = EUSTATHIUS die geleerde Commentator van HOMERUS, verzekert dat het zelfs in zijn tijd, te weeten in 1170, niet meer in gebruik was.

注釈者で古代文学に該博な知識をもつ12世紀のテサロニケの大僧正をさす。またPLINIUS(G. Plinius Secundus, 23〜79)はローマの博物学者で，37巻からなる博物書をあらわし，この書は近代生物学以前の重要な文献である（現代語訳がある）。ISIDORUS(560〜636)はスペインセビリヤの司教，その著"Etymologiao"(20巻)は全学術にわたる百科事典ともいうべき歴史的著作という。VARRO(B. C. 116〜27)はローマの博物学及び文学者で，ここには博物学者の研究成果が生かされているわけである。

すでにデカルト，ニュートン，コペルニクス，ガリレオガリレイ，ケプレルなど，天文学，理学方面でも西欧の偉大な学者やその理論を学んでいる通詞蘭学者は，紙においても，西欧の博物学者たちの労作を参照しての百科事典的知識をわがものとしたのである。しばしば〈按文〉をはさむが，按文として，〈和蘭吾を「パッピールPapier」と呼べるの名は原ト「パペキリュス」といへる生植の名より出づ。／これを欧邏巴（エウロッパ）諸国へも伝へて取り用ひ……凡そ書を記する物を「パッピール」と称するならはしとなり〉と，オランダ語papier / pampier(中世語形)，paper(英)，papȳrus(羅甸)，papier(仏)などを示すことになる。

しかし上で示したようにヨーロッパでは次第に陌入多紙が廃され，ついで〈綿紙[9]〉が登場する。〈是は紙の上品にして書するに便なり，且つ久く貯るべし〉といい，紀元千百年の頃はじまるとしながらも，東方諸国では九百年頃既にあったともいう（後述参照）。これと関連して，〈西洋綿紙（おらんだがみ）〉を一種として紹介し，〈西洋綿紙抄造法（おらんだがみのすきかた）〉として，〈綿布片を腐らして搗き爛らし粘（もめんきれ）の如く為して此邦（こなた）〔日本〕の楮紙を抄くが如くにして製す〉という。これは〈西洋紙〉製造の記述の日本での初筆とも考えられよう。ただしこれについてはくわしい紹介がない。〈綿紙〉はギリシャ語による命名といい，〈支那（から）〉にも同様の〈綿紙〉があったと指摘もする。さらに〈欧邏巴紙・リンネン紙〉が出現，こう紹介する。〈是は古敗の「リンネン」〈麻布の祖衣なり〉を以て製す。……「リンネン linnen紙は何レの時何レの地にて製造始りたるや未詳ならず。「ポリドリュス，ヒルギリウス」POLIJDORUS VIRGILIUS〈人名〉は「リンネン紙の始る時代決して知るに由なしと云ふ。「シカリゲル」SCALIGER〈人名〉

---

[9]　katoen-papier

杉本　つとむ

は「リンネン紙は独逸より始ると云ふ。」「マッヘ・ウス」MAFFEUS〈人名〉は意太里亜より始ると云ふも拠あるに非ず。或曰，厄勒祭亜人曽て其国乱を避けて「バーセル」Bazel の地に至る者あり。其国の棉紙製作に倣ひて，始めて「リンネン紙を造りたりと云ふ。(中略)「リンネン紙」は其はるか以前より有りければ年代齟齬するなり。又「デュハルデ」DU HALDE〈人名〉，「リンネン紙は支那人の発明に係ると云ふ。然れども欧邏巴人未ダ支那と通商せざる時なり(中略)「コルリンギウス」CORRINGIUS〈人名〉は，欧邏巴にある所の亜刺比亜人「リンネン紙を製し始めたりと云ふ。千三百年以後の書，「リンネン紙最モ多し。実に「リンネン紙は，この時代に始まるに疑なし。(中略)「プリデアクス」PRIDEAX〈人名〉曰，「リンネン紙は東方より始る。何となれば亜刺比亜及ビ其他東方諸国の詞にて，「リンネン紙に書たる物，年代皆千三百三十五年以前にあればなり，「プリデアクス」又曰以斯把尼亜の「サラセーネン」SARASEENEN〈按るに人民の名〉，始て東方より「リンネン紙の製法を受け，其後欧邏巴に伝へたり〉と結ぶ。内容的には，〈欧邏巴紙〉も原料が〈麻〉で，〈綿紙〉の〈綿〉との違いにすぎずほぼ同類と考えられる。いずれにせよヨーロッパでは，〈欧邏巴紙〉が主流となるようである。ここにもイタリアの古典学者でライデン大学教授として活躍した Scaliger(1540～1609)や"シナ帝国志"の著者でもある Du Halde(1674～1743)がみえる。前者は吉利支丹語学にも関連する学者である。

　以上のほかに，〈木皮紙・石麻紙(アスベストを混ぜた紙アスベストはオランダ語)〉などが紹介されているが，かくして眼を，〈支那並に日本紙〔Van de Chineesche en Japansche Papieren〕〉に転じ具体的に論じることとなる。〈是レ全世界の中紙を用ふる事の早きは支那に若くはなし其年記得て記すべからざる／又其品緻密平滑にして柔なること欧邏巴紙の企の及ぶ所に非ず。又其品類の衆多なること勝て計ふべからず吾が欧邏巴に波及するものゝ如き四十品に越るに毎種各〻其美を異にす。綿，竹，稲藁，蚕の表膜，楮等より是を製するなり〉ときわめて高い評価を与えている(日本のものとの混同がみられると思う)。ついで，〈「マルチニ」MARTINI〈人名〉曰支那人上古の時鉄筆を以て竹の牘に書したり其後繻子に書す紀元前百六十年漢の天子の世に至て始めて紙を製せり〉とみえる。ついで〈日本紙〉について，〈日本人は一種の

木皮を以て紙を製す。其邦俗是を「コーヅ Kaadsi」と名ヅく。又別に三種の木あり其皮皆紙に造るべし。「ケンフル」KAEMPHER〈人名〉日本紀行中に其形状製法委しく是を説けり〉[10]と。〈日本紙は極て勁剛なり。縄索を作るべし。日本一大府駿河 Sijriga の市中に一種の紙を鬻くあり。堅硬にして厚く幅広し。紋綵ありて極て美麗なり。以て衣服とすべし。知らざる者は絹又毛布に誤り認るなり。〉[11]

外国人が日本の紙の衣服(een geheel kleed)，紙衣(かみこ)に注目し興味をもったことは，南蛮宣教師(キリシタン) L. Frois(フロイス)(1532〜97)の『日欧文化比較』(1585年成)に，〈○われわれの間では紙の衣服を着るなどということは嘲笑され，狂気の沙汰とされるだろう。日本では坊主(ボンズ)や多くの王侯が，絹の前裙(みごろ)と袖のついた紙の着物(きるもん)を着る〉と観察，芭蕉も西鶴も紙衣を愛用している。『倭漢三才図会』〈二十八衣服類〉では紙衣は奥州白石，駿河安倍川，紀州華井(けい)，大坂などを産地とし，白石(しろいし)では紙を撚って糸にし織て紙布とすることなどを記している。蘭人もそれなりに紙衣のことを実察し調査したのであろう。

以上をふまえ，訳者はシナ，日本の紙をさらに補説する。シナはまず蔡倫による紙──〈樹膚，穀皮(かうぞのかは)，麻頭及び敝布，魚網を以ての紙〉──の製造とすること，そして謝在杭(謝肇淛)『五雑組』や宋応星『天工開物』(1637年成，江戸期に日本に舶戴)の説を紹介しつつ，シナの〈綿料の抄き紙〔綿紙〕は佳品の様に聞へたりこれ西洋紙[12]のごときものにや〉と批判する。後者の周代に，〈竹料㫊〉の製造や〈西蕃〉(印度)の貝樹紙葉の存在を疑っている点は，むしろ〈推考の索強〉と指摘する。近頃得た〈東帖紙〉は繭紙で質堅く光沢あり，また舶来の幅狭い〈川連紙〉は〈シナ四川の産〉と推考し，〈緊密光沢の好紙〉と評している。このように，原本にみえぬところを自らも他の資料に求めて紹介論評する。

---

10 元禄5年・1692来日のケンペルの著書，『日本帝国志』を参照するも翻訳は省略。

11 = Het Japansche *Papier* is bultengemeen sterk, men zoude er zelfs touw-werk van kunnen maaken. Te Sijriga een groote Japansche stad, verkoopt men een zoort van zeer vast en dik *Papier*, 't welk zo fraai is geschilderd, en in zulke groote bladen gevouwen, dat een daar van genoeg zerude zijn, om een geheel kleed uittemaaken : het zelve gelijkt zo natuurlijk na zijden of wollen stoffen, dat een onkundige er ligt mede zou kunner bedrogen werden.

12 おそらく日本で，用語，〈西洋紙〉の初出例であろう。〈おらんだがみ〉とも。

杉本　つとむ

　『天工開物』はシナの産業技術書でもあり，同書に竹帋，楮皮紙の抄き方二種を紹介している。この書は日本に影響を与えた名著である。つづけて，〈本邦紙の始を考る〉として日本紙について，まず新井白石の説を『東雅』（1719年成）を引用して紹介，〈推古十三年〔十八年を正しいとする〕の紀に彼の国〔高麗〕貢上＿僧曇徴＿能造紙墨と見へし／俗にかふぞといふ……此樹皮をもて神衣織しかばかうぞとは神衣の転ぜしか(中略)かみといふは簡の字の音の転ぜしもまた知るべからず〉とみえる。西洋も日本も常にまず naam（名）の語源を考えてはじまる。ここで訳者は，〈上世百般の事物の全く闕けざるときは竹簡を用ひ欧邏巴の上世にもぶなの木〈梆木漢名卍菓〉の皮を取て札となし，事を記したりとあり夫故其樹の名を今に「ブッケボーム」と称するこれなり，これ書記木なり〉と，紙から書物へ眼をそそぐ。Boek（オ）・Buch（ド）・Biblia（羅）などと語源的にも諸国語と関連させて考察しての弁である。そして宋応星が印度の貝多葉の存在を疑っている点は，〈西域〔西洋〕異邦の風習を知らざるなり，其国は古今の事情と変遷を考へず〉と批判して，〈印度は昔より紙といふものゝ製なし。其土に夥しく産する所の貝多葉の表に字を刻して通用す，仏典等をはじめ何事に用るもこれなり〉とのべる。ここには蘭学者がそれまでのシナ学芸・文化の依存，学習から西欧，近代の文化・学芸へと転換する姿勢をかいまみる。

　さらに日本紙について，『和名類聚抄』や『倭訓栞』，『和漢音釈書言字考節用集』，『延喜式』や小野蘭山の著書——すべて江戸期に公刊の知の文庫であり，植物に関する考察が豊か——を蘭学者がよく活用し，翻訳を通して西欧と日本の紙事情，紙文化の比較を試みているのである。日本は江戸初期でも七夕には梶の葉に和歌などを書いて祈り，古代では仏足石歌でしられるように石に和歌を刻す。また近年，多くの木簡の出土もあり，書く素材についてはいっそう充実した情報が提供されているわけである。もっともある意味では東西同一文化事情ともいえる。翻訳により西洋の古代を理解したことが，また古代日本について考えることとなる。具体的には，『和名類聚抄』を参照，〈古文作帋 和名加美　紙有色紙。檀紙。穀紙。紙屋紙。阿苔紙。斐薄紙。等〉にはじまり，〈七八百年も以前に金銀泥行に書たる経文の紺紙／堅靭光沢今いふ鳥の子といふものに似たる／紙を造るがんぴといふ木あり／

今は諸国楮を多く栽て専ら楮皮紙を造ること一般なり。又近来美濃人より伝へたりしにや豆州熱海の今井某ががんぴ紙といふものを抄き出し精巧を極む……従来美濃製の紙は楮紙の類も絶品也。其他の紙類も我邦こそ世界第一といふべし……近来は和唐紙といふものを抄き出せり実に昇平の余事といふべし〉と。日本の紙文化を認識してあますところがない。

　先の『日欧文化比較』を参照すれば，〈○われわれの紙には僅か四，五種類あるだけである。日本の紙は五十種以上ある／○われわれの間ではすべての紙は古い布の屑から作られる[13]。日本の紙はすべて樹の皮で作られる〉とのべている点と対応しあうであろう。もちろん自から西洋紙に鵞ペン，墨汁（ink, inkt）で左横書の生活をもった蘭学者は，〈西洋綿紙(おらんだがみ)は一種の品にして質堅靭にして色白く膠(にかは)を加へ製するの抄きかたなれば猶礬水(ドウサ)を為したる紙のごとく汚染(しみ)ることなし。且其厚質なるを以て書写印板ともに両面に記するの利用あり誠に省啬利便のものといふべし〉と西洋紙の長所もしり，近代，文明開化の世の到来を示唆している。

　なお蘭人のふれていない朝鮮の紙について，〈高麗の方言 韓 語(テウセンコトバ)を弁へし人に問い質すに紙は「チョハイ」といひ，諺文にて죠희[14]と記するよし但し彼国も方言に古今あるべければ〉と慎重である。『厚生新編』にない点も補っている。終りにやはり〈綿紙〔西洋紙の一種〕〉の薬効も記す。

　綿紙をよく噛んで傷口に貼れば血止となること，子宮衝逆の症，吃逆にはこれを火に投じ烟を吸引して効ありとする。紙から油を蒸溜してその精油で耳鳴，聲瘖，悪性瘡腫に塗って良効，さらに飲料に数滴落して小便閉の諸症に効ありと。

2．酒の論

　〈麦酒〉は〈和蘭「ビール」Bierと名く。羅甸「セレヒシア」Cerevisia又「ヒニュムホルデアセウム Vinum hordeaceum[15]」払郎察「デラビール」de la Biereと呼ぶ〉として，草稿第十三冊，宇田川玄真・大槻玄沢による訳校に

13　上でいう欧邏巴紙＝洋紙のこと。
14　現，종이，ほぼ同じ発音。
15　ヒニュムは葡萄酒・ホルテアセユムは大麦の意。

よる。〈本邦に齎し来る物を見るに濃淡の二種あり〉として，造醸をはじめ全麦酒百科の内容を描く。〈麦酒は普く世に知る所の飲漿〔drank〕なり。其造醸の大法は麦類の「モウト mout」〈按に「モウト」は麦蘖を炒りて粗末になしたる物也下こゝに倣べし〉に，からはなさう〈葎草の一種漢名未詳。和蘭「ホッペ Hoppe」と名く，家生野生の二種あり〉とを水に加へ煮て法のごとく製造するものなり。惣て穀粒の蘖を用ゆれども特に大小麦燕麦を通用す。中にも大麦を良とす。此物の性功（ママ）は第一煩渇を潤し身躰を栄養し元気を快爽にす。是等の主用のために造り設しものにして欧羅巴洲の地方殊に常用するなり。尤他洲に於けるも此功用を以て服飲するなり。此酒は惣て北辺に在るの諸地並に蒲桃生ぜず，偶々生ずる地といへども熟するに至らざるの諸国は其汁を取て酒に造ること能ざる所にて専らこれを造醸するなり。凡そ暖国にては蒲桃夥しく繁茂し尤能其実も全く熟するを以て常にこれを取て酒に造る。即ち払郎察，意太里亜，斯把泥亜等其地温暖なる国々は葡萄醸酒を以て尋常の飲料となすを以て麦酒を知るもの稀なり。北に在るの諸地にては葡萄酒の代りに従来の此麦酒のみ飲料_二_充るなり[16]。〉と地域性を示す。

　モウトは英語 malt（麦芽）に同じで，ホッペ（複数形）は〈ホップ hop〉と表記するように和蘭語であり，蘭学者は忽布ともあてる。当時の本草学者小野蘭山などの説を参照し，〈からはなさう〉にあてる。ここでヨーロッパでも麦と葡萄の酒（ビールとウェキン bier・wijn）の地域別があり，ともに酒とする。いわば西方は麦・葡萄の酒であり，東方，日本は米の酒と対応する。西

16　= Wat Bier is, is bij elk genoegzaam bekent, zijde naamelijk een drank, die uit mout van zommige graanvrugten, inzonderheid van *gerst*, *weit* en *haver* met *hoppe* en *water* gekookt, en verder behoorlijk toebereid is; en waar van men zig voornaamelijk in die gewesten van *Europa* en daar buiten, zo wel tot dorstlessching, als voeding en verkwikking, bedient, die veel noordelijk leggen, en 'er dus geen wijngaarden groeijen, of de druiven niet rijp kunnen worden, om 'er wijn van te maaken, die anders in de warme gewesten, daar de wijngewasfen weeldrig voortkoomen, en de druiven haare volkomene rijpheid verkrijgen, gelijk in *Frankrijk*, *Italien*, *Spanjen*, en veel meer andere landschappen, de gewoonlijke drank is, en men aldaar weinig van Bier weet; zo dat het Bier het gebrek van de wijn in de noordlijke gelegene landschappen vervult. オランダ語 Bier はフランス語 Bière の借用といい，羅甸語，Vinum は葡萄酒の意で直訳すれば〈大麦の（葡萄）酒〉となろう。

方は麦芽(もやし)，日本は醸ム(嚙ム)が作業の第一歩であろう。以後もこの点の記述がつづく[17]。上であげたように，〈ビールを「ヒニュムホルデアセウム」と葡萄酒の一種と命名し，また〈麦酒は「ウェキン」と同様なること有〉とあるように，麦の〈酒(シュ)〉として，米の〈酒(シュ)〉と対応させている。日本の酒も厳密にいえば，米ノ酒とすべきであろう(古代シナには麦酒もみえる)。日本の餅(米)とシナの餅(麦)と同じ漢字でも，中身の異なる点の吟味が大切なように。

さらに上を受けて麦や葡萄の酒と関連してつぎのようにのべる。〈太古の時は唯水のみを飲料として渇に充(あて)たり。(中略)然れども淡水は味なく美香もとよりなきものなれば，後世に至りて人人思を凝し味美にして好愛すべきの諸飲料を造出し，中に就て蒲桃醸液を以て諸飲料の上に置こと〻なりたり。但蒲桃を取て飲液となすこと既に古書の中にも記載せり。即「ヂネシス[18]の書巻九〈第二十，二十一篇〉に見ヘ[19]又諾戹(ノアク) NOACH[20]〈共に大古の人の名〉の書に蒲桃の草を説き又其酒を飲む等の語あり其後久しき年暦を経て麦酒(ビール)〔Bier〕セイデル〔Cijder〕，メード〔Meed〕等を造り出せりとは見へたり (中略) 麦酒(ビール)を用ゆることは尤古きものなるは疑ふべからず，其証は即亜蠟皮亜(アラビア)並に厄勒西亜(ギリーキセ)の諸撰述家の古書に麦酒を記載しをけるをもって知るべきなり。(中略) 其久しき物たるの証は「アルシロクス」ARCHILOCHUS といへる名哲は太西革命[21]の初年の前七百二十年にあたりて死せる人なり。已に其人の書に「ビール」を「ヒニュムホルデアセウム」[22]と称し，「ヒニュム」の中に導入して記載せり。「ジヲドリュスシキュリュス」DIODORUS SICULUS〈人名〉は「ユリウス」JULIUS CÆSAR〈人名〉帝の時代に当り，革命[23]の初まで存在せる人なり。其著書中諸所に「ビール」の事をいへり。……「セイチュス」〔zijthus〕〈即ビールの旧称，大麦を以て製するの飲料〉を記せり。其説に此飲料は

17　なお原文には訳文の〈中にも大麦を良とす〉の蘭文はみえない。訳者の補文か。
18　Genesis
19　原文は〈見ヨ〉。
20　ノアの箱舟のノア。
21　Christi geboorte ＝キリスト生誕の意，西紀。
22　Vinum hordeaceum （Gersten-wijn ＝大麦の葡萄酒）
23　〈21〉の〈太西革命〉に同じ。キリスト紀元，西紀。

杉本　つとむ

阨入多国人より得たり，味美に性功も甚勝れるものにて，「ウェヰン」〈葡萄酒〉に劣らずと云へり。高名の邐苜史官〔de Romeinsche Historieschrijver〕[24]「タシチュス」Tacitus〈人名〉は革命[23]の初に存在する人にして麦酒の事を録し，殊に「ドイツ」〔Duitschers〕国人の説を記して曰，革命[23]の祖九十九年にあたりて欧羅巴には未だ「ウェヰン」〈葡萄酒〉あらず唯大麦と水とを煮て製したる飲料あり。これを「セレヒシア」〔Cerevisia〕〈即ビール〉と名くといへり。是を以てこれを観れば麦酒は既に二千四百八十八年前より此世界にありしこと知るべし，但古昔に於ても今の如くこれを製したるや否やたしかに言ひがたし，但古人此を「ガルステンウェヰン」〔gersten-wijn（vinum hordeaceum）〕[25]と称するの名あるときは此物ありしこと疑ひなし。又「ガルステン・ダランカ」〔gersten-drank〕〈麦湯[26]或は大麦にて造る「ビール」[27]といひ，又は「ウェヰン」〈葡萄酒〉の代りに充るとも説きてあればなり〉とみえる。上に登場したTacitus（A. D. 55～120ごろ）はローマの歴史家・弁護士，すでに〈紙〉で登場したローマの博物学者プリニウスと親交があった。諸帝に登用され，著書『ローマ史』は重要な文献という。ドイツ（ゲルマニア）旅行でドイツでの麦酒も彼の報告するところと思われる。さらに，『厚生新編』はつぎのようにのべる。〈上好〔上等〕の麦酒を出すの諸国は「ホーゴドイツ[28]・ネヰデルドイツ〈入爾瑪泥亜及和蘭等也〉[29]，諳厄利亜，第那瑪児加，雪除亜，波羅泥亜，プリュイセン〔Pruissen〕」等なり。右諸国にて造るものは其香味宜しく且久しきに耐へよく保つを以て，甚程遠き熱国地方並に東方の諸国又亜墨利加洲の地方までも運送することを得るなり〉と。

さらにBierの造醸と関連して，〈造醸するには第一水を肝要とすることを如斯説けるに就きて，亦心得あるべき両件あり，其一凡そ水は此物を造るに主要たるものにして多分は麦酒の基，始，其性功の渇を潤すの本体を為す。又水の性を以醸熟の起源を為せばなり。（中略）惣て人身に於ても他の活物

24　ローマの史料編纂官の意。
25　gersten は大麦 = hordeaceum，wijn は葡萄酒 = vinum
26　麦の飲物の意。
27　Bier van gerst bereid wierd
28　高地ドイツ，ドイツ。
29　低地ドイツ，和蘭。

に於るも水を用いて渇きを止むることこれを以て領解し易し〉という。興味あるのは，〈浄潔ならざる汚穢不潔の物ありとも更に害なしといへり……其汚穢，粘脂質の物水中に交雑し甚だしきは大小便を洗す所の河水にて汲取り製する麦酒も却て清潔明澄の水にて造るよりも好酒を造り得となり〉とみえる。これに対して訳者の按文は，〈伊丹池田〉という酒造どころをあげ，〈某河の水を汲て酒を醸す。其川上に穢多ありて常に皮革をなめす。ある時一吏これを禁めしめて曰，酒漿は高貴の口にも入るものなるに酒醸に用る水の川上にて斯く穢わしき事はあるべき様なしとてなり。これにより一とせ堅く禁断せしめしが，其年の渇大小損敗せり故に亦もとのごとくにこれを為さしめしと聞けり。相似たる事なり〉とみえる。極論すれば汚穢ある水にて製すれば宜しいということなる。この点で西も東も〈相似たる事なり〉と比較した発言である。果してこれが酒の造醸者はどう理解しているかどうか。別に，〈蒸餾によって其質消散するといふ者は非なり〉ともいう。しかし結局，〈凡そ麦酒に種々の異同善悪ある所以はこれを造醸するに就き，造酒匠の手法に関係すること尤多きなり／諺に酒匠の職業は，定法ありて亦なき者の如し／凡そ好酒を醸し得るは性合よろしき穀物を択り取り，従て其醸熟によく意を注ぎ且よき時候を誤らずし，丁寧な取扱にある〉とのべる。

　麦酒や葡萄酒の歴史的考察とともに，一方日本の酒についてはつぎのようにのべる。〈我邦のサケは神の代より造り初め給ひて，上古はこれをキといひしとなり。キはケと音通じ食饌の事にて御食御酒と称せしと後々サケと呼べる，サは助字なりといへり。古に天甜酒ときこえしは吾田の狭名田の稲を以て醸し給ひしなんと見ゆれば初めより米にて造りし物なるべく，但むかしは糟交の酒のみとは見へたり。応神の大御歌にす、ごわがかみしみき（中略）ことなぐしゑぐし（下略）。此ことなぐしは言和薬，ゑぐしは笑薬なりといへる解有。又サケといふは栄えの義，かえの反ケなり。呑メバ笑さかえ楽しむの義なりともいふ説有。思ふに此人種ありて，後はいづれの国といへども米にまれ，麦にまれ，人を慰楽せしむる食饌の一に置くの飲料なれば，米と麦との差はあれど，「ビール」を亦我邦語のサケと訳してもあたるべきなり。其実は「ビール」も酒もサケも同種同物となすべし〉とのべる。結局，〈西洋の麦類にて作る「ビール」も酒の字にあたるべし〉と認識する。

杉本　つとむ

麦酒もそれなりに古くから造られたと認識すると同時に(サ)ケ・(ミ)キ＝酒も古代歌謡(『古事記』)の〈応神の大御歌〉を引用して，酒の意味をサケ＝栄えると解している。ただし応神の大御歌の〈すご〉は，原本を検すると〈須須許理〉とあり，日本に酒の醸造法を伝えた人物——大陸からの秦の造の祖・漢の直の祖である——で，訳者の誤解である。酒の解はすでに鎌倉期に僧，仙覚が考察。日本の酒は飲酒の結果を示し，麦酒は材料乃至，飲ム行為を示しているといえる。しかし酒と同様，〈ウェヰン，葡萄酒もまた，人〻これを常服して楽しむを猶東方の米にて醸せる酒を常服するがごとし〉という。さらに東方の酒についてこうのべる。〈漢土の古を考ふるに酒醴惟麹蘖酒則用麹醴則用蘖と見へ且麹の字，麦に从へば古は麦かうじを用ひ醸せるものにやといへる説あり。……西洋の麦類にて作る「ビール」も酒の字にあたるべし／我方にては今専ら粳米を用ひ漢土にては多くは糯を用ゆといふ。欧羅巴地方の今時は「ウェヰン」を以て常服とし且此方の酒字を通用するがごとき名同となりて，却て「ビール」は名ともいへるごとく麦醸一種の酒と呼べきものとなれり／熟〻按ずるに米酒は熟穀の精液，葡萄酒は果汁の偏味其水液の性迥かに異なり然れども蒲桃汁も一箇の精液にして其同性同功あるものと見へたり。其証は恒に西書論説する所を読むに其気慓忓にして気を行らし神を壮にして志を興し血を活し毒を解しこれを飲めば自ら春を生じ暖を覚ることは其功全く相同じ〉と結論づける。まさに東西同質の酒文化である。但し酒は米こうじとて，日本では〈麹・糀〉などの字を作製して用いてもいる。この点には触れていない。

訳者，宇田川玄真は，編著『遠西医方名物考』(1822 刊)で，〈麦酒製法……忽布ヲ加レバ麦酒ニ苦味ヲ帯ル故ニ是ヲ加ヘズシテ造ルコトアリ。然ドモ麦酒ノ気味ヲ慓悍ニシ或ハ久ク貯ルニハ忽布ヲ加フベシ／麦蘖「モウト」蘭即チ麦芽ナリ〉とし，その効用についてはこうのべる。〈麦酒主治　清涼滋潤シ渇ヲ止メ鬱滞ヲ散シ精神ヲ爽快シ百体ヲ栄養シ水穀ノ精気ヲシテ満肢体ニ布化セシメ又鎮痛ノ効アリ〉といい，〈胸脇燉痛・疝痛・婦人乳汁過多ノ諸症，其他燉衝痛ヲ兼ル症ニ効アリ，麦酒ニ茴香ヲ加ヘ煮テ滓ヲ去リ布片ニ浸シ貼ジテ緩和止痛ノ効ヲ称ス〉とある。但し造醸の水に関して，〈水ハ寒冽清潔ナル井水或ハ泉水ヲ最モ良トス是ヲ以テ製スレバ麦酒沸醸スル

コト少クシテ酸敗セザレバナリ〉とみえる。同じく大槻玄沢なども〈「びいる」とて麦にて造りたる酒あり，食後に用いるものにて，飲食の消化をたすくるものといふ／醇厚の麦酒は稀淡の物に比すれば栄養の効多し但過服することなかれ殊に熱性の人は過飲すべからず〉（『蘭説弁惑』）と警告している。すでに長崎出島に罐ビールもあったようである。甲州山梨でも葡萄酒が醸造されている。消化や栄養にもふれているが，このころオランダ語から，〈健康 gezondheid・福祉 welstand〉などが日本語に組み入れられたのである。

　終りに『日欧文化比較』から〈第六章日本人の食事と飲酒の仕方〉を一見しておく。〈われわれの間では誰も自分の欲する以上に酒を飲まず人からしつこくすすめられることもない。日本では非常にしつこくすすめあうので，あるものは嘔吐しまた他のものは酔払う／われわれの間では酒を飲んで前後不覚に陥ることは大きな恥辱であり，不名誉である。日本ではそれを誇りとして語る／われわれの間では食事の時とても高い音を立てて口を鳴らしたり葡萄酒を一滴も残さず飲みほしたりすることは卑しい振舞とされている。日本人はそのどちらも立派なことだと思っている〉——作法では西と東と大きな異同があろう。下戸の私にも，外国生活で西東の差は体験した。ちなみにBier は語源は〈飲む〉という。栄えや神遊びとは無縁である。『厚生新編』には他に越歴（エレキ）や蟻，鮭の生態など精細な生物学的記述もあるが，こうした自然科学にあっても，到底西に及ばず，学術論・文化論を展開するには当時の日本は後進国であり，先進国，和蘭に学ぶこと大であった。同時に『解体新書』などの翻訳にもみえるように，〈天工開物・物理小識・夢渓筆談／坤輿外紀・泰西水法〉など，シナの学者，在華西洋人（宣教師）の著作に多くの点で教えられ近代化に励んだというのが実体であった。しかし何よりもそのためにオランダ語やラテン語は必須の道具であったことを確認しておきたい[30]。

30　『宇田川家譜』に，〈髙橋作左衛門御咎中御尋ニ付奉答候控　文化十四年四月和蘭陀ショメイル即厚生新編御用仰付去冬迄十七ヶ年来和解仕候百弐拾冊出来差上申候右ショメイル之書は百工諸芸術並に医術方薬本草の儀多々有之御国益ニ相成候御書物と奉存候ショメイルは原書前編七冊之内三冊出来仕候／右御用之儀は校合等も髙橋作左衛門加り候儀無之私共一分にて仕候，尚又通詞無之候ては和解出来仕候儀に無御座候／文政十二年三月十二日宇田川玄真〉とある（波線は筆者）。

参考資料

(1) 『厚生新編』（恒和出版）影印。静岡県立中央図書館所蔵『厚生新編』（写本）。

(2) Huishoudelijk Woordenboek, Door M. Noel Chomel / de belfte vermeerdert door J. A. De Chalmot. Leyden, 1768. ＊7冊本，他に2冊本参照。拙著『江戸時代蘭語学の成立とその展開』（早大出版部）

ことわり

論文中の使用記号について。〈 〉は引用を示す。ただし引用文中では訳者の按文・註記であり，原文が細字双行の形式であることを示す。引用文中の「――」「――は固有名詞，また特に取りあげた語を示す。ただし原語（原綴）は，筆者が与えた。私註は引用文中では〔 〕，その他では( )を用いた。筆者が与えたヨミ，傍訓は( )でくくって原本のそれと区別した。＝は相互対応を示す。……は途中省略を，／は改行をそれぞれ示す。＊は私註を示す。なお引用の訳文は定稿ではなく訳文，形式とも必ずしも統一されていない。また，訳文にあって外国語は漢字あるいは仮字(かな)表記であって，横文字による原語はすべて筆者による。考察に当りできる限り原文の内容形式を尊重した。

漢字文化圏から漢語文化圏へ

宮島　達夫

1.「漢字文化圏」

「文化圏」ということばは範囲があいまいである。しかし,「漢字文化圏」は漢字の母国である中国と,それをうけいれて自分たちの言語をかいた朝鮮・日本・ベトナムをさすので,ここでもその用語法にしたがう。これら3国では,もともと自分の文字がなく,漢字を導入して自国語を表記し,文化の内容としても中国の影響をおおきくうけて発展したので,たしかに「漢字文化圏」とよぶのにふさわしい。(「漢字文化圏」という用語を作ったのは亀井孝氏だという。田中(2011, p. 106))　はじめに全体の見取り図をかいておく。

	漢文の導入	自国語の表記	表音文字の導入	表音文字への移行
ベトナム	－2 c	13 c	17 c	20 c
朝鮮	－1 c	7 c	15 c	20－21 c
日本	5 c	7 c	9 c	

　日本は表音文字の導入にともなって表語・表音文字の混在(漢字かなまじり文)にうつった。ハングルやベトナムのチュノムにくらべて,かな文字は時間的に先行し,また漢字とはりあうほどの社会的地位をえた。しかも中国語からの借用語(漢語)だけでなく固有語(和語)をも表記した。すなわち,大規模な訓読字がうまれた。

　さて,次の文は韓国語について述べたものだが,そのまま日本語にもあてはまる。

> 漢字は本質的には中国語のために作られた文字体系であった。従ってこの文字は,中国語と異なる構造をもった言語を表記するのには非常に不適当であった。このような観点から我国が漢字の国に隣接してこの文字を受け入れるようになったのは,とりわけ不幸なことだと言わざるを得ない。(李1975, p. 57)

宮島　達夫

　不適当さは二重にあらわれる。1つは漢字が表語文字だということである。表語文字だということは，中国語でかかれた文章を中国語の発音を無視してほかの言語で読むこと（訓読），また意味だけとって漢字でかくことを可能にするという点では便利である。しかし，訓読みには限界があり「川」と「河」，「木」と「樹」とを読みわけることはむずかしいし，固有名詞は「邪馬台」「奈良」のように漢字を表音的につかってかくよりしかたがない。もう1つは中国語が孤立語的性格をもっていて，語尾・助詞・助動詞などの表記をもっていないことである。漢字をつかって英語をかくと，

　　　他　去子　吐　紐育．（He goes to New York.）

のようになり，前置詞や語尾を表記する文字をつくるか，漢字のどれかを意味を無視してこれにあてることになるだろう。（子は -es, 吐は to，紐育は New York に対するあて字である。）表音文字は，いわばコスモポリタンであって，どの言語のどんな単語でもかくことができる。ローマ字は，2000年前のラテン語をあらわすためにつくられた文字だが，フランス語のアクサンやドイツ語のウムラウトなど，すこし手をいれれば，これらの国語がかけるだけでなく，トルコ語やインドネシア語など，ヨーロッパ語とは関係のない言語の表記にもつかわれる。もし中国語が表音文字でかかれていたら，または1446年につくられたハングルがもう1000年前につくられていたら，日本語にとって，このような「不幸」はなかっただろう。

> この漢文は中世ヨーロッパのラテン語に比較され得るであろう。しかしこの二者の間には重要な違いのあったことを見逃してはならない。漢文はどこまでも文語であったのに対して，ラテン語は中世ヨーロッパの大学において文語であると同時に口語でもあったのである。我国の文人達は口では韓国語を話し，文では漢文を使うという，極めて特殊な意味で二言語使用者であったのである。（李 1975, p. 56）

　漢文がラテン語にあたるというのは，ちがう国語の話し手のあいだの共通

語としてつかわれたことをさす。

　漢字は東アジアでおたがいの理解をたすける以前に，中国内部での統一をたすけた。漢字だと，方言の差はおおいかくされてしまう。中国語のなかで方言とされているものは理解不可能なものがあり，その差はある種の「国語」の差以上のばあいがある。漢字が国の統一をたすけた，とさえいえる。もし，ヨーロッパ語が漢字でかかれていたら，ドイツ語とオランダ語，デンマーク語とノルウェー語とは，おなじ言語になっていただろう。もっとも，中国も中世以後は，強大な帝国が支配していたから，分裂の余地はなかった。基本的には，漢字・漢文が統一されていたから中国が統一されていたのではなくて，中国が統一されていたから漢文も統一をたもっていたのだろう。国のまとまりをつけるための条件は，言語・文字がきめるといった単純なものではなく，ずっと複雑で現実的なものである。

　なお，筆談は，いまでも日本・中国などで話しことばが通じないが初歩の読み書きはできる，というときに実行されるが，古くは円仁ほか中国に留学した僧侶などもたびたび使った手段である。

　では，話しことばの中国語は，どの程度国際的な共通語としてはたらいたか。日本と新羅・渤海との外交用語は中国語だったらしい。（湯沢 2001）

　現代のアジアには，外国人社会がいくつもある。上海の日本人は 10 万人をこえるという。中国には朝鮮族自治区があり，朝鮮族の人口は約 200 万といわれる。これら少数民族語社会の中心にいれば，これをとりかこむ大言語をしらなくても生活できるが，周辺的な部分，また大言語の話し手で少数言語と接している人たちのなかには 2 言語話者がいるだろう。

　古代に亡命・移民などで中国本土から朝鮮半島へ，朝鮮半島から日本へと渡来人の集団が移動している。かれらは，一時的にはもとの言語をたもった異質の集団だった可能性はある。地域社会が日本語以外を使う，このようなグループは，日本では古代以外には例外的，閉鎖的な，少数の人数による社会しかなさそうである。黄檗山万福寺は，初代隠元から第 13 代まで中国渡来僧が代々住持を占めた。住持以外の渡来僧も多かっただろう。隠元は 20 年ちかくの在日にもかかわらず日本語ができず「参詣者との問答・応接には華語を解する侍者や通事が介在しており，当機を失することを免れなかっ

た。」(平久保 1962, p. 190) 建築・料理など中国風の生活様式をとりいれただけでなく，寺のなかでは(少なくとも中枢部では)中国語が共通語だったかもしれない。「山門を出れば日本ぞ茶摘み唄」という句があるほどである。

海をへだてた日本とちがって，地つづきの朝鮮やベトナムでは，じかに中国人と接して中国語をつかう機会が多かったはずである。円仁の記録によれば，中国の山東半島沿岸一帯には多くの新羅人海商が活躍しており，円仁も在唐新羅人社会のたすけを借りて唐残留(不法在留)に成功したという。かれらの社会には，中国語・新羅語の二重言語話者がたくさんいたことだろう。

2. ラテン語

ラテン語はおそくとも 9 世紀には母語話者をもたない言語になっていたという。しかし，ラテン語の母語共同体がなくなったあと，この言語をもちいることで，あらたな共同体がつくられた。

> この互いに結束しあう人々が形作った「思想共同体」ないしは「想像の共同体」は国境を越えて広がった。とりわけカトリック教会と知識人集団という，二つの国際的共同体が近世ラテン語の結束力の中心となり，ラテン語共同体となったのである。(バーク 2009, p. 57)

カトリック教会ではミサ・洗礼・葬儀など儀式の用語として，360 年から 1960 年代にいたるまで 1600 年間もちいられた。(バーク 2009, p. 63) 大学ではラテン語が唯一の教育言語であり，学生はヨーロッパの諸国をまわりながら教育をうけるのに不便はなかった。現在の英語は，これにやや近い機能をもっているが，かつてのラテン語ほどではないだろう。

近世ヨーロッパでは書物の大半がラテン語だった。ラテン語は 1650 年のフランクフルト書籍市では 67％，18 世紀のはじめでも書物の 30％をしめた。18 世紀末にドイツ語が激増しているが，自然科学では，16・17・18 世紀を通じて，ドイツ語とラテン語が平行状態にあった。(Pörksen 1983, p. 234-241) 19 世紀なかばまで，学位論文はすべてラテン語だった。(Drux 1984, p. 855)

一方，学術書が各国語でかかれるようになると，それをおぎなう意味で，その本はまた国際性のあるラテン語に翻訳された。

　ラテン語をぬけだしたのは，まずイタリア，つぎにフランスである。イギリスはこれよりおくれ，ドイツは主要国家のなかでは最後になった。ドイツの大学で，はじめてラテン語でなくドイツ語で講義をしたのは32歳のトマジウス(Thomasius)で，1687年のことである。それ以前に，ライプツィッヒ大学で正式の角帽とガウンのかわりに平服で授業をしたことで，かれはすでに悪評が高かったのだが，今度はドイツ語で講義をする，と大学の掲示板に張り紙をして，またもや騒動をひきおこしたのである。(Pörksen 1989, p. 129)

　ラテン語と漢文の国際性をくらべると，漢文の国際性は一方的である。フランスでかかれたラテン語の本はイギリスでもドイツでも読まれたし，その逆もありえた。だから，ある国語で出版された本が，国際性をもたせるためにラテン語に訳されることも，めずらしくなかった。しかし，漢文は中国文化および中国語に訳されたヨーロッパの学術(例:『万国公法』)をまわりの国に伝える役目ははたしたが，その逆はなかった。

　ちなみに生物の学名は今でもラテン語である。日本でも『植物学雑誌』にはラテン語の論文がのっていた。(宮島1981, p. 23)

3. 朝鮮語の表音化

　北朝鮮では独立語漢字を廃止し，ハングル専用にうつった。(ただし，漢字教育は廃止していない。)　韓国もかなりの速度で事実上の漢字廃止にむかっている。新聞における漢字使用率は，つぎのとおり。(宋2002, p. 34)

1948	1958	1968	1978	1988	1996
31.6	36.3	18.1	4.4	3.8	2.1

　韓国語について2つの文献の例をあげる。言語政策を論じた『国語政策論』(1973)と『韓国現代国語政策研究』(1994)の目次である。この20年間で漢字がすっかりへったことはあきらかである。

```
        第1章 國語醇化
1.1  알뜰한 우리말          2. 漢字語와 外來語 ············ 22
   1. 新語의 倫理 ············ 3   1.4  國語醇化問題史
   2. 言語現實이란 理想만으론 解決      1. 漢字語의 影響 ············ 23
      안 된다 ················ 5      2. 周時經의 運動 ············ 24
   3. '祭'의 誤用 ············· 9      3. 우리말 도로찾기 ········· 27
   4. 없어져 가는 우리말 ···· 10      4. 文法波動 ················· 30
1.2  소중한 우리말                5. 結論 ······················ 34
   1. 國語의 순화 ············ 13     參考文獻 ···················· 36
   2. 言語와 人格 ············ 16  附論 : 우리의 姓名問題
   3. 國語의 愛護 ············ 19     이 름 ······················· 40
1.3  國語醇化問題                    우리의 姓名 ················· 43
   1. 基本態度 ················ 21
```

『国語政策論』(1973)

```
1. 서론 ························· 11
 1.1 연구 목적 ··················· 11
 1.2 연구 범위 및 방법 ············ 12
 1.3 선행 연구 ··················· 15
2. 국어 정책의 개념 ············· 17
 2.1 언어 계획과 언어 정책 ········ 17
 2.2 국어 정책의 개념 정의 ········ 20
 2.3 국어 정책의 중요성 ·········· 22
  2.3.1 언어의 본질 /22
  2.3.2 국어 정책의 중요성 /29 8
```

『韓国現代国語政策研究』(1994)

しかし，漢語がへったわけではない。前者の目次はほとんど漢語だが，後者も漢字をいかすと，つぎのようになる。(漢字表記の語は漢語である。)

   1. 序論
      1.1   研究目的
      1.2   研究範囲と方法
      1.3   先行研究

2. 国語政策の概念
　　2.1　言語計画と言語政策
　　2.2　国語政策の概念定義
　　2.3　国語政策の重要性
　　　2.3.1　言語の本質
　　　2.3.2　国語政策の重要性

　なお，本文は，後者はすべてハングルだが前者はところどころに漢字表記がまじる。ただし，漢語がすべて漢字でかかれているわけではなく，ハングルでかかれたものもある。

　では，なぜ朝鮮語が漢字をやめてハングル一本になりつつあるのに，日本語の表音化はすすまないのか。それには，いくつかの理由がかんがえられるが，おもいつくものをあげてみよう。

　1）　日本語では漢字が訓読の字としてつかわれている。
　　　これは，逆にいえば和語のおおくが漢字でかかれていることであり，それだけふかくはいりこんでいることを意味する。
　2）　ハングル専用がかなりの歴史をもっている。
　　　それは女性用のものであり漢字の文章にくらべれば，格がおちたにしても，かなだけの日本語が幼児用の読み物しかないのよりも，目になれていただろう。
　3）　朝鮮語は発音の組織が日本語より複雑で漢語の同音語がすくないかもしれない。

　これは，正確にしらべる必要があるが，日本語で同音である「基金」gigeum と「飢饉」gigeun，「科学」gwahak と「化学」hwahak は，日本語にない音声的特徴によって区別されている。「南大門」(namdaemun, ナンダイモン)で日本語が「ナン」「モン」と「ン」になっているのに，朝鮮語が「nam」「mun」と区別している例も参照。

4. 外来要素としての漢語

　朝鮮語では訓読語がないから「漢字語」(＝漢字表記語)といえば漢語である。日本語では「漢字語」という表現はつかわない。おなじく「上下」と漢

字で表記してあっても「じょうげ」とよめば漢語,「うえした」とよめば和語である。表記のうえでは＜漢字表記の和語・漢語＞対＜カタカナ表記の外来語＞という形である。それだけ日本語のなかにとけこんで,朝鮮語のばあいほど,固有語対漢語の異質感がない。国粋主義者が目の敵にするのも,外来語であって漢語ではない。

以下に日本語と朝鮮語との語種比率統計をあげる。ただし朝鮮語は『言語学大辞典』による。

	固有語	漢語	外来語	混種語	合計語数
日本語(『新選国語辞典』第9版, 2011)	33.2	49.4	9.0	8.4	76536
朝鮮語(『大辞典』1947-57)	40.0	57.9	2.1	-	140464
(『小辞典』1960)	44.0	47.1	1.9	7.0	60709

注目すべき点は(1)両言語とも固有語より漢語のほうが多い,(2)語数がふえるにつれて漢語の比率が高くなる,(3)外来語は朝鮮語よりも日本語のほうがかなり高い,といったことである。以上は辞典の見出し語だから異なり語数の統計であるが,延べ語数については聖書のマタイ伝をしらべた結果がある。(宋2002, p.25) これによると,当然ながら,漢語は固有語よりも低い。

	固有語	漢語	外来語	混種語	合計語数
日本語	70.3	28.4	-	1.3	1708
朝鮮語	55.4	43.8	-	0.8	1549

ベトナム語については約70％が漢語だといわれる。

韓国語は中国語の影響を日本語よりもふかく,ながくうけたために,基本語彙のなかの漢語語彙は日本語よりおおいようだ。日本語が和語で韓国語が漢語の例をつぎにあげる。これらは『六ヵ国語会話3(日・英・韓・中・広東・タイ)』からとったもので日常会話につかうはずのものである。日本語の「鶏卵」はかたい文章語で「スーパーで鶏卵を買ってかえった」などとはいわない。「生鮮」は「生鮮魚,生鮮食物」など合成語の要素であって,単語としてはほとんど使われない。日本語でも漢語がはいって和語にとってかわった例として「しし」→「肉」のようなものがあるが,ごくまれである。

「紙」「時計」「椅子」「財布」などは基本語彙であって和語か漢語か判断にまようが，これらは和語をおしのけてはいったわけではなく，和語にない概念をあらわしたものである。韓国語では基本語中の基本語というべき「やま，かわ」にあたるものまで漢語化している。

　　ひがし／東(dong), にし／西(seo), みなみ／南(nam), きた／北(buk)
　　やま／山(san), かわ／江(gang), みずうみ／湖水(hosu), たき／瀑布
　　　(pokpo)
　　おとこ／男子(namja), おんな／女子(yeoja), おっと／男便(nampyeon),
　　　つま／妻(cheo)
　　たてもの／建物(geonmul), しろ／城(seong)
　　へや／房(bang), まど／窓門(changmun), ふろ／浴槽(yokjo)
　　いりぐち／入口(ipku), でぐち／出口(chulku)
　　くすり／薬(yak), はみがき／歯薬(chiyak), てがみ／便紙(pyeonji),
　　　みやげ／膳物(seonmul)
　　うわぎ／上衣(sangui), くつした／洋韈(yangmal), くるま／車(cha)
　　たまご／鶏卵(gyeran), さかな／生鮮(saengseon), くだもの／果物
　　　(gwail), す／食醋(sikcho)
　　まつり／祝祭(chukje), かぜ／感気(gamgi), いろ／色(saek)

　これらは基本語彙にとけこんでいてハングル化に支障はないだろう。一方，古く中国語からとりいれた漢語でかたい文体のものもあるはずである。
　植民地時代にはおおくの日本語が借用されたが，このうち和語およびこれに準ずる「すし，のりまき，テンプラ」などは国語純化の対象になり，韓国語にいいかえられた。しかし，「個人，主体，電話」など日本製の漢語は，中国語からはいった漢語と区別がつけられないので，純化の対象にはならず，そのままのこった。
　漢文とラテン語は空間的に国家・民族のワクをこえただけでなく，時間的にも古代の大文明語として2000年のへだたりをのりこえた。

ラテン語の全語彙あるいは少なくともよく読まれるラテン語テクストに出てくる単語は，英語としての潜在力をもっている。つまり，何か新語が必要なときには，ラテン語をそのまま英語化するか，またはラテン語の要素を結合して合成語を作る方が，本来語でその場合の必要に合うような合成語や派生語を作るより容易なことが多いと考えられるようになった。（ブラッドリ 1982, p. 104)

ということばは，日本語と古代中国語の関係にも，そのままあてはまる。漢文訓読のおかげで，詩経から聊斎志異にいたる古典の語彙は，日本の知識人ならだれでも読めるはずの，また日本語の文章にまぜてつかっても文句はいえないもの，という状態にあった。（現在では英語が潜在的な日本語としての位置をしめつつある。）

5. 語彙の近代化

ある時期の言語を代表する文章としては有名な作家の作品をあげることがおおいが，独自の言語である基準としては，文学よりも実用文（Sachprosa）のほうがだいじである，文学は一夜にしてかけるが，実用文はそれなりの術語が必要だからだ，とクロッスはのべている。(Kloss 1978, p. 28-29)　では日本語の術語は，どのようにして成立したか。

『解体新書』はヨーロッパの学問を本格的に紹介したはじめてのものとして記念すべきものである。しかし，これが本当に日本語に訳されたのかといえば，実は問題がある。送り仮名や返り点がついているから，当時の日本人はもちろん日本語として読んだわけだが，それを無視してしまえば，これは古代中国語であって，論語や史記と同様に，中国人にも朝鮮人・ベトナム人にも読めたはずである。玄白は，ひょっとしたら漢文でかいた『解体新書』が中国にも渡って，中国人にもヨーロッパ医学のすばらしさが伝わるかもしれないと考え，かなまじり文にしないで漢文にしたのである。「併不佞此度之解体新書も，色々工夫仕候得共，多く漢人未説者御座候故，右之書第三篇，肝要之者計集候篇御座候。其篇に計蛮名を唐音書キにして，片仮名を付申候存寄に御座候。是は乍不及運に叶ひ，唐迄も渡候ば，其節之為にと存，唐音

書に仕候。日本人に読せ候には仮名にて可然奉存候。」（建部清庵・杉田玄白「和蘭医事問答」） 実際には，当時の文化の交流は依然としてほとんど一方的に中国から日本へという流れで，医学にかぎらず日本の学問が中国に影響をあたえるようになったのは，明治時代も後半になってからだから，『解体新書』が直接中国の医学界に影響したことはなかった。

　近代化にともなってふえた事物・概念の多くはヨーロッパやアメリカからのものだった。それなのに，なぜ漢語が増加したのか。一部の漢語は，すでに中国語として使われており，日本語はそれを借用したにすぎない。

　　　血管　伝染　物理　比重　直線　鉛筆　記号　候補　投票　特権

などは，その例である。しかし，多くの漢語は，ヨーロッパ語を訳すために，日本で作られた。

　　　神経　引力　地球　細胞　本能　郵便　個人　哲学　概念　抽象

　ヨーロッパ語を借用せずに漢語を使用，造語したのは，漢字が表語文字で，おおくは訓をもち，新しい概念を伝える手がかりを与えるため，ということもある。しかし，もっと大きな理由は，日本がヨーロッパ文明を真剣に輸入した18世紀末から19世紀にかけて，日本の正式の文章が「漢文」またはこれに近い表記・文体の文章だったことである。日本で「漢文」というのは，表記面は古代中国語とまったく同じだが，読むときは漢語を多くふくんだ古代日本語に翻訳して読んでいるのである。このような漢文か，またはこれにかなをすこしまぜてかいた漢文直訳体かが，日本の公文書や学問の文章の正式の形だった。このような文章のなかで使うには，ヨーロッパ語からの借用語では不便である。たまに出てきても，せっかく表音文字のかながありながら，「越列幾的爾」（エレキテル［電気］）・「舎密」（セーミ［化学］）・「曹達」（ソーダ）・「瓦斯」（ガス）のように漢字をあてなければならない。このような環境が結果的に漢語の造語力をささえたのである。そういう条件を無視して漢字・漢語に＜造語力＞が本来そなわっているかのようにかんがえること

宮島　達夫

はナンセンスである。山田孝雄氏もつぎのように指摘している。

> されば学問といふものは漢学を主とし，その他のものにて学術として権威を保たんには漢文漢語によらざるべからざりしなり。この故に荷田春満が国学校を創めむと幕府に請ひし啓も漢文にて草せられ，その学校の名も「国学校」といふ漢語を用ゐるより外なかりしなり。而して又蘭学者が西洋の文化や学術をわが国に紹介せむにも専ら漢学の力をかりて漢語を以て訳し，若くは漢語の形として訳せしものなり。(山田1940, p. 351-352)

カタカナを文中にまぜることに制限がない現代では，ヨーロッパ語からの外来語は自由にはいってくることができる。

　たいせつなのは，必要な概念を表現する単語が存在することであって，そのことは外来語を輸入することでも可能である。杉田玄白は「神経」という新漢語をつくったが，「気すじ」というような日常語をもとにした造語もできたはずだし，「セイニュウ」というオランダ語の導入でもよかっただろう。「虫歯」「骨接ぎ」ということばがあるのに「齲歯(うし)」「接骨」というように，医学用語でやたらに新漢語をつくったことが，インドネシアからきた看護師の試験に「褥瘡」「漏給」を出題するという今日の事態のもとになった。もちろん，ことは医学にかぎらない。わたしはインドネシア語はまったく分からないが，ジャカルタの大きな本屋へいくと，書名に「statistika」「diplomasi」「televisi」などとかいたものが目につき，ああ，これは「統計」「外交」「テレビ」のことだな，と見当がつく。ローマ字を採用することでインドネシアは(インド文化圏とともに)ヨーロッパ文化圏に加わったのである。玄白が意識していたように，漢文での訳は東アジアの漢字文化圏形成に役立った。と同時に，ローマ字文化圏(ヨーロッパ文化圏)から切り離される結果にもなった。

　では，漢語以外の手段で外来の思想をつたえる可能性はなかったのだろうか。近代学術用語の作成にもっとも貢献したのは西周で，「概念」「理想」など新造語は240語にのぼるという。(手島2002)　日本語史を通じて最高の

造語記録だろう。これらは、もっぱら2字漢語によるものであるが、西自身にもそれ以外の可能性をさぐった形跡がないことはない。文法書『ことばのいしずゑ』で「なことば(名詞)」「はたらきことば(動詞)」「さまことば(形容詞)」のように和語による術語もこころみている。また「演繹」「帰納」を「ひきいたすかむかへ」「ひきいるゝかむかへ」と説明しているのである。(狭間2011)「ひきいだす考え」「引きいるる考へ」では長すぎて術語にはならないが、「引き出し」「引き入れ」ならば「えんえき」「きのう」にくらべて長すぎるということはなく、術語にすることもできたとおもう。また、西は『明六雑誌』創刊号に「洋字ヲ以テ国語ヲ書スルノ論」を発表し、「翻訳中学術上ノ語ノ如キハ今ノ字音ヲ用フルカ如ク訳セスシテ用フヘシ又器械名物等ニ至テハ強テ訳字ヲ下サス原字ニテ用フヘシ是其利九ナリ」と、ローマ字採用が外来語の借用をたやすくすることを利点にあげている。

　なお、漢字・漢語のすぐそばにありながら、これにたよらずに、独自の科学用語をつくった満洲語の例も参考になる。渡辺(2010)を参照。

6. 漢語文化圏の位置

　文字だけ共通でも文化圏にはならない。宗教・風俗習慣その他の現象が共通である必要がある。仏教の伝統をうけつぐベトナムと、イスラムが主流のインドネシアが、ともにローマ字をつかっていても、東南アジアローマ字文化圏とはよべない。一方、ギリシャはギリシャ文字、ロシアはキリル文字だが、これらはヨーロッパ文化圏に属する。ラテン語もギリシャ語も、近代科学の表現を供給しただけでなく、キリスト教の言語であったことが、おおきくひびいた。漢字文化圏がなりたったのは、やはり仏教を伝える言語だったことがはたらいている。ただし、ベトナムの仏教は中国系の大乗仏教だが、タイは上座部仏教(小乗仏教)で成年男子は出家することになっている。ベトナム語が中国語の影響をうけたのに対し、タイはインド文化圏にはいるのであり、インド系のサンスクリットやパーリ語からの借用語がおおい。わたしはベトナムの日本語学校で日本語と共通の漢語を利用して指導していたようすを見学したことがあるが、いっしょに見ていたタイでの日本語教育経験者は、この方法はタイではつかえない、といっていた。また、ベトナムでビー

宮島　達夫

フンを箸でたべるのとちがって、タイではフォーク・スプーンをつかう。漢字文化圏は、いいかえれば中国文化圏だが、言語・宗教・生活習慣などの複合したものとして、インド文化圏に対立していて、その境界線はベトナムとタイのあいだをはしっているのである。

　世界の文化圏としては、漢字(東アジア)文化圏・インド文化圏・ヨーロッパ文化圏のほかにアラビア語文化圏がある。しかし、アラビア語は、科学関係の文献にひろくつかわれない、科学の術語がたりない、という悪循環によって、発展途上の言語にとどまっている。言語は使用によって近代化する。術語の案をつくるだけでは無意味で、実際にそれをつかってみなければ、つまり、大学の教育をアラビア語でやらなければ、術語をためす機会がない。一方、日本語は近代化に成功した。「明治維新以後1世紀たらずのあいだに、ほとんどすべての必要な文献があらゆる言語から日本語に訳された。」(Ibrahim 1989, p. 46)　言語近代化のモデルとして、日本語がアジアだけからでなく、アラブからも(おそらくはアフリカからも)注目されているのである。

　漢字文化圏では、まずベトナムがローマ字化し、つぎに朝鮮がほとんどハングル化しつつある。しかし、それにともなって漢語がなくなったのではなく、漢語も、すくなくはなったにしても、固有語と同様に表音文字でかかれるようになったのである。この文章は「漢字文化圏から漢語文化圏へ」という標題にしたが、じつは、漢字文化圏ははじめから漢語文化圏でしかありえないのであって、それが現象的にいよいよはっきりしたにすぎない。脱漢字の先進国であるベトナムについて、専門家はつぎのようにのべている。

> 思えば十九世紀末から二十世紀にかけて起こった、この民族の漢字との訣別はまさしく一個の決断であった。その決断によって今世紀のベトナムは、明確に大きな収穫を得たことは間違いない。文盲の急速な減少もその一つだが、社会構造の変革、生活文化の変化などに及んだ影響は確かに測り知れないものがあると思う。しかし彼等の決断は漢字との訣別であって、漢語ないしは漢字文化との訣別ではなかった。(川本1987, p. 480)

ベトナム・韓国だけでなく,将来日本も中国も漢字をすてて表音文字化するときがあったとしても,それはやはり漢語文化圏でありつづけるだろう。

参考文献

川本邦衛(1987)「越南人の決断」(橋本万太郎・山田尚勇・鈴木孝夫『漢字民族の決断』469-481,大修館書店)

宋永彬(2002)「韓国における漢字の現在と未来」(筑波大学東西言語文化の類型論的特別プロジェクト研究成果報告書別冊『漢字文化圏の諸相』)

手島邦夫(2002)「西周の新造語について」『国語学研究』41, 1-13.

田中克彦(2011)『漢字が日本語をほろぼす』,角川マーケティング

バーク,P.(2009)『近世ヨーロッパの言語と社会』(原聖訳),岩波書店

狭間直樹(2011)「西周のオランダ留学と西洋近代学術の移植」『東方学報』86, 565-610.

平久保章(1962)『隠元』,吉川弘文館

ブラッドリ,H.(1982)『英語発達小史』(寺沢芳雄訳),岩波書店

宮島達夫(1981)『専門語の諸問題』,国立国語研究所

山田孝雄(1940)『国語の中に於ける漢語の研究』,宝文館

湯沢質幸(2001)『古代日本人と外国語』,勉誠出版

李基文(1975)『韓国語の歴史』(藤本幸夫訳),大修館書店

渡辺純成(2010)「満洲語思想・科学文献からみる訓読論」中村春作・市來津由彦・田尻祐一郎・前田勉編『続「訓読」論』220-259,勉誠出版

Drux, R.(1984). Lateinisch/Deutsch. In W. Besch, A. Betten, O. Reichmann, & S. Soderegger (Eds.), *Sprachgeschichte: Handbücher zur Sprach- und Kommunikationswissenschaft* (pp.854-861). Berlin: de Gruyter.

Ibrahim, M. H.(1989). Communicating in Arabic: Problems and prospects. In F. Coulmas (Ed.), *Language adaptation* (pp.39-59). Cambridge U. P.

Kloss, H.(1978). Die Entwicklung neuer germanischer Kultursprachen seit 1800. Düsseldorf: Pädagogischer Verlag Schwann.

Pörksen, U.(1983). Der Übergang vom Gelehrtenlatein zur deutschen Wissenschaftssprache. (LiLi=Zeitschrift für Literaturwissenschaft und Linguistik, 13) 51/52, 227-258.

Pörksen, U.(1989). The transition from Latin to German in the natural sciences and its consequences. In F. Coulmas (Ed.), *Language adaptation* (pp.127-134). Cambridge U. P.

平成22年告示 常用漢字表考
―― 字種「俺」を通して見た問題点 ――

岩淵 匡

1. はじめに

　平成22年11月改定の「常用漢字表」[1]は、いうまでもなく、「当用漢字表」（昭和21年告示）と「常用漢字表」（昭和56年告示）とをあわせもったものであるから、それぞれの漢字表に問題点があるとするならば、それらもおのずと共有することになる。従って、問題をできる限り単純にするために、小考では今回新たに加えられた196字[2]、削除された5字[3]を検討の対象とし、そのうちの「俺」を通して「常用漢字表」について考えることとした。

　常用漢字表や常用漢字については、表改定の目的、表の目的、常用漢字の条件、目的に合った字種選定、その方法と漢字・語彙調査、字種と字種数、字体[4]、音訓、例語、字種の使用分野等、さまざまな問題が考えられよう。これらのうちいくつかは、表の「前書き」[5]や答申本文[6]に明らかである。また、答申書に見られる考え方についての検討や、現今の漢字に関する施策が三つの省庁に分かれていることなども今後の課題となろう。

2. 「常用漢字表（平成22年告示）」に至る経緯

　「当用漢字表」「常用漢字表（昭和56年告示）」「常用漢字表（平成22年告示）」を対比してみるならば、今回の改定では、字種を増やしたことがもっ

1　小考における「常用漢字表」および大臣への答申文についての引用は、文化庁（2011）による。なお、文化庁ホームページには答申書PDF版（「常用漢字表」本体を含む。）が掲げられている。
2　追加字種数は、文化庁（2011）p.187
3　削除字種数は、文化庁（2011）p.187
4　国語審議会、「表外漢字字体表」を平成12年12月に文部大臣に答申。
5　文化庁（2011）p.3
6　文化庁（2011）pp.173-186

とも大きな変更点であるといえる。

「当用漢字表」の1850字は，一般には字種の不足についての不満が多かったといってよい。このためさまざまな提案が出され，昭和56年の「常用漢字表」では1945字に増やされた。しかし，この表については，期待が大きかったということもあろうが，新聞に現れた意見からは追加字種が少ないという感想が見られた。こうした経緯を踏まえてみるならば，今回の2136字という改定については，大方の満足が得られる字種数であったのであろうか，字種数についての目立った意見はさしてなかったように思う。このことは，昭和56年告示の「常用漢字表」（前書き）に記載され，今回の改定にも引き継がれた，「各種専門分野や個々人の表記にまで及ぼそうとするものではない」[7]という趣旨が，ようやく社会に浸透したとみるべきか，それとも前回のほぼ倍にあたる，196字を新たに追加（削除5字，差し引き191字増）した結果であるのか，判然としない。昭和56年に付加された上記の一文により，小説家をはじめとして文筆に携わる人々にとっては，漢字使用の可能性が大幅に拡大されていたことが，多くの不満を解消させる結果につながったのであろう。

3. 諮問に即応した例「俺」

今回，常用漢字表の，従来と異なる大きな変更点は，文化審議会に対する文部科学大臣の諮問「情報化時代に対応する漢字政策の在り方について」[8]への対応であろう。「情報化」をキーワードとした今回の改定に見られる，結果としての具体相でいえば，字種「俺」の追加などはその最たるもので，諮問に対する答えなのであろう。

字種「俺」は，ウェブサイトにおける『漢字出現頻度数調査（ウェブサイト）』において，表外字として最多の出現頻度を示した[9]。しかし，字種自体の使用状況から見れば，ウェブサイトに限定されるような特殊な字種でもない。小説（会話文），シナリオなどにも多くの使用例が見られる。国立国

7　文化庁（2005）p.224
8　文化審議会（2010）pp.177-181
9　文化庁（2007b）p.25

語研究所の調査報告『現代雑誌90種の用語用字』,『現代新聞の漢字』にも見えるものである。それぞれの調査結果においては,前者については,使用頻度44,使用順位1087位,使用率0.157パーミル[10]である。また,後者については,使用頻度11,使用順位1958位,使用率0.011パーミル[11]である。これらに対して,文化庁のウェブサイトの調査では,全体での使用頻度が,100万5433,使用順位342位(表外字のみでは1位),使用率は0.072パーセント[12]で,数の上ではウェブサイトにおける頻度がきわめて高いものとなった。ちなみに,今回の常用漢字表の改定作業に用いられた,『漢字出現頻度数調査(3)』[13]では,全体で使用頻度2万6738,使用順位474位(表外字のみでは5位),使用率0.054パーセントである。同じく文化庁の朝日新聞と読売新聞とについての調査では,次のようになる。朝日新聞においては,使用頻度100,使用頻度順位1725位,使用率0.003パーセントである[14]。一方,読売新聞については,見落とした恐れもあるが,表中には現れていない[15]。

「俺」についての各種の調査資料に見られる数値をまとめるならば,次のようになる。いずれの調査でも,どのような文脈の中で使用されていたのかは不明である。

	使用頻度	使用頻度順位	使用率(%)
現代雑誌90種の用語用字	44	1,087	0.0157
現代新聞の漢字	11	1,958	0.0011
漢字出現頻度数調査(3)	26,738	474	0.054
漢字出現頻度数調査(新聞)	100	1,725	0.003
漢字出現頻度数調査(ウェブサイト)	1,002,433	342	0.072
新聞電子メディアの漢字*	29	2,501	−

10 　国立国語研究所(1963)p.33, p.191　なお,1パーミルは1000分の1。
11 　国立国語研究所(1976)p.120, p.140
12 　文化庁(2007b)p.25, 文化庁(2007a)p.53
13 　文化庁(2007c)p.86, なお,調査対象書籍はpp.8-14
14 　文化庁(2007d)「朝日新聞調査」p.71
15 　文化庁(2007d)「読売新聞調査」pp.109-184

＊1993年1年分の朝日新聞についての横山詔一，笹原宏之，野崎浩成，エリック・ロング氏らの調査．『新聞電子メディアの漢字──朝日新聞CD-ROMによる漢字頻度表──』(p.36)による．

　文化庁の調査と国立国語研究所の調査との間には，非常に大きな差があるが，これは文章ならびに漢字使用の，時代の変化に伴う質的変化なのであろう．

　ここで大きな問題となるのは，ウェブサイト上のどのような分野の文章に用いられていたのかという点である．前述の『漢字出現頻度数調査(ウェブサイト)』によると，以下のような記述がある．

　　　株式会社ニューズウオッチで「情報フィルタリング処理」を実施している以下の資料である．
　　　　①一般ブログ　　　　④優良投資ブログ
　　　　②ニュース記事　　　⑤各種プレスリリース
　　　　③企業情報(東証発行)　⑥市民メディア
　　上記対象資料である①〜⑥までのウェブページで使われたすべての漢字を対象とする．(『漢字出現頻度数調査(ウェブサイト)』「凡例」)[16]

　字種「俺」の使用されている具体的な資料は明確ではないが，主として上記①④⑥に含まれる一部の資料に用いられていたものと思われる．このことは，現代語において，語「おれ」を口頭語と考えるべきことによる．このため小説の会話文や戯曲，シナリオ等，会話を写した部分，口頭語的要素が特に多いものに見られる．調査資料中に小説類が含まれていたことから国立国語研究所の調査にも「俺」が現れたといってよい．

　これに対して，文化庁の調査では，書き言葉に明らかな質的変化が生じていることを示しているといってよいであろう．すなわち，今日では，話し言葉を文字により，そのまま記録したような「文章」が少なくない．特にウェブサイトでのブログやツイッター等，個々人の書いた文章に多く見られる．

16　文化庁(2007b)p.2

ウェブサイトにも文章としての質の高いものも少なくないが、文字で記されてはいるものの、話しているかのような、あるいは話を録音したかのようなものを、単に文字化したと考えざるをえないものがツイッターに非常に多い。文章に対する意識、価値観が大きく変化してしまっているものと考えられる。

小説類にも従来の文章観からは大きく相違し、話し言葉化が進行しているかのようなものが見受けられる。極端な言い方をすれば、文字で書いてあれば、それは文章だという考え方であろう。従来の書き言葉と話し言葉の別が曖昧になっているだけでなく、書き言葉としての文章を書くというよりは、話すままに書く、文字にするという意識が顕著となってきた。書き言葉と話し言葉との差が縮まってしまったと解釈できる。こうした現状の反映として字種「俺」の頻出過多の現象があるのであろう。

ウェブサイトのブログ等では、書き言葉の話し言葉化が急速に進行しているように思われる。これに伴い小説等の文章でも、話し言葉への傾斜が顕著になってきているのである。小説の会話文における、方言や俗語の使用は古くからみられたが、地の文への話し言葉の混入は最近の現象といってよい。

『漢字出現頻度数調査(3)』[17]では、「辞典・古典」「単行本」「週刊誌」「月刊誌」「教科書」の5分野における漢字使用頻度を示している。「俺」の場合は、以下のようになっている。使用頻度は2万6738、表外字中の順位は「藤」「之」「誰」「伊」についで5位、次いで「岡」「頃」「奈」「阿」「阪」と続く。使用頻度表での全体の順位は、474位である[18]。使用状況は、単行本に多いが、多くの小説が調査の対象となっているためである。辞典・古典はかなり範囲を広げているためであろうか、ここにも「俺」が現れている[19]。

---

17 文化庁(2007c)p.23, p.86
18 文化庁(2007c)p.86
19 調査対象については 文化庁(2007c)参照。

		使用頻度	使用率(%)	
全体		26,738	0.054	
内訳	辞典・古典	35	0.001	
	単行本	18,121	0.073	小説が多く含まれている。
	週刊誌	2,356	0.031	週刊誌3誌が対象。
	月刊誌	6,226	0.065	月刊小説誌2誌を含む。
	教科書	−	−	

　なお,「俺」は,改定された「常用漢字表」以前には,人名用漢字[20]として選定され,「人名用漢字別表」に含まれていた。この理由は明らかではないが,大規模な漢字調査の結果に基づくのであろう。この字種が人名用漢字としてどのように用いられるかには興味が持たれるが,代名詞としての「おれ」を表すのみであるならば,「常用漢字表」のみならず,「人名用漢字別表」に組み込む必要はなかったのではなかろうか。

　こうした状況下においては,「常用漢字表」は難しい問題を抱えることになろう。ウェブサイトや大衆小説等に見られる文章の質の変化にともない,情報化社会への対応として,使用頻度の高い字種として「俺」字を選定したとするならば,書き言葉としての文章をどう考えればよいのか不鮮明なものとなろう。

　明治期の言文一致が話すように書くということであったとするならば,昨今の文章は話すままに文字によって記録することにほかならない。字種「俺」の常用漢字としての選定は,さまざまな問題を指摘する好個の材料と考えられる。その一つとして常用漢字の性格,選定のための資料・方法等に対する今後の在り方を挙げることができよう。言い換えれば,常用漢字は,文章を書き表すための文字であり,書き言葉として,話し言葉とは明確に区別するための文字であることの可否であろう。当然,選定のための資料はそれにあわせる必要がある。何にでも応用できるということではなく,明確な目的に対応させねばならないのである。

20　法務省「戸籍法施行規則」平成16年9月改正において「別表第二　漢字の表」の「一」に加えられたが,平成22年11月削除,同年同月告示の「常用漢字表」に移行した。

4. 答申内容に見られる問題点

　以上述べたように,「常用漢字表」や「人名用漢字別表」のように,本来,明確な目的を持つものについては,その目的に最適な資料を対象にした調査を行うべきであろう。目的にかかわらず,単に大規模調査の結果を利用するというのでは,真に必要な結果を導き出すことは困難となるのではないだろうか。もちろん大規模調査の結果を利用する場合であっても,結果についての十分な検討の上,その中から目的に合致する字種のみを選び出すことも可能であろう。

　しかし,従来型の文章を書き表すための漢字が常用漢字であるとするならば,それにふさわしい対象を選定し調査を行うことが望ましい。人名用漢字であれば人名に用いるのにふさわしい漢字を選定するための手段を講じなければならないのは自明のことである。「常用漢字表」も同様に単に漢字で書けるということのために漢字を選定するのか,質の高い,書き言葉としての文章表現に対応しうる字種を選定するのかが明確にならない限り,漢字調査は無駄になってしまう。何を明らかにするのかという点でも同様である。

　「当用漢字表」以来の字種である「朕」「璽」の使用例も同様で,現代の一般的な新聞雑誌を対象とするかぎり,通常は見いだせない。使用が予想される対象について調査しなければならないのである。

　「当用漢字表」の改定に当たっては,国立国語研究所の『現代雑誌90種の用語用字』および『現代新聞の漢字』が用意されたが,新聞は調査の進行上『現代新聞の漢字調査(中間報告)』としてまとめられたものが利用できる状況であった。しかしこれらの調査は,「当用漢字表」告示以降に公刊されたものであるだけでなく,当時の,新聞雑誌を対象としたわけであるから,当然の結果として「朕」「璽」は出現しなかった。このため,たとえば文化庁の『漢字出現頻度数調査(新聞)』では,朝日新聞・読売新聞に「出現しない常用漢字」の一つとして「朕」を挙げている。

　また『漢字出現頻度数調査(3)』では,以下の通りである[21]。ここには時代

21　文化庁(2007c)p.142

小説(歴史小説)や史料，歴史的事実に触れる記事などが含まれている[22]。

		使用頻度	使用率(%)	
全体		194	0.000	
内訳	辞典・古典	3	0.000	
	単行本	121	0.000	小説が多く含まれている。
	週刊誌	2	0.000	週刊誌3誌が対象。
	月刊誌	50	0.001	月刊小説誌2誌を含む。
	教科書	18	0.002	

　現代においては，「朕」は以上のような内容を持っている出版物にのみ現れる。ここに，漢字調査が単なる大規模調査であればよいという考え方は安易すぎるという評価が生まれてこよう。主として日本史学，中国史学など専門領域に関わるものに現れる字種であるから，そうした分野を調査対象としない限り使用例はないことになる。何を調べ，どのような結果を求めるのかという確とした方針がなければならない。それにもかかわらず，改定された「常用漢字表」に含まれている理由は，現在の「日本国憲法」の「前文」をなす「日本国憲法公布記念式典の勅語」の存在にある。「日本国憲法」の全文を読むための字種として位置づけられ，「当用漢字表」から「常用漢字表(昭和56年告示)」を経て，改定した「常用漢字表」にそのまま引き継いだからである。

　「朕」は，一種の皇室敬語であり，一般には使用が制限される。「璽」にも同様の性格がある。従って，語としての用途も限定される。現代の日本語での一般的用例としては，小説類は別として，日本政治史・日本教育史等の資料としての勅語などにおける，「朕惟」「御名御璽」であろう。新聞雑誌以外の例としては，昭和21年11月3日の昭和天皇による「日本国憲法公布記念式典の勅語」[23]に見える例が「当用漢字表」告示直前の唯一のものともい

22　文化庁(2007c)pp.8-14
23　法務省大臣官房司法法制部編(1949)pp.1-4 による。岩淵(2011)p.3 参照。なお，この勅語は一部の六法全書に収録されている。また，手軽に見ることの出来るものとしては，吉川弘文館編集部(2007)。「日本国憲法」「太平洋戦争終戦の詔書」などを収める。

えよう。もちろんこの後も歴史小説・時代小説の中にはごくわずかではあるが用例を探し出すことが出来る。確認した例としては、日本文藝家協会編になる『現代の小説1994』に「璽」、同じく『平成六年度代表作時代小説』に「朕」の各1例がある。

5. 新「常用漢字表」のデータの持つ問題点

　今回の「常用漢字表」改定は、大規模調査による結果であるが、その利点が、表の上に現れてきていないように思う。その原因は、調査報告書の上からは、調査方法が必ずしも明確ではない部分があるように思えるのみならず、各資料の性格が不明確であるものがあることなどに起因しよう。昭和56年の「常用漢字表」は、使用した資料の性格が明らかであり、一般社会での漢字使用を考えるのにふさわしい資料であったといってもよい。この点に曖昧さを覚えるのが今回の資料である。これはデータ作成上の種々の制約によるものではあろうが、信頼される「常用漢字表」作成のためには、資料や方法を明確にすることは欠かせない。この点が明確にならなければ、大規模調査を行っても正確な判断材料を得ることは困難である。

　常用の漢字には、現代に限定されるものと日本語史において長く用いられてきているものとがある。たとえば、『日本古代木簡字典』[24] には、平城宮跡出土の木簡から選択、集字された、「完存し比較的鮮明な」漢字、900字余が収められている。これを見ると、収録された、ほとんどすべての漢字が今日も用いられており、通常の形では使用例を見ることのないものは、全体のうち59字に過ぎない。このうち、常用漢字・人名用漢字・使用例の確認できた字種を除くと、18字が残る。この18字の中には、JIS規格に含まれていないもの、すなわち「冊」「塀」「艾」「蒩」「訃」の5字があるが、その他はいずれもJIS規格に含まれている。従って使用例を確認できないとはいえ、現代において使用される可能性は十分にある。以下にその18字をあげておく。

24　奈良文化財研究所(2008)。『平城宮木簡』一から六に収められた木簡の内、「完存し、かつ比較的鮮明な」文字を選択し、見出し文字、出典を示し、字種の部首(『大漢和辞典』による)により約940字を分類配列している(「例言」)。

字種	字義	所在
佰	百。	p.15
卅*	四十。	p.28
埦	食べ物を盛る小鉢。	p.40
塙*	土が硬い。地名用字種。	p.40
昊	日光の明らかな様。	p.78
灉	川の名。郡名。	p.91
絁	つむぎ(絹布)。	p.111
腊	ほじし(肉)。	p.117
艾*	草の名(ヨモギ)。cf.「艾」	p.125
葅*	漬け物。cf.「菹」	p.125
蘗	きはだ(染料・薬用・用材)。	p.125
裹	包む。袋。cf.「裏」	p.128
襖	ぬのこ(短い綿入れの衣)。	p.128
訆*	叫ぶ。「叫」と同字。	p.130
豉	味噌・納豆。	p.133
錔	くさび。	p.148
飡	めし。cf.「飧」	p.156
駻	馬。	p.158

注1 字種欄に示した字形は,『日本古代木簡字典』見出しの字形を原則とした。
　　*印の字種はユニコード漢字である。
　2 字義は理解できる範囲内で略記した。
　3 「所在」は『日本古代木簡字典』における掲出ページを示した。

　ちなみに字種「俺」は,同字典にない。
　これら18字の現行漢字字典における状況を見るに,字書間での登録状況がまちまちであり,諸橋(2000)には登録されているが,他の字書には見えない場合や,一部の字書にのみ登録してあるか,あるいは全く登録していないかである。
　使用頻度の上で差が見られるにしても,具体的な使用例を見いだしえない字種はさほど多くはない。使用頻度調査を行うことが可能ならば,更に種々

のことが考えられようが，木簡における漢字の使用頻度調査は，必ずしも有効ではない。それはあくまでも断片的な資料の集成でしかないからである。使用頻度によって操作される統計的調査結果とは対比しようのないものである。

　各字種の出現状況にも，文化庁の調査結果とも差異が生じている。これは，調査対象となった各資料の性格の差であろう。極端な言い方をすれば，一般の新聞記事と小説との違いとでもいえるものであったり，時代や社会の差であったりするものであろう。従って，『日本古代木簡字典』収録の各字種は，使用頻度を別とすれば，字種としての共通性をもって判断すべきである。かつて，古事記，万葉集などをはじめ各時代の文献の使用字種を調査した[25]結果では，「当用漢字表」や「常用漢字表(1981年内閣告示)」との共通字種は少なくはなく，資料によってはかなり多くの字種が共通していた。こうした結果を対照することにより，日本語として，単なる使用頻度ではなく，必要か否か，また，現代社会において必要不可欠であるか否かという点での結果を出す方法を検討するべきである。それは，おそらく，常用の漢字の性格を明確にすることによって明らかになるものであろう。

　前掲の，字種「俺」の使用頻度における大きな違いは，ウェブ上のブログ等を調査の対象とした場合と除いた場合との差を検証することが可能ならば，ある程度はっきりしようが，少なくとも書き言葉としての限界を守っていると考えられる資料のみを対象としていれば，前掲表に現れたような結果にはならなかったであろう。常用の漢字というのは，本来，書き言葉のためであって，話し言葉における使用は考慮されていない。現代におけるブログ等の文字表記は，見かけは書き言葉であっても，実質的には話し言葉であるという場合が少なくない。こうしたウェブ上での文字使用は，別途考えるべきものであろう。

---

[25]「古代主要文献に共通する漢字について」(早稲田大学教育学部「学術研究第25号」1976)以降，1999年にかけて，古代から現代にいたる各種文献における使用漢字に関する調査を報告した。

6. 常用漢字としての字種数

　昨今のパソコンの環境は，可能な限り多くの字種を扱えるものという使用者の要求が強いようである。パソコン本体，ディスプレイ，プリンター，関連ソフト等では，人名用漢字，JIS規格の第1水準・第2水準・第3水準・第4水準の漢字，ユニコード等，常用漢字を含めて1万字を超える漢字使用が可能となっている。その上，ジャストシステム社のATOK，マイクロソフト社のIMEなど日本語変換システムの高度な進歩により何らの障害もなく漢字を自由に使用できる。特殊な略字・俗字などを除けば手書きの場合と異なるところのない漢字使用である。また，昭和56年告示の「常用漢字表」は，従前の「当用漢字表」とは異なり，前述の通り「漢字使用の目安を示す」ものとなり，「各種専門分野や個々人の表記にまで及ぼそうとするものではない」こととなった。この結果，漢字使用上一定の枠はあるものの，かなり大幅な漢字使用が可能となっているのである。

　しかし，パソコンで作成した文章は，活版印刷とは異なり，漢字の多少が読みやすさと連動する。多すぎても少なすぎても読みにくさを感じるのは経験から来るところである。当然，使用字種数にも自ずと限界がある。国立国語研究所の調査[26]によると，漢字2000字を用いれば，使用漢字の，およそ99パーセントを賄うことができるという。それ故，昭和56年告示の「常用漢字表」(1945字)は，字種数上適度なものであったといえる。その意味で，「常用漢字表」の字種数も2000字を目安とするのは妥当な線であろう。

　国立国語研究所の調査結果以外にも，大西雅雄氏は2000字で全体の約87パーセント[27]を，また，内閣印刷局編『本邦常用漢字の研究』においても約2000字の漢字により全体の99.6パーセントをカバーできるとしている[28]。90パーセント以上を賄う正確な字種数については確定しないまでも，2000字というのは一つの大きな目安となろう。これを「常用漢字表」の緩やかな総枠と考えるならば，今回の常用漢字表では，字種を196字増やし，その一

26　国立国語研究所(1963)pp.6-9，国立国語研究所(1976)pp.27-30
27　大西(1941)pp.6-7
28　内閣印刷局編，内閣印刷局研究報告第1号，内閣印刷局，昭和16年6月刊。吉田・井之口(1962)p.130による。

方で 5 字種削減したが，この字種削減の方針は今後においても堅持されるべきものである。ただいたずらに字種数を増やせばよいというわけではない。追加に伴う削減は今後の方向としては重要な要素である。

7. おわりに

　常用漢字と JIS 規格の漢字とは成り立ちの経緯がまったく異なる。本来は，JIS 漢字の中から，常用漢字や人名用漢字を取り出すべきである。しかし，常用漢字の考え方は古くからあるのみならず，昭和 21 年には「当用漢字表」として成立している。その上，この二つの漢字体系の性格はまったく異なる。「常用漢字表」は一般の日常生活における読み書きの必要性に由来するのに対して，JIS 漢字は手書きされてきた戸籍原本，地名調書等の，行政上の必要性，すなわち機械化・能率化の要請からきたものである。当然かみ合わない点も少なくないであろう。「情報化社会」という点からいうならば，字種「俺」を加えるのではなく，常用漢字の体系と JIS 漢字の体系とを融合させる方向で模索すべきであったのではなかろうか。確かにそうした一連の動きとして，国語審議会は平成 12 年に「表外漢字字体表」を答申しているが，今回の「常用漢字表」内において，「しんにょう」の「一点」「二点」の統一もままならない状況が存在している点を考えれば[29]，各種漢字表相互の字体の整理統合は，不可能と考えられるくらいの困難さを伴うものであろう。

　いわゆる JIS 字体，人名用漢字字体，当用漢字字体などさまざまな形での字体が存在するのは，今後の情報化社会時代における弊害ともなりかねない。長期にわたる改善作業や多くの費用を必要とするであろうが，こうした状況の改善は，情報化社会において必要不可欠にして基本的かつ重要な問題である。ここに情報化時代における漢字政策の基本的な姿勢が存在しよう。

29　清時代の『康熙字典』ではすべて「二点しんにょう（辶）」であるが，梅原清山氏の『唐楷書字典』では「一点しんにょう（辶）」である。各種書道字典類や現代の書展において出品される書の「しんにょう（辶）」に着目するならば，時代差とか個人差とかではなく，書体との関係によるものと思われる。少なくとも現代の書における楷書体や一般の硬筆による筆記体においては「一点しんにょう」である。

「しんにょう」を一点にするか二点にするかの問題も霧消する。さすれば，「俺」を今回の「常用漢字表」に加える必要もなかったであろう。関係省庁間における困難な問題も存在しようが，情報化社会における，漢字政策の第一歩への基本方針として，各漢字体系における字体の統一についての提言をなすべきであったろう。

　本小考をなすに当たり，文化庁文化部国語課による漢字調査の結果を利用することができた。ひとえに，同庁主任国語調査官，氏原基余司氏のご厚意によるものである。記して謝意を表したい。

参考文献
岩淵　匡（2011）「新常用漢字表雑感（続）」"Rômazi no Nippon" 658，p.3
大西雅雄（1941）『日本基本漢字』三省堂，pp.6-7
漢語大字典編集委員会（1986）『漢語大字典』湖北辞書出版社・四川辞書出版社
　　※　使用に当たっては 1997 年の縮印本を用いた。
国立国語研究所（1963）『現代雑誌 90 種の用語用字（2）』秀英出版，pp.6-9，p.33，p.191
国立国語研究所（1971）『現代新聞の漢字調査（中間報告）』
国立国語研究所（1976）『現代新聞の漢字』秀英出版，pp.27-30，p.120，p.140，p.513
奈良文化財研究所（1966）『平城宮木簡』一～六（1966-2004）
奈良文化財研究所（2008）『日本古代木簡字典』八木書店
日本文藝家協会（1994a）『現代の小説 1994』徳間書店
日本文藝家協会（1994b）『平成六年度代表作時代小説』光風社出版
文化審議会（2010）『改定常用漢字表（平成 22 年 6 月 7 日　文化審議会答申）』部内資料，pp.177-181
文化庁（2005）『国語審議会答申・建議集』部内資料，p.224
文化庁（2007a）『漢字出現頻度数調査（ウェブサイト）』部内資料，p.2，p.25，p.53
文化庁（2007b）『漢字出現頻度数調査（ウェブサイト）　補足訂正資料』部内資料，p.25
文化庁（2007c）『漢字出現頻度数調査（3）』部内資料，pp.8-14，p.23，p.86，p.142
文化庁（2007d）『漢字出現頻度数調査（新聞）』部内資料，p.1，p.71，pp.109-184
文化庁（2011）『常用漢字表　平成 22 年 11 月 30 日 内閣告示』ぎょうせい，p.3，pp.173-186，p.187
法務省（2004）「戸籍法施行規則　平成 16 年 9 月改正」（総務省「法令データ検索システム」）

岩淵 匡

法務省大臣官房司法法制部(1949)『現行日本法規1 憲法』(加除式)ぎょうせい，pp.1-4
横山詔一，笹原宏之，野崎浩成，エリック・ロング(1998)『新聞電子メディアの漢字
　　──朝日新聞 CD-ROM による漢字頻度表──』(国立国語研究所プロジェクト選書
　　1)，三省堂，p.36
吉川弘文館編集部(2007)『近代史必携』，史料編 pp.14-15
吉田澄夫・井之口有一共編(1962)『明治以降 国字問題諸案集成』風間書房，p.130

　以上のほか，辞典類として，愛知大学中日大辞典編纂所(1987)『中日大辞典　増訂第二版』，上田万年他(1963)『大字典　七訂新装版』，同(1993)『新大字典　普及版』，梅原清山(1994)『唐楷書字典』，張玉書他(1716完成)『康熙字典』(同文書局石印光緒癸未版1883)，藤堂明保他(2005)『学研 新漢和大字典 普及版』，伏見冲敬(1974)『書道大字典　上・下』，諸橋轍次(2000)『大漢和辞典　修訂二版』などを参照した。

ローマ字日本語の可能性

竹端 瞭一

1. 第4の日本文字

「いの一番」と言う。「口をへの字にして」といったことばもある。「雪の朝　二の字　二の字の下駄の跡」という俳句は,田捨女(Den Sute Zyo)[1]6歳の時の句だそうである。日本人のものの言い方には漢字とかなを頭におきながら作られたものが多い。日本語の必要に応じて漢字からひらがな,カタカナを創りだし,3種の文字を組み合わせて書きあらわす。

そこへさらに,ローマ字も採り入れたいと考える。1920(大正9)年,大審院(いまの最高裁判所)でRômaziによる投票を有効とする判決が出され,1924(大正13)年にも内務省がローマ字投票を認める告示を出した。1937(昭和12)年には,訓令式ローマ字と呼ばれるようになる書き方が内閣訓令第3号[2]として公布された。

このように,すでに日本語をあらわす公式の文字として認められている4番目の文字組織——Rômaziを使って,漢字日本語とはひとあじちがったNippongoを発展させる考え方である。オト文字で書きあらわすと,耳で聞いてもすぐわかる表現が自然に育つ。

2. ローマ字の鹿児島上陸 ―― 1549年

1543(天文12)年,種子島に漂着した明国の船に乗っていたポルトガル人が西洋式の鉄砲(鐡炮)を伝えた。その時は日本人と明国人が砂浜に漢字を書いて話をかわしたらしい。

1549(天文18)年にフランシスコ・シャビエル(ザヴィエル Francisco Xavier,

---

[1] 1634〜1698, 貞門の俳人・歌人, 貞閑尼。
[2] 第1次近衛内閣のとき「綴方ハ従来区々ニシテ(中略)不便尠カラズ」という状態の統一のために公布された。1954(昭和29)年に廃止され,第2表に日本式,ヘボン式のつづりをふくめた内閣訓令第1号が公布された。

1506〜1552)が鹿児島に上陸した。町でキリストの教えを説くために日本語を書きとめていたとすれば，それが最初のローマ字日本語であった。

その後宣教師たちはスペイン式，ポルトガル式あるいはラテン式のつづりと漢字かなを使って切支丹版(Kirisitanban)とよばれる文献を出版する。『サントスのご作業の内，ぬき書き』(加津佐学林，1591)が最初のローマ字本である。"SANCTOS NO GOSAGVEO NO VCHI NVQIGAQI" の「御作業(ごさげふ)」は小文字では書けば gosagueô となる。

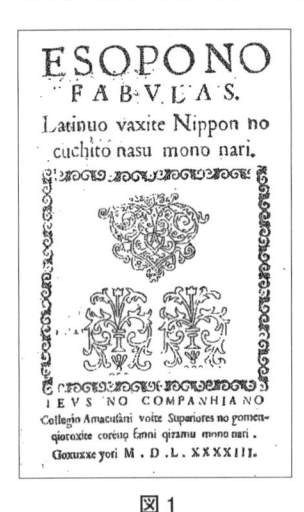

左の図1の『天草版伊曽保物語』(エソポのファブラス，1593)には「ラティンを和してニッポンの口となすものなり．」つまり話しことばに和らげたとある。2ページ目には 'DOCVIVNO FITOYE TAIXITE XOSV.'（読誦の人え(ye) 対して書す）と出版の目的を述べる。ラテン式の DOCVIV は，小文字ならば docuju と書かれる[3]。

この日本最初のイソップ寓話集のローマ字文のわかち書き，すなわち単語のつけはなし方を見ると，curauabayato(食らはばやと)のように名詞，動詞に助詞，助動詞をつづけて書く「文節」式と，coto gia(ことぢゃ)と附属語をはなした「単語」式の書き方とがまざっている。『天草版平家物語』(1592,図2)のとびらにも，NIFON NO COTOBA TO Historia uo narai xiran to FOSSVRV FITO NO TAMENI XEVA NI YAVARAGVETARU FEIQE NO MONOGATARI.'(ニフォンのことばとヒストリアを習ひ知らんと欲する人のために世話［シェワ］に和らげたる平家の物語)とある。話しことばに近づけた文体，ということである。

『平家物語』・『伊曽保物語』・『金句集』の合本(大英図書館所)には，「この平家物語と，エソポのファブラスの内の分別しにくき(funbet xinicuqi)ことばのやはらげ」という語句集が添えられている。小文字 s の字体は f であった[4]。

図1

ESOPO NO FABVLAS.
Latinuo vaxite Nippon no cuchito nasu mono nari.

IEVS NO COMPANHIA NO
Collegio Amacuſani voite Superiores no pomenqiotoxite coreno fanni qizamu mono nari.
Goxuxxe yori M.D.L.XXXXIII.

3　福島邦道『キリシタン資料と国語研究』(笠間書院，1973)ほか。
4　福島邦道『天草版伊曽保物語』(勉誠社，1979)

Acano mizzuuo muſubu. Aſa tçutomeno tameni mizzuuo cumu coto.（閼伽の水を結ぶ。朝つとめのために水をくむこと。）

『天草版平家』は単語単位の書き方が多いが，「やはらげ」は名詞に助詞をつづけたわかち書きをしている。摩擦音「じ・ず」を ji, zu, 破擦音の「ぢ・づ」を gi, zzu と書き分け，「水」（みづ）は mizzu とつづる。

図2

3．キリシタン・ローマ字のつづり ― 1592年

キリシタン文書のラテン文字の書き方は，日本語の音韻体系や「歴史的」な文字習慣にもとづく日本語の正字法（orthography）ではない。日本語学習のためのローマ字であったから，ラテン語などの表記法を日本語にあてはめた写音法（transcription）[5]であるが，そのため16世紀の日本語音の実態を知る上で貴重な記録を残すものとなった。

ア行	a	y, -i	v(=u)	ye, -e	vo, -o	ヤ	ya
カ行	ca	qi	cu, qu	que	co	キャ	qia
ガ行	ga	gui	gu	gue	go	ギャ	guia
サ行	ſa	xi	ſu	xe	ſo	シャ	xa
ザ行	za	ji	zu	je	zo	ジャ	ja
タ行	ta	chi	tçu	te	to	チャ	cha
ダ行	da	gi	zzu	de	do	ヂャ	gia
ナ行	na	ni	nu	ne	no	ニャ	nha
ハ行	fa	fi	fu	fe	fo	ヒャ	fia
バ行	ba	bi	bu	be	bo	ジャ	ja
パ行	pa	pi	pu	pe	po	ヂャ	pia
マ行	ma	mi	mu	me	mo	ミャ	mia
ヤ行	ya		yu	ye	yo		
ラ行	ra	ri	ru	re	ro	リャ	ria
ワ行	va	i, y	u, v	ye	vo	クヮ	qua

5　平井昌夫『ローマ字教育の理論と実践』（開隆堂，1947）71〜74p.

竹端　瞭一

　近代化をめざした明治以来の国語改革論とは異なる立場の登場であったが，ローマ字(ラテン文字)が日本語を書きあらわす文字として役立つことは証明された。
　当時のハ行子音が両唇音の f(国際音声記号 [Φ])であったことや /si/(シ)と /se/(セ)が xi, xe と書かれ，現代語のシ [ʃi] や熊本などのシェ [ʃe] と同じであったことなどを伝える。語彙の面では『拉葡日対訳辞書』(Rahoniti 〜，天草学林，1593)や『日葡辞書』(Nippo 〜，長崎学林，1603 〜 1604)[6] という 3 万以上の見出し語を収める優れた辞書が編纂された。
　ジョアン・ツズ(通詞)・ロドリゲス(João Tçuzu Rodrgues, 1561 〜 1633)は 13 歳の時，1574 年に長崎に来た人で，『日本大文典』(1605 〜 1608，長崎で出版)と『日本小文典』(1620, マカオで出版)という精密な文法書をあらわした。

　　　Ten, Chi, Iin (= Jin) または Nin は Coye (音，こゑ)の音で(中略)いっぽう Ame, Tçuchi, Fito はそれぞれ Coye に対応する Yomi で，意味は古来の日本語(の読み)でも同じである[7]。

　また，Yomi(訓)と Coye(音)をまぜたことばが王国共通の言語で，Yomi だけの表現，やまとことばは「Ghenji monogatari(源氏物語)，Ixe monogatari(伊勢物語)などのごとく，文体が優美・流麗な書物のみに用いられている。」などと指摘している。

4. ローマ字日本語の出現

　島津重豪(Sigehide, 1745 〜 1833)[8] が薩摩琵琶の歌「松囃」(Matubayasi)をローマ字の大文字で書き，その右下に「君が代」を筆記体の小文字で書いたものが残っている(図 3)。この 2 首は『倭漢朗詠集』(1018 年ごろ)巻下にあるもので，「長生殿裏春秋富不老門前日月遅」(長生殿の内には春秋を富

---

6 「拉」(ラテン語)は中国語の音訳，拉丁(Lādīng)，「葡」(ポルトガル語)は葡萄牙(Pútáoyá)。
7 『日本語小文典(上・下)』(池上岑夫訳，岩波書店，1993)，同書(上)26p.
8 薩摩藩第 8 代藩主，中国語，オランダ語に通じ，ひ孫の斉彬に大きな影響をあたえた。図 3 は写真集『尚古集成館』(第 2 刷，1992)より。

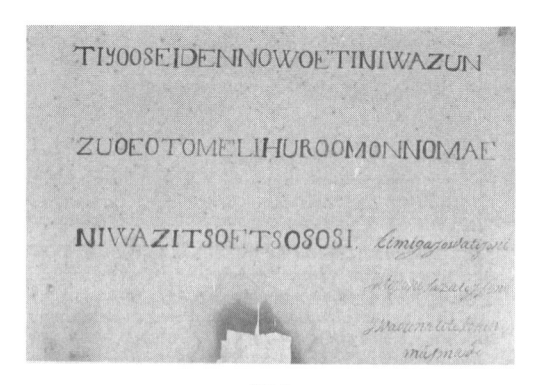

図3

めり。不老門の前には日月おそし。倭漢 #775)と読める。重豪はオランダ式に ZUNZUOEO(しゅんじゅうを)と書き、ジッゲツは ZITSQETS とつづっている。「富めり」は TOMELI,「不老門」は HUROOMON と、l と r の両方を当てているのはオランダ文字の練習が目的であったためか。ウは oe, ユは u と書く。

この漢詩[9]に対応する和歌「わがきみは千代に八千代に」(倭漢 #776)を鎌倉時代以後の本は「君が代は」と伝える。それを筆記体の小文字で書いている。

kimigayowatiyoni yatiyonisazaleysino
ywawotonalitekokeno músmade

島津斉彬(Nariakira, 1809〜1858)[10]はてがみをオランダ語で書き、ローマ字で日記をつけた。「斉彬(Seihin)公欧文日記」(1850, 尚古集成館所蔵)には 'higo hei koe loo ioli moositaloe iosi'(肥後兵九郎より申したる由；元旦1行目)のようにラ行子音は 'l' であらわすが、2行目に 'wale ra'(われら)、5行目にも 'nakamoerakaemon'(中村嘉右衛門)などと 'ra' がまじる。母音ウをオランダ式に 'oe' とつづるけれども、シ si, チ ti などは日本語式と言える。

---

9 作者慶滋保胤(Yosisige no Yasutane)の苗字は本名賀茂氏を漢語風に作りかえたペンネーム。
10 薩摩藩第11代藩主。開国、近代化をとなえた。

日記のはじめのころは1音節づつの書き方が多いが，次第に 'totiŭŭ nite watasoe iosi'（途中にて渡す由）のように単語意識が進んでくる。

5. 近代の国語改革論

　幕末から明治にかけて日本の近代化を支えるべき新しい「国語」の建設がさかんに議論された。慶応2(1866)年12月に前島密が「漢字御廃止之儀」と呼ばれる建白書で幕府に提出した。「成る可く簡易なる文字文章を用ひさる可らす」と主張した。江戸時代すえの表現はまだ候文（sôrôbun）であった。この段階では「西洋諸国の如く音符字（仮名字）[11] を用ひて教育を布かれ（略）漢字の用を御廃止相成候様にと奉存候」とかなもじの利用を考えていた。

　1869（明治2）年に南部義籌[12]が「脩国語論」（Syû-kokugoron）を大学頭（Daigaku no Kami）に提出した。近代最初のローマ字論は漢文でしるされた。「学問之道西洋諸邦為易皇国支那為難」（学問の方法は西洋ではやさしく，日本と中国ではむずかしい）と始まる。「国語が国内で通じないような状態では中国語や英語などにとって替わられ，堂々たる日本語は混雑磨滅してしまう。」したがって，「いやしくもこれを成さんと欲すれば，洋字を仮りて国語を修むるに如かず。」（原文「苟欲成之莫如假洋字，而脩国語也」），つまり，ローマ字で日本語を修復しなければならないというのである。

　前島が1873年に書いた「興国文廃漢字議」（かなを興し漢字を廃する考え）には，「今国字ヲ用フルハ直ニ羅馬字ヲ用ユルニ如カスト此論固ヨリ然リ」，すなわち，国字（かなもじ）よりもローマ字を用いるほうがよいという論は正しい，しかしながら「羅馬字ヲ知ルモノニ至リテハ厪ニ指ヲ屈ス（中略）羅馬字ヲ以テスルハ譬ヘハ万里ノ路ヲ往クカ如シ」（ローマ字を知っている人は指折り数えるほどしかいない）と指摘していた。

　それが，今では子どもでも「Uターン」や「CD」がわかり，多くの日本人がコンピュータの入力にアルファベットのキーボードを利用しているので

11　ローマ字拡め会の雑誌 "Rōmaji Zasshi" 第51号（1889，明治22年）にのった前島自身の論説のローマ字文に音声文字のことを 'on-fu（音符）' とつづっている。

12　Nanbu Yosikazu, "Rômazi Sekai" 第5号（1911年11月）に南部自身が「脩国語論」の漢文を訓読して紹介。

ある。

　幕末にオランダで国際法や哲学を学んできた西周[13]は「哲学，理性，科学，演繹」などの近代漢語を創りだした人物であるが『明六雑誌』創刊号(1874，明治7)に「洋字ヲ以テ国語ヲ書スルノ論」と題するローマ字論を唱えたのも，漢字漢文が近代的な国民教育をさまたげると懸念したからである（巻頭の口絵を参照）。それにしても西周をはじめ，近代化をさけぶ明六社の仲間たち自身の文章は漢文調の非近代的なものであった。

　「洋字ヲ以テ…」の論も，「吾輩日常二三朋友ノ盍簪ニ於テ偶當時治亂盛衰ノ故…」[14]という文句で始まる。このような文章語と民衆のことばがかけ離れている状態を改めるにはローマ字で国語を書いて「言フ所書ク所ト法ヲ同ジウス」と，言文一致の方向へ進むべきだという意見であった。

　日本語の文字としてRômaziが加わることにより，Nippongoはオトを大切にする言語に育っていく。これまでは文字言語を尊重するあまり，声で聞いてわからないことばが増える一方であった。ローマ字論やカナモジ論の立場では，漢字なしで意味の通じない表現を少なくすべきだと考える。

　日本人も発音に無頓着であったわけではなく，其を夥しい数の振り仮名で補ってきた。然し是は安易な漢字の使いすぎを助長する許りで，国際社会における日本語の未来に繋がらない。

　近代国語の建設と国字・国語改革の議論と実践があって今の日本語が実現したという基本のことが忘れ去られ，あやまった情報が流布(ruhu)されている。われわれが提案するのは，21世紀における新たな日本語ローマ字論であり，日本語愛護の考え方である。

　日本語の近代化で，言文一致運動の果たした役割は大きかった。1885(明治18)年には外山正一(Toyama Masakazu)や矢田部良吉がRōmajikwai(羅馬字會)を組織し，ヘボン式ローマ字による"Rōmaji Zasshi"(ローマ字雑誌，〜1892)を発行した。日本式(Nipponsiki)ローマ字を主張する田中館愛

13　Nisi Amane(1829〜1897)，幕末に沼津兵学校校長，『万国公法』を翻訳，慶喜将軍の側近として働く。明治新政府の官僚となり，「軍人勅諭」起草などに関わった。
14　「わたしは二三の友人と盍簪(kôsin, 食事会)でその時の世の安定や乱れなどについて語り合うと，欧州諸国と比較することが多い…」といったことを漢文調でしるす時代であった。

橘 Tanakadate Aikitu），芳賀矢一，田丸卓郎たちは日本式の "Rômazi Sinsi"（ローマ字新誌，1886～1888）を発行した。

　日露戦争のおわった 1905 年の暮れにヘボン式と日本式の大同団結を目ざして Rōmaji Hirome Kwai（ローマ字擴め會）が組織され，1907 年には西園寺公望（Saionzi Kinmoti）首相を会頭にむかえるほどの勢いであった。

　ローマ字団体の雑誌でさえも文語調で書いていた時代であったが，やはりローマ字文では早い時期から話しことばが使われるようになった。羅馬字会の熱心な支持者となった前島密の演説が "Rōmaji Zasshi" 第 51 号（1889 年 8 月）に載っているが，次のような口調の演説をローマ字書きにしたものであった。

　「しかしそのころは建白の門はひらけてありませんでしたから，あるいは老中，あるいは若年寄あるいは御目付，外国奉行などに建白書を出したが，もとよりだれが許すというのか，許さぬというのか，わけがわからぬ。それにも関わらず維新になるまで数回（ローマ字原文，sukai）の建白をなし，そのころ柳川俊三の出した "中外新聞" にその写しが出たこともあります。」

　日本ローマ字会の機関雑誌 "Rōmazi Sekai" は戦争中にも発行されていた。また，「大東亜の国際語」としてフィリピン，インドネシアなどで日本語を教えるのにもローマ字とカタカナが用いられた。

6. 第 4 の日本文字——Rômazi

　実際には日本人はすでに 4 番目の日本文字として Rômazi を取り入れている。'Tôkyô' とか 'Nippon' など，同じ単語をくりかえし見ている内に一目で読めるようになる。短い文のレベルで読めれば，長いローマ字の文章も難なく読めるようになる。こののち 100 年か 500 年は漢字日本語が使いつづけられるであろうが，国際社会で日本語を利用してもらう上で Rômazi Nippongo が役に立つ。

　しかしながら，ローマ字国字論は，次のような Gokai（誤解）を受けている。

Gokai 1）ローマ字論とローマ字教育は敗戦後アメリカに押しつけられた占領政策である。
→ 実は上に見たとおり，江戸，明治以来の流れがあった。

Gokai 2）ローマ字教育は英語教育のじゃまになる。
→ 国語教育の向上と日本語の情報発信のための Rz.（ローマ字）であって，子どものときから Rz. になれていれば，かえって外国語学習にも抵抗感が小さくなる。

Gokai 3）ローマ字論は日本語をほろぼす。
→ 漢字かなの日本語と Rômazi Nippongo は共存（kyôson）し，能率的で国際性のある日本語を育ててゆく。

Gokai 4）ローマ字は読みにくい。
→ 単語は一目で読める。なれれば文も速く読めるようになる。

Gokai 5）ローマ字文は長くなる。
→ 漢文よりも漢字まじり文は長くなるが，効率的な日本語を育ててきた。Rômazibun はやや面積をとるが，同じ内容の英語などとはほぼ同じ分量になる。

Gokai 6）ローマ字で書けば外国人にも日本語が理解されるわけではない。
→ 日本の子どもにも外国人にも学びやすくなる。ローマ字で書いてあっても，勉強しなければフランス語やフィリピン語も日本人にはわからない。

カタカナや外来語が戦後にできたものと思いちがいしている若い人たちに出会ったことがある。ローマ字が占領軍によって押しつけられたという Gokai もそれに似ている。占領軍のための道路標識などにヘボン式の表示を用いたが，これは実用上の目的の英語標識であった。1946 年にアメリカ教育使節団がローマ字化を勧告したのは事実であるが，日本側に反対する勢力があり，マッカーサー最高司令官も「日本人が時間をかけて決めるべきものだ」という声明（1946 年 4 月 7 日）を出すにとどまった。

Gokai 2 は，英語のじゃまになるからドイツ語やフランス語も英語式のつづりに「改革」すべきだというようなことである。ちなみに英語ではチャイ，チ，カイなどと読む chi を，ドイツ語はヒ，フランス語はシ，イタリア

語ならばキと読む。

　ローマ字が日本語をほろぼすというGokai 3も，すじちがいである。筆者自身は漢字の廃止に賛成できないが，かりに漢字を廃止したとしても日本語がほろびるわけではない。教育，学習の方法を考えればRz. Nippongoと漢字日本語は並んで生きていける。ローマ字をとおして次第に日本と日本語が「開国」へと進む。

　ローマ字は使いにくいというGokai 4も，なれると書きやすくなるし，読む上でも不便はない。漢字とちがって必ず読める。英語のように複雑な字母の組み合わせ方がないため，ローマ字のNippongoでは似た形の単語が並ぶ。しかし文章の流れに乗って読みなれると，それほどの支障はない。

　五つめのローマ字は長くなるというのも，まさにGokaiである。ためしに夏目漱石のあの表現をならべてみる。

　　K：吾輩は猫である。名前はまだない。
　　N：わがはいは　ねこである。なまえは　まだ　ない。
　　R：Wagahai wa Neko de aru. Namae wa mada nai.
　　F：Je suis un chat. Je n'ai pas encore de nom.
　　E：I am a cat. As yet I have no name.
　　D：Gestatten, ich bin ein Katze. Unbenamst bislang.
　　C：我是猫。我还没名字。

　漢字の中国語（C）はみじかい。ゆっくり読めば18音節にもなる日本語（R）は11音節のフランス語（F）と文字の見かけはほぼ等しくなる。

　ローマ字に対する誤解と懸念は大きいが，漢字のように検定問題になるほど学びにくく読みにくい文字体系ではない。

7. Rômazi教育は英語教育ではない

　コンピュータの入力で日本人は日々ローマ字を利用している。ローマ字と漢字，かなとが支えあって，わかりやすく学びやすい日本語を育ててゆき，日本語を世界で通用する言語に変えていく。

　2011年度から小学校でも英語を教えることになった。その一方で，子どもに日本式・訓令式のローマ字を教えると，英語を学ぶ障害になるという錯

覚が強い。

　日本語の音韻体系にもとづく日本式および訓令式[15]のローマ字では，サとシの子音を同じ音素 /s/ と見なして sa, si, su とつづる。そうすると，日本の子どもが英語の sing を shing と読みまちがえる，という心配する人がいる。日本語や韓国語にはスィというオトはないので，singer(スィンガ，歌手)も situation(スィテュエイシュン，状況)も外来語としてはシンガー，シチュエーションになるのが自然である。

　日本語をヘボン式ローマ字で書かなければならないと言うのなら，英語も casual [kejuel に近い], sure [shor], nature [neicher], nation [neishn] などもヘボン式にすべきである。

　日本式・訓令式つづりのローマ字は国語(日本語)のオトと文法の性質を正確に理解するのに役立つ。英語のつづりとちがうことこそ，正しい国語教育と英語教育両方の基本となる。ヘボン式ローマ字(すこし英語式?)で Fuse (布施)と書いても，英語の fuse([fjuːz] フューズ)とは全くちがう発音だと教えることが大切である。

　ドイツ語では China(Sina, 中国)と書いてヒーナーと読む。英語学習の壁になるといってドイツ語をヘボン式に変えるはずはない。ローマ字教育がさかんだった 1960 年ごろの日本の子どもは，楽譜に書いてある *Andante* や *Moderato* も街の看板の英語も類推して読めたものである。

　ヘボン式と日本語式で外来語を書いてみる。すると，日本語式のローマ字のほうが英語などのつづりに似てくることがある。

〔外国語〕	〔ヘボン式〕	〔日本語式〕
homesick	hōmushikku	hômusikku
mansion	manshon	mansyon
hook	fukku	hukku
romantic	romanchikku	romantikku
sentimental	senchimentaru	sentimentaru
ticket	chiketto	tiketto
tour	tsuā	tuâ

15　1937(昭和 12)年，近衛内閣の訓令第 3 号として公式のローマ字表記法が公布されたので，訓令式ローマ字とよばれた。

竹端　瞭一

tick-tack	chiku-taku	tiku-taku
zig-zag	jigu-zagu	zigu-zagu
cheeze	chiizu	tiizu

　いずれにしても，日本語と外国語とは別べつの音韻規則に立っていて，文字もそれぞれの規則に合わせるべきである。
　日本語のための漢字教育が中国語の勉強の邪魔だと声を大にして文句を言う人は存在しない。日本語と中国語とでは漢字の意味も発音もちがい，字体まで別々である。それでも日本式の漢字を知っていれば中国語の学習の助けになる。
　同じように，ローマ字文を読みなれていれば，英語に対する違和感の壁は，今より低く見えるようになる。
　Rômazi にはやまとことばがよく似合う。「ひょうきする」とせずに 'kaku' と書く。「じゅうきょ」のかわりに 'ie' とか 'sumai' と言うのがローマ字日本語である。Rômazi はことばの意味を漢字に頼らないから，聞いただけで心のかよう言い方を育てる。日本語をほろぼすどころか，Rômazi は日本語にいのちを与える。
　日本語は基本的に母音(boin)は /a, i, u, e, o/ の五つしかない。子音(siin)も14音と少ない。Nipponsiki Rômazi では 19 字母だけで日本語が書ける。ヘボン式で c, f, j がふえても 22 字母ですむ。だから外国人にも日本語は学びやすい。
　その反面，音素のかずが少ないため，同音語(homonyms)ばかりになるのが日本語の宿世(sukuse)である。やまとことばにも「花・鼻・端」などの同音語がある。中国語や韓国語で発音が別々の漢語も，日本語では同音語になる。やまとことばがそれを救う。もちろんわかりやすい漢語と外来語も大いに役に立つ。「しょかん」は tegami と言い，omoi, atukai, akisamu, dai 1 pan(syohan, hazime no han), maki 1 などと言えばよい。「まつ」(末)と言わずに sue, owari を取りもどすべきである。
　これがローマ字の取り柄(torie)なのだが，反対に「だから未来永劫(mirai eigô)幹事や監事のために漢字をやめることはできない」という方向に思いこむ人も少なくない。カンと読む漢字も，韓国語では簡 kan と感 kam, 漢 han, 艦 ham の区別をする。干渉，観賞，鑑賞，感賞，感傷，観象，観照，緩衝，環礁，勧賞，完勝，癇症，冠省等々(tôtô)，高級そうに見える語彙

をこのままでよいとするのが大方の態度である。しかし，世界へ雄飛させたい Nippongo がこれでいいのだろうか？　ここでは元の漢字音のちがいを目立たせるために古い字音かなづかいでふりがなをそえてみた。

8. 漢字はやはり重荷

　表音文字とちがい，漢字は表意文字であるため，2000 字，3000 字とおぼえなければならない。学校教育や新聞ではある程度の範囲を決めておくほうが効果が上がる。「常用漢字」はさしあたっての目安である。ふやせば限りなくふえてしまうことになる。

　中国語の漢字の音は原則として一つである。それを日本流に自由自在に書いてきたので，「生」と書いて，sei, syô, ikiru, ike(-bana), haeru, nama, (siba-)hu, ki(-ito) などといった字音と字訓で読みわけなければならない。土地の名の「相生，生駒，丹生，能生，壬生，弥生，生見尾，生麦」など，実におもしろい大荷物である。簡単便利なローマ字とちがって，意味や語源を思い浮かべる上で漢字はたしかに貴重な文化遺産である。

　明治維新以来，言文一致運動や国語教育，国語改革をとおして，日本語文は漢文まがいの文体だった江戸・明治の文章語から，漢字の少ない現代のかな漢字まじり文に変ぼう(←變貌)した。

　漢字の手柄は日本語に豊かな語彙(goi)をもたらしたこと，「造語要素」として新しい単語を作り出したことである。また，訓読みによって，やまとことばのわかりにくい違いを書き分けて見せたことも，漢字の功績ではあった。たとえば「根，値，音，寝，子」は ne と読む和語の同音語である。

　その半面，最大の弊害は，聞いただけでは通じない大量の同音語をあふれ出させた点である。漢字を見ればわかる，逆に，字を見なければわからない同音語や新語が毎日のように湧いて出てくる。

　カナやローマ字ならば聞いただけでわかる単語を考え出すのに，漢字で単語を作る人々は，オトに関してはあまりにも無頓着(mutonzyaku)である。

　例えば「高度，光度，硬度」の場合でも，聞いてわかる術語を造り出す気持ちは働いていない。漢文から来たであろう豊かな「耕土」と不毛の「荒土」，中国の「黄土」が日本語ですべて kôdo のままでよいわけはない。ロー

マ字日本語では，やまとことば，漢語，外来語をフル活動させる。Takasa, hikarido, katasa ではいけないのか。Areti と yutaka na hatake, kiiroi sunazi では頼りないか。

かつて漢字が日本語を開発したように，今度は Rômazi が日本語の新しい未来を切りひらく。

日本の病院や施設ではたらいてもらう予定で，日本側が EPA（î-pî-ei：経済連携協定）によってインドネシア，フィリピンの看護師と介護福祉士の候補生をまねいた。2009 年 4 月からの 2 年間に看護師 200 人，介護福祉士 300 人を受け入れる計画であるらしい。国際交流基金や海外技術者研修協会で 2 か月，日本語を学んだ候補者も 2009 年度 2 月の国家試験では合格者はゼロ，2010 年度は 1 名だった。本国で看護師の資格を持っていても，漢字だらけの試験を突破しなければ日本の病院や施設で働けない。

「動悸，嘔吐，帯状疱疹，挫傷，飛沫感染」など，日本人なら日常生活でも耳にすることばだが，漢字を知らない外国の受験者には漢字から意味を推しはかることもできない。

現場では始終つかう「冷罨法，脳萎縮，低残渣，誤嚥，気息性嗄声」などは，日本人でもわからない専門語である。おまけに常用漢字でない漢字が多く，日本の学校でも日本語学校でも習っていない。介護の現場で飛びかう「清拭，脱健着患」といった内輪の言い方が患者や家族にも外国人受験生にも襲いかかる。

さいわい漢字日本語の重荷を軽くするために，一部の用語にふりがながほどこされ，英語の専門語もそえられるようになった。2012 年度には外国人の受験者の中から看護師 47 名，介護福祉士 36 名が合格できた。

このページは漢字クイズばやりの時代の波に乗って，わざとローマ字も振りがなもそえなかった。日本の現場では一般人にはわからない専門用語が飛びかい，漢字で示されるのだから，ある程度までは外国人の働き手もおぼえなければならない。振りがなだけで問題はある程度解決できる。しかし，「清拭」(seisiki)のような言い方は(karada o) huku ですむ。「気息性嗄声」(Kisokusei sasei)は kasuregoe とか syagaregoe ではだめなのか。

フィリピンの人たちが国家試験を受ける段階では，ローマ字書きかえの問

題を別に作ってもらうことを提案する。よく「外国人のために日本語をこわすのか」という非難の声を聞く。断じてしからず。日本のために外国人に来てもらう以上，道や駅の案内板はわかるものでなければならない。日本語を学び，日本語で試験を受けてもらうからには，親切な日本語をくふうし，そだてる努力が必要である。

　漢字の試験問題をそのままカナやローマ字にしても，それは日本人にも通じない特殊な言い方である。「じょくそう」と言わずに「床ずれ」と言うような，よい日本語をそだてる努力が，今こそ必要な時代である。「褥瘡」と漢字で書けば日本人ならわかるにしても（？），これを未来の世代や全世界へ押しつけるのが愛国心だろうか。

9. ローマ字日本語の可能性

　ふだん見かける Rômazi は，せいぜい街の看板か，駅の案内，道路標識などである。前島密や南部義籌の時代から 140 年たった現代の Nippon の人たちは，名まえや単語一つぐらいなら一目で読みとれるようになっている。商品，会社の名はさらに読みやすい。

　日本語と英語をまぜて並べてみる。

NIPPON	Nippon	Tôkyô	TOKYO
JAPAN	Fuji	Kyôto	KYOTO
POLICE	mottainai	sakura	etc

　引く音（長音）のしるしのないものは英語のつもりと見てもよい。町には警察の KOBAN がある。かなで「こばん」と書けば「小判」でしかない。小野（おの）と大野（おおの）もローマ字では書き分けてほしい。

　『漢字と日本人』（文春新書，2001 年）という本の中で高島俊男氏が「ときどき，英語のアルファベットはたったの二十六字で，それで何でも書けるのに，漢字は何千もあるからむずかしい，と言うひとがあるが，こういうことを言う人はかならずバカである。」（43p.）と言われる。

　なぜ baka かと言うと，通常用いられる（中国語の）漢字は 3000 から 5000，通常用いられる英語の単語は 3000 から 5000，それをおぼえるむずかしさは「おなじくらいなのである。」と中国語学者高島氏は言う。

竹端　瞭一

　吾輩は baka である。それでも Rômazi はやさしいと信ずる。日本語の漢字はむずかしい。それに比べて，オトの単純な日本のことばを Rômazi で書くのは，英語やフランス語よりもやさしい。ただし，ローマ字文にはわかち書きという問題がある。単語と単語を分けて書くわかち書きが厳密に求められる。たとえば，sizukana か sizuka na か，形容詞性の体言と助詞とを分けるかどうか。ここがローマ字の大切な側面である。句読点の置きどころもおろそかにできない。このコトバの切り離しは，だれにでも書きわけられるように，できるだけ簡単なきまりにしたほうがいい。

　日本語と同じ膠着性（kôtyakusei）の言語でも，フィンランド語やトルコ語のローマ字では，ドイツ語などの屈折語尾のように，目的格「を」，所有格「の」などにあたる要素を接着させて書く。日本語の助詞は独立性が強く，離して書くほうが自然ではないか。わかち書きは単語に一定の形をきめることになり，単語意識を高めるきっかけになる作業である。

〔形容詞性の名詞〕			〔一般の名詞〕		
genki		da	haru		da
genki		desu	haru		desu
genki	ni	naru	haru	ni	naru
genki	na	no da	haru	na	no da

10. ローマ字文もなれれば読める

　英語はアルファベットだけで書かれるが，世界中で活躍している。英語は漢字がまざっていないから読みにくい，と言う人はあまりいない。英語は発音どおりにつづらない単語が多く，変化に富んだ文面になる。英語国民の友人が「英語のつづりはヘンなんだ」とつぶやいたが，ヘンではない。それなりに由来のあるつづりであり，なれれば読める。

　漢字まじり日本語ほど極端に「ヘン」な文字文化はないが，これもなれれば読める。否（ina!），実は読めない人が大勢いるから，漢字クイズ雑誌や漢字検定クイズがはやる。漢字はやはり重荷なのである。ラジオで「思惑」をシアク，「言質」をコトジチと言うのを聞いた。

　外国から働き手に来てもらうなら，不規則な使い方の漢字をへらし，かなを多くしたり，Rômazi だけでも通じることばを広めたりしたほうがいい。

外国人に合わせて日本語を退化させるわけではない。日本語を国際的な場においても使える言語に仕立てなおすことなのである。21世紀の脩国語論，つまり日本語修理計画である。

　ローマ字もなれれば読めるものである。Rôma wa itiniti ni site narazu, ローマ字もくりかえし眺めていると，読みやすくなる。「一日」は itizitu か hitohi か，はたまた tuitati か，漢字はいくらなれても読めない。

　新聞の記事をローマ字文になおして英語新聞の同じ内容の記事と比べても，スペースは大体同じになる。漢字は1字1字の形がこみいっているので，漢字かなまじり文は大きめに印刷されている。英語やローマ字日本語の「活字」はやや小ぶりでも単語全体の形がつかみやすい。

　母音が多くてのどかなフィンランド語で「国」は maa,「世界」は maail-maa と言う。温泉地ナーンタリに Muumin Maailmaa（ムーミン・マーイルマー）というのどかな遊園地がある。Muumi クン（スウェーデン語 Mumin）についた -n は日本語の no の意味の格語尾である。例えば世界銀行は sekai no bank だから Maailmanpankki と言う。母音と長子音 kk, nn, pp などの多いフィン語は日本人には聞きとりやすい。

　ローマ字文は長々しくなると言われる。実は，フランス語や英語とほぼ同じか，みじかめの場合さえある。内藤濯訳の『星の王子様』という題名が定着しているサンテグジュペリ原作の "Le Petit Prince"（Tiisana Oozisama）の始まりのところのフランス語とローマ字日本語とを比べてみる。ローマ字日本語はフランス語や英語と同じぐらいのスペースになる。

　その『小さな王子さま』をデス・マス体の Rômazi Nippongo に訳してみる。長さはフランス文とほぼ同じになる。

フランス語

　Lorsque j'avais six ans j'ai vu, une fois, une magnifique image, dans un livre sur la forêt vierge qui s'appelait *Histoires vécues*. Ça représentait un serpent boa qui avalait un fauve. Voilà la copie de dessin.

　On disait dans le livre : « Les serpents

ローマ字日本語

　Rokusai no toki, sizen no mori no koto o kaita Hontô no Hanasi to iu hon de, sugoi e o mita koto ga arimasu. Sore wa ôhebi ga kemono o nomikonde iru e desita. Kore ga sono dessan no utusi desu.

　Soko niwa kô kaite arimasu : « Oohebi

65

竹端 瞭一

boas avalent leur proie tout entière, sans la mâcher. Ensuite ils ne peuvent plus bouger et ils dorment pendant les six mois de leur digestion. »

J'ai alors beaucoup réfléchi sur les aventures de la jungle et, à mon tour, j'ai réussi, avec un crayon de couleur, à tracer mon premier dessin. Mon dessin numéro 1. Il était comme ça :

J'ai montré mon chef-d'oeuvre aux grandes personnes et je leur ai demandé si mon dessin leur faisait peur.

Elles m'ont répondu : « Pourquoi un chapeau fait-il peur? »(20行)

no boa wa emono o kamanaide marugoto nomikomimasu. Sore kara miugoki mo dekizu ni, konareru made rokkagetu mo nemurituzukemasu. »

Sono toki boku wa zyanguru no bôken ni tuite zikkuri kangae, kondo wa, kureyon de saisyo no dessan o kakimasita. Boku no dessan Dai 1 gô. Konna e desita :

Kono kessaku o otona no hitotati ni misete, boku no dessan ga kowai ka dô ka kiite mimasita.

Minna wa kotaemasu : « Dô site bôsi ga kowai no? »(19行)

ローマ字運動というほどエネルギッシュな国語改革でなくても，もはや日本もローマ字なしではくらせない国になった．コンピュータの発達と国際化の広がりの結果，人々は知らず知らずにローマ字書きの情報を一目で読みこなしている．

韓国語では単音要素25字母のㄷt，ㅏa，ㄹr，ㄱkと打てば，コンピュータが自動的に音節文字「닭」tark（鶏，tori）にまとめて書いてくれるから，ハングル直接入力ができる．

ところが，日本では漢字かなを書くためにアルファベットのキーボードの上を指を走らせている．そのローマ字は「こんにちは」と書く場合，konnnitihaと打ち，「大騒動を」はoosoudouwoとつづる「かな式ローマ字」である．本当のローマ字文ではないが，将来のローマ字日本語のすがたに影響を与えることになるかもしれない．「講師」(kôsi)も「子牛」(kousi)も現代仮名遣いにあわせてkousiとつづるので，ほんもののローマ字日本語を書きあらわすことにはならない．

50音図配列のかな入力でタテ書きの漢字まじり文を書いている人もいる．Nipponsiki Rômaziなら19キーで入力できるところを，かな入力では50字と濁点，半濁点(p音のしるし)などを打っているわけである．

Rômazi文を打ち出す際に不便を感じるのは，引く音のしるしを母音の上に乗せるのにヒトテマかかることぐらいである。'O^do^ri' や 'o－so－do－'ではサマにならない。日本のキーボード配列にフランス式の機能を取り入れれば，シルコンフレクスを簡単に â, ê, ô と乗せられる。

11．ローマ字でも通じる日本語を育てる

　専門の論文で特殊な専門用語を用いるのは当然である。しかしながら日常の談話と文章は，漢和字典レベルではなく，和英辞典が選び出した範囲のことばで話したり書いたりすること，この原則が行政にたずさわる人々や大学の教員，学生に受け入れてもらえれば，世間の文章全体があらたまっていく。

　現代の新聞・雑誌はおおむね聞いただけでも理解できる文章になっている。役に立つことばは漢語でも外来語でも大いに使えばよいが，ローマ字で書くとわからなくなるような言い方は和らげたい。

　明治初期の文章語や漢文の古典は文字言語の文化遺産として受けつぐ。一方，これからの日本語は言語——オトのことば——として育ててゆきたいものである。

　アラビア文字やキリル文字の国々でも道しるべには地名などがローマ字で示される。19世紀のイギリスと20世紀のアメリカの広めた英語を知っている人は，たいていの土地にいる。世界の趨勢(sûsei)，和らげて言えば，世のなりゆきから見て，もうしばらくは英語が国際的に便利な言語として活躍するだろう。

　文字の面ではローマ帝国以来の流れに乗って，ローマ字が世界の文字の役割を果たすにちがいない。日本に隣りあうオセアニアの島々でもフィリピン，インドネシアなどでも土地の言語をローマ字で書き表している。むかし漢字を使っていたベトナムやアラビア文字だったトルコもローマ字を国字として採りいれ，民族文化を発展させている。

　すぐとなりの韓国・朝鮮は民族独自のオト文字で国語をあらわしている。日本もすべてカタカナに，あるいはひらがなにする行き方もある。『まいにちひらがなしんぶんし』(1873〜1874)を発行した前島密はローマ字の熱心な支持者に変わった。やはり21世紀の日本語は Rômazi Nippongo の道を進

み，わが国の情報を世界へ向けて発信するべきである。古典および現代の漢字まじり文が第1日本語文として受けつぎ，同時に Rômazi Nippongo も第2の公用文として認めてよいのではないか。英語公用文の意見とは異なる日本語自身の旅立ちである。

参考文献

服部四郎『新版　音韻論と正書法──新日本式つづり方の提唱──』大修館書店，1979.
福田恒存『私の國語教室』新潮社，1961.
福永恭助・岩倉具実編『口語辭典 Hanasikotoba o hiku Zibiki』日本のローマ字社，1939.
標準ローマ字会編『標準式ローマ字制定七十周年記念講演集』標準ローマ字会，1957.
茅島篤『国字ローマ字化の研究──占領下日本の国内的・国際的要因の解明──』風間書房，2000.
菊澤季生『國字問題の研究』岩波書店，1931.
橘田廣國『日本のローマ字運動』(年表)，日本ローマ字教育研究会，1992.
小泉保『日本語教師のための言語学入門』大修館書店，1993.
今野真二『振仮名の歴史』集英社，2009.
野村雅昭『漢字の未来』筑摩書房，1988.
杉本つとむ『市民のための国語の授業』おうふう，2007.
高島俊男『漢字と日本人』文芸春秋，2001.
田丸卓郎『ローマ字國字論』日本のローマ字社，初版1914.（岩波書店，1980再版.）
田丸卓郎『ローマ字文の研究』第9版．日本のローマ字社，1981（初版1920.）
田中克彦『漢字が日本語をほろぼす』角川書店，2011.
藤堂明保『漢字の過去と未来』岩波書店，1982.
吉田澄夫・井之口有一『国字問題論集』冨山房，1950.

■第2部■

国語教育とローマ字

義務教育への国語ローマ字教育の導入
―回顧と展望―

茅島　篤

1. はじめに

　日本語ローマ字への機運は，自由主義思潮が高まった明治の一時期，大正と昭和のはじめにつづき，戦後の時期が3度目の開花期であった。それは言文一致，口語化運動とつながるものであった。

　戦前，遡れば明治7年10月に広島師範学校長久保田譲が文部省に対し小学校でローマ字を教えるべしとの建議を行い，その結果，特別の認可を得て同校でローマ字教育を行った。これがわが国における最初のローマ字教育である。帝国議会では，明治40年1月23日「ローマ字ヲ日本ニ於ケル一般小学校生徒ニ課スル」建議が衆議院を通過した。これが帝国議会におけるローマ字教育に関する最初の可決である。戦前は義務教育ではむしろ稀で，旧制高校等でのローマ字日本語の実践およびローマ字運動が目立った。

　戦後，昭和21年3月に来日した第一次対日米国教育使節団報告書（原文に「第一次」はないが2度来日したため冠する）の国語改革勧告を踏まえて，昭和22年度の新学制から国語教育の一環としてローマ字教育が小学校・中学校に導入された。

　ローマ字教科書は単独本として発行されていたが，ローマ字教育が「選択」から「必修」（小学校：昭和36年度，中学校：昭和37年度）になると同時にローマ字独自の教科書はなくなり国語教科書に包含されるようになった。導入当時，高い目標を掲げ，漢字かな文と同様の読み書きが期待され年40時間以上ではじまったローマ字教育は，学習指導要領の改定とともに内容の薄いものとなった。現在は小学3年生に，概して年3時間から5時間が充てられ，身近な単語の読み書きのみである。

　小論では，D.マッカーサーと米国教育使節団，教育使節団と文部省の対応，ローマ字教育の導入，国語ローマ字教科書，つづり方問題，そして学習

指導要領におけるローマ字教育の変化をみ，最後に時代のコンテクストのなかで捉え教訓を得ることを目的とする。

2. D. マッカーサーと米国教育使節団

第一次教育使節団は，連合国軍最高司令官マッカーサーが，「日本の教育に関する諸問題につき，総司令部（筆者付記：GHQ）ならびに日本の教育者に助言を与えかつ協議する」ことを目的に，総司令部民間情報教育局（CI&E）での人選を経て，米国陸軍省に派遣を要請したものである。陸軍省は団員の最終的な人選を国務省に依頼した。

第一次使節団は27名，第二次使節団は5名（全員第一次参加者）から構成された。第二次使節団は，「1946年に行った勧告事項の進捗状況と成果を研究するため」に昭和25年8月に来日した。両使節団とも，約1か月の滞在中に，主としてCI&E教育課，日本側教育家委員会（第二次の時は教育刷新委員会），文部省，現場の教師などと協議し，教育の実際を視察して最高司令官に報告書を，それぞれ第一次は昭和21年3月30日，第二次は同25年9月22日に提出した。

2.1 第一次教育使節団

第一次使節団報告書は全6章からなる。第1章「教育の目的」につづいて，第2章に「国語改革」を配してその重要性を示した。勧告は6項目であるが関係のある項目を挙げる。

1. ある形のローマ字をぜひとも一般に採用すること。
2. 選ぶべき特殊の形のローマ字は，日本の学者，教育権威者，および政治家よりなる委員会がこれを決定すること。（文部省 1959：23）

「ある形のローマ字」とはローマ字つづり方のことである。「国字ローマ字採用」という抜本的改革を求めたゆえ，同使節団長 G. D. ストッダード（心理学者）の考えを一瞥しておく。彼は帰国数か月後に，「a. 日本の民主化は，すべてに先んじて言語を通してなされなければならない。b. 米語が小学校において教えられるべきである。c. ローマ字つづりが，教育課程の小学校1学年に採り入れられなければならない。d. ローマ字による日本語を第1言

語とし，そして米語は第2言語として教えられるべきである。(e. f. 省略)」(Stoddard 1946：42-43)と述べている。

2.2　第二次教育使節団

　第二次使節団報告書は全7章からなる。国語改革は6章である。同使節団は「現在の改革は，国語そのものの真の簡易化，合理化には触れないで，かなや漢字文の単純化に終ろうとしている」と述べている。勧告は4項目であるが関係のある項目を挙げる。

1. 一つのローマ字方式が最もたやすく一般に用いられうる手段を研究すること。
2. 小学校の正規の教育課程の中にローマ字教育を加えること。
大学程度において，ローマ字研究を行い，それによつて教師がローマ字に関する問題と方法とを教師養成の課程の一部として研究する機会を与えること。　　　　　　　　　　　（文部省 1959：92-93）

　小学校でのローマ字教育の必修化を勧告したが，位置づけとローマ字化という観点からは第一次報告書よりトーン・ダウンした。

3.　ローマ字教育の導入

3.1　第一次教育使節団勧告前後二人の文部大臣の答弁

　占領から約3か月後の昭和20年12月4日開催の第89回帝国議会で，前田多門文相は貴族院田中館愛橘議員の質問に対する答弁のなかで，「『ローマ』字ノ使用ニ付キマシテハ，（中略）教科書等ニ於キマシテ之ヲ用ヒマスル範囲モ，是ハドウシテモ拡大サレテ來ナケレバナラナイト思フノデゴザイマス。（後略）」(茅島 2009：139)と述べた。また第一次使節団報告書公表から約3か月後の昭和21年6月22日開催の第90回帝国議会で，田中耕太郎文相は田中館愛橘議員への答弁のなかで，「國民學校兒童ニ『ローマ』字ヲ敎ヘマスコトガ教育上有益デアルコトハ勿論，今日ノ國際的情勢ヲ考ヘテ見マスルノニ必要デアルト考ヘマスノデアリマス」（同上)と述べた。また田中文相は翌7月11日の衆議院憲法特別委員会において，次年度から初等教育にローマ字を入れることを明言した。

3.2 文部省の対応

i ローマ字教育協議会

　文部省は昭和 21 年 6 月 15 日にローマ字教育対策懇談会を開催した。趣旨には「ローマ字教育の実施に関する対策を協議し，ローマ字教育協議会を設ける準備としての打ち合わせをするために開かれた」とある。同日の出席者(出席予定者を含む)は，加茂正一，鬼頭礼蔵，佐伯功介，土岐善麿，服部四郎，教科書局長，ほか関係官であった(文部省 1955：165)。

　戦後のローマ字教育の実際の方向性はこのローマ字教育協議会で決まったと言っても過言ではない。後年の文部省資料にある，本協議会の趣旨には「小学校ならびに新制中学校で実施されることになったローマ字教育に関する(後略)」(同上)とある。してみれば，使節団報告書が公表されて約 2 か月半後には，文部省はローマ字教育の実施方針を決めていたことになる。

　ローマ字教育協議会の協議員は 22 名，議長には朝日新聞社客員であった土岐善麿が選出された。同協議会では具体的に審議をすすめるために起草協議員 13 名が選ばれ，そのなかから起草兼専門協議員 8 名を選んだ。後者の専門協議員会が中心に「ローマ字教育を行ふについての意見」と「ローマ字教育の指針」を作成し，これが昭和 21 年 10 月 22 日の総会で決議され文部大臣に提出された。文部省は，同協議会の民主的な審議の成果であるこの「意見」および「指針」に基き，「一九四七年から，全国の小・中学校にローマ字教育を実施することとなったのである」(文部省 1950：68)と述べている。なお，上記「指針」は教育刷新委員会の議を経ている。

　本協議会の委員は，その後に設けられたローマ字教育に関係する審議会や調査会等で活躍したゆえ，詳しくみる。

　土岐議長を除く 7 名の専門協議員は，石黒修治(国語協会常務理事)，岩淵悦太郎(第一高等学校教授)，服部四郎(東京帝国大学助教授)，加茂正一，鬼頭礼蔵(農民講道館農業専門学校教授)，佐伯功介(日本ローマ字会常務理事)，飛田多喜雄(成蹊学園初等学校主事)であった(文部省 1955：166)。岩淵と飛田は不明であるが，6 名は戦前からのローマ字論者であった。土岐議長は当時ローマ字運動本部委員長で，石黒・鬼頭・佐伯とともに日本式つづりを主張した日本ローマ字会の重鎮であった。服部も戦前からのローマ字論者で，

後日 CI&E の A.M. ハルパーン博士にローマ字普及を訴えた人物である。

　土岐は改組後の国語審議会長を昭和24年6月から昭和36年3月まで務めた。彼は「明治四十三四年このかた」ローマ字運動に携わったきた人物で，ローマ字書き詩集『NAKIWARAI』（明治43年）の著者である。大正3年9月には，彼を中心に東京ローマ字会（後の日本ローマ字会）を設立した。彼は大正13年「ヘボン式で書いてゐると，どうも動詞の変化がよく現はれない」，そこで田丸卓郎博士を訪問し，ここで適確な説明を受けた。「これがきつかけとなつて」日本式に転向した[1]，と述べている。

　加茂はヘボン式つづりを主張したローマ字ひろめ会理事・帝国ローマ字倶楽部理事[2]を務めた。協議員22名のなかには，同ひろめ会理事を務めた奥中孝三・宮崎静二らがいた。ヘボン式派は協議員の所属名からはわからないが，日本式派と同系統の訓令式支持者が多く人選に不満があったとのことである。

　文部省はローマ字教育協議会の「ローマ字教育を行ふについての意見」を受けて，昭和21年1月20日に「このたび，文部省では，国民学校においてローマ字教育を実施するために，その要項（筆者付記：「国民学校におけるローマ字教育実施要領」）を決定しました」，「この要項は，右の協議会の意見を参考とし，その実施の方法について慎重に検討を加えた上，決定したものであります」（文部省1955：14-15）との当局談を発表した。上記協議会の「意見」内容は「ローマ字教育実施要領」に盛り込まれているが，ローマ字教育は「必修」か「選択」導入かについては触れていない。

ii 「国民学校におけるローマ字教育実施要領」

　本文書は，文部次官が昭和22年2月28日付で発した「昭和22年度から別紙要項に基づいて，国民学校においてローマ字教育を行うことになったから，遺憾なく実施されるように取り計われたい。命によってこれを通達する」に添えた要項である。要項は次のように記されている。

　　昭和22年度から，国民学校において，事情のゆるすかぎり児童にローマ字による国語の読み方・書き方を授けることとする。昭和22年

1　『新岩手人』第8巻第2号，通号第78号，昭和13年2月25日，2頁。
2　『RŌMAJI』役員名簿　昭和12年11月号，ローマ字ひろめ會。

度に各国民学校において，ローマ字教育を行うには次の各項による。
1. 各国民学校において，ローマ字教育を行うかどうかは，その学校の教育上の責任者が，その学校の事情を考慮してこれを決定する。ローマ字教育を行う場合には原則として第 4 学年以上の各学年に行う。ただし，さらに下学年からローマ字教育を行い得るような学校では第 3 学年から行うことができる。
2. 授業時数は 1 年を通じて 40 時間以上とし，国語あるいは自由研究の時間のうちで行う。
3. 教授の方針，方法，その他については文部省で「ローマ字教育の指針」を編纂し，配付することとする。
4. 教科書は文部省編纂のものを使用することを原則とする。
5. 国民学校において授けるローマ字文の書き方は別冊「ローマ字文の書き方」による。
6. ローマ字教育に関する教師の訓練については，本年度から適当の処置を講ずることとする。

(備考)(1)この要項における国民学校とは，来年度から新学制が実施される場合には，小学校および新制中学校をさすものである。
(2)昭和 23 年度からの実施案については，昭和 22 年度における実施の成果を基礎としさらに研究の上決定する(文部省 1955：16-17)。

　上記(2)のように暫定的処置によって実施することになったが，昭和 24 年 2 月版「ローマ字教育の指針　ローマ字文の書き方」には，「目下，ローマ字調査会(筆者付記：昭和 23 年 10 月 12 日～同 24 年 5 月 31 日)で研究・審議中であり，その結論が得られるまでは，この実施要項に準じてローマ字教育が行われている」(文部省 1949：29)とある。

iii 「ローマ字教育の指針」「ローマ字文の書き方」

　この二つの文書は，先の協議会の「ローマ字教育を行ふについての意見」にある「別冊『ローマ字教育の指針』」を受けたものである。このなかに「ローマ字教育の指針」と「ローマ字文の書き方」が合わさっていた。
　文部省は，昭和 22 年 2 月 28 日に「ローマ字教育の指針」と「ローマ字

文の書き方」をだした。

　前者の「ローマ字教育の指針」では，第1「ローマ字教育の必要と方針」と第3「指導法」をみる。第2は「教材」を扱っている。

　第1の「ローマ字教育の必要と方針」では，1で「ローマ字の国際性」，2で「能率の高さ」，3で「国語の構造」を取り上げ，ローマ字学習が日本語の特質を理解させ，その正確な知識およびこれを自由に使う能力を得させるのに役立つことが多いことを述べ，4で「それ故にローマ字教育は，かな漢字まじり文による国語教育と並行して行われるが，その眼目は国語教育の徹底・充実ということに求められるべきである」とする。5で「右の根本方針に関連して留意すべきことは，かなおよび漢字による国語教育との関係である。かなを専用にするか，漢字を一部存するか，全部廃するか，ローマ字を専用にするか等の問題は，今にわかに定められるべきことではなく，(中略)他日国民一般の総意により，自発的に決定されるべきである。すなわち，ローマ字教育の方針・目的は，かな漢字まじり文による国語教育の存在を一方に認めながら，ローマ字による教育の独自の効果をあげることに専念し，国民の国語能力・国語知識を高めることにある」としている(6は省略)。なお本「指針」の昭和25年3月改訂版では，上記5の「かなおよび漢字による国語教育との関係」「将来の国字」の視点・記述はない(文部省1955：65-67, 71-72)。

　第3の「指導法」で特徴的な点は，3「文字および文章の書き方」のなかで「ローマ字で文章を書く場合，(中略)ローマ字文としての新しい文体を作り出すように指導すべきである。(中略)また，耳なれない漢語や同音異義語などの使用も，避けなければならない」(同上：70)としていることである。

　執筆者の意気込みの伝わる本文書では「漢字かな交じり文」でなく，主客を変えて「かな漢字まじり文」と記している。

　後者の「ローマ字文の書き方」は大きく3つから構成され，それらは「Ⅰつづり方」「Ⅱ分かち書きのし方」「Ⅲ符号の使い方」からなる。「Ⅰつづり方」の直音・よう音(拗音)の一覧表は昭和12年の内閣訓令第三号「國語ノローマ字綴方」(単一化した1表のみ)と同じで，当時効力を有した訓令式である。しかし，「Ⅰつづり方」の〔備考2〕で「次のようなつづり方も必要に応じて習わせる」として，ヘボン式と日本式つづりを入れている(同上：

84）。（第5節で後述する）

iv 「学習指導要領」
　昭和22年12月発行の『学習指導要領国語科編試案』には「ローマ字の学習指導」の項目はなく，それが具体的に設けられたのは次にみる別々の『小学校学習指導要領　国語科編（試案）』と『中学校　高等学校学要領（試案）』の昭和26年改訂版からである。
　国語の中でのローマ字学習指導の位置・地位については，「1(児童)の精神発達の段階に応じ，国語を書き表すひとつの手段としてローマ字を読み書きする能力を養い，あわせて国語・国字問題に対して反省する機会を与える」（同上：94-95, 109）とある(2, 3は省略)。中学校は1で( )内が生徒になっているほかは同じである。
　ローマ字学習の一般目標は小・中とも同じ次の4点である。
　　1.　ローマ字を読みこなす力を養う。
　　2.　自分の考えをローマ字で書き表す力を養う。
　　3.　ローマ字書きの決まりを身につけて，正しく表現する力を養う。
　　4.　気軽にローマ字を使う習慣と態度を養う。（同上：95, 109）

4. 国語ローマ字教科書
4.1　最初のローマ字教科書はいつできたか
　文部省教科書局長は昭和22年2月28日付の「ローマ字教育を行う学校数等の調査について」のなかで，「ローマ字教育に使用する教科書を準備する都合があるので」（同上：18），至急報告願いたいと依頼した。
　文部省『学制八十年史』には，昭和22年4月設置の国語課で「(前略)ローマ字の調査に関する事務をもつかさどることになった。ついで，同年五月その事業として，ローマ字に関する教科用図書の編集などが加えられた」「(筆者付記：同年)七月，以上に基き，同じ内容の国定教科書が，訓令式・標準式のつづり方によって編集を完成し，配給された」（大蔵省印刷局 1954：686, 691）とある。
　だが同22年9月7日の朝日新聞朝刊(2頁)には，「教科書ができないため

義務教育への国語ローマ字教育の導入

授業をやっているところは少ない。しかし文部省が都道府県別にローマ字教育をやりたい小学校を調べたところ，全国一万八千二百十六小学校の九割が授業の希望を持ち，教科書ができるのを待つていることがわかつた」と同月5日にまとまった調査報告を載せている。文部省著も含む，永芳弘武他『教科書検定総覧』(小宮山書房，小学校篇1968年刊，中学校篇1969年刊)にも，小・中ともローマ字教科書発行を示す○印は昭和22年の箇所にはない。

筆者が当時の事情に明るい日下部文夫氏に尋ねたところ「当時，ローマ字印刷・紙不足の問題などがあり，文部省のローマ字教科書の手配と関係があったのだと思います。ローマ字教科書なしでも教師が工面して授業はやっていました」[3]との説明であった。暫定教科書を使い，紙型も十分でなく紙不足のなか配給が9月以降になったものと推断される。

平井昌夫は「(筆者付記：ローマ字運動本部の)兄弟團體たるローマ字教育會(筆者付記：現，くろしお出版)が二十一年九月以來刊行した教科書，パンフレット，圖書類は十三種に及び，(中略)全國にゆきわたつた」(平井1998：425)と記し，民間でローマ字教科書は刊行されていたとする。

検定外の教科書を使った授業報告がある。例えば，橘田廣國は昭和22年度に中学校のローマ字教育で「教材としては研究社から出ている文理大教授福原麟太郎著のローマ字読本一・二を使用」し，岩下新平は昭和23年度には小学3年生のローマ字教育で「テキスト　太郎とポチ　1から17まで」の実践記録がある[4]。文部省ローマ字教育実験調査委員会委員で小学校教諭であった小田原喜治彦氏も筆者に「検定教科書以外も使用しました」[5]と証言した。

ちなみに，国語以外の教科でローマ字書き検定教科書が出版されたことはなかった。ただし，教育研修所(のち，国立教育研究所)が，ローマ字を使って教育的効果を実験的科学的に測定することを目的に昭和23年から3年間ローマ字教育実験調査[6]を行ったとき，SANSÛ I～Vまで同研修所から非売品として発行された。本書には，「文部省の承認を受け，國定教科書「さん

3　筆者の平成24年3月3日の聞き取り。
4　『実践国語』穂波出版社，昭和27年2月，第13巻第141号，41頁，58頁。
5　筆者宛の平成24年4月23日付書簡と聞き取り。
6　教育研修所の実験では，「全科目をローマ字でやった」との説があるが事実ではない。社会科のローマ字教科書も計画されたができなかった。

すう」をほんやくしたもの」とある。昭和26年からは文部省が3年間ローマ字教育実験調査を行った。

4.2 実際の国語ローマ字教科書
i 単独のローマ字教科書

国語のローマ字単独教科書は，ローマ字教育が必修になるまで（小学校：昭和36年度，中学校：昭和37年度）であった。昭和27年に教科書目録に細目が適用されてから，種目は国語からローマ字に分類された。

筆者が確認できた上記期間に発行された文部省著と民間検定教科書の合計は，小学校で157（うち文部省著9），中学校で49（うち文部省著9）で総数206である[7]。この数字は公益財団法人教科書研究センター附属図書館で再点検して判明した数字である。この総数には上記『学制八十年』に「配給された」とする教科書は確認できず含んでいない。

教科書は当初著作者と発行者が文部省の教科書が発行された。教科書検定制度は昭和23年度に実施され，翌24年度から民間の「文部省検定済教科書」を採用してよいことになった。教科書の選択は採用者に委ねられていた。民間の検定教科書は主要12社から発行された。

ii 実際のローマ字教科書

上記図書館の「教科書目録情報データベース」は昭和23年発行の5冊を除き検索ができるゆえ，初期の小学校・中学校の教科書を詳しくみたあと，それぞれ数冊を挙げる。

まず，著作者が文部省である教科書をみる。

小学生用では，『TARÔ SAN』と『TARŌ SAN』の2冊が昭和23年7月14日に文部省検定済で同月30日に日本書籍から発行された。第一種訓令式，第2種ヘボン式で，つづり方と長音符号が異なる。奥付の上には，「ローマ字読本 Approved by Ministry of Education (Date July 14, 1948) 昭和23年7月14日翻刻印刷 昭和23年7月30日翻刻発行」とある。この教科書は，

---

[7] 最終確認は，平成24年2月8日，同図書館の須合純子氏と行い，「この数字で間違いない」とのことであった。ご教示を賜った同氏に御礼申し上げる。

義務教育への国語ローマ字教育の導入

図1　文部省発行のローマ字教科書『TARÔ SAN』(小学4年用)と『SEKAI』(中学生用)
(いずれも公益財団法人教科書研究センター附属図書館蔵)

文部省教学局図書監修官補　松村明の作成であった。(後年の同教科書の奥付の上には「小学校国語科第4学年用」と入っている。)当時は学習指導要領も CI&E の承認が必要であったことを記しておく。この外には,『MATI』(5年生用),『KUNI』(6年生用)が発行された。

中学生用では,『WATAKUSITATI NO MATI』,『WATAKUSHITACHI NO MACHI』(いずれも全学年用)が訓令式とヘボン式で昭和23年7月21日に教育図書から発行された。この外には,『ローマ字読本(一・二・三)』(各1・2・3年生用)(昭和23年),『SEKAI』(全学年用)(昭和24年)が発行された。

次に,民間の教科書をみる。

小学生用では,『Tarô to Poti』が昭和23年9月2日に印刷,同月8日文部省検定済でローマ字教育会から同月6日に発行された(巻頭の口絵を参照)。表紙には,「文部省検定済教科書　ローマ字の教室一の巻　鬼頭礼藏著」とある。「Approved by Ministry of Education(Date Sept. 2, 1948)」と検定日が「9月2日」とあり,日本語日付とのズレがある。奥付の上に「あとがき(先生へ)」の文章があり,この書き出し冒頭には「この本は昭和24年度はじめてローマ字を習う小学生のための臨時の入門書です」,「この本のローマ字つづり方は第36課まで,できるだけ文部省の「ローマ字文の書き方」に示されたものに近づけました。第37課からは日本式つづり方を使い,しまいにヘボン式つづり方も読みうるようにしました」とある。27頁には,

図2 文部省検定済ローマ字教科書『Gakkô no Mado kara』(ローマ字教育会)と
『MINNA NO RÔMAZI』(国民図書刊行会)(共に小学5年生用，昭和24年)

CI&Eで国語改革担当であったA. R. ドーンハイムの名前と彼の米国の住所を使った書き方を載せている。筆者はドーンハイム氏から本教科書より早い同年8月14日印刷，8月20日発行の検定済日記載ナシの同著の提示を受け，その存在が判明した。

『Tarô to Pochi』は，上記本より約5か月後の昭和24年2月7日，文部省検定済でローマ字教育会から発行された。長音符号が文部省と異なりヤマガタである。表紙の上に「(ヘボン式版) Hepburn-shiki」とあり，奥付には「Tarô to Pochi(ヘボン式版)定価18円20銭」と入っている。4年生用である。本検定教科書では教科書にあわせた練習帖が出版された。この外には，昭和23年8月23日検定済(英語では17日付)，同21日発行の鬼頭礼藏『Gakkô no Mado kara』(小学5年生用)(ローマ字教育会)，三尾砂『MINNA NO RÔMAZI』(小学6年生用)(昭和24年，国民図書刊行会)が発行された。

中学生用では，平井昌夫他編，『SEKAI no TABI』(中学2年生用)(昭和24年，ローマ字教育会)，平井昌夫他編，『KIBÔ no MITI』(中学3年生用)(昭和24年，ローマ字教育会)などが発行された。

5. ローマ字つづり方問題(二重規格)

文部省教科書局長が昭和23年5月25日に発した「ローマ字教科書の入用部数等の調査について」では，「昭和23年度に使用されるべきローマ字教

科書は，訓令式のつづり方によるものと，ヘボン(標準)式のつづり方によるものとの2種が発行されることになっている」(文部省 1955：19-20)とある。

検定教科書は，同じ内容の本を訓令式・ヘボン式・日本式の3式のうちから2種のつづり方でだした。例えば，ローマ字教育会は日本式とヘボン式，修文館は訓令式とヘボン式のように特徴がみられる。しかし，昭和27年7月16日の文部省告示第45号によって，その後はひとつのつづり方で検定が受けられるようになり，教科用図書検定基準にも「どれかを主として用いてあるか」の文言で示された。

ローマ字つづり字3式の比較(一部)を示そう。

	シ	チ	ツ	フ	ヲ	ジ	ヂ	ヅ
日本式	si	ti	tu	hu	wo	zi	di	du
訓令式	si	ti	tu	hu	o	zi	zi	zu
標準式	shi	chi	tsu	fu	o	ji	ji	zu

文部省は，当時のローマ字正字法である訓令式以外を認めないこともできた。しかしローマ字教育協議会のつづり方を受けたものとなった。同協議会議長であった土岐善麿が委員長を務めたローマ字運動本部は委員長の名前で昭和22年3月に「ローマ字綴方問題について」をプリントしてめぼしい代議士や参議院議員にくばるなどした。このなかの〔備考〕2に「これに(筆者付記：訓令式)ヘボン式代表の意見も取り入れて更に若手の修正を加へたものが今回文部省で義務教育に課せられようとしているローマ字であります」，3に「更にヘボン式も日本式と共に教えることによって，その足らない處を補う處置をとつてあることは妥当であり公平であると言はねばなりません」(平井 1998：448-450)と述べていた。

昭和21年4月18日の定例次官会議では，「一,(省略), 二, 標準式ローマ字(修正ヘボン式)に關する件」が提案された。この「二については進駐軍關係にはヘボン式を用い，國内の關係にはこれまで通り訓令式によることが報告された」(同上：408)のであった。

現行の昭和29年訓令・告示「ローマ字のつづり方」(統一式・新訓令式ともいう)は，戦前のときと同様に，約5年半にわたる審議で決まったものである。戦後の審議では，戦前の臨時ローマ字調査会とは別のローマ字審議

会・国語審議会ローマ字調査審議会ほかの機関が委員も調査会と全員入れ替わって検討したが,結論は戦前の訓令式を再確認する結果となった。

　ローマ字教育協議会の「ローマ字文の書き方」を受け,文部省が昭和22年2月28日にだした「ローマ字文の書き方」は,昭和12年の「内閣訓令第三号」と同じと言えるが,〔備考2〕で「次のようなつづり方も必要に応じて習わせる」として,呼称は書いてないが標準(ヘボン)式つづり14例と日本式つづり8例を入れた。これは順序こそ異なるが,現行の「ローマ字のつづり方」の第2表に同数すべて入っている[8]。戦後,再び複数のつづり方が使われるようになったこともあるが,これが3種類のローマ字つづりの教科書を発行するきっかけともなった。昭和24年2月発行の「ローマ字文の書き方」の末尾には,標準式(ヘボン式)・日本式のつづり方についての補註がその表とともに6頁にわたり添えてある。「はしがき」では,「それらのつづり方によるものも編修されているからである」(文部省1949：1)と述べている。

　文部省初等中等教育局長は,国語審議会の建議を受けて,昭和28年8月31日付で「小中学校のローマ字学習について」を発した。このなかで,「これまで(中略)いわゆる訓令式・日本式・標準式(ヘボン式)のうち,そのどれかにより,どの式にしても他の二式についての知識をあわせて得るようにしておりましたが,このたびその単一化をはかり,別記の第1表(そえがきを含む)をそのよりどころとし,第2表(そえがきを含む)についての知識もあわせて学習させることにしました。(後略)」と述べている。また本文書の別記で1)ローマ字のつづり方では「国語のローマ字つづり方は第1表による。ただし,第2表のつづりを用いてもよい」(文部省1955：53-54)とも述べている。現行の「ローマ字文のつづり方」は「まえがき」2で「国際的関係その他従来の慣例をにわかに改めがたい事情にある場合に限り,第2表に掲げたつづり方によってもさしつかえない」とうたった。素直に読めば,つづり方は統一されたのであるが,「にわかに改めがたい事情」とのあいまいな表現で有効期限も決めず,第2表の使用を鵺(ぬえ)的妥協をして認めたことが問題を残した。

　文部省が昭和25年2月に調査し,第二次米国教育使節団に提出した,①ローマ字教育実施状況と②ローマ字つづり方各式採用比率をみる。

8　文部省(1955：84-85),茅島(2011b)を参照されたい。

①小学校　84.3%　　　　中学校　48.1%
②小学校　訓令式：62.9%　日本式：9.6%　標準式：22.8%　その他：4.6%
　中学校　訓令式：46.4%　日本式：8.8%　標準式：41.5%　その他：4.3%

（文部省 1950：69）

　ローマ字つづり方に関して，教育使節団に対して日本式側とヘボン式側がそれぞれに働きかけていたが，ここではCI&Eへ働きかけた事実に触れておく。

　日本ローマ字会の佐伯功介は，R. K. ホールと昭和20年11月26日に会談したが「ホールも綴り方はどうでもよいと言っていました」[9]と述べている。ローマ字ひろめ会の奥中孝三は，昭和21年10月8日付のなかでハルパーン博士に「1937年9月21日の内閣訓令で成立した訓令式の廃止」を嘆願していた。昭和21年12月26日には，国会議員の笠井重治が同年10月1日に，大臣への質問のなかで，訓令式ローマ字を公布した近衛内閣訓令の撤回を要求していたとある。これに対しハルパーンは，CI&Eの立場は，ローマ字のつづり方は日本人が決めること，決定は文部省の権限内であると繰り返し述べている[10]。

6. 学習指導要領におけるローマ字教育の変化

　昭和22年12月発行の『学習指導要領国語科編試案』，および昭和26年改訂版『小学校学習指導要領　国語科編（試案）』と『中学校　高等学校学習要領（試案）』については，前述した3.2のivでみてきたとおりである。

　国語審議会もローマ字教育には熱心であった。例えば，昭和27年4月14日，国語審議会ローマ字教育部会は「国語教育におけるローマ字の取り扱いについて」と題した文書を国語審議会の第14回総会で報告を行った。そこには「(2)(前略)ひととおり，ローマ字文をすらすらと読み書きする能力を養うためには，第3学年から始め，各学年とも最低限度，年間40時間は必要と思われる」「ローマ字の学習も，文字教育の原則からいえば，第1学年

9　佐伯功介から田中館愛橘宛の1945年11月29日付原文ローマ字書簡，田中館愛橘文書1395-7-46，二戸市シビックセンター所蔵。
10　米国国立公文書館蔵　RG331, Entry 1673, Box 5359, GHQ, SCAP。CI&E文書，それぞれ同日付文書，平成24年2月4日，ジョージア州立大学高取由紀氏より原文を賜った。記して謝意を表する。

から始めるべきであるが（後略）」（文部省 1952：29）と述べている。

　さて，ローマ字教育は昭和 33 年告示の戦後 3 回目の指導要領改訂で履修が「必修」となった。

　小学校をみる。昭和 33 年告示の『小学校学習指導要領』（昭和 36 年度から施行）では，「第 2　各学年の目標および内容」の内容で「ローマ字については，次の事項を指導する」として，4 年生「(8)ア　ローマ字で書いた語や簡単な文などを読むこと。イ　ローマ字で語や簡単な文を書くこと」，5 年生「(6)ア　第 4 学年で学習したことのうえにたって，簡単なローマ字の文章を読むこと。イ　わかち書きに注意して，ローマ字の文を書くこと。ウ　ローマ字に使われるおもな符号について理解すること」，6 年生「(7)ア　第 5 学年で学習したことのうえにたって，簡単なローマ字の文章を読むこと。イ　正しくわかち書きをして，簡単なローマ字の文を書くこと」となった。ローマ字の指導に充てる時間は，導入時，年間「40 時間以上」だったのが，4 年生「20 時間程度」，5・6 年生「10 時間程度」（大蔵省印刷局 1958a：18-24）と 3 分の 1 になった。ちなみに，当時の年間授業時数は 4 年生国語 280 時間（1 単位時間 45 分）で，年 35 週計算で週当たりの平均授業時数は 8 時間であった（同上：1-2）。

　中学校をみる。昭和 33 年告示の『中学校学習指導要領』（昭和 37 年度から施行）では，「第 2　各学年の目標および内容」にローマ字のことはなく，全学年をまとめた「第 3　指導計画および学習指導の方針」のなかの全 9 項目中に「6　ローマ字の学習については，小学校において学習した事項を，適宜，応用するように指導する」（大蔵省印刷局 1958b：21）とあるのみで授業時数の定めはない。昭和 44 年告示の『中学校学習指導要領』（47 年度から施行）ではローマ字については「第 3　指導計画および学習指導の方針」からも無くなった。その後の告示でも同じである。

　小学校では，昭和 43 年告示の『小学校学習指導要領』（昭和 46 年度から施行）で，「第 4 学年において，ローマ字による日常ふれる程度の簡単な単語の読み書きを指導するものとする」（文部省発表 1968：19）とうたい，お飾り程度になった。授業時数の定めはない。その後の平成 10 年の告示まで同じ内容であった。

平成20年告示の現行『小学校学習指導要領』（平成23年度から施行）では，「小学第3学年においては，日常使われている簡単な単語について，ローマ字で表記されたものを読み，またローマ字で書くこと」となり，指導時期が1年早くなったが，指導時間数も決められず，指導内容に変化はみられない。「日常使われている簡単な単語」とは，地名や人名などの固有名詞を含めた児童が日常目にする単語のことである」[11]とある。

　一例に，『小学生の国語　三年』（三省堂），および小学校『国語　三上　わかば』（光村図書）（いずれも昭和23年刊）をみる。両教科書とも単語レベルで，3年生の年間国語授業時数245時間のうち配当は三省堂3時間，光村図書5時間が目安である。単音・表音文字，つづり方の名称，現行のつづり方に第2表があることの言及はない。

　両教科書とも「ローマ字の表」は一つの表である。ここには「二通りの書き方があるものは［　］でしめしてあります」とある。三省堂のものは第2表にある日本式kwa, gwaの2例を除いて[12]，そして光村図書のものは第2表にある日本式8例を除いて[13]すべて現行の第1表のなかに入っている。そもそも第2表には方言音は別として現代語音でないものが入っていた。

7．むすびに代えて

　ローマ字教育は昭和21年3月来日の米国教育使節団勧告を受けて動きだした。文部省は同年6月にローマ字教育協議会を設置，同協議会は同年10月22日付の「ローマ字を行ふについての意見」のなかで，国民学校においてローマ字教育を実施することを決めた。同25日には教育刷新委員会でも義務教育でローマ字教育を実施することが了承された。同協議会の「意見」を受けて，文部次官は翌22年2月28日付で「国民学校におけるローマ字教育実施要領」をだし，その学校の責任者の決定により小学4年（3年からも可）以上の各学年に年間授業時間40時間以上を充てて，ローマ字による国語の読み方，書き方を授けることにした。実際の教授の方針，方法等につい

11　文部科学省（2008：72, 136）。
12　120-121頁。
13　125頁。

ては,「要項」と同日付でだされた「ローマ字教育の指針」「ローマ字文の書き方」に拠った。その後は学習指導要領に基づいて実施した。ローマ字教育協議会と,同協議員であった戦前からのローマ字論者たち(学者・運動家)はローマ字教育の方向性を作り,実際のローマ字教育に影響を与えた。

　ローマ字教育は,第二次教育使節団が勧告したように,昭和33年告示の学習指導要領改定で「必修」(小学校:昭和36年度,中学校:昭和37年度)となったが,ローマ字単独の教科書はなくなり国語教科書に包含されることになった。この間の文部省著を含めた検定教科書は,小学校157,中学校49の総数206が実証的に判明したが,あと数冊は在ると考えられる。当初,国語ローマ字教科書のつづり方が訓令式と標準式で,民間の検定教科書が訓令式・標準式・日本式の3式のうち2種でだされていが,昭和27年7月16日付の文部省告示第45号により教科書はつづり方1式のみで検定を受けられるようになった。

　ローマ字教育は,ローマ字教育熱心家の「ローマ字をすらすら読み書きできるよう指導し,ローマ字教育に人気がなかったということもありません」[14]という証言もあるが,占領終結時期が話題になるころには下火となった。

　ローマ字教育衰退の原因は,上記ローマ字教育協議会の専門協議員で,文部省の「ローマ字教育の指針」はじめローマ字の部分で「教科書検定基準」や「国語科学習指導要領」の起草に当たった鬼頭禮藏(礼藏)の昭和26年5月刊の著書に見ることができる。彼は「今日のローマ字教育の調子が低いのは,教師で文部省『ローマ字教育の指針』を讀まない人が9割以上あることと,目の前の事實から議論をはじめようとする人が少ないことに最大の原因を持っている。何故教えるかが判らないで教育ができるものではない」(鬼頭1951:3)と述べている。また彼は,「今,分かち書きの仕方として検定教科書に使われているのは(中略)四通がある)」と指摘している。戦前,ローマ字教育を受けず,ローマ字の試験を受けて教員になったわけではない教員の資質にも原因があったが,何より漢字かなで育った国民全体のローマ字教育への関心の欠如も大きな要因であった。

　占領下,昭和12年の訓令式つづり方が生きているにもかかわらず,また占

14　小田原喜治彦氏から筆者宛の平成24年4月23日付書簡と聞き取り。

領軍が国語のローマ字つづり方とローマ字教育には介入しないことを知りながら，文部省は3式のつづり方を教えることを選んだ。第一次使節団が勧告した「ある形のローマ字」は昭和29年の内閣告示訓令「ローマ字のつづり方」で統一をみたが，期限を定めず第2表を認めたのも問題を残した。

とは言え，昭和30年と31年に2度開催された「ローマ字まつり」までは情熱はみられた。「1955年"ローマ字の日"実施要領」には,「目的　文字の恩恵を感謝し，将来の日本語の良い発達をはかるために広く社会の関心をたかめ，なかんずくローマ字教育が義務教育の中に取り上げられた意義を明らかにする。後援　文部省・(後略)，協賛　各都道府県教育委員会・(中略)その他約40団体」(茅島2011a：16-17)とある。

わが国は，昭和31年の「経済白書」で「もはや戦後ではない」とうたい，昭和36年には高度経済政策に入り，ローマ字教育は経済成長路線と英語の影に隠れたようにみえる。

われわれが学び得るものは何か。ローマ字教育は「自分の考えをローマ字で書き表す力を養う」(昭和26年改定学習指導要領)等の目標を掲げて行われていたが，学習指導要領改定とともにローマ字教育の扱いは貧弱となった。ローマ字教育の生命ともいうべき分かち書きの学習はなくなり骨抜きになった。現在は小学3年生に，概して年3時間から5時間の単語の読み書きを行うのみである。目標も内容も根本的に変わったといえよう。

ローマ字教育は日本語を滅ぼす，ないし英語のじゃまと言った論点は的を外れた見方である。筆者は，ローマ字は日本語の第一表記ではないが，ローマ字教育には意義があると考える。ローマ字教育はパソコンや高度情報化社会への対応といった観点からでなく，その本来の役割を果たすことによって国語教育に資する。ローマ字は単音文字である。かな1文字は多くの場合(母音等を除く)ローマ字2文字で表わし音韻(音素)を自覚させ，日本語の特質・構造の理解を得させる。また，ローマ字は分かち書きをするので，漢字かな文ではわからない語意識が生まれ，文法的訓練になる。ローマ字書きはやさしい文字組織で，同音異義語の問題を意識させ，ことば直しを求めるから日本語の創造にもつながる。日本語の国際化も外国語との違いを知ることが前提である。これらの視点は近年の学習指導要領にはない。

音声から表記を学ぶことを考えれば，英語教育にも資すると考えるが，いずれも教育する側の意識次第である。ローマ字教育は，英語教育の早期開始に劣らぬ意義をもつといえる。

　現に複数存在するローマ字つづり方，分かち書きの方法については，小異を捨て大同につき，日本語ローマ字正書法を確立すべきである。

参考文献

大蔵省印刷局(1958a)　『小学校学習指導要領』大蔵省印刷局，18-24.
大蔵省印刷局(1958b)　『中学校学習指導要領』大蔵省印刷局，21.
茅島篤(2009)『国字ローマ字化の研究　改訂版──占領下日本における国内的・国際的要因の解明──』風間書房，139.
茅島篤(2011a)「国字改革・日本語ローマ字をめぐる動向とその考察──昭和20年8月の敗戦以降──」『Rômazi no Nippon』656号，16-17.
茅島篤(2011b)「戦後のローマ字つづり字問題──正字法なき混沌──」『Rômazi no Nippon』658号.
鬼頭禮藏(1951)『ローマ字學習指導法講義　第一分冊』ローマ字教育會，2-3.
平井昌夫(1998)『國語國字問題の歴史』三元社，408, 425, 448-450.（復刻版　解説　安田敏朗。初版は1948年，昭森社）
文部科学省(2008)『小学校学習指導要領　解説　国語編』東洋館出版社，72, 136.
文部省(1949)『ローマ字教育の指針　ローマ字文の書き方』，1, 29.
文部省(1950)『日本における教育改革の進展　文部時報特集号』第880号，帝国地方行政学会，68, 69.
文部省(1952)『国語審議会報告書──付　議事要録──　昭和24年6月から27年4月』，29.
文部省(1954)『学制八十年史』大蔵省印刷局，686, 691.
文部省(1955)『ローマ字問題資料集　第1集』国語シリーズ23，明治図書出版，14-20, 53-54, 65-67, 70-72, 84-85, 94-95, 109, 165-166.
文部省(1959)『米国教育使節団報告書　全』，23, 92-93.
ローマ字ひろめ會(1937)『RŌMAJI』役員名簿　昭和12年11月号.
吉田徳治(1938)『新岩手人』第8巻第2号，通号第78号，新岩手人の会，2.
Stoddard, G. D. (1946). Reflections of Japanese education, *The Phi Delta Kappan, 28*, 42-43.

ローマ字実験学級
――占領軍の目に映った日本の言語改革――

高取　由紀

1. はじめに

　本章の主題は，アジア太平洋戦争後の連合国占領中に始められたローマ字教育およびローマ字実験学級である。小学校でのローマ字導入は1947年4月に始められたが，開始1年後にローマ字のみで教えた場合の学習効果を測定するため，教育研修所（のち，国立教育研究所）のローマ字教育実験調査会によって，1948年から1951年まで全国の小学校に実験学級が設けられた。初年度には89学級から4000名の生徒，2年目は120学級から5500名，そして最終年度は101学級から4500名が参加した。実験終了後の1951年6月には報告書が提出されている。

　ローマ字を使って教えるという試みは国語改革の一環であったが，それは米国対日教育使節団 (United States Education Mission to Japan, USEM) が1946年3月に提出した勧告によって本格的に始動した。その中では，教育制度を改革するにあたり，過去から途切れなく続く民族の文化を完全に断ち切ってはならないと明言する一方で，漢字が日本文化にどんなに深く根ざしていても将来的にはそれを全廃することが必要であるとの立場をも明示している。このように一見すると自家撞着を含む勧告は「言語はコミュニケーションの道具であり，したがってある言語の正書法の評価は，伝達するべきメッセージがいかに効率的に記号化・解読できるかによって下されなければならない」という信条の表明であろう。しかしながら，平易で簡素化された文字言語こそ優れたものであるという発想は，日本人の中に歴史上かつて一度も存在することはなかった。それを考えるなら，楽な日本語表記を目指す徹底的な改革は，最初から失敗する運命にあったといえる。そして男女共学による六・三制義務教育の実施，社会科の新設，PTAの誕生と教育委員会の設置など主要な懸案事項が解決したにもかかわらず，日本語の表音化だけ

が実現されなかったことは驚くべきことではない。

　教育の民主化は連合国軍最高司令官(Supreme Commander for the Allied Powers, SCAP)および総司令部(General Headquarters, GHQ)に属する民間情報教育局(Civil Information and Education Section, CI&E)の管轄であったが，ここではアメリカ国立公文書館所蔵の資料に表れている CI&E 関係者内でのローマ字教育および実験教室に対する考え方を考察してみたい。

2. 降伏直後の対日占領政策

　1945年9月2日，戦艦ミズーリ号での降伏文書調印式によってアジア・太平洋戦争は正式に終結した。同時に日本は連合国の支配下に入った。まもなく「米国初期対日方針」が発表されたが，この中では天皇を含む日本の統治形式を通じて間接的な占領を行うことが明確にされた。直接占領が行われたドイツとは対照をなしている。また，日本国民の自由な意思による統治機構の確立が目的とされており，したがって改革を率先するのは日本側であり，総司令部の干渉は最低限にとどめることが期待されていた。しかし，日本政府の自主的態度に任せていたのでは進まないと明らかに感じられていた項目が二つあった。それは，新憲法の制定と戦争責任者の処罰であった。

　前者に関しては，日本政府の試案が「不磨の大典」明治憲法とたいして変わりなかったため，マッカーサー元帥は 1946 年 2 月総司令部の民生局(Government Section, GS)に新しい憲法の草案作成に着手するよう命じた。それは天皇象徴制，武力の放棄，女性参政権など，旧憲法と比べると内容があまりにも革新的だったため，松本烝治国務大臣は息を飲んで驚愕し，吉田茂外務大臣の顔は雨雲のように黒くなったという (Whitney 1968 : 250-251; Dower 1999 : 374-379)。しかしマッカーサーは，総司令部の諸規定が受け入れられなければどんな提案も認めることはできないと，断固たる態度をくずさなかった。このような経緯を経て新憲法が発布された。

　後者に関しては，東久邇宮内閣による自主裁判の動きもあったが，その目的は連合国の裁判に先手を打って「旧支配者層の犠牲を最小限にとどめる」ことであり，当然のことながら総司令部の受け入れるところとはならなかった。陸軍では敗戦直後から翌年の 3 月にかけて軍法会議を開き戦場で

の殺害事件の責任者を処罰したが，その量刑は犯罪性の大きさにかんがみると軽く，被告は結果的に連合国によって再び審理にかけられ重刑に処せられた(Levie 1993：141; 粟屋 1994：80-81)。連合国による戦犯裁判への本格的な動きは 1945 年 9 月 11 日の第一次逮捕令に始まり，12 月 6 日の第四次逮捕令までに 100 名以上が重要戦争犯罪人(いわゆる A 級戦犯)容疑者として収監された。これらの逮捕者の中から 4 人の首相経験者を含む 28 名が翌年 5 月 3 日に開廷した連合国 11 カ国による極東国際軍事裁判(International Military Tribunal for the Far East，通称「東京裁判」)で，平和に対する罪，通例の戦争犯罪，そして人道に対する罪で起訴された。裁判の結果，全員が有罪と判定され，東条英機，広田弘毅を含む 7 名が絞首刑に処された。

　上述した憲法改正と戦犯裁判の 2 件は，日本の自主性を尊重していたのでは遅々として進まず結果的に大失敗に終わると危惧されたため，総司令部によって断行された例であった。つまり，日本政府内の優柔不断と消極的姿勢が総司令部に「乗っ取り」を決断させたのであった。

3. 国語改革への困難な船出
3.1 国内共同戦線の欠如
　国語改革でも意見のまとまりは見られなかったが，特に三つの項目で顕著であった。第一が究極の目的である。つまり，表記改革は漢字の完全撤廃を目指すのか，そして撤廃は段階的なのかそれとも一気に断行するのか。さらには，漢字撤廃ならそれに取って代わるのは仮名なのかローマ字なのか。もし漢字を撤廃せず表音文字と共存させるなら目指すのは二文字社会(digraphic society)なのか。CI&E の一部ではかなり具体的な 5 年計画を作成し，漢字の数を 1 年目は 1300，2 年目は 800，3 年目は 500，4 年目は仮名にまじってところどころ使い，5 年目には完全ローマ字化という試案も考慮していたことが分かっているが[1]，日本側から同様に具体的な案が出された形跡はない。第二がローマ字使用の理念である。日本語を書き表すために使

---

[1] Alternative Programs for the Change-Over to a Phonetic System of Writing 5-Year Plans. RG-331, Entry 1693, Box 5741. National Archives and Records Administration NARA. College Park, MD.

うのだ，と正書法の原則から見ると当たり前すぎる主張が聞かれる一方で，外国人，というよりむしろ英語話者の便宜のために使うべきだという媚びへつらいの態度も幅をきかせていた。このように根本的な立脚点における意見の不一致は，当然ながらどのローマ字を使うのかという第三の問題を生じさせた。つまり日本語の音韻体系に基づいた日本式・訓令式を採用するのか[2]，それとも子音は英語，母音はロマンス系言語に基づいたヘボン式を選択するのかという問いであった。前者が構造主義の音韻論 (Anderson 1985：83-115) に依拠しており整合性を持ち合わせているのと対照的に，後者は例えば <shi>[3] で表される音節の子音には声門音である /h/ の音など全くないのにもかかわらず，<si> の表記よりも「科学的・音声学的」であるといった怪しげな説明が堂々とまかり通っていた[4]。

　このほかに改革運動の間接的な妨げになったのは，それに携わる組織の編成，廃止，統合そして再編成などのめまぐるしい変遷である。1946年からわずか5年の間に「実験，教育，研究，協議，調査，審議」などの語を組み合わせたり並べ変えたりした名称をもつ組織が，泡のように生まれては消えていくということが何度も繰り返されている。このような流動的な状況の中では，当然のことながら活動の全体像を把握することも継続性を期待することも難しかった。

　そもそも音声表記の採用に対しては，米国対日教育使節団の勧告にもかかわらず，日本側教育家委員会はもとより国民の間でも概して消極的であり，始めから大きな温度差があったわけだが (茅島 2009：64-75)，それでは，憲法改正そして戦犯処罰と同様に，国語改革においても統一した方針が欠如していたことは総司令部にとって果たして都合が悪かったのであろうか？　実際のところ総司令部はそれほど乗り気でなかったため，日本側の不協和音をこれ幸いとばかり利用した。そして「自発性の尊重」という大義名分のもと

2　訓令式と日本式の違いは殆どなく，前者が音素表記であるのに対し後者は形態音素表記を採用している。
3　音韻論の慣習に従い，つづりはかぎカッコ <>，発音は斜め線 / / を使って区別する。
4　J. M. アンガー教授は，ヘボン式が「音声学的だ」というのは「英語に似ている」ぐらいの意味で使われているのだろうと推測している (筆者への私信による)。

に積極的な調停を試みることもせず、かといって実質的作業を日本側から奪うこともせず、徹底的な傍観者的態度を取ることで急進的な改革の骨抜きを図ろうとした。そのためにはすでに決着済みの問題までもわざわざ再燃させ、対立をあおることもためらわなかった。

3.2 民間情報教育局内部での対立

この部局でローマ字問題の担当者として始めに白羽の矢が立ったのは、ロバート・ホール海軍少佐(Robert K. Hall, Lt. Commander, USNR)であった。ホールはシカゴ大学、コロンビア大学、ミシガン大学などで学位を取得し、来日前後から言語改革、特に漢字の廃止とカタカナ使用実現に精力的に取り組んだ。ちなみに当初ホールはローマ字書きには反対であった(Unger 1996：62)。

ホールの提案を知らされた米国陸軍省民生部(Civil Affairs Division, War Department)はその妥当性・現実性について国務省と協議したが、保守派で固められていた国務省は、ホールのやり方では日本の経済機構を麻痺させ、国内情勢の不安定につながるとして断固反対した。後にホールが戦略的理由からローマ字表記に鞍替えしてからも、言語改革全般に対する国務省の冷ややかな態度は変わらなかった。

CI&E内部でも、教育担当官であるジョセフ・トレイナー(Joseph C. Trainer)は国務省の保守派と意見を同じくしており、CI&E局長のドナルド・ニュージェント中佐(Donald R. Nugent, Lt. Colonel, USMC)や、分析調査課のハウエル・カルフーン(Howell V. Calhoun)もホールを敵視していた。ホールはまもなく任務を解かれ失意のうちに帰国することになるが、その後任として実験教室の萌芽的役割を務めることになるアブラハム・ハルパーン(Abraham Halpern)は、言語簡易化顧問(Advisor on Language Simplification)として日本語の表音化に大変前向きであった。しかし、厳しい環境の中で文字通り孤軍奮闘することになった。

4. アブラハム・ハルパーンの役割

4.1 ハルパーンのヘボン式ローマ字考察

ローマ字教育で重要な役割を果たしたにもかかわらず、ハルパーンとい

う人物については殆ど知られていない(Unger 1996：76-85)。1933年にハーバード大学を卒業した後，シカゴ大学から人類学の博士号を授与されているが，言語学についても前任者のホール少佐より専門的知識を多く有していた。日本語も流暢であり，1949年に雑誌『思想の科学』が「兵隊の解剖」というトピックで特集号を組んだときには，「アメリカのヘイタイコトバ ── ゲンゴの　カイダンテキ　コオゾオ」の題名で寄稿している。この論文は，漢字を一切使わず平仮名・カタカナだけで書かれており，カタカナを外来語のほかに漢語・字音語の使用（例・ゲンゴ，シャカイ，ケンキュウ）に当てるという興味深い使い分けをしている。また，格助詞の「を，は」はそれぞれ「お，わ」と書き，聞いてわかる日本語を実践したお手本として編集者から「アメリカの学者からのこおした　ココロミお　刺激として，やがて　わ　ローマ字で論文がかけるよおに努力しましよお」という前書きが付け加えられている（ハルパーン 1949）。

　ハルパーンによるCI&E関係資料は全面的に訓令式支持のものばかりで，欧米言語の話者にとって訓令式は入門の段階での取っつきにくさはあるものの，文法を明瞭簡潔に説明できる利点があることを力説し，日本人にとっても学びやすい表記方法であるとの見解を示している。そして日本人生徒の教育が目的なら，科学的にも教授法の見地からも訓令式使用に反対するべき理由はないと結んでいる[5]。さらに，海外の著名な言語学者から既に賞賛を受けていることを指摘し，訓令式の優勢は今後も揺らぐことはないであろうと予想している[6]。ヘボン式支持者からの批判も紹介しているが，その内容は訓令式使用の背後に軍国主義的，超国家主義的な思想が潜んでいるというものであった。ところが，批判の根拠を具体的に示してほしいとの要請に対しては「ヘボン式支持者は植民地根性（colonial mentality）を持っていると何人かの訓令式支持者が発言した」という頼りない引用が回答されただけだったという。したがって，アンチ訓令式の申し立ては曖昧でその認識の基盤が脆弱だ

---

[5] Types of Romanization. Memorandum to Lt. Col Orr. 12 November 1946. RG-331, Entry 1693, Box 5741. NARA.

[6] 現在でも，英語で書かれている日本語言語学の論文に関して言えば，語用論以外では例文の表示に使われるのは殆どの場合訓令式ローマ字である。

とハルパーンはかわしている[7]。

　赴任後まもなく，ハルパーンはローマ字教育に携わる日本人関係者と話し合う場を頻繁に設けている。その記録は国立公文書館の「Halpern - Conference Reports」というファイル名の資料の中に残されているが，特に興味深いのは1946年10月18日づけの議事録に添付された「Hypothesis, subject to further checking」という文書である。この中でハルパーンは，ヘボン式を推進する者の主張は理論武装されたものではなく，むしろ感情的な要素が核心を支配していると考え，その理由を模索している[8]。きっかけとなったのは，同じ日に行われたローマ字ひろめ会代表者との会合であった。この日の討論の終了間近になって「訓令式でつづられた表記は，占領軍関係者が読み間違いを犯す」ことを指摘されたハルパーンは，「それはアメリカ人と日本人のどちらにとって不名誉(disgrace)なことになるのですか」と聞いた。これはまったく悪意のない質問であったが，出席者の顔からは一切の表情が消え，みな石のように押し黙り(blank and stony silence)，そのうち2名は顔をそむけた(averted their faces)という。この問いの回答が「アメリカ人(＝占領軍)」でも「日本人(＝自分たち)」でも，どちらかが侮辱されることになるため日本人にとっては返答不能であると気づき，ハルパーンはとっさに話題を変更した。

　この気まずい体験は，ひろめ会がなぜヘボン式に拘泥するのかをハルパーンに考察させ，ある仮説に到達させることになった。それは，「物笑いの対象になることをこの上なく恐れているため」(an intense fear of ridicule)ではないかというものだった。そしてその仮説の裏づけとして以下のような理由を推測している。

(1)　<si ti>のつづりは日本人が/ši či/の発音ができず，/si/と/ši/の区別もできないことを意味している。西洋人ができることを日本人ができないのは，劣等人種(inferior race)であるとみなされる原因となる。

7　Memorandum to Mr. Orr. 28 January 1947. RG-331, Entry 1693, Box 5741. NARA.
8　RG-331, Entry 1613, Box 5359. NARA.

(2) 日本語のつづりを外国人が読めないのは、日本語が劣等言語(inferior language)であることを示唆する。
(3) <si ti>は英語学習者が /ši či/ の発音を習得するにあたって妨げになる。
(4) 土佐方言では /ži ji zu dzu/(いわゆる「四つ仮名」)を区別しているが、日本人はこの方言を他に劣るものと考え根こそぎなくすべきだと考えている。訓令式はこの発音の区別を温存するが、ヘボン式はそれを抑制する効果があると期待される。

劣等言語と方言撲滅に関してはやや穿った見方との感もあるが、英語学習の妨げになるという考え方は現在でも根強く残っている誤解である。結論として訓令式を使っている限り、「日本語に適した正書法」という限定的かつ保護的な環境(in the bosom of the family)に学習者が置かれ英語の正しい発音が身につかなくなるが、ヘボン式は反対にその発音習得の手助けをすることになる。したがって後者を採用するべきであるというのがヘボン式支持の根底に存在する考えである。ハルパーンはこのように推測している(ハルパーン 1949：58-61)。

　この仮説が後に修正されたかどうかは資料的に確認できないものの、他者からの評価を基準とする日本人の行動様式をうまく捉えている。その後の会合でも、ハルパーンは訓令式を擁護し、また1945年9月3日のマッカーサーによるヘボン式使用命令こそ正統性の根拠であるとする考え方に対しては、この指令がアメリカ軍の便宜のためであって日本人の教育問題とは無関係であると一蹴している。しかし、肝心な場面になると対日方針の原則に従い裁断は行わないという立場を貫かねばならなかった。このようにハルパーンが訓令式の優越性を精力的に説き、それを解説した書類を頻繁に提出していたことで、国内同様にCI&E内部でもヘボン式擁護の雰囲気がいかに根強かったかが想像できる。

4.2　文部省と国立教育研究所の軋轢

　ハルパーンは人類学者であったが言語学者でもあった。トルコ語の表記改

革にも興味を示し，トレイナー教育担当官の好意で入手したトルコにおけるアラビア文字廃止に関する論文も参考資料にしている(Wood 1929)。ちょうど 1946 年には文化人類学者ルース・ベネディクトによる『The Chrysanthemum and the Sword』が出版されているが，上記のローマ字ひろめ会の心理分析はベネディクトの著書にも紹介されている「外からの批判を意識する恥の文化」という観点から解明を試みたものであると特徴づけてもよかろう(Benedict 1946)。ハルパーンはまた，文部省と国立教育研究所の間のもつれた関係も同様に「体面」(face)という角度から観察している[9]。まず，実験教室の設置に当たっては，どちらも自分たちで行いたいという希望を持っており別々にプログラムを組んでいた。目的や実施方法については相容れず，管轄の問題もあったため共同で実施することは当然不可能であった。しかしながら文部省は，ある時には教育研究所の上に立ってプログラム管轄を試みたり，別の時には教育研究所の企画は公的なものではないと一線を画する態度を表明したりしていた。このような一貫性に欠ける態度の裏にあるものを，ハルパーンは次のように解釈した。教育研究所の実験は無事成功に終わり，意義ある試みとして歴史に残るであろうと文部省は見据えており，そうなると自分たちの体面が傷ついてしまう(reflect badly on the Ministry)ことを心配していた。文部省の本音は教育研究所のプログラムを興味あるものと考えており，できれば自分たちで引き継いで実施したいと考えていたが，それを成し遂げるには力不足だった。このようなジレンマが文部省に曖昧な態度をとらせたというのであった。ハルパーン自身は教育研究所のプログラム管理と遂行能力に問題はないと確信していたが，文部省の名誉を傷つけないようにすることにも配慮しており，それができるのは CI&E だけだと信じていた。実際にどのような形で手助けをしたのかは書かれていないが，1951年に教育研究所による実験教室が終了したあと，今度は文部省による実験教室が始まっており，それによって文部省の体面は保たれたといえる。

9　Report of Conference: Experimental Romaji Teaching. 5 August 1947. RG-331, Entry 1674, Box 5381. NARA.

5. 実験教育とその結果報告
5.1 文部省提案に対する CI&E の反応

　ローマ字教育の開始が近づくと，文部省は教科書出版には訓令式一本で臨みたいと CI&E に申し入れた。注目すべきは，そのときの CI&E の反応である。1950 年 12 月の報告書によると，占領軍の指導や助言をする専門家との協議の後，一つの形式に限定するのは時期尚早であるとしてそれを延期し，教科書にはヘボン・訓令・日本式の三つを使用することが決定されたという。ここでは受動態で「決定された」(it was decided) と書かれており，誰が決定したのかは不明のぼかし表現になっている。しかし，文部省の希望が通らなかったのだから，この決定が総司令部の意向であったことはほぼ間違いないであろう[10]。このような干渉は，日本の自主性尊重という占領の建前からは逸脱している。そもそも，どのローマ字をもって正式なシステムとするかは 1937 年の内閣訓令第 3 号で既に決着済みのはずである。文部省が訓令式に絞ったのは当然の選択である。また訓令式の言語学的妥当性と実際的重要性については，ハルパーンの上司であるマーク・オア (Mark Orr) 中佐を通じてニュージェント局長にも既に伝えられていた。しかもこの時期の CI&E の覚書には「日本側の考え方に圧力をかけてそれを左右させるような試みは一切行っていない」，「全面的に日本側の自主的な決定によって」，「自分たちで決めることである」などの表現が随所に見られ，あくまで日本人主体という点を必要以上に強調しようとしている。憲法改正問題のように，日本側の意見がまとまらないという理由から占領軍が実質的作業を乗っ取ったというのではなく，この場合政府の立場ははっきりと決まっていた。従って，ローマ字統一反対の決定は一見不可解に見える。しかし，司令部当局には，初めからローマ字教育，特に訓令式の使用を積極的に推進する気はなかった。むしろ失敗に終わることを密かに望んでいたという前提に立てば納得できる。もし CI&E が，訓令式は軍国主義の産物と考えていたならヘボン式の敗者復活は大歓迎だっただろうし，また複数の形式を使わねばならない

---

[10] Issuance of Romaji Textbooks. The Development and Present Status of Romaji in Japan. December 1950. RG-331, Entry 1662, Box 5248. NARA.

のなら教科書の出版は難航するであろうから、改革全体の遅滞にもつながるわけである。占領軍の不干渉をことさら引き合いに出すのは、自分たちの裏を語ったものであり、ある種の後ろめたさの表出であろう。

5.2 カルフーンによる実験教室報告書の評価

1951年2月、3年にわたる実験教室に関するアンケートおよび効果測定のためのテストが行われ、その結果は英訳され文部省からCI&Eに6月5日に提出された。アンケートは教師、校長、そして生徒の父兄を対象にしたものだったが、その結果に関してコメントを書いたカルフーンは、「重要で価値あるものは何もない(nothing of significance or value)」とそっけない文を一つしたためただけであった[11]。これより2年前、同様のアンケートが実施され全般的に肯定的な手ごたえが確認された際も、分析調査課の後身である世論社会学的調査課(Public Opinion and Sociological Research Division)は「質問が誘導的である」、「無作為抽出方法を採用しなかった」、「実施方法が中立的でない」と短い批判的言辞のみを残している[12]。

アンケートに続いて、テスト結果のまとめが報告されている。ここでは実施方法や標本抽出方法に関する考察や批評は一言も無く、漢字かなクラスの成績が実験クラスよりも一貫して上だったという点だけが述べられている。しかしこの直後、6月5日の報告書は文部省作成による特別なもの(a special one made by the Ministry of Education)であり、最終報告書は教育研究所によって提出されることが、文部省国語課によってカルフーンに伝えられた。文部省がなぜ最終報告書に先立ってこのような資料を作成したのかその意図は不明だが、アンガー(Unger 1996:105)は、1950年9月の中間報告書で良好な経過を知ったCI&Eの一部の者が機嫌を損ねたため、その怒りを静めるのが目的だったのだろうと推測している。その最終報告書だが、これは同じ年の8月に届けられている。効果測定にあたっては文部省の報告書と

---

[11] Results of 1948-51 Romaji Experimental Program. 22 June 1951. RG-331, Entry 1678, Box 5455. NARA.

[12] Public Opinion Memorandum. 25 November 1949. RG-331, Entry 1700, Box 5045. NARA.

は反対に実験教室の生徒の方が高得点を記録している。カルフーンは「全体の英訳を正当化するほど価値のある重要かつ興味あるデータは無いと考えられる(not been deemed of sufficient interest or importance to warrant a full translation)」として簡単な数字を引用しているだけであった。ローマ字教育の成功に対しては，徹底的に過小評価し黙殺する姿勢がここに見える。

5.3 「日本におけるローマ字の発達と現状」[13]

　ローマ字教育に対する CI&E の総括的評価は，1950年12月作成の「日本におけるローマ字の発達と現状(The Development and Present Status of Romaji in Japan)」に集約されている。ハルパーンはこのとき既に帰国していたが，教育使節団の勧告やハルパーンがこれに先立って提出していた一連の資料と対照的に，ローマ字表記に対する否定的評価とその将来に対する悲観的な見通しが全体を貫いている。前書きの部分では，「日本語にそれほど精通していない者から見ると表音文字による日本語の表記は望ましいものであると考えられているが」と始まり，「そのような表記改革は現在の時点では実用的でなく，本報告書はローマ字表記の問題点の概要を明らかにすべく作成された」と続いており，全体としてローマ字採用による国語改革の不実行の釈明書の観を呈している。

　最終的に言語改革は漢字制限と現代仮名遣いという平凡な結果に終わったが，これは総司令部の望んでいたものであり，日本の保守勢力の希望に添ったものでもあった。東アジア情勢の変化にともない，反共の橋頭堡としての日本の存在価値が格段に大きくなると，アメリカの政策も方向転換し，国内情勢と経済の不安を招く急進的な変革ではなく経済復興が優先された。また占領を円滑に行うために，日本研究者からの提言によって恥の文化への留意も行われた。最小限の日本語改革を目指した CI&E 首脳部のニュージェントやカルフーンと，訓令式ローマ字による教育を理解しつつも関係者の体面を傷つけまいと配慮したハルパーンは，表面上は対立関係にあるが冷戦開始直後の占領政策推進という目標においては接点もあったのである。

13　注10を参照。

参考文献

粟屋憲太郎(1994)「東京裁判に見る戦後処理——日本とドイツはどう違うか——」粟屋憲太郎・田中宏・三島憲一・広渡清吾・望田幸男・山口定編『戦争責任・戦後責任』(朝日選書),73 - 122,朝日新聞出版.

茅島篤(2009)『国字ローマ字化の研究 改訂版 —— 占領下日本の国内的・国際的要因の解明 ——』,風間書房.

ハルパーン,A. M.(1949)「アメリカのヘイタイコトバ —— ゲンゴの カイダンテキ コオゾオ」『思想の科学』5 - 1, 58 - 61.

Anderson, S. R.(1985). *Phonology in the twentieth century: Theories of rules and theories of representations*. Chicago: The University of Chicago Press.

Benedict, R.(1946). *The chrysanthemum and the sword: Patterns of Japanese culture*. Boston: Houghton Mifflin.

Dower, J.(1999). *Embracing defeat: Japan in the wake of world war II*. New York: Norton.

Levie, H.(1993). *Terrorism in war, the law of war crimes*. Dobbs Ferry, NY: Oceana.

Unger, J. M.(1996). *Literacy and script reform in occupation Japan*. New York: Oxford University Press.

Whitney, C.(1968). *MacArthur: His rendezvous with history*. New York: Alfred A Knopf.

Wood, M.(1929). Latinizing the Turkish alphabet: A study in the introduction of a cultural change. *The American Journal of Sociology, 35(2)*, 194 - 203.

漢字とローマ字

清水　正之

1. 国語国字問題

漢字は字数が多いので，むつかしい。
一つの漢字に読み方がたくさんあるので，むつかしい。
同じ発音の漢字がたくさんあるので，むつかしい。
といわれる。

わが国の教育制度は江戸時代からかなり進んでいたので文字を多少知っている人は多かったが，それでも自由に読み書きできる人は多くなかった。現在でも，小学校入学までにほとんどの子供は，ひらがな，カタカナ，と少しの漢字を知っているが，小学，中学，高校，大学16年間を終えても日本語の正しい読み書きに不自由を感じる人が多い。総理大臣や大統領が国会演説をして，原稿の読み間違いで物笑いになるような国は他にあまりあるまい。

明治の初め，文明開化が叫ばれたころ，漢字を常用文字として使うことが文化の進歩の妨げになるものと考えられてその対策が問題になった。これが現代の国字問題の誕生であった。

ことばは構造を持っている。sasu という日本語は「つきさす」といった意味のことばである。「ものに sasite（当てて）長さをはかるもの」を，名詞形の sasi（差し，尺）とか monosasi（物差し）という。「金属（kane）でできた sasi」が sasigane（差し金）。「頭の髪（kami）に sasu もの」が「kami-sasi → kam-zasi → kanzasi（簪）」となる。ことばはルールにしたがって変化したり，組み立てられたりするので，耳で聞いてわかることばになるのが普通である。

日本語としての本来の造語のルールを無視して漢字をつないで漢語をたくさん作ってきた。漢語の構成部分は日本語としての構成要素になっていないので，漢語を聞いても頭になんの意味も浮かんでこない場合が多い。ひどい場合には同音異義のことばがいくつもあって，誤解を生むこともある。これがわが国の国語問題の中心になっている。

このほか，仮名づかいの問題も大きかった。「水道が壊れたので直してくれ！」ということばを60年あまり前までは，カナでは「スイダウガコハレタノデナホシテクレ！」と書かなければならなかった。1000年も昔の音韻を拠りどころにした仮名づかいであったが，「現代かなづかい」が制定されてから問題がかなり少なくなっている。

2. 漢字問題の対策と問題点

国語国字問題の中心は漢字問題である。

紀元100年にできた漢字の字書『説文解字』にさえ1万字近くの漢字がある。一番大きな漢和辞典『諸橋漢和大辞典』には5万292字，中国の『中華字海』には8万6658字も載っている。漢字のような表語文字（表意文字）は，本質的に，言語の持っている語彙だけの文字数を必要とするので，50万字くらいの字数を必要とするのかも知れない。しかし，こんなに多くの文字を使うことは不可能なので明治以後「漢字制限」が検討されたり，実施されたりしてきた。実際的には漢字無制限ともいえる3000〜5000字の案や現実的な500〜1000字程度の案までいろいろあるが，現在は2010（平成22）年に2136字の「常用漢字」が制定されている。

漢字は中国から中国語の発音を伴って入ってきた。中国は広いので，地域によって，また，時代によっても読み方が違う。また，わが国に入ってきた時代の日本語の音韻組織にしたがって読まれてきた。呉音，漢音，唐音（宋音ともいう）の3種の読み方がおもに使われている。たとえば，「明」の呉音は「ミョウ」，漢音は「メイ」，唐音は「ミン」である。これらが「音（オン）読み」である。

異なる国の異なることばの間の対応関係は複雑である。「生」（shēng）は中国語では一種類の単語を表しているが，日本語ではいろいろな意味に対応して，区別がある。「生（い）きる」，「生（う）まれる」，「生（お）い（茂る）」，「生（は）える」，「生（なま）」，……といった日本語を漢字で書くので，「生」という字を「い，う，お，は，なま，……」などと読むようになった。調べた人によると，「生」という漢字は100通り以上も読み方があるそうである。このように，日本語の意味にしたがった読み方が「訓（クン）読み」である。

清水　正之

　韓国やベトナムなど，漢字を使っている国はあるが，朝鮮漢字音，ベトナム漢字音などは外来語として用いられているので，わが国のように複雑な読み方をしてはいないようである。

　こんな理由からわが国の将来の文字をかなやローマ字にしようという国民運動が明治の初めにおこった。「かなのくわい」（1883，明治16年），「羅馬字会」（1885，明治18年）などができた。政府の機関でも「国語調査委員会」は「調査方針ニ関スル報告」の中で「言文一致の採用，音韻文字（かなやローマ字）の採用」などを決めた。（1902，明治35年）その後，かなづかいを現代語の音韻に近づけることや漢字制限がおこなわれたり，その揺り戻しがあったりしてきたが，一応安定したのは太平洋戦争後のことである。1946（昭和21）年11月16日に，現代語音（音韻）に基づく「現代かなづかい」と，「当面は使ってもよい」という趣旨のもとに「当用漢字」（1850字）が制定された。また，1948（昭和23）年に「当用漢字音訓表」が制定されて，漢字の読みに一定の枠がはめられ，漢字かな交じり文に一応の安定が見られることとなった。

　漢字問題にはもう一つ大きな問題がある。たとえば，「おこない」ということばを漢字「行」を用いて書く場合，「行い」，「行ない」と書く人がある。「おこなう」という動詞は「おこな・わない，おこな・います，おこな・う，……」と変化するから語幹は「おこな」であり，「行い」と書くべきだ，という意見がある。他方，「行い」は「こうい」と読めるから「行為」と区別がつかなくなるという反対論もある。これを整理しなければ，日本語の正書法として完結しないので，1959（昭和34）年に内閣告示第1号で「送りがな」が制定された。

　これらの国語政策は，明治以来，国語学や言語学の専門家や各界の代表者による委員会によって審議して実施されてきた。太平洋戦争の後は，各分野を代表する団体から推薦された委員によって「国語審議会」が構成されることになっていた。この国語審議会は，政治とは独立して，研究，調査，審議して，結論を政府に建議することになっていた。戦後の国語政策はこうして実施されていたので，国民の手によるものであった。

　一部では，福田恆存，小汀利得，大野晋さんたちの「国語問題協議会」の

ように，当用漢字，現代かなづかい，送りがななどに反対する活動があった。送りがな問題については，「起きる」，「起こる」と書くことにすると，「起」という漢字は「お」の代わりに使うだけなのでかなやローマ字のほうが簡単になる。これでは，「すぐローマ字になる」とか，「送りがなの制定はローマ字論者の陰謀である」といったヒステリックなまでの反対運動になっていた。

　一般社会でも，教育の現場でも，これまでの国語政策は受け入れられていたようであったが，ある日突然これらの方針が一変した。この事情を国語問題協議会の大野晋さんが朝日新聞(2001/08/08 朝刊)の「私の視点」欄で公にしている。

　　……ここで一つのことを思い出す。戦後の国字政策である。やはり多くの批判があった。しかし，国語審議会・文部省には，そよ風だった。それが65年(昭和40年)，突如「漢字制限」から「おおよその目安」へと方向転換した。ただし，それは批判派との討議の結果ではなかった。
　　当時，小汀利得という国家公安委員がいた。日本経済新聞の元社長で，佐藤栄作首相の経済顧問格だった。親しい佐藤首相に小汀氏は言った。「佐藤さん，あなたの名前は当用漢字表によると書けないのですよ。『藤』は植物だから，カナで書くことになっていますから。」それを聞いて佐藤氏はすぐ「中村(梅吉・文相)を呼べ」と言った。結局，戦後の国字政策を主導した国語課の課長は更迭され，行政の方向転換がそこから生じた。(小汀氏の直接の話)。……

　国語政策の大転換は，きちんとした検討の結果ではなくて，国語政策に関心の薄い権力者(総理大臣，文部大臣)を，一般の目に触れないところで動かした結果であった。国民の推薦(代表)によってできた国語審議会の審議の結果にもとづいて行動してきた文部省の国語課長が，闇のうちに"更迭"された，という事実。この事実を目の当たりにみた関係部署には"脅し"として効き，正直な意見は出せない情況が生まれたのではないだろうか。

　その上，「佐藤さん，あなたの名前は当用漢字表によると書けないのですよ。『藤』は植物だから，カナで書くことになっていますから。」という説明

は，完全な誤りである。

　「藤」という「文字」が植物なのではなくて，「藤」と書こうと，「ふじ」，「フジ」，「huzi」であろうと，「植物のフジを表すときのことば」が「植物のなまえ」なのである。佐藤総理の「佐藤」は人名である。文字とことばの区別もわからないで，首相や文相(文相も異論が出せない立場？)をだまして国語課長を更迭したわけである。この文章の最後は，

　　……佐藤首相の鶴の一声は行政の方向転換をもたらした。審議会やお役所の改善談義では遅い。10年20年先のグズグズ化現象を避けるため，小泉首相の英断による学習指導要領の改訂と構造改革が今まさに必要である。

と結んでいる。政治的な権力者の独裁による国語政策の決定を求めたものであった。こうして，国語審議会という名前は同じでも，この時期から，どこかで作られた原案に賛否を決める諮問機関に変更され，委員も推薦制から役所の任命によることとなった。

3. ことばと文字

　これまで，国字問題の議論には，いろいろと不都合な例を挙げて問題に対する対策を検討することが多かったように思う。このような，症状に対する対症療法では根本的な解決にはならない。ことばや文字について，根本から検討することも必要である。

　ことばは考えや感情を伝える音である，という。また，ことばを表記した記号が文字である。ことばと文字の概念を明確にしたのは，F. de Saussure (ソシュール，1857〜1913)であった。ことばと文字の違いを無視した議論を見かけることもあるが，この関係は重要である。地球上の各地で，絵とも略画ともいえる，なんらかの意味を持った記号が発見されているが，これに「読み方」つまり「ことばとの対応づけ」が行われたときはじめて「文字」になるわけである。

　ほぼ同じ場所で同じ時刻に人間同士が情報を伝えあうのがことば，別の場

所や違う時刻に情報を伝えることができるのが文字，という大きな特徴がある。これはもちろん大きな差異であろうが，もっと重要な特質を感じている。

　人間はことばによってはじめて観念(意味)を明確にする。考えるということは，ことばをつなぎあわせることである。ことばこそ知能活動の出発点であり，ことばの発達こそ人間の知能の発達の基礎である。また，文字はことばの記録である。つまり，知能活動の記録である。知能の記録によって，どんどん多くの知識を蓄えることができる。蓄えられた知識を組み立てることによって知識が発達する。

　ことばと文字は，人間としての活動のもっとも重要な部分，知能活動と知識の発達(文化)の原動力である。これが，国語国字問題がことばの専門家だけの問題ではなくて，国民全体の重要課題だと考えられる理由である。

4．音韻論と情報理論

　ソシュールの言語観は，それ以後の言語研究の基礎となった。ここでは，ことばの科学的な取り扱いを2方面から考えてゆく。

　ソシュールは，著書を残してはいないが，ジュネーブ大学で行った3回の講義(1907〜1911)を弟子が『一般言語学講義』として発表している。(1916) 彼の言語観を現代流にいうと，「情報を伴った音」ということができよう。

　音の物理的な面からの研究は「音響学」としてすでに19世紀には完成していたともいえる。さらに，ことばの音，つまり「音声」についても，その研究は19世紀から進められてきたが，主として発音の仕組み(機構)からの音声の区分けをする「音声学」であった。外国語の発音の学習には役立つものであるが，ことばの本質に迫るものとは言えないようである。

　情報の面からの音声の区分けを明確にしたのは，ウイーン大学のN. S. Trubetzkoi(トルベツコイ，1890〜1938)からはじまる「音韻論」であった。特定の言語の中での音声を，情報の面から区分けをして，「音素」または「音韻」と名づけた。たとえば，日本語ではkin(金)とgin(銀)とは意味(情報)が違うから[k]と[g]とは別の音素であるが，韓国語では[k]と[g]とで意味の区別をすることはない。韓国語では，[k]と[g]の発音は，無意識に

109

区別して発音されることが多く，音の並びの中で無意識に区別して発音されている。したがって，日本語では，[k] と [g] とは「発音」も「音素」も異なるが，韓国語では「発音」は違うが，「音素」は同じである，と認められている。音素の考えは，ソシュールの言語学の延長線上にあるものであろう。

　他方，20世紀の代表的な通信機器である電話機の改良という通信機工業の要求があった。情報とは何か，という観念的な議論ではなく，情報の伝わり方を科学的に研究する人々がいた。大戦後，間もなく，1948年に C. E. Shannon（シャノン，1916 〜 2001）が「A Mathematical Theory of Communication」を発表した。情報の伝わりかたのモデルを提案し，情報の量を数量化することに成功した。シャノンの理論は「情報理論」とよばれる応用数学の大きな分野として発達した。情報理論と情報機器のその後の発達は，現代を情報の時代とまで呼ばせるほどになっている。

　シャノンの情報の伝わりモデルは図1のようなものである。

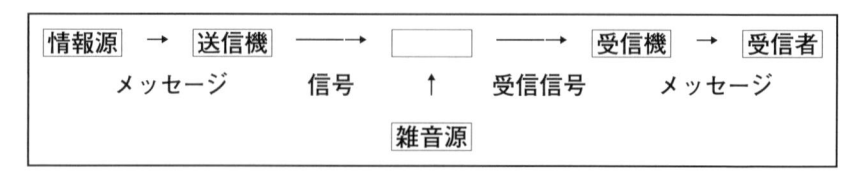

情報源	→	送信機	──→		──→	受信機	→	受信者
メッセージ		信号		↑		受信信号		メッセージ
				雑音源				

図1　情報の伝わりモデル

　情報理論は，その後多くの分野に応用され，ますます重要な位置を占めるようになっている。なお，このモデルの「送信機」「受信機」ということばは情報の伝わりのプロセスの一部を表すもので，具体的な機器をあらわすものとは限らない。

5. ことばと文字の伝わり方

　ことばや文字は情報を伝えるものであるから，情報の伝わりモデルのかたちで書くことができる。これを図1に対応して図示すると図2のようになる。

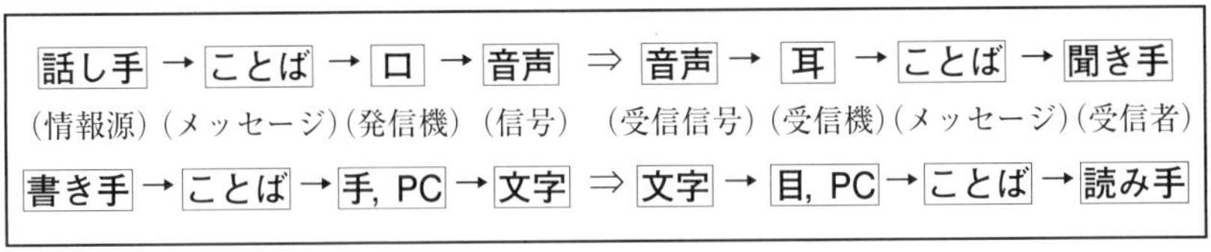

漢字とローマ字

```
話し手 → ことば → 口 → 音声 ⇒ 音声 → 耳 → ことば → 聞き手
(情報源)(メッセージ)(発信機)(信号) (受信信号)(受信機)(メッセージ)(受信者)
書き手 → ことば → 手,PC → 文字 ⇒ 文字 → 目,PC → ことば → 読み手
```

図 2　ことばと文字の伝わり方

　ことばと文字の伝わり方を比べてみると，発信機と受信機が違うことと，発信信号と受信信号との違いだけであることがわかる．文字は，現在，手で書くよりも情報機器で記されることが多いといえるであろう．
　口から耳に届くまでには，音としての雑音が起こる．音をアナログとして，無限の種類の音として伝えようとすると，雑音が入りやすく本来の音が分からなくなることも珍しくない．昔の電話機や音楽レコードが雑音が出たり，ひずんだ音になったり，ついには全く不明の音になったりしたのも主にここに原因があった．必要とする音域の音を適当な範囲の音に区分けして，有限個の種類の音として取り扱うことによって，雑音のない電話機や壊れにくいCDができるようになったのである．ことばを伝えるときも，無限の種類の音として伝えようとすると雑音が大きくなる．これを避けるための，ことば(情報)を伝えるときの音の区分けが音素である．
　文字による情報の伝わり方も，図 2 のように，ことばの伝わり方と同じように考えることができる．発信機や受信機が口や耳から手や目あるいは PC などに変わっただけである．それによって，音声ではなくて文字に変わっている．
　文字の中でも，ローマ字は，特に，ことばの伝わり方とよく似ている．ローマ字は，特に，日本式ローマ字(訓令式，1954(昭和 29)年内閣告示の第 1 表式)は，ほぼ日本語の音素と 1 対 1 の対応をしているので，ことばの伝わり方とほとんどおなじようになる．
　ことばとローマ字文の伝わり方を比較して図 3 に示す．

111

```
ことば → 口 → 音声(音素) ⇒ 音声(音素) → 耳 → ことば → 聞き手
(メッセージ)(発信機)(信号)      (受信信号)(受信機)(メッセージ)(受信者)
ことば → 手 → 文字(音素) ⇒ 文字(音素) → 目 → ことば → 読み手
```

図3　ことばの伝わり方とローマ字文の伝わり方

　ローマ字文の読み書きはことばの会話とほとんど同じように伝えられていることが分かる。これは，発信機(口または手)と受信機(耳または目)の違いだけで，情報がどちらも「音素」を仲立ちとしているからである。発信機から受信機までは，a e i o u k s t n h m y r w g z d b p と「長音」，「はねる音」，「つまる音」，によって伝えられている。音である音素か，(ほぼ音素記号ともいえる)ローマ字か，の違いだけである。

　漢字の場合は，様子が一変する。複雑なので例でもって説明する。

　同音異義のことばとしてよく挙げられる「カンシン」はどのように伝えられるのであろうか。

　漢字は2音節の文字が多いので「カン」と「シン」に分けて文字変換を行う。

　「カン」という漢字は「館，感，間，管，……」などの字が候補に挙がる。字書には229字も載っている。これらの漢字を調べていっても，「館(カン，ヤカタ，タチ，タテ)，感(カン，コン(呉音)，イタム，カシコシ，カナウ)，間(ケン(呉)，カン，アイダ，マ)，管(カン，クダ，ツカサドル，ウク，スウ，ス，ウチ，スゲ)，……」と次第に深みにはまってますます先が見えなくなる。

　「シン」についても同様である。「新(シン，アタラシイ，アラタ，ニイ，アラ，アキラ，ススム，チカ，……)，心(シン，ココロ，ナサケ，ムネ，ウチ，キヨ，サネ，ナカ，ミ，……)，臣(ジン(呉)，シン，オミ，アズカル，オム，シタガウ，……)，……」という調子で，同音の漢字は131字もある。ローマ字のように一段階づつ確定的に信号が決まっていくのではなくて，最後までどういう信号になるかは分からないのである。ことば→文字 の変換では，「カンシン」という漢字は　229×131 ＝ 29999　およそ3万通りの候

補があることになる。

　この中から一つ選ぶので，漢字の文の伝わりは，判じ物の連続ともいえるわけで，「誤読」，「誤解」の原因になる。もっとも，この3万種のことばがすべて存在するというわけではないが，「広辞苑」では，感心，関心，歓心，寒心，奸臣，甘心，……など15種の漢語がでている。15種の区別を特別の根拠なしに絶えず区別することも大変なことであるが，漢字を二つ並べてその場の思い付きで使う，ということは日常よく経験することである。図2で，ことば→文字の変換で文字が確定しないことになる。ここで，「漢字変換」のためには，別の情報を加えなくてはならないことになる。また，この過程を通過したとしても，漢字と日本語との対応は複雑なので，文字→ことばの変換で同様の不確定さが起こってくる。漢字による情報の伝わり方について図3のように整理した図で表すことができない。漢字が情報を伝える文字として重大な欠陥を持っているからと言わざるを得ない。

6. いくつかの問題

　日本語と漢字との関係を情報の面から捉えてみると，すぐ問題となる点がいくつも見つかる。少しばかり挙げておく。

6.1 日本語は音節の種類が少ないために，同音異義語を避けられない？

　この議論にはいくつもの誤りがある。

　(1) イロハ48字のうち，「ヰ」「ヱ」「ヲ」は「イ」「エ」「オ」と同じ音節（音韻）であるから日本語の音節は45程度と漠然と思っている人がある。実際には，濁音，半濁音，拗音，長音，はねる音，つまる音などを勘定に入れると400程度の音節があると認められる。

　(2) 1音節で400，2音節以下では$400 \times 400 + 400 = 160400$で約16万。3音節以下では，$400 \times 400 \times 400 + 400 \times 400 + 400 = 64160400$となり，6000万以上の区別ができる。漢語の中心である4音節ともなると，256億以上という途方もない区別ができる。日本語でも，英語でも，一番大きな辞書で50万語ほどであるから，3音節でも，6400万種類の区別は十分すぎるほど多いのである。

(3) 同音異義のことばがたくさんできたのは，2000 ほどの常用漢字にさえ，一つの読みに数百の漢字を当てて，その漢字を組みあわせて漢語を作ったからである。2 音節以下でも 16 万以上の区別ができるのであるから，漢字の日本語式の読みを特定の音に集中させないで，分散させればよいのである。

6.2　1年生の子供がむつかしい漢字をバリバリ読む？

1 年生の小学生がむつかしい漢字の入った本を読むところを見せて，「漢字はむつかしくない」という人がある。この説の人から，a) 高学年になってからの様子，b)「書く教育」の様子，を聞いたことがない。

50 か 100 なら，絵でも，物でも，文字でも，覚えることは 3 歳の子供にでもできることである。文字の知識とは関係のない教育のトリックである。

6.3　日本語の特徴は？

動詞，形容詞の変化，現在，過去，未来や自動詞，他動詞の区別，「にっこりする」，「ほほえむ」などの日本語らしい表現が漢字ではできない。

たとえば，「歩く，走る，読む，書く」などの動詞は，語幹が「aruk, hasir, yom, kak」などで，語尾が anai, imasu, u, e, ô である。

	語幹	語尾
歩く	aruk-	anai
走る	hasir-	imasu
読む	yom-	u
書く	kak-	e, ô, ……

図 4　日本語の動詞の変化

6.4　ことばづくり

いろいろなことばは，基本的なことばが変化したり，組み合わせたりしてできる。中西 (2003) にある例をローマ字で説明してみる。

語幹 sak- は,「トップ, ピーク」を表すことばである。
　（槍の）saki(先), （花の）sakari(盛り),
　（花が）saku(咲く),
　misaki(岬, mi は「美称」),
　sake(酒, 気分をピークにするもの。)
　もとは同じ sak から出来たことばなのに, 漢字では「先」「盛」「咲」「岬」「酒」などと変化する。
　このような変化や組み合わせからできたことばなら, 分かりやすくてよいことばができるのではなかろうか。
　この本にはこんな例がたくさん載っている。しかし, sas, sak には, それぞれ「刺す」,「盛ん, 栄える」の意味が含まれているが,「語幹」がひらがなの「さ」では意味も含まれないし, この2語の区別さえつかない。本来の日本語のことばづくりに目を向けたいものと思う。

7. 文字の発達

　世界のおもな文字の起源は, エジプトの「ヒエログリフ(聖刻文字)」, シュメールの「楔形文字」と中国の「甲骨文字」といわれる。エジプト文字もシュメール文字も BC1500 年頃にはアルファベットに発達し, 紀元のころには現在のローマ字とほとんど変わりない字形になった。アルファベットだけになる前には, 音節文字も発明され, 表語文字と表音文字が混用された時期もある。わが国の漢字かな混じり文のように, 音と訓が使われたり, 送りがなの問題も起こっている。

　中国で, 亀の甲や牛骨などを火にあぶってその割れ目(甲骨文字)が占いに用いられていた時代には, 既にアルファベットになっていたのである。漢字は西洋の文字とくらべると 2000 年以上遅れて, 同じような道を歩んできたことがわかる。「象形文字」を含んだ文字は「古代文字」と呼ばれているが, 現代に残っている古代文字は漢字だけである。(図5)

清水　正之

BC3500	BC1500	BC1300	BC500	AD100	AD712	現在
（古代文字）	（アルファベット）		（ローマ字，古代文字）		—	—
ヒエログリフ（エジプト象形文字）						
楔形文字（シュメール象形文字）	フェニキア文字					
		（漢字の先祖）甲骨文字	（孔子）篆書	（1万字）説文解字	古事記	（86,658字）中華字海

図5　世界の文字の発達

　表語文字は1種類の言語体系の中では，たとえ不便はあっても，使うことが可能である。中国では，漢字が使い続けられてきた。8万字以上の漢字ができたが，現在は，同じ発音のことばには同じ漢字が用いられて，常用字2500，次常用字1000が決められている。大部分は表音文字ともいえる。わが国では，漢字を音節文字として使うことを発明した。漢字の字形そのままの「万葉仮名」，草書体に書かれた「変体仮名」などが用いられた。1900（明治33）年の小学校令施行規則によって「ひらがな」と「カタカナ」に統一された。隣国朝鮮（韓国と北朝鮮）でも，万葉仮名のような漢字の使い方が行われていたが，1446年に音素文字「ハングル」が公布されて朝鮮語が正確に表現できるようになった。ハングルは漢字の発達したものではなくて，ローマ字の影響によってつくられた文字である。

　西洋のふるい歴史がよく分かっているのは，文字が発達していたためであろうし，現在，孔子の教えを知ることができるのも，文字で書かれた「論語」が残っているからであろう。日本の歴史も，はっきりしているのは3世紀以後のことで，これは中国人の手によって日本語で書かれた「魏志倭人伝」ができてからのことである。

　今更ながら，ことばと文字に感謝する気持を抑えることができない。

8. さいごに

　国語国字問題をできるだけ科学的に，客観的に，整理しておきたいというのが本稿の目的であった。現在，ことばや文字を科学的に取り扱う最大の道

具が情報理論であることに異論はないものと思う。公平に取り扱ってきたつもりではあったが，漢字と漢語が情報手段として欠陥があることを明らかにした結果となった。

わたしは，子供時代には墨と硯と筆の中で育ったので，漢字とかなには特別の感情を持っている。愛着がある。ある面で欠陥があっても別の面での存在価値を認めるべきであると思う。たとえば，和歌とか俳句とかを情報手段としてみると欠点は多いが，存在価値を疑うものではない。

ただ，漢字かなの十分な能力ができるまで，数学や物理学，その他の学習さえ許されない，という現実には賛成できないのである。

先日，野田首相が参議院で，内閣のめざす国家像を問われて，「キョーソー国家です。勝ち負けをきそうキョーソー（競争？　競走？）や騒がしいキョーソー（狂騒？）ではなくてともに力をだして国をつくるキョーソーです。」と得意そうに答弁していた。数日後，新聞一ページの大きな広告で，これが「共創」という新造語であることを知った。国は一人でつくっているのではないから，共創国家では意味のない答弁であろう。このように，漢語によってことばの中身をごまかすことが横行している。これが漢語の最大の欠点であると思う。

漢字は2, 3個ならべると漢語らしいことばになるので，好みの意味をもつ新しい漢語（らしきもの）が発音を無視して簡単につくられる。一時的なだじゃれならまだしも，これが生き残っていくと日本語を壊していく。漢字の最大の欠陥であると考えている。

参考文献

以下の文献は，全体的に関係するもので，特定の章，節，ページを示すことはできない。
有坂秀世(1947)『音韻論』三省堂.
石川謙(1966)『寺子屋――庶民教育機関――』至文堂.
ウォーカー，C. B. F.(1995)『楔形文字』（大城光正訳）学芸書林.
ヴィヴィアン，W. V.(1996)『エジプト聖刻文字』（塚本明広訳）学芸書林.
佐伯功介(1941)『国字問題の理論』日本のローマ字社.
白川静(1976)『漢字の世界』平凡社.
ソシュール，F. de (1928)『一般言語学講義』（小林英夫訳）岩波書店.

田中克彦(2011)『漢字が日本語をほろぼす』(角川 SSC 新書) 角川書店.
田中館愛橘(1938)『葛の根』日本のローマ字社.
田丸卓郎(1980)『ローマ字国字論』岩波書店，初版 1914
津田勇編(1990)『藩校・塾・寺子屋――近代教育の原点――』神奈川県政地方記者会.
トゥルベツコイ，N. S.(1980)『音韻論の原理』(長島善郎訳) 岩波書店.
中西進(2003)『ひらがなでよめばわかる日本語のふしぎ』小学館.
服部四郎(1984)『音声学』岩波書店.
ヒーリー，J. F.(1996)『初期アルファベット』(竹内茂夫訳) 学芸書林.
平井昌夫(1948)『国語国字問題の歴史』昭森社.
フィッシャーヨーアンセン，E.(1978)『音韻論総覧』(林栄一監訳) 大修館書店.
福田恒存(1961)『私の国語教室』新潮社.
Rayleigh, J. W. S. (1945). *The theory of sound*. Mineola, NY: Dover. (Original work published 1877)
Shannon, C. E. (1948). A mathematical theory of communication. *The Bell System Technical Journal, 27,* 379–423, 623–656.

分かち書き「いま」と「むかし」
—— 田中館愛橘,田丸卓郎,寺田寅彦を読む ——

岩瀬　順一

1. はじめに

　1980年に,田丸卓郎『ローマ字国字論』(岩波書店,1930年)が復刊された。その前に梅棹忠夫『知的生産の技術』(岩波書店,1969年)で,漢字をなるべく減らそう,カナやローマ字で文章を書こう,という考えを知っていた筆者は,この本を読んで"ローマ字者"となった。『ローマ字国字論』は,いま読み返すと気になる部分はあるものの,全体としては非常に読みやすく明快なローマ字論である。しかし,分かち書き(同書では「切り続け」)(175ページ)で,筆者は急につまずいてしまった。田丸式と言われる分かち書きで,かなり難解なものである。

　そののち,田丸式とは異なる分かち書き法である東大システムに興味を持った。大学の図書館で本を借り,必要な箇所をカードに書き写したり,ふだんはまず見ない国語辞典巻末の助動詞一覧に印をつけたりして,一応は東大システムを会得した,と記憶している。が,分かち書きを覚えたあと,東大システムの「原理」はもはや不要となったので,すっかり忘れてしまった。

　「日本語は分かち書きができない」「日本語の分かち書きは難しい」と言い触らすデマゴーグに反発しつつ,どの分かち書きが"正しい"のかと考えているうちに,「日本語に辞書が存在する以上,文章の中から自立語の頭を選び出すことができる」と気がついた。もしもそれができないなら,辞書はひけない。

　「自立語は前の語から離して書く」という規則だけで,おおまかな分かち書きができる。あとは,数は多くない付属語と,大量にある複合語だけが問題となる。これらは,各自が自分の感覚で決める。どう決めるかは,それほど重要な問題ではない。決め方は人ごとに異なるだろうが,それで構わない。

　第1節では,すべての分かち書きが満たすべき規則を述べる。第2節で

は，残った付属語・複合語の書き方についての，筆者のやり方を示す。第3節では，人によって異なる分かち書きについて，どこが異なっているのかを考える。第4節では田丸式の分かち書きについて見る。第5節では，ローマ字運動の大先輩である田中館愛橘，田丸卓郎，寺田寅彦の書いたローマ字文のごく一部を読む。第6節は東大システムのおおざっぱな紹介である。

1. すべての分かち書きが満たすべき規則
1.1 分かち書きの説明のしかた

ある分かち書きを完全に説明するには，辞書を作り，多くの文章を書いてみせる必要がある。しかし，それには時間がないので，ここでは，いわゆる学校文法のことばを借りる。「あした私は遠足に行きます」を品詞分解すれば，「あした」「私」「は」「遠足」「に」「行き」「ます」となる。

ある分かち書きを，別の文法を用いて説明すれば，説明のしかたは変わってくるが，記述された分かち書きは用いた文法に依存しない。いったん分かち書きが身につくと，文法のことを考えなくても分かち書きができるようになる。また，文法を理解できない幼い子でも，分かち書きされた文章を多く読めば，分かち書きを身につけられるはずである。

1.2 品詞の一覧，自立語と付属語
・自立語
  1. 名詞・代名詞。例：机，厚さ，私，修学旅行
  2. 動詞。例：動く，努力する
  3. 形容詞。例：高い，大きい
  4. 形容動詞。例：静かだ，親切だ
  5. 副詞。例：やがて，ちょっと
  6. 連体詞。例：或る，あらゆる
  7. 接続詞。例：および，けれど
  8. 感動詞。例：ああ，おい
・付属語
  1. 助詞。例：が，の，に，を

2. 助動詞。例：ない，られる

1.3 分かち書きの規則
これから説明する分かち書きの規則は，次の四つである。
- 規則0「学校文法で一つの単語は原則として途中で切らずに書く」
- 規則1「自立語は前の語から離して書く」
- 規則2「助詞・助動詞の分かち書きは適当に決め，深く考えない」
- 規則3「複合語を一続きに書くか，分けて書くかは急いで決めない」

これらのうち，規則0と1は「……すべし」であり，規則2と3は「……すべからず」である。

1.4 規則0「学校文法で一つの単語は原則として途中で切らずに書く」
学校文法は，単語を細かく分ける。1.2にあげた例のほとんどは，これより細かく分けられない。例外は，名詞「修学旅行」，動詞「努力する」，形容動詞「静かだ，親切だ」だけであろう。それらについては，のちに述べる。

1.5 規則1「自立語は前の語から離して書く」
「あした私は遠足に行きます」を分かち書きしてみよう。「あした」「私」「遠足」「行き」のような，辞書で容易に探せる語の前では離すのが妥当であると，多くの人が認めるだろう。すると次のようになる。
- あした 私は 遠足に 行きます。
- あした わたしは えんそくに ゆきます。
- asita watasiwa ensokuni yukimasu.

自立語は，ほとんどの日本人[1]が容易に辞書で見つけられる。これらは前の語から離して書くと決める。

1.6 自立語と付属語の違い
「降らなければ」を品詞分解して辞書で探せ，と言われたら，ほとんどの日本人はすぐに「降る」を引くだろう。しかし，残りの「……らなければ」は，

---
1 本稿の中の「日本人」は，日本語の使い手，の意味である。

わからない人が多いと思う。学校文法では,「降ら」は動詞の未然形,「なけれ」は助動詞「ない」の仮定形,「ば」は助詞とする。付属語は辞書で見つけにくく,また,辞書でひいてみようと思わないのが普通だろう。よって,単語の切れめもわからず,書き方は人によってまちまちとなる。これが自立語と付属語との大きな違いである。

　大きな辞書は,小さな辞書よりも多くの語を載せている。その語数の差は,自立語の数の差であろう。付属語の数は,大きな辞書でも小さな辞書でもあまり相違はないと思われる。

1.7 「使える分かち書き」とは規則0と規則1を満たすもの

　前々節で示した例文を見ると,規則0と規則1を満たしている分かち書きは使えそうであり,そうでない分かち書きは使えそうにない。また,前節で述べたことから,規則0,規則1をこえる規則をすべての人の分かち書きに要求することはむずかしいだろう。

1.8　残りの規則

　分かち書きの方式ごとに違う規則になる可能性があるのは,次の三つである。

- 形容動詞を切り分けるか切り分けないか（1.4で保留）
- 複合語を切り分けるか切り分けないか（1.4で保留）
- 付属語を前の語から離して書くか離さずに書くか

これらについては個別に決める,というのが筆者の考えである。

　次の節では,筆者が用いている一つの方法を説明する。これらについては,どれが正しくてどれが間違いとは言えないし,言ってはいけないと思う。きりのない,不毛な議論に陥るだけだろうから。

2.　筆者の分かち書き

　この節では,筆者が30年ほど使っている分かち書き法を紹介する。ローマ字文を書く際だけでなく,数学の修士論文を漢字かなまじり文で書いたときにも使った。コンピュータで漢字かなまじり文を扱う際,どこで改行する

かにも役立っている。複数行に渡っている語句は検索できないソフトがあるからである。

なお，この節で述べる分かち書きについては，筆者のウェブサイト http://www5a.biglobe.ne.jp/~iwase47/ に詳しい説明を載せてある。

2.1 筆者の分かち書き方針

1. 「機械的」「形式的」という語は多くの場合，否定的なニュアンスで使われる。しかし，分かち書きは機械的・形式的なほうがよい。そのほうが文章の中身に集中できる。
2. 現行の漢字かなまじり文で書き分けないものは原則として書き分けない。新たに設けた書き分けの規則が煩雑な場合，ローマ字書きの便利さが損なわれる。
3. 分かち書きをするのは，漢字が持っていた分かち書き効果に代わるためである。だから，いまの漢字かなまじり文でひらがなが並んでいるところでは，離しても離さなくても影響はない。[2]
4. 切り分けた一方の語に対する感じによって離してもよい。「ほんの」の「ほん」がこれだけで単語となりえるのか，筆者にはわからなかった。しかし，「の」は助詞の「の」らしいと感じるし，「の」は前の語から離して書くとあとで決めるので，hon no と書きたい。すると「書籍の」の意味の「本の」と区別できないが，国語辞典によると「ほんの」の表記は「本の」なので，漢字を当てると区別ができない。また，「の」を助詞と考えたのは間違っていなかった，とわかった。
5. 助詞・助動詞は短い語が並んでも構わない。あとで示すように，「なので」は na no de と三つの語に分けて書く。離しすぎと思うかもしれないが，フランス語の il y en a un（「それは一つあります」の意）などと比べれば，短すぎるとは言えない。名詞を大文字で始めないので，名詞を目立たせる効果もある。neko na no de ……など。

---

[2] 「仕切りと」も「頻りと」も sikiri to となって区別がつかないという意見もあろうが，文脈から判断できるので構わないと考える。

6. 形容動詞は名詞＋「だ」とみて，2語に書く。これは，形容動詞を認めないという意味ではない。文法の記述の際に2語をまとめて「形容動詞」と説明すると都合がよいのなら，そうすればよい。

2.2 規則2「助詞・助動詞の分かち書きは適当に決め，深く考えない」

助詞も助動詞も，数が限られているので，個別に，適宜，分かち書きを決める。とりあえずそうして，不都合があれば直してゆく。よって，以下のやり方には何ら根拠がない。筆者はそう決めている，というだけである。なお，助詞・助動詞のうちで，以下の説明からもれているものもあると思われる。

2.2.1 助詞の分かち書き

助詞は，「ば」「て」「たり」を除いて，前の語から離して書く。あとで，名詞に続く助動詞も離して書くと決めるので，名詞は前後を離して書くことになる。この三つは，続けて「ばてたり」と唱えると覚えやすい。前にある動詞によっては，「て」は「で」に，「たり」は「だり」になる。

- harere**ba** ensoku. ryukku o seot**te**, yama ni nobot**tari** suru.
- ame ga hure**ba** ie no naka. têburu o kakon**de**, gêmu de ason**dari** suru.

また，二つに分けられる助詞は分けて書く。たとえば，「なので」は動詞「だ」の連体形＋助詞「ので」だが，「ので」は「の」と「で」からなると辞書にあるので，na no de と三つに分けて書く。

2.2.2 助動詞の分かち書き

以下にあげるのは，『岩波国語辞典』（第3版付録）の助動詞活用表にあるものである。なお，『新明解国語辞典』（第5版）の助動詞活用表から「たがる」を補った。

単に「○○形」とあるのは動詞の○○形の意味である。また，その助動詞は文例中では太文字にしたが，音便の関係でうまく切れず，適当にしてあるものもある。

前の語から離さずに書く助動詞

- 未然形+「せる」: okasi o kawa**seru**.
- 未然形+「させる」: gohan o tabe**saseru**.[3]
- 未然形+「しめる」: okasi o kawa**simeru**.
- 未然形+「れる」: yoba**reru**.
- 未然形+「られる」: kangae**rareru**.[4]
- 連用形+「たい」: yasumi**tai**.
- 連用形+「たがる」: okasi o tabe**tagaru**.
- 連用形+「ます」: ensoku ni yuki**masu**.
- 未然形+「ない」: kaban wa mota**nai**.
- 未然形+「ぬ」: kaban wa mota**nu**.
- 連用形+「た」: kyô wa yoku hare**ta**.
- 形容詞連用形+「た」: atatakakat**ta**.
- 形容動詞連用形+「た」: sizuka dat**ta**.
- 未然形+「う」: ensoku ni yukô.
- 形容詞未然形+「う」: asu wa atatakakarô.
- 形容動詞未然形+「う」: sizuka darô.
- 未然形+「よう」: bentô o tabe**yô**.
- 未然形+「まい」: okasi wa tabe**mai**.
- 終止形+「まい」: kono mizu wa nomu**mai**.[5]

---

[3] 「整えさせる」のように長い動詞の場合は totonoe **saseru** のように切りたくなることもある。漢字かなまじり文では切らなくても読めるので，これは慣れの問題かもしれない。

[4] 長い動詞は，離して書くことも考えらえる。未然形が連用形と同じだと違和感が少ない。kangae **rareru** のように。「れる」と「られる」は同じ意味だから「離す・離さない」もそろえよという考え方がある一方で，読みやすさが大切だ，という考えもあろう。「考えさせられる」を続けて書けば kangae**saserareru** と 16 文字になる。読みにくく感じられるが，これも慣れの問題かもしれない。

[5] 終止形に続く五段動詞の場合，離したくなることもある。

岩瀬　順一

前の語から離して書く助動詞

- 終止形＋「らしい」：asu wa tenki ni naru **rasii**.
- 形容詞終止形＋「らしい」：asu wa atatakai **rasii**.
- 名詞＋「らしい」：asu wa yoi tenki **rasii**.[6]
- 連体形＋「ようだ」：asu wa hareru **yô da**.[7]
- 形容詞連体形＋「ようだ」：asu wa atatakai **yô da**.
- 形容動詞連体形＋「ようだ」：asu wa atataka na **yô da**.
- 終止形＋「そうだ（伝聞）」：yoi tenki ni naru **sô da**.[8]
- 形容詞終止形＋「そうだ（同）」：asu wa atatakai **sô da**.
- 形容動詞終止形＋「そうだ（同）」：soko wa atataka da **sô da**.
- 連体形＋「だろう，なら（ば）」（「だ」の未然形＋「う」，「だ」の仮定形）：hareru **darô**, hareru **nara**(ba).
- 形容詞連体形＋「だろう，なら（ば）」（「だ」の未然形＋「う」，「だ」の仮定形）：suzusii **darô**, suzusii **nara**(ba).
- 名詞＋「だ」：asu wa kitto hare **da**.
- 名詞＋「で」（「だ」の連用形）：yoi tenki **de**, yokatta.
- 名詞＋「だっ」（「だ」の連用形）：aozora **dat**ta.
- 名詞＋「な」（「だ」の連体形）：ensoku **na** no de uresii.
- 連体形＋「でしょう」（「です」の未然形＋「う」）：kitto hareru **desy**ô.
- 形容詞終止形＋「です」：suzusii **desu**.
- 名詞＋「です」：asita wa ensoku **desu**.[9]

次の二つは，離すか離さないかを考えていなかったことに気づいた。

- 名詞＋「らしい（形容詞を作る）」：kodomo**rasii** hukusô または kodomo **rasii** hukusô.

推定の「らしい」なのかこの「らしい」なのかの判断は容易なので区別する

6　形容動詞語幹＋「らしい」も同様。
7　「よう」と「だ」とに分ける。
8　「そう」と「だ」とに分ける。
9　形容動詞語幹＋「です」も同様。

ため離さずに書くか。それとも，漢字かなまじり文で書き分けないので書き分けなくてよいと考え，離して書くか。

- 連用形＋「そうだ(推測)」：yoi tenki ni narisô da または nari sô da.
- 形容詞語幹＋「そうだ(推測)」：suzusisô da または suzusi sô da.
- 形容動詞の語幹と言われる名詞＋「そうだ(推測)」：atatakasô da または atataka sô da.

伝聞の「そうだ」は前の語から離すので，それに合わせて離してもよさそうである。直前の語の形が違うので，まぎれることはない。一方，連用形に続くほかの助動詞にならって離さない，という考え方もあろう。

形容詞の場合。最近，「寒い」を「さむ！」と言うのがはやっているらしい。「涼しい」は「涼し！」となるから，suzusi sô da でもよいように思える。形容動詞の場合。終止形は atataka da と書くと決めた。すると atataka が１語に思えてくる。すると，atataka sô da のほうがよさそうに思える。

厳密に言えば，助動詞が助動詞に続く場合なども考察しなければならないが，離す・離さないはあとにくる助動詞で決まるようなので，上の分類で十分としておく。

2.3 以上の考察から得られた助詞・助動詞の分かち書きのまとめ

規則２は，「助詞・助動詞の分かち書きは適当に決め，深く考えない」だった。本節で述べてきたのは，筆者が決めた「離す・離さない」である。それをまとめてみると，次のようになっている。

- 未然形，連用形，仮定形に続く助詞・助動詞は前の語から離さないで書く。
- 終止形，連体形に続く助詞・助動詞は前の語から離して書く。

これは，筆者の頭の中での「切れる感じ」「切れない感じ」に基づいて決めた結果である。わかりやすい規則にまとまったが，この規則がどんな原理に基づいているかを，筆者は考える必要を感じない。たとえば，連用形は単独で使うと「書き，話す」のように切れるのに，助詞・助動詞が続くときに離したくないのは不思議であるが，その理由は考えない。

2.4 規則3「複合語を一続きに書くか,分けて書くかは急いで決めない」

「学校遠足」という語は「学校」と「遠足」の二つからできている。これを一続きに書くか,分けて書くか,それとも,それらの中間の,ハイフン「-」を入れて書くかの問題がある。一続きに書けば gakkôensoku となる。ややわかりにくい。-kôen- から誤って「公園」を想像してしまうこともありそうだ。分けて書けば gakkô ensoku となる。これを gakkô, ensoku と切って理解してはいけない。ハイフン「-」を間に入れれば gakkô-ensoku となる。名詞の先頭を大文字で書くなら,GakkôEnsoku という書き方もある。

このような語は無数にあり,日々新たに作られている。一つ一つの語についてどう書くかを決められるものではない。また,上のどの書き方でも,前の語からは離して書くから,分かち書きは効果を発揮する。よって,こういった語の書き方は急いで決めなくてもよいと思う。(筆者の分かち書きでは,名詞のあとにくる語も離して書くので,名詞は前後を離すことになる。)

動詞の連用形に別の動詞を続けた動詞についても同様である。「思い当たらなかった」は omoiataranakatta, omoi ataranakatta, omoi-ataranakatta と3通りに書ける。2番目の書き方を omoi, ataranakatta と理解してはならない。

3. 分かち書きの違いは,助詞・助動詞と複合語だけの違いだけ

3.1 筆者と異なる分かち書きを筆者はどう見るか

第1節の「すべての分かち書きが満たすべき規則」を満たしているが第2節の「筆者の分かち書き」とは異なる分かち書きを,筆者がどう見るかについて述べる。

付属語について。「考えさせられたので」を学校文法によって分解すると,「考え」「させ」「られ」「た」「の」「で」の六つになる。語の間は五つであり,それぞれに「離す」「離さない」の二つがあるのだから,全部では 2×2×2×2×2 = 32 通りの書き方がある。中には全く支持されない書き方もあろうが。ある人の分かち書きが筆者の書き方と違っていても,この32通りのどれかである。そして,それらの切れ目は,漢字かなまじり文ではひらがなが並んでいるところであり,それで問題なく読めていたのである。形容動詞の「だ」についても,助動詞「だ」を離すか離さないの問題として,ここ

に含めてよいだろう。

　複合語をどう書くか。漢字かなまじり文では漢字だけで書かれる「学校遠足」，現代ではあとの動詞「あたる」をかなで書くこともある「思いあたらなかった」は，切れ目を示さずに通じているのだから，ローマ字でもどちらでもよいと思う。

　筆者以外の人の分かち書きが，筆者の分かち書きと異なっていても，その違いは付属語と複合語だけである。

3.2　筆者以外の 2 人が分かち書き論争をしている場合

　AさんとBさんが，互いの分かち書きを比べているのを筆者が見ているとしよう。第 1 節の「すべての分かち書きが満たすべき規則」は満たしていると仮定する。2 人の書き方が一致しない部分は，AさんとBさんのどちらか，あるいは両方が，第 2 節「筆者の分かち書き」と異なっている箇所である。それは付属語と複合語に関するもので，筆者から見れば大したことのない違いである。AさんとBさんにとっては大論争かもしれないが。

3.3　漢字かなまじり文による表記の"多彩さ・自由さ"

　漢字かなまじり文には，おびただしい数の表記法がある。現代かなづかい・歴史的かなづかいの違いがあり，後者を採用するが字音かなづかいは使わない人もいる。漢字の使い方については，「分かち書き」のいう語の表記だけで「分かち書き」「分かちがき」「分ち書き」「分ちがき」「わかち書き」「わかちがき」の 6 通りがある。漢字は正字を使うべしという人もいるし，字体にはこだわらない人もいる。

　漢字を減らしたりかなづかいをやさしくしたりすることに反対する人の多くは，漢字かなまじり文の表記の多彩さ・自由さ——言い換えれば勝手さ——を好むようである。分かち書きはむずかしいと宣伝してローマ字文は不可能だと訴える人もいるようだが，第 1 節で述べた「すべての分かち書きが満たすべき規則」を守って，あとは自由とするなら，分かち書きは容易である。分かち書きが一つに統一されていないからローマ字文はだめだと主張する人が，漢字かなまじり文の書き方を一つに統一しようとする常用漢字や送りが

なの規則を嫌うとしたら，どうであろうか．

4. 田丸式の分かち書き

　田丸(1930)の分かち書きで，すぐには賛同しかねる箇所をあげてみよう．175ページ「切り続けの一般的の規則」に，おおもとの考え方として，「文章の中で一つの物事を表はして居る詞や，一つの役目をして居る詞を一つの語と見て一つに纏めて書く」とある．何をもって「一つの物事」「一つの役目」とみなすかは，人によるだろう．ここに，有名な例文「三人の親」が現れる．

・　sannin（数詞の名詞形）no（関係詞）Oya ＝ 子三人の親．
・　sanninno（数詞の形容詞形）Oya ＝ 三人居る親．

この二つは，話しことばでは区別できないし，現行の漢字かなまじり文でも書き分けない．このような書き分けの問題が，前にくる自立語ごとに発生し，煩雑である．これらを分かち書きで区別することが，日本語の発展に役立つとは思えない．また，これがローマ字の大きな利点であるなら，同書の前のほうの漢字かなまじり文に対する批判の中で触れられていないのは不思議である．

　213ページ「肩書のこと」で「医学博士」の書き方について、「日本語として，「医学博士」は文法上1語が2語かといふ問題が基になるが，これは少しの疑もなく1語である．語調から入（ママ）つても，「イガク」と「ハクシ」との間に繋ぎ合せたやうなゆるみもない．故に，(1)の Igakuhakusi が最合理的な書き方である」とし，Igaku Hakusi は「全く理屈に合はない」としりぞけている．ここで筆者は完全につまずいた．「少しの疑いもなく一語である」は議論の拒否にほかならない．続いて「外国の学位は，例へば，Doktor Philosophiae（D. Ph.）とか Master of Arts（M. A.）とかいふやうに，本来二語又は三語なのだから」とあるが，あとのほうの例は3語をつなげて「マスタロヴァーツ」のように発音されるはずで，これこそ，「繋ぎ合せたやうなゆるみもない」とも言える．

　この田丸式分かち書きについては，田丸卓郎『ローマ字文の研究』（日本のローマ字社，1920年[10]）の第4章「ことばの付け離しと種類分け」で説明

10　初版の刊行年．筆者が参照したのは1981年刊（第9版）．

されている。田丸式の特長は,「言い換えて考える」という点にある。「例えば, Seiyô kara kaette no Hanasi.「電気についての話」は「この話は電気についてです」といえるけれども,「この話は西洋から帰ってです」といえないのは「電気についての」の「の」は形容詞語尾と見られ,「西洋から帰っての」の「の」はそう見られない証拠である」(123 ページ)。だからこの二つの「の」の用法は同一ではない。しかし,"同一でないなら書き分ける"には根拠がない。"書き分けるなら同一でない"は正しいだろうが,これはその命題の逆である。また,文章を書くごとに言い換えをして書き方を決めねばならないのは,「(のどが)かわく」「(せんたくものが)かわく」にどの漢字をあてればよいか,「口渇」「乾燥」と漢語に言い換えないとわからない,漢字かなまじり文の短所と同じである。

同書は,100 ページ強からなる付録の Kantanna Bunpô-zibiki で,間違いやすい箇所を具体的にあげている。そこに載っているのは次のいずれかのタイプのものである。(複数のタイプに属するものもある。)

1. ある語を名詞とみて大文字で始めるかどうか。例:「あいつ」は aitu と書く。
2. 学校文法でいう助詞を前の語につけるかどうか。例:「あげくに」は「に」の前を離さずに agekuni と書く。
3. 漢字かなまじり文で書いたときに隣り合うひらがなの間をあけるかどうか。例:「ああいった人」の「ああ」のあとは離さずに「âitta」と書く。
4. 複合語を切るかどうか。例:「あの人」は切らずに anohito と書く。
5. 「三人の親」と同種のもの。例:「あれらの本」。arerano Hon は複数の本を指す。arera no Hon は「彼らの本」の意味。

筆者は名詞を大文字で書き始めないので,1 は関係がない。2, 3, 4, 5 は,第 2 節の「筆者の分かち書き」とは一致しないが,田丸式も第 1 節の「すべての分かち書きが満たすべき規則」は満たしているから,使える分かち書きといえる。第 2 節の「筆者の分かち書き」との違いは,付属語と合成語の問題だけである。田丸式は筆者のように単純にではなく,「こういう場合は離す,こういう場合は離さない」と区別した。しかし,筆者から見れば

大した違いではない。"このように書き分けるのが正しい"と言われると反発したくなることもあるが。

　なお，一つだけ述べておきたい。ippan のところに「「一般国民が……」などは ippanno Kokumin とするほうがよい」とある。これは「医学博士」を続けて1語に書くと決めてしまったため，書くとしたら Ippankokumin とせねばならず，読みにくいから使うな，ということだと思う。「一般国民」はわかりやすいことばで，話しことばとして使ってよい。どしどし使ってよい。そういう言い方を，分かち書きのためにつぶしてしまうのは，もったいないことである。筆者なら ippan kokumin と書く。

5. 田中館愛橘，田丸卓郎，寺田寅彦のローマ字文を読む

　田中館愛橘(1856 ～ 1952)，田丸卓郎(1872 ～ 1932)，寺田寅彦(1878 ～ 1935)の3人はローマ字者であり，この順に師と弟子の関係にあった。ローマ字運動において3人それぞれが果たした役割にも触れるべきだろうが，それは別の機会にゆずり，ここでは，実際に3人がローマ字で書いたもののごく一部を，分かち書きに注目しつつ読んでみた。

　Tamaru-Takurô『Rikigaku I』(Iwanami Syoten, 1935 年)は力学の教科書である。力学の入門から，いわゆる解析力学までを述べた本で，524 ページと，いまなら信じられない厚さである。奥付には「田丸卓郎　ローマ字書き　力学I」とある。本来の書名にはない「ローマ字書き」はどこからきたものだろう？　巻頭の，田中館愛橘の Tamaru Kun no Omoide を読んだ。sirezuni(知れずに)，Meidi 16-, 17-, 20-, 21-, 24-nen のような書き方が興味深い。田丸式のローマ字文は名詞の語頭を大文字で書き，複合語を続けて書くなどの点から，ドイツ語が好みなのではと思っていたが，ドイツ留学の際ドイツ語がよくできたとある。しかし，Eigo, Huransugo, Doitugo tomo ziyûni Yomikaki ga dekita ともある。また，田丸(1920)と，その付録の文法字引きをほめている。以下の引用がその部分である。

　　Taisyô 9-nen ni hazimete dasita "Rômazibun no Kenkyû" wa Rômazigaki
　　ni hitotuno Kigen wo tukutta. Sore no ato ni tuite iru Bunpô-zibiki wa,

Kotoba no Tukehanasi wo kimeta mono de, Rômazibun wo kaku mono wa tuneni kore ni tayori, hanasarenai Hon ni natte iru. Kore ga dete kara, kiwadatte, mazimena Rômazigaki wo suru mono ga huete kita.

本文にはざっと目を通した。「ベクトル」を Vektor と書いている。それに対する「スカラー」は Skalar と，どちらもドイツ語のつづりをそのまま使っている。Divergenz もドイツ語そのままである。Tan'i-vektor（単位ベクトル）の大文字小文字の使い分けも興味深い。Rotation to Stokes no Teiri はドイツ語と日本語が混じっている。Sitten-kumiai は「質点系」をことばなおし[11]したものだろう。tositewa（としては）という書き方もあったが，これは続けすぎではあるまいか。

田丸卓郎は，これとは別に，『Rikigaku no Kyôkwasyo』（日本のローマ字社，1925年）という力学の教科書を出している。こちらのほうがページ数が少なく，解析力学には触れていない。冒頭に「Kono Syomotu wo hokano Kotoba matawa hokano Mozi ni kakikaeru koto wo yurusanai.」とある。分かち書きを変えることは許すのか許さないのか。

田中館愛橘のものとしては，『Kuzu no Ne』（Nippon-no-Rōmazi[sic]-Sya，1938年）の中の HASIGAKI と Kuroiwa Kun no Rômazi Iken ni tuite（1934年）に目を通した。前者では，助詞の「を」を o と書いている。「新しい訓令式」（原文は atarasii Kunrei-siki）に従っているためだそうだ。後者は，ある会員が寄せた田丸式分かち書きなどについての疑問に答えたもの。分かち書きはもちろん田丸式である。田丸式を擁護するため，フランス語の sur tout と surtout, 英語の black coat と blackcoat, May day と Mayday の例を挙げているが，あまりに特殊な例であって，説得力に乏しい。「つまり，ことばは人間とともに育ってゆくものだから，時のたつに従って変わりもすれば，新しい組み立てもできる。英語の never the less が never-the-less となり，ついに nevertheless となったことは Oxford Dictionary に記してある」（原文はローマ字）。田丸式を進んだものと考えているのである。時につれて変わる（かもしれない）ものを，人為的に変えたのが田丸式，と言えるのではなかろうか。

11　耳で聞いてわかることばに言い換えること。

岩瀬　順一

　寺田寅彦には，全集がある。戦前に出された全集では，1 冊を ROOMAZI NO MAKI としている。最初のページに「寺田寅彦全集　文学篇　第十巻」とあり，その裏に編集者の名が漢字書き，奥付が漢字かなまじり文だが，残りは，編集者による ATOGAKI も含めて，すべてローマ字書きである。写真版で，"Rokugwatu no Hare" no Sitagaki が載っている。sukoyakani（健やかに），wakamidorino（若緑の），Siro-kurono（白黒の）など，田丸式で書いている。タイプ打ちの原稿なので，間違いなく寅彦の分かち書きである。

　本文は三つに分けられている。IROIRONO BUNSYOO, OMOTTA KOTO, それと UMI NO BUTURIGAKU である。

　IROIRONO BUNSYOO からは，KAGAMI NO NAKANO KAO（鏡の中の顔）を選んだ。この題名の NAKANO も田丸式である。本文にも mosi Kagami no nakani mieru Zinbutu ga zissaini dete kitara ……と田丸式が使われている。Iu mademo naku（言うまでもなく）は全部を続けて 1 語に書くかと思ったら，そうではなかった。

　OMOTTA KOTO からは Sugoroku no Sai を読んだ。daredemo, hantaino などが見える。

　UMI NO BUTURIGAKU について。HASIGAKI には，ローマ字書きでこの書物を出すにあたっての田丸卓郎への感謝のことばが書かれている。HUROKU の KWANSOKU WO SURU HITO NO KOKOROE に Kûki no Ondo という語が見える。「気温」のことばなおしとして，田丸（1930）の 91 ページに載っているものである。しかし，kion ということばもでてくる。sonotokiniwa（そのときには）を一語に書いている。かと思うと，nan nimo（何にも）と切っている箇所がある。

　「寺田寅彦全集　文学篇　第十三巻」は手帳の巻。1919 年から亡くなる 1935 年までの，「ローマ字懐中日記」が含まれている。この手帳は「ローマ字社のローマ字日記帳に書かれたもの」とのことである。Hirukara, Kaerini のような，田丸式でも本来なら続けて書かないと思われる表記も見える。Yoru Tamaru Sensei no utide ……，Uenoeki, Disinkenkyûsyodanwakwai, Taiheiyôgakuzyututyôsakwai も興味深い。「先生のうちで」は「うち」と「で」を離して書くだろう。「上野駅」は「上野」と「駅」とに分けたほうが

読みやすかろう。あとの二つは会の名前だが,あまりに長すぎる。手帳であるから,急いで書き,見直しをしていない箇所があると思われる。issyo ni kaetta は田丸式なら issyoni ではあるまいか。こういうあたりの揺れが興味深い。また,Asa 7^h25^m のような英語表記も見られる。

　田丸式分かち書きの文章を探してみて,こんなに多くの文章がローマ字文で出版されていたのかと驚いた。読み慣れれば田丸式でも読みやすさは変わらない。田丸式はかなづかいで言えば歴史的かなづかいにあたる,と思えばよいのではあるまいか。いまでも歴史的かなづかいを用いる人がいる。それと同じように,田丸式で書きたい人はそれで書けばよい。

6. 東大システムについて

　東大システムについては,自分の分かち書きが確定したあとは,ほとんど忘れていた。

　日本ローマ字会研究部編『ローマ字文の書き方』(日本ローマ字会,1955年)。まえがきにこうある。「それから4年たった今日では,ローマ字書き日本語の分ち書き法は,観念をまったく一変して,いわゆる東大システムがその主軸となった感がある」。「東大システムの特長は,いわゆる,田丸文法とちがって,あるときは離れ,あるときは付くといったようなアイマイなところがほとんどないことである」。アイマイではなく不規則というべきところだろう。付属語についての規則は「いろいろな品詞の自立語につくものははなしてかきます」とある。この規則によれば,「静かに」の ni は sizuka, siawase, sirazu に続くので離して書くことになる。「ほかの附属語(ゼロをふくむ)でおきかえられる場合は,はなしてかきます」。この規則に従うと,「いろいろに」の ni は iroiro na, iroiro to と置き換えられるので離して書くことになる。

　ローマ字同志会編『ローマ字文章法』(新日本社,1947年)は,はしがきで,田丸式の sannin no Oya, sanninno Oya について「なるほど,英語では,parent(s) of three, three parents と区別できるのであらうが,日本語では,必要のないことである」と明快に指摘している。田丸先生たちは,実は頭の中で西洋語を考えながらローマ字文を書いていたのかもしれない。この本

も，Tatuoka Hirosi『Rômazi, Rômazibun no kakikata』（Nippon-no-Rômazi-Sya, 1999 年）も，助詞・助動詞については離す・離さないを一覧にして示している。原理に基づいて付属語の分かち書きを決めたら，原理を思い出すよりも，決めたものを見て書くのが楽，ということだろう。

Sibata Takesi『Wakatigaki no Naze』（日本のローマ字社，2001 年）は「東大式にもとづいた，分かち書きの理論である」とし，次の五つの原則をあげている。「文節を限度にして，それ以上長く続けて書くことをしない」，「文節内の1つの部分がそれ自身で文節を作りうるときは，これを他から離して書く」，「2つの部分の間に他の語の割り込みを許さないときは，両者を続けて書き，割り込みを許すときは，離して書く」，「次に来る部分の種類がひどく限られているときは，前の部分に続けて書き，限られていないときは，前の部分から離して書く」，「2つの部分がつながった場合，全体が8字母以下であれば続けて書く」。終わり近くには「『標準分かち書き辞典』のような正書法辞典を用意しなくてはならない」とある。

筆者の分かち書きが決まったのは東大システムのおかげである。「標準分かち書き辞典」を編むことは，筆者に課せられた使命なのかもしれない。

7. 終わりに——これからのローマ字書き日本語

インターネットを利用して，誰もが情報を安価で発信・受信できる時代になった。また，少し勉強すれば，コンピュータに入力されたローマ字文の分かち書きを検討し，その筆者の分かち書き法をまとめるソフトウェアの制作が可能だろう。しかし，そのソフトに読み込ませて調べるローマ字文が少なすぎる。ローマ字書き日本語をネット上にどしどし発表しようではないか。

その際，念頭に置く必要があるのは，多くの日本人はローマ字の分かち書きを見慣れていない，ということだ。筆者の分かち書き法では「na no de」につまずくかもしれない。「1語だと思っていた「なので」をこう書くのか！」と。だから，ローマ字文の前に，漢字かなまじり文で，分かち書きについての簡単な説明が必要なのではないか。「助詞はかなり細かく分ける分かち書きを用いています。「なので」は na no de と書きます」など。

分かち書きについて意見のある人は，それをネットで発表し，議論しよ

う。いつになるかはわからないが，ローマ字文が広まり，分かち書き規則が一つに決まりそうになったとき，自分の規則が100%取り入れられることは考えられない。その際は，自分のやり方を「これだけが正しい」と言い張らないことである。なお，規則が一つに決まっても，絶対にそれに従って書かねばならないということはない。現代かなづかいに従っているが「ずつ」だけは「づつ」と書く，などと決めている人がいる。送りがなの規則では「おこなう」は「行う」だが，「おこなった」が「行った」となって「いった」と区別がつかないから「行なう」と書く，という人もいる。

　分かち書き規則にあまりこだわらないで，自由にローマ字文を発表しよう。分かち書きの規則についての考えがある人は，その規則を発表し，討論しよう。そのようにして，ローマ字書き日本語がのびのびと発展してゆくことを期待する。

　執筆の機会を与えてくださり，アドバイスや資料の提供をしてくださった日本のローマ字社理事長の茅島篤氏，同社理事の木村一郎氏，清水正之氏，竹端瞭一氏（ABC順），原稿に目を通してくださった宮島達夫氏に感謝します。

参考文献

梅棹忠夫 (1969)『知的生産の技術』岩波書店.
田丸卓郎 (1930)『ローマ字国字論』岩波書店.
田丸卓郎 (1920)『ローマ字文の研究』日本のローマ字社.
寺田寅彦 (1937)『寺田寅彦全集　文学篇　第十巻』岩波書店.
寺田寅彦 (1937)『寺田寅彦全集　文学篇　第十三巻』岩波書店.
日本ローマ字会研究部 (1955)『ローマ字文の書き方』日本ローマ字会.
ローマ字同志会 (1947)『ローマ字文章法』新日本社.
Sibata Takesi (2001)『Wakatigaki no Naze』日本のローマ字社.
Tamaru-Takurô (1925)『Rikigaku no Kyôkwasyo』日本のローマ字社.
Tamaru-Takurô (1935)『Rikigaku I』Iwanami Syoten.
Tanakadate-Aikitu (1938)『Kuzu no Ne』Nippon-no-Rōmazi[sic]-Sya.
Tatuoka Hirosi (1999)『Rômazi, Rômazibun no kakikata』Nippon-no-Rômazi-Sya.

■第3部■

日本語改革のゆくえ

上田万年と明治の文字政策

清水　康行

1. はじめに

　上田万年(1867 〜 1937)が明治期の「国語」問題に関して中核的な役割を演じたことは，本書を手にした読者にとっては周知のことであろう。本稿は，その上田の「文字」観について，明治期の「国字」問題の展開と絡ませつつ，概観しようとするものである。

2. 若き上田のローマ字論と四半世紀後の『ローマ字びき国語辞典』

　上田は，1885年，東京大学文学部(翌年に帝国大学文科大学に改組)に入学，2年生の折に新設された博言学科の初代教師チャンブレン(Basil Hall Chamberlain)によって言語研究への眼を開かれ，文科大学長・外山正一の勧めもあって，「国語」研究を専門とすることを決意する。卒業後の1890年，「博言学［言語学の旧称］修業」のため，欧州に国費留学する[1]。当時の言語学研究の中心地であったドイツのベルリン・ライプチッヒ両大学で学び，パリを経由して，1894年に帰国すると，直ちに帝国大学教授に就任，以降，「国語」に関する学術研究と行政施策の両面を主導する存在となっていく。

　留学前の1889年に発表した「日本大辞書編纂に就きて」[2]は，上田にとって最も早い公刊論文の一つだが，数年後，彼の代表作ともいえる論文集『国語のため』[3]の「附録」として収録されており，「これのみが留学以前に発表し

1　上田の留学に関する事績については，清水(2012)を参照されたい。
2　1889年2月，東洋学会での演説。活字化初出は上田(1889)。
3　初版の刊行は1895年。これには附録を含めて6編の論考を収めるのみだが，1897年の訂正再版では更に8編が加わり，こちらが決定版となる。最近，本書の続編『国語のため　第二』と合わせた履刻版，上田(2011)が出た。安田敏朗による詳しい校注と解説が付き，大いに参考となる。本文での引用は，同書による。ただし，踊り字を仮名に直す等の変更を加えた。

たものであり，上田自身にとっても欠かせない論考であった」[4]と評される業績である。
　この中で，上田は，辞書の「見出し」を「羅馬字を以てすべしと主張」している。

　　予輩は見出しの語だけを現はすに，羅馬字を以てすべしと主張するものなり。その羅馬字は，二十二三字の連合にて，千万の語を代表するに足り，且欧米辞書と同法にて引くことを得べければ，これよりの人に取りては，尤も便利なるべければなり。而して余は仮字と「ふりがな」を附したる平易の漢字とにて，釈義適例等を挙んと欲す。[…]或る人いはく，子の論は羅馬字会設立の趣意の如く，善は善なれども或は未だ早き論にてはなきか［…］五十音仮字と羅馬字とは，大に似寄たる所あれば，先づ仮字を以て見出し語を現はしては如何と。爾来予輩はあふ人ごとにこの事をきくに，前の説に左袒するもの多し。そもそも不思議に堪へざるなり。かの「ヘボン」の如く羅馬字に仮字をそへて出しおけば，最も洋学者，国学者双方に便益ならんに，其ここを出ずして不便の旧法によるは，実に怪まざるを得ず。或は洋字なりとて，単に羅馬字を嫌ふものありて，羅馬字を使用すれば，国辱の如き考をなすものあれども，予輩を以て見れば，その人はらんぷを嫌ひ洋服を卑しみ，電信，鉄道を排撃する人と異ならざるのみ。この事に関しては別に羅馬字の議論沢山あり，且つ既に陳腐に属することを再演する恐れもあれば，唯予輩はかかる持論なりと云ふを以て終るべし。

　上田は，国字問題に関して，基本的にローマ字論の立場を取るが，本論考はその最も早い言挙げと言える。ローマ字が「二十二三字の連合にて，千万の語を代表する」効率性を持つこと，ローマ字を使用することは，近代的な利便性を持つ「電信，鉄道」等を受容するのと同様，「国辱」でも何でもないといった「持論」自体は，確かに「陳腐に属する」と言えよう。一方で，「羅馬字に仮字をそへて出しおけば，最も洋学者，国学者双方に便益ならん」

4　安田（2011）。

とするところには，彼が時折みせる現実的な柔軟性が早くも示されている。

ちなみに，本編で示されたローマ字の見出しと漢字かな文の語釈による辞書というアイデアは，四半世紀後，上田自身の編纂になる『ローマ字びき国語辞典』(1915年)によって実現する。ローマ字の綴り方に関して，上田は，学生時代の師であるチャンブレンと外山が推進した所謂ヘボン式よりも，留学時代に親交を結んだ田中館愛橘が提唱した日本式を支持していたが，この辞書では，ローマ字を「広く行はせるのが何より急務だ」として，より普及していたヘボン式を採用する[5]。これも現実主義者としての上田の面目を伝える逸話であろうが，そうした姿勢は，学者としての彼の評価を難しくさせる一因ともなる。

3. 『国語のため』に見られる上田の文字観

些か話を先に進め過ぎた。留学から帰国した直後の上田の動向に戻ろう。

帰国後まもない1894年10月，上田は，近代「国語」の幕開けを告げるものとして名高い講演「国語と国家と」[6]を行ない，「帝室の忠臣，国民の慈母」たる「国語」の重要性を説き，その研究を「国家の義務」であると主張する。この講演中，「文字」の問題は余り論ぜられないが，以下のように，「漢字漢語」に対する敵意は明白に語られている。

> 世人は猶文字を支那に法るの弊に眩惑して，猥りに漢字漢語を使用して怪まず。加ふるに支那人の用ゐたる語句は，自由に日本文に輸入せらるるが故に，此日本語此日本文が見事独立する暁は果して何時を期すべきか。而して文人疑はず，学者争はず，日本の語学界は真に不思議極まるといひつべし。

この後，上田は「国語に対する手入れ」のための論文や講演を矢継早に発表し，それらは『国語のため』に纏められる。同書所収の諸論考のうち，

5　長谷川(1938)。
6　1894年10月8日，哲学館(後の東洋大学)での講演。初出は上田(1895a)。『国語のため』の巻頭論文となる。

「文字」に関する議論を主内容とするものは,「欧州諸国における綴字改良論」[7]と「新国字論」[8]の2編である。

　前者は,「欧州諸国に於ける綴字改良論の顛末」を述べることで,国字論の「前途を照らす燭光」としようとするもので,欧州各国の綴字改良の歴史を簡潔に紹介している。留学中に得た知見を盛り込んだ記述は,当時としては新鮮な情報を多く含んでいた。最後に,明治維新以後に起こった「かなの会」や「羅馬字会」が「皆諸共に泣き寝入り」となったと述べ,「予輩は容易に此［運動が衰退した原因の］判断を公言するに忍びざる」としつつ,本論文が「今日以後,此事を論ずる諸君子の参考ともなりなむには,予輩の喜び果たしていかばかりならむ」と結び,綴字改良の議論が必要であることを訴えている。

　後者は,当時の国字論の流行に対して,維新以降の国字論の「失敗の跡を鑑み」,文字の議論に着手する前に,「［話し］言葉を尊ぶ」姿勢と「フオネチツクス即ち音韻学」を理解する努力が肝要であることを主張したものである。ここには,上田が一貫して有していたと思われる文字観が明確に表明されている。

　まず,自らの「立脚地」として,「羅馬字的」な「フオネチツクシステム」の支持者であることを言明する。

　　今日の私はどこまでも支那文字の様な意字に反対であるのみか,日本の仮名の様な一の綴音を本とする「シラビツクシステム」の文字にも大不賛成なのであります。それで敢て羅馬字とは申しませぬが,その羅馬字的の母音と子音を充分に精しく書きわけることのできる「フオネチツクシステム」の文字といふものを最も珍重するものであります。

　次いで,そうした文字の優劣議論に先んじて「言葉を尊ぶ」ことの重要さを強調する。

7　初出は上田(1895b)。『国語のため』所収。
8　1895年5月25日,大学通俗講話会での講演。初出は上田(1895c)。『国語のため』所収。

この根本的言葉といふものがあつて，その後に文字がある。その文字の原なる言葉をお互に詮議せずにおいて，文字の末に走つていろいろ綴り方を論じ，また書き方を議するのは，私から見ると一段あとの仕事で，この言葉の上の定見が立つた後に，少くとも之れを立てると同時に，文字をどうかしなければなりません。

加えて，「音韻学」の「光りを，一日も早く日本の語学界へ」入れる必要を説く。

　日本言語上の音韻研究の事業を盛んにして，其上から標準となるべき言語の中にある音韻組織を造りいだし，そして其音韻組織に対する，新国字の撰び方作り方に着手してまゐりましたらよからうと存じます。

こうした口語重視の姿勢と音韻学の強調は，上田の他の論考にもしばしば見られるところであると共に，数年後に彼が主導することとなる国語調査委員会の基本的な態度ともなるものである。そして，これらの議論の背景には，欧州留学によって，最新の言語学的な方法を我が手中にしている[9]という，上田の強い自負もあった。

4．「国字国語国文ノ改良」建議と「国語調査委員会」の活動

　国語改革を目指す動きは明治初期の施策にも見られた[10]が，それが具体的な政策課題として正面から取り上げられるようになるのは，19〜20世紀の境目の頃からである。この背景には，全体的な国運の伸張と国家体制の整備がある。より具体的には，教育の普及（当初40％台だった児童就学率

9　上田は，留学先のライプチッヒ大学で，少壮文法学派の旗頭であったブルークマンや音声学研究の最先端にあったジーフェルスの講筵に列する機会を得ていた。清水（2012）参照。

10　たとえば，1872年の『学制』発布の際には，小学校に「会話」科を設け，全国に通じる「通語」の教育を目指した。しかし，当時は，標準語・会話教育の意義は理解されず，この試みは，短期で頓挫する。

が，1890年前後から急速に伸び，90％台に迫る)による教育組織全般の見直し，版図拡大(日清戦争の結果，台湾を領有，朝鮮での支配権を確立)による日本語を母語としない人々への「国語」教育の必要，さらに内地雑居(1899年，外国人に対する居留地域制限が撤廃)による外国人との交流の活発化などがあった。

　1898年，文部省は，「国語調査会」のための予算を帝国議会に計上した。予算委員会審議の際には，同年から専門学務局長を兼ねていた上田万年[11]が答弁に立ち，「国家の事業として国語の調査」を行ない「標準を早く一定する」ことの必要を述べている。彼は既に「国語会議に就きて」[12]と題する論文で「発音文字仮字遣及び文法等の上に存する疑義を解釈し，其未来に為すべき攻究を奨励し，其学問の上に犠牲となる学者を保護し，而して能く帝国教育の基礎を固めしめんには，国語会議なる学者の一団体を設けて，これに付するに相当の権力を以てし，一方に図書検定の最高顧問となり，一方に国語統一の中枢機関」となる組織の設立を訴えていた。「国語調査会」は，こうした発想にそったものと見ることができよう。ただ，この折には，予算が削られ，調査会設立は実現しなかった。

　1900年になると，帝国議会の衆議院・貴族院両院で，「国字国語国文ノ改良ニ関スル建議」が採択される。この建議は，「世界ノ競争場裡ニ馳騁」するために，現状の「錯雑紛乱不規律不統一ナル文字言語文章」の「改良」を「国家ノ事業トシテ調査討究シテ，其ノ実行ヲ期ス」ことが「刻下ノ一大急務」だと主張するものだが，「文字ノ学習ノ為ニ其学校生涯ノ大半ヲ徒費」，「[欧州諸国が] 国字トシテ我ニ比シテ優ニ便利ナル「アルフハベット」ヲ有スル」，「速ニ国字改良調査会 [貴族院の議決案では単に「調査会」] ヲ設ケ」

---

[11] 当時は帝大教授と本省局長の兼官は珍しくなかったが，31歳という若さでの就任は異例である。ただし，上田と同時に普通学務局長となった沢柳政太郎も33歳，上田在任中に総務長官となる岡田良平も沢柳の1歳年長で，彼らの抜擢は樺山資紀文相による若手登用人事の一環であった。3人は学生時代から親しく，沢柳は上田と同じく国語改良論者でもあった。岡田は両名とは対立する立場を取ることとなる。清水(1996)参照。

[12] 初出は上田(1897)。『国語のため』所収。

といった文言から，発議者たちの関心が，主に「国字」改良にあったことが窺われる。

これを受け，同年，文部省内に国語調査委員が置かれ，2年後の1902年3月には「国語調査委員会」の官制が布かれることとなる。同年4月，加藤弘之(委員長)，嘉納治五郎，井上哲次郎，沢柳政太郎，上田万年(主事・主査委員)，三上参次，渡部董之介，高楠順次郎，重野安繹，徳富猪一郎，木村正辞，大槻文彦(主査委員)，前島密［官報掲載順］という委員の陣容が発表される[13]。

同委は，早くも7月には，以下のような「国語調査委員会決議事項」[14] を発表する。

> 国語調査委員会ハ本年四月ヨリ同六月ニ渉リテ九回委員会ヲ開キ其調査方針ニ就キテ左ノ如ク決議セリ(文部省)
> 一　文字ハ音韻文字(「フォノグラム」)ヲ採用スルコト、シ仮名羅馬字等ノ得失ヲ調査スルコト
> 二　文章ハ言文一致体ヲ採用スルコト、トシ是ニ関スル調査ヲ為スコト
> 三　国語ノ音韻組織ヲ調査スルコト
> 四　方言ヲ調査シテ標準語ヲ選定スルコト
> 本会ハ以上四件ヲ以テ向後調査スヘキ主要ナル事業トス

これに続けて，「普通教育ニ於ケル目下ノ急」に応ずるため，「漢字節減／現行普通文体ノ整理／書簡文其他日常慣用スル特殊ノ文体／国語仮名遣／字音仮名遣／外国語ノ写シ方」についても，別に調査すると付け加えている。

音韻文字(表音文字)の採用といい，言文一致体(当時，小説では既に口語文体が一般化していたが，公用文は専ら文語文体であった)の採用といい，随分と大胆で革新的な方針だと感じられようが，当の加藤委員長は，事も無

13　「国語調査会」新設予算計上から「国語調査委員会」発足までの経緯については，文化庁(2006)，p.104以下に詳しい(執筆は本稿筆者による)。なお，発足後，一部の委員の交替や，主に上田の若い門下生の補助委員への登用などが行われる。

14　1902年7月4日付『官報』。

げに，こう語っている。

　　以上四件の中で確定して居る事項は，音韻文字を採用すること，文章は言文一致体を採用することとの二件で，この決定は将来動かさぬのである。即ちこの方針によれば音韻文字を採用するのであるから，無論象形文字たる漢字は使用せぬことに定めたのである［…］文章は言文一致体を採用するから従来の如き日常の言語と懸け放れて居る文体は排斥するのである[15]。

　国語国字問題の根幹に関わる基本方針を活動開始後3ヶ月ほどで決定し，「将来動かさぬ」とまで断言するのは，この委員会が初めからそうした考えを持つ人々を中心に組織されていたからであろう。事実，加藤委員長は，前掲「国字国語国文ノ改良」建議の発議者で，委員の嘉納・井上と共に「国字改良会」(1898年発足)の発起人ともなっていた。他の委員も，三上・大槻・前島はカナ論，沢柳・上田・高楠・徳富はローマ字論という違いはあるものの，多くが「国字改良」の論陣を張っていた。また，加藤を含む当初委員13名中9名が「言文一致会」(1900年発足)の会員に名を連ねていた。

　国語調査委は，発足直後から積極的な調査研究活動を行ない，多くの成果報告を示していく[16]が，「仮名羅馬字等ノ得失」に直接かかわるものは，『仮名字羅馬字優劣論比較一覧』(1904年)くらいで，「標準語」選定に向けた「方言」(音韻，語法)調査や，「漢字節減」と「仮名遣」に関する報告などに比べると，質・量ともに些か物足りない。

5. 仮名遣問題での挫折

　さて，先掲の加藤発言には続きがあり，「普通教育に於ける応急の手段」の中で「最も急を要するもの」として「仮名遣の問題」を挙げ，この点については委員間に意見の対立があることに触れている。この「仮名遣」問題こそ，当時の緊急かつ具体的な国語教育上の論点であり，やがて，国語改革派

15　加藤(1902)。
16　国語調査委の活動成果については，文化庁(2006)，p.125以下を参照されたい。

が大きな挫折を味わうことになる躓きの石となった。

　国語調査委設置に先立つ1900年，文部省は小学校教育の基本法規『小学校令』『小学校令施行規則』を改定する。『施行規則』中の第16条は，仮名字体の統一，字音仮名遣の表音式化，漢字の節減という3つの方針を打ち出し，それぞれの具体案が付表として掲げてあり，国語国字問題に大きな転換を促すものであった。

　このうち，仮名字体統一案は，従来，同じ読みでも元の漢字と崩し方が違う多くの字が並存していた仮名字体を，それぞれ一つに統一するもので，これ以降，そこから外れた「変体仮名」は一般には用いられなくなり，近代の文字改革で最も成功したものとなった。

　また，表音式の字音仮名遣案とは，字音語(音読みする語＝漢語)の仮名遣を，たとえば「学校」であれば「がくかう」ではなく「がっこー」のように，表音的にするものであり，長音を「ー」で表すのが特徴的なので，「棒引仮名遣」と呼ばれた[17]。

　さらに，漢字節減案では，1200字の漢字が示され，後述の第一次国定読本では，うち500字のみが使用された。

　これを受け，国語教育界では，国語仮名遣(和語の仮名遣)にも表音式を適用せよという声が高まる一方，新奇な仮名遣を廃して歴史的仮名遣に統一すべきという考えも出てきた。そうした中，1903年に作られた最初の国定読本は，『施行規則』に従い，字音語は表音式仮名遣，和語は歴史の仮名遣という方式で編まれた。

　次いで，文部省は，第二次国定読本への準備に向けて，国語仮名遣も表音式に統一しようとする方針を示すが，貴族院の一部でそれに反対する動きが

17　上田の門下生であった保科孝一の回想(保科1949)によれば，1898年，彼は同じく上田の学生だった藤岡勝二・岡田正美と共に，文部省図書課の嘱託となり，国語国字問題の調査に従事し，彼らが上申した字音仮名遣の表音主義案が『施行規則』に取り入れられたという。文部省内での国語国字改良への動きは，国会での建議に先立って進められていたのである。ちなみに，保科ら3人は，後続の国語調査委員会にも補助委員として加わり，調査の実務を担っていく。また，「其の発頭人は沢柳学務局長で，沢柳に此の智恵を吹込んだのは上田万年博士である」(三土1908)と，棒引仮名遣案の黒幕を上田だとする同時代証言もある。

清水　康行

　出たのを案じて，1908 年，「国語及ビ字音ノ仮名遣ニ関スル調査」を行なう「臨時仮名遣調査委員会」を設置する。「仮名遣」問題は，国語調査委が当初から調査事項に定め，文部省に意見提示もしていたものなので，仮名遣委が別個に置かれたこと自体，国語調査委にとっては躓きの始めであった。

　仮名遣委には，表音式論者も参加したが，それに反対する面々もあり，表音式を原則とした文部省の諮問案について，激しい論戦を展開する。それらは『臨時仮名遣調査委員会議事速記録』（1909 年）によって詳しく辿ることができ，最も多く発言し続けた伊沢修二が，「隣席ニ居ラルル上田君」を意識して，次のように攻撃したことも知られる。

　　所謂西洋ノ今日ノ「フイロロジー」ヲ学ンダ先生達ガ帰ツテ来テソレカラ「フイロロジー」ノ説ヲ頻リニ主張シタノデアリマス。ダガ其「フイロロジー」ト云フテモ主ニ「オルソエピー」ノコトノミヲ研究シタ人ガ多クハナイカト私ハ思フ。ダカラ何ンデモ言葉ハ発音ノ通リニ出来ナクテハ往ケヌト云フヤウナ極端論ヲ始メタノデアリマス。ソレガ即チ今日ノ吾々ニ此処ニ御授ケニナツタ所ノ仮名問題ノ起リデアリマス[18]。

　しかし，上田は，これに反論しないどころか，5 回の委員会を通じて一度も発言していない。不可解なことであるが，或いは満を持しての好機を待っていたのだろうか。

　仮名遣問題に対する上田の姿勢は，仮名遣委が設けられる前年に発表した「仮名遣問題」[19] という論考に端的に示されている。彼は，日本語には，古代・

18　1908 年 6 月 26 日の第 4 回委員会での発言。引用中，「フイロロジー」は philology ＝言語学，「オルソエピー」は orthoepy ＝正音学（正しい発音法の研究）の意。上田らが正音学のみを学んだがために表音式の仮名遣に走ったという批判は，正鵠を射たものとは言えまい。伊沢は，1875 ～ 1878 年，師範学校教育調査のためにアメリカへ留学，音楽教育や聾唖教育も学び，帰国後，音楽取調掛長，東京音楽学校長，東京盲唖学校長，台湾総督府学務部長などを歴任する。西洋の言語研究法を逸早く学んだ自負を持つ彼は，本場・欧州での最新言語学をひっさげてきた後進の上田への敵愾心があったと思われる。

19　上田 (1907)。

近代の二大時期と、京都中心と江戸（東京）中心の二系統があり、「文語は古代言語で京都式［…］口語と云ふのは近代言語であつて、東京式のもの」とし、仮名遣問題を考えるには、その間の区別に注意する必要があると説く。そして、次のように主張する。

> 我々は此義務教育の年限内に、小学生徒に一通りの国語上の知識を教へねばならぬのである。［…］国語仮名遣の改正の精神は［…］千年も以前の日本語の標準に基いた、古代の仮名遣を教へずに、近代の日本語を標準として其の新仮名遣を教へてやれば、長い時日と多い労力を費やすことなしに、短い時日と少しの労力とで、十分の効果が挙ると云ふことを確信するのであります。

続けて、陸海軍の調査統計を援用して「全然読めない者から小学校を卒業したまでの者を合せて［…］殆ど三分の二は、漸く尋常小学校位の者」だとした上で、「小学児童の大多数と云ふものは、より高い教育を受くることが出来ずして、直ちに労働に従事する」者であり、彼らには「自分の云ふことだけでも書ければ宜い、又自分の友達から言つて来ただけのことが読めれば宜い、新聞も傍訓のあるものだけでも読める方が宜いと云ふやうに教育して置く方が遥に有益」だと述べる。そして、以下のように結論づける。

> 中以上に位する日本人は、決して今日の日本語だけで満足は出来ない。昔しの日本語も知らなくてはならない。併し普通の日本人は、昔しの日本語を知らなくても宜い、今日の日本語だけで満足が出来るやうにしてやるのが至当である。故に小学教育に於て今日の日本語を教へ、中等教育以上に於て昔しの日本語を教へる方針を執ると云ふ点で、口語と文語と云ふものの界を立てるやうになつたのであります。

上田の表音仮名遣の主張、それも初等教育の口語文に限って実施するという主張には、このように、当時の就学事情を踏まえた現実主義的側面が強くあった。

仮名遣委の発言では，森林太郎(鷗外)の反対演説が知られるが，「国民中ノ精華」に注目し，当時は同世代の 10% にも満たなかった「中学以上ノ人」を想定した森の反対論と，上田と同様，「僅カ六年ノ義務教育」のみで世に出る「大多数」に主眼を置いた大槻ら表音派の主張とでは，そもそもの立脚点が異なり，容易に議論の収束は望めないものだった。

ところが，1908 年 9 月[20]，文部省は唐突に『小学校施行規則』中の仮名字体統一・表音式仮名遣・漢字節減の条項を廃し，以後の国定教科書は字音・和語とも歴史的仮名遣で編むこととした。仮名遣諮問案も撤回され，役目を失った仮名遣委は同年末に解散する。

これによって「面目丸つぶれ」[21] となった上田は，同年 11 月，国語調査委の主事を自ら辞す。同委は，その後も活動を続けるが，1913 年 6 月，行政整理により，あえなく廃止されることとなる。

6. 『国語学の十講』での上田の述懐

国語調査委廃止から 3 年後の 1916 年，上田は，「通俗大学文庫」の一冊として『国語学の十講』を著している。その「序」で，上田は，こう言う。

> 吾々は，われわれが日常最も近く相接してゐるものについて，甚だ無関心であり，不注意である。然も吾々はまた，此等のものに対して深き執着とあつき未練とを有つてゐる。言葉といふものが，人類社会に欠くべからざるものであり，国語が，国民思想の統一といふ上で国家にとつて重要なものであるにも拘はらず，此等が一般の人々の念頭に上ること尠く，また国語国字の問題に関しては，聡明達識の人も猶，因習的感情や保守的思想に煩はされることの多いのは，吾々が之に狎れ過ぎたり，親しみ過ぎたりしてゐるからである。／今予が本書に於て説く所は，上

20　1908 年 7 月，第 5 回仮名遣委の直後に内閣が交代し，文相も牧野伸顕から小松原英太郎に代わり，以降，同委の開催は途絶えていた。同じ 7 月には，文部次官も，国語改良論者の沢柳政太郎から保守論者の岡田良平に交代していた。上田は，文部省の姿勢の変化の元凶は岡田次官だと睨んでいる(上田 1908)。

21　保科(1937)。師の追悼号に寄せた一文に盛り込むには随分と薄情な語句ではある。

述のやうな点に関する社会的智識の欠陥を補ひ，国語国字に関する智識を一般に与へて，注意と反省とを促さんとするにある。

そして，十講中，第九講を「国字問題及び仮名遣問題」，第十講を「国語及び国字の将来」とし，国語国字問題について，その歴史的推移を追いつつ，自身の見解を端的に述べている。そこでは，「諸種の文字のうちで［…］最も進歩してゐるのは，いふまでもなく字母文字である［…］最も精密に音を写し得るからである。又最も簡便であつて，比較的少数の文字で用を達し得るからである」，「漢字仮名を全廃して一音一字主義の羅馬字を国字としよう［…］国語の将来から見ても，国家の前途といふ点を考へても，世界共通の文字を採用するのが，今日に於て最も事の宜しきを得たものである」，「羅馬字を使ふことの便利は，とても仮名や漢字の及ぶ所では無い［…］今日に於ては，羅馬字ほど便利な文字は世界中に無い」といった具合に，ローマ字の優位性が繰り返し強調されている。

しかし，現時点では「［ローマ字論の］勢力は甚だ微々たるもの」であるとした上で，本書全体を，以下のように結んでいる。

> 終りに一言を加へて置きたいのは，吾人はかかる問題に於てはやはり敗軍の将である［…］現代に於て尽すべきことは尽したつもりであるが，社会は常にわれわれに同情を表さなかつたのである。猶付加へて置くが，正しい事は終に何時かは行はれると信ずる。吾人が明治三四十年代に於て述べたこと，一部行つたことは，将来何時か成功するであらうといふ事を今でも信じて居るのである。

上田と彼に続く改革派は，その後も，臨時国語調査会(1921年設置。初代会長は森林太郎だったが，森の逝去を受け，翌年からは上田が会長となる)，臨時ローマ字調査会(1930年設置。上田も委員に加わる)，国語審議会(1934年設置。既に上田は参加していない)等の活動を通して，国語国字改革を志向し続けるが，上田の存命中，そして現在に至るまで，彼の信じた「正しい事」が行なわれる「何時か」は訪れていない。

清水　康行

参考文献

上田万年(1889)「日本大辞書編纂に就きて」『東洋学会雑誌』3-2．（上田 2011 所収）
上田万年(1895a)「国語と国家と」『東洋哲学』1-12・13．（上田 2011 所収）
上田万年(1895b)「欧州諸国における綴字改良論」『太陽』1-7．（上田 2011 所収）
上田万年(1895c)「新国字論」『東洋学芸雑誌』169,170．（上田 2011 所収）
上田万年(1897)「国語会議に就きて」『教育時論』422．（上田 2011 所収）
上田万年(1907)「仮名遣問題」『太陽』13-5．
上田万年(1908)「文部失当の処置」『教育公論』3．
上田万年(1915)『ローマ字びき国語辞典』冨山房．
上田万年(1916)『国語学の十講』（通俗大学文庫）通俗大学会．
上田万年(2011)『国語のため』平凡社．（安田敏朗校注の履刻版。初版 1895 年，再版 1897 年，冨山房）
加藤弘之(1902)「国語調査に就て」『教育時論』622．（国語教育研究会編『国語国字教育史料総覧』（同会 1969)所収）
清水康行(1996)「上田万年をめぐる二, 三のことども」『山口明穂教授還暦記念国語学論集』明治書院．
清水康行(2012)「上田万年の欧州留学に関する記録」『日本女子大学紀要文学部』61．
長谷川福平(1938)「上田先生をしのびて」『国漢』45．
文化庁編(2006)『国語施策百年史』ぎょうせい．
保科孝一(1937)「故上田先生を語る」『国語と国文学』14-12．
保科孝一(1949)『国語問題五十年』三養書房．
三土忠造(1908)「仮名遣問題」『教育公論』3．
文部省(1909)『臨時仮名遣調査委員会議事速記録』
安田敏朗(2011)「解説」（上田 2011 所収）

田中舘愛橘とローマ字

松浦　明

1. はじめに

　この小論では，私の曽祖父で国際的物理学者・田中舘愛橘(1856 〜 1952，以下，愛橘と略記)のローマ字運動についてのべる。

　愛橘は専門を地球物理学(とくに地震)とし，航空，度量衡，ローマ字なども手がけた。私は愛橘と約14年間生活を共にした。私にとっての愛橘はあくまでも，こころやさしい，いつでも甘えられるひいおじいちゃんであった。

　ここでは愛橘のローマ字運動を単に年表風に時間を追って記述するのではなく，ひ孫の立場からみた愛橘のローマ字に対する思い，情念やその運動の特徴などを論じてみたい。愛橘にとってローマ字とはなんだったのかを考え，そしてローマ字に込めた愛橘の思いを感じとっていただければ幸いである。

2. 愛橘がローマ字運動にかかわるようになったきっかけ

　これにはいろんな説が考えられるが，私はひとつの要因だけが愛橘を一生涯ローマ字運動にあれほど没頭させたとは考えにくいという立場である。

　明治初期の文明開化のころ，前島密や福沢諭吉らによる国語国字運動は百花繚乱の状態にあった。まずはこの時代の背景というべきものが，明治5(1872)年に一家をあげて東京へ出てきた愛橘の度肝をぬいた。岩手県北部の一山村，福岡村(現・二戸市)から上京してきた愛橘にとっては，東京はまだ幕末から明治への移行がおわっていない状態であり，上野の山ではまだ大砲の音がとどろいていたという話も聞いている。

　この時代の騒然たる状態のもと，大学時代の恩師ユーイング[1]の逆まわし

1　お雇い外国人ユーイングは愛橘の大学時代の恩師であった。明治11年，ユーイングは東京大学で愛橘のローマ字論の正しさを証明する実験をしてみせた。すなわち，愛橘の唱える田中舘式ローマ字(のちの日本式)で書いた日本語を蓄音機に録音し，それを逆回しで再生したところ，ローマ字を逆さ読みにした形の音声が聞こえてきたので，それを聞いた人々は愛橘のローマ字論の正しさに感心したという。

松浦　明

実験だけが一生涯つづくローマ字運動に愛橘をかりたてたとは思えない。一定の影響を与えたことはまちがいないであろうが，決定的な要因にはならなかったと私は考える。

　もっとも大きな影響は文字のカルチャーショックである。愛橘は明治18年に発表した論文の中で「ローマ字は実に便利なり」と感嘆している。単なる漢字とアルファベットの文字の数の比較などという表面的な問題ではない。ふるさとで幼いころ受けた漢字づくめの教育から上京するや一転，朝から晩まで英語づけという愛橘の生活は，いや応なしに表音文字として機能的にすぐれているアルファベットに目を向けさせることになった。たしかにアルファベットは世界有数のすぐれた表記法である。そのアルファベットを用いる英語は，つづりと発音の不一致などヨーロッパの諸言語にくらべて見劣りする点はあるものの，それは程度問題であって，愛橘はそれを帳消しにするほどの英語の表記法の魅力にとりつかれ，漢字を使っていたのでは日本は西欧文明に立ちおくれてしまうという強い危機感をもったにちがいない。大学で専門に学ぶべきなのは文科系の学問ではなく理科系の学問だと愛橘が決心した時期ともちょうど重なる。以上のように考えたほうが合理的ではなかろうか。

3. 愛橘のローマ字運動

　愛橘の手がけた4つの分野のうち，このローマ字とのつきあいが格段に長かった。明治5年のローマ字日記を発端とすると，亡くなる直前まで寝床の上でタイプライターをたたいていたころまでの実に80年間，生涯の大半をローマ字のためにささげたことになる。

　若いころ学んだ英語，フランス語などの語学的な知識と会話力，専門の物理学の知識がローマ字論の確立に役立ち，明治18年のローマ字運動の礎となる2つの論文発表へとつながった。

　大学教授時代(明治24～大正5年)が，愛橘のローマ字運動のもっとも油ののりきっていた時代と考えてよい。ローマ字団体の先頭に立って熱心なローマ字運動を展開，外国の著名な言語学者たちの日本式ローマ字の学問的，理論的正当性のおすみつきを得て自分の説に自信をもちローマ字運動にはずみ

がついた。さまざまなローマ字に関するパンフレットや抜刷を印刷してくばり，ローマ字雑誌には自分がかかわるさまざまな分野についてのローマ字文を書きつらね，自作のローマ字の和歌を筆でしたため，駅名をローマ字で書くよう求める運動もした。

大学教授退職後，国際会議の出席回数が急激にふえ，そこでローマ字論を展開する機会も当然のことながら増加した。そしてそれに伴い，国際的な場でタイプライターを打ってローマ字で議事報告をし，日本や日本文化を外国人にわかってもらう努力もし，それらの目的にはローマ字が一番適しており能率的にもすぐれていることを身をもって体験したのである。そして学士院代表として貴族院議員を務めていたころには，貴族院で国字論としてのローマ字論を熱心に主張してやまなかった。

しかし，愛橘が年老いていくにつれて，そのローマ字運動は組織的活動から，筆によるローマ字の揮毫やローマ字に関するパンフレットの配布，講演をたのまれたときなどにローマ字の話をすることを受諾の条件にすることなど，個人的なレベルへと変化・縮小していった。この段階の運動に愛橘のあせりを感じなくはないし，ガンコな側面もちらつく。

日本語の文章をローマ字で書く愛橘の運動は，願望が高すぎたのか結局失敗におわった。あれほど長年とりくんだ結果が現在の日本語の姿である。

私の母，多加(愛橘の孫)が，愛橘がこの世を去った直後私にポツリとつぶやいた。「おじいちゃんがやったことのうちローマ字はうまくいかなかったねぇ。やっぱり文化の問題だったからなのかねぇ」と。60年前のこのなにげないことばが，今も私の耳の奥にこびりついてはなれない。今思うと言い得て妙ではある。愛橘はローマ字が文化と深くかかわっていることは百も承知だったろう。方法をまちがえたのか。性急だったのか。一般の国民の感覚から浮きあがっていたのか。あせったのか。過激すぎたのか。かずかずの疑問が浮かぶ。

愛橘の辞世のことばは，ローマ字で書かれた地震の予知のむずかしさである。4つの分野のうちローマ字と地震の予知は成功をおさめることができなかった。ローマ字で書かれた地震の予知の話，愛橘の無念さがじかに伝わってくるような気がしてならない。

4. 愛橘とローマ字の書

　愛橘のローマ字運動でひときわ目をひくのが筆によるローマ字の書である。若いころから毛筆に親しんでいたことも幸いしたであろう。和漢の書の教育もその基礎となった。まさに和洋折衷の例の最たるものといっても過言ではない。このような作品の総数は少なく見積もっても 200 〜 300 点はあるだろう。その多くは愛橘のふるさと二戸市にある。ここには愛橘の書を石碑にした場所が 3 か所ある。もっともユニークなのは折爪岳を背にした九戸城落城懐古の歌で，なんと漢詩とそれを日本式ローマ字に翻訳したものが上下にならんでいる。このような石碑は日本広しといえどもここだけではないか。

　では，愛橘がなぜローマ字による書というきわめて特殊なことに挑戦したのであろうか。愛橘はローマ字運動を理論一辺倒の"ただ漢字かなまじり文を横書きのローマ字文にすればよい"とは考えなかったからだろうと私は思う。というより，そのように思いたい。

　その理由は，私自身が愛橘のローマ字の書をみるとこころがなごむからである。そして時には勇気づけられる。時にはうきうきした気分にもさせられる。もちろん人によって受けとめ方はちがうだろう。ただ，なぜあれほど多くの人たちが競って愛橘にローマ字の書をせがんだのか。なんでもいいから愛橘に書いてもらってそれを記念の品として保存しておけばよいという人ばかりではなかったように私には思える。人々が愛橘に筆書きのローマ字の書

図1　葉書大のローマ字の書(昭和8年, 筆者蔵)

をたのんでいる現場を，私は何度も目撃しているからだ。

　愛橘がめざしたローマ字の書の真髄はなんだったのか。私が長年それを研究してきた目的は正にその真髄を知ることにあった。日本人の国語学者のなかには，日本の文字とちがってアルファベットなどの表音文字は単なる音素をあらわす文字にすぎないと軽蔑の気持ちをこめて主張する人がいた。発音記号と同じだという人もいた。愛橘はそのような考え方に対して，表音文字であっても，見方によっては表意文字と同じように，うるおい，安らぎ，癒しなどを人間に与えてくれる要素を持っていることを，単に理論としてではなく実践を通して証明するべく，お得意の筆を手にとり，自分が詠んだ和歌をローマ字で書きあらわすという異例の実験に挑んだのである。愛橘の詠んだ和歌の総数が数百に達することからも，その意気込みのすさまじさを感じる。いろいろな分野を横断して国際会議に出るべくヨーロッパの主要都市を股にかけた愛橘にしてである。その苦労はいかばかりであったろう。ローマ字の，しかも筆によるローマ字の文字としての美しさの追求は，こころの感じられる文字の美しさの追求でもあった。しかし愛橘の高い理想ゆえに，それがローマ字運動の一形態として広まることはなく，その運動形態を引き継ぐ人もいなかった。愛橘のローマの書は完全に過去の遺物となった。

　ただ，将来に向けて希望がないわけではない。ひとつは，二戸市で私が実施したローマ字教室において経験したことである。授業の指導の一部として私は生徒に自由にローマ字の書道をさせてみた。格別の指導をしたわけでもないのに，生徒は熱心にとりくみ，すぐれた作品に多く接することができた。そこに私はローマ字のひとつの可能性をみる思いがした。

　もうひとつは，英語に用いられるアルファベットをデザイン的に美の対象ととらえ，それをいろいろな角度から追及する人たちが出てきているという兆候である。このようなあたらしい動きが次第に力を得てうねりとなり広がっていくことを期待したい。

　私が住むマンションの一室は妻の茶室であり，時にそこでお茶の催しがひらかれる。その庵は"Aikitu An"と名づけられ，玄関の壁には私がそれを筆で板にしたためたものが掲げられている。私もそんなささやかな試みを広げていきたいと思っている。

5. 愛橘のローマ字絵葉書

愛橘とローマ字を論じるにあたり，どうしてもふれておかなければならないものがほかにもある．書簡類である．

愛橘は国際会議に出席するためにひんぱんにヨーロッパに出向いた．その出席回数は 68 回といわれているが，60 歳で理科大学教授の職を辞してからその回数が急激にふえる．外遊中愛橘は留守を守る娘の美稲（私の祖母），孫娘の多加に何度も絵葉書と手紙を書き送っており，そのかなりの枚数が私の手もとにある．ほとんどがローマ字によるもので，手書きとタイプライター打ちの両方がある．今ながめても絵葉書のさまざまな国のいろいろな風景はこころをなごませる．それを受けとる娘と孫はさぞかしそれを楽しみながら，つぎはどんな絵葉書がどんな国から来るか，胸をおどらせつつ待っていたことだろう．

その内容は，国際会議の連続で多忙をきわめている様子，滞在中の生活の様子，さまざまな国を移動するときに経験することどもなどであるが，とにかく愛橘が筆まめであったことをしのばせる．ローマ字仲間への伝言など事務的な内容も書かれているが，ユーモアをまじえた絵葉書には思わず笑みがこぼれてしまう．即興の和歌をつづったものもあって実に変化に富んでいる．

これらの絵葉書を受けとった 2 人は返事をしたためヨーロッパ滞在中の愛

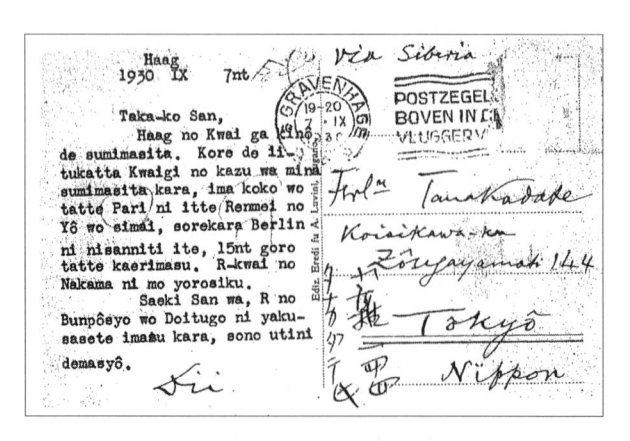

図2　ハーグからの家族あてローマ字絵葉書(昭和5年，筆者蔵)

橘に書き送った。留守の様子を愛橘に知らせ，愛橘の旅の安全と愛橘の出席する国際会議の成功を祈る一方，外食がつづく愛橘の健康状態を常に案じる内容だ。

　こうした絵葉書のやりとりが，各種の重要な国際会議をこなすためヨーロッパの主要都市をかけめぐる多忙な愛橘と留守を守る2人をどれほど安心させ，喜びと癒しと励ましをもたらしたことだろう。これは単なる事務的なやりとりや形式的な文通などというものではなく，こころの交流そのものであった。これにかかわった3人が，ローマ字という文字のもつあたたかさに引かれローマ字でもじゅうぶんこころのゆたかさを感じとることができると日常的に実感していたのではなかろうか。ローマ字の書については前の節でくわしくのべたが，このローマ字によるこころの交流という愛橘の試みも，期せずしてローマ字という文字のもつ可能性をさぐる実験であったと考えることができるだろう。このやりとりの跡をたどるにつけ，この3人と長い間生活を共にした私はほのぼのとしたあたたかさを感じないわけにはいかないのである。

　絵葉書のほかに外国から家族に送ったローマ字の手紙も残されているが，こちらは1回の分量がかなり多く，絵葉書同様手書きとタイプ打ちの両方がある。絵葉書はどちらかといえば旅の合間に短い時間をやりくりしてさっと書きあげたと思われるが，手紙のほうはホテルでゆっくりくつろぎながらじっくりしたためたという風情が読みとれる。

6. 愛橘のローマ字日記

　つぎに愛橘の日記についてふれておきたい。

　興味深いことに，絵葉書はともかく，愛橘の手紙が全般的にかなり長いのと対照的に，日記の類はわずかな例外を除き実に短くあっさりしている。日記というよりメモといったほうがいいくらいだ。

　明治初期の愛橘の日記の表記法は実に複雑で，その時代と愛橘の受けていた教育を如実に反映している。幼いころの日記は漢字だけだが，明治5年に上京したあとの日記はローマ字，英語，漢字かなまじりと複雑をきわめる。これらの大きな変化こそ，ふるさとの山村での生活から脱し，江戸から東京

松浦　明

へと激変した都市でもろにかぶった文学のカルチャーショックをはっきりと示しているのである。しかしこのように複雑な日記の表記がいつまでもつづくはずもなく，東京での生活にしだいになじんでこころにゆとりがうまれていくにつれて，ほぼローマ字だけに収れんしていく。このように愛橘の日記は明治初期をのぞくとローマ字表記にしぼられると考えてよい。

　ここにおみせするのは明治5年のローマ字日記である。愛橘が大事にしていたように私もこれを宝物のように大切に保存している。日記帳の材質からみて外国製と思われるノートにローマ字で記された明治初期の日記。愛橘はこの日記帳にどんな思いでローマ字を記入していったのだろう。西洋文明がなだれのようにどっとはいりこんでくる状況をひしひしと感じさせる。つづりはヘボン式でなく日本式で"u"の省略などがみられメモ風である。明治5年の上京以前の部分は，東京へ出てきたあと記入したものではないだろうか。おそらくこの時期のこのようなローマ字日記は，ほかにほとんど例がないのではないかと推察される。

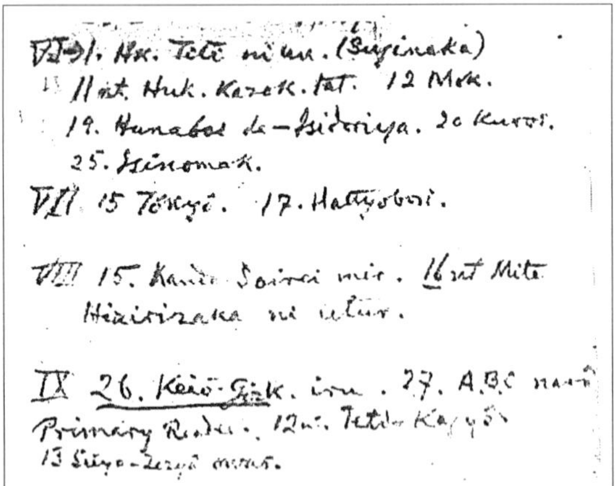

図3　ローマ字日記(明治5年，筆者蔵)

7．エピソード

　愛橘とローマ字にかかわるエピソードを2つ紹介しよう。

① 昭和天皇へのご進講がおわったある日,「田中館,今日はローマ字の話はしないのか」と天皇から促されたことがあると家族から聞いた記憶がある。このことがもし事実なら,愛橘が天皇にご進講をしたとき,ローマ字の話を,その都度かはともかく何回かはしていたことをうかがわせる。昭和天皇のことばへの関心の深さを示すだけでなく,愛橘がローマ字の話をしてもそれをうとんじることがなかったように思える興味深いエピソードではある。そのローマ字の話の内容がわからないのが残念である。現在の天皇の実にはっきりした発音でわかりやすいことばを使って国民に親しげに話しかける態度にもいつも感銘を受けるが,昭和天皇とのエピソードも皇室のことばに対する関心の高さをつくづく感じさせる。

② 愛橘は存命中私にローマ字の話をしたことが一度もない。ましてやローマ字で書いてみろとかタイプライターを打ってみろとすすめられたこともない。死ぬ直前まで寝床の上でタイプライターをたたきつづけていただけに不思議な気もする。愛橘が他界したとき私はまだ15歳にもならない中学生だったのだからなのかもしれない。しかし,孫娘の多加にはローマ字タイプライターの打ち方を教えたり,日本のローマ字社が販売していたローマ字ゆかたを着せたりしており,多加がそれをいやがるどころかうれしそうに受け入れている様子が外遊中の愛橘への手紙からうかがえる。

8. ローマ字の現状

ローマ字運動にかかわる者は,いやでも現在の日本におけるローマ字の使われ方に関心をもたざるをえないであろう。

一言でいえば統一のとれない混沌とした状態で,見方によっては悪い方向に向かっているように思えなくもない。

ヘボン式が圧倒的に優位を占め長音記号をつけない例がほとんどであるというのが,大まかなローマ字表記の傾向といってよいであろう。"おお""おう"のローマ字表記が多岐にわたり混乱に拍車をかけていることはすでにご存じの通りである。TOKYO に長音記号をつけないのがあたりまえの現状を外国人がみたらなんというだろう。

松浦　明

　私が最近気になっているのが，ヘボン式でも訓令式でもない英語風の奇妙キテレツなつづりである。その大きな特徴は，Suica(JR東日本のICカードの名)，Solamachi(東京スカイツリーを中心に広がる商業施設の名)などのように，ローマ字では使わない"c"を"k"のかわりに，"l"を"r"のかわりに好んで使うという傾向である。これは，ほかのヨーロッパの言語と異なり補助記号を使わない英語の表記法に迎合した，長音記号のないローマ字と一脈通じるところがある。いわばローマ字をすこしでも国際共通語としての英語に近づけて英語風に見せようという意識が働いているものと思われる。そして，会社名のアクロニム(頭字語)の増加や商品名の英語風の勝手な造語の急増も指摘できる。

　こうした傾向をまとめて表現すれば，ローマ字つづりの不統一と英語風のつづりや造語の増加ということになろう。これはあまり好ましい傾向ではないと私は考えるが，一方で次のようなことも一考に値する。

　まず，世の中がグローバルな時代になりつつあり，日本人が中国からの漢字をもとに国字という文字を作ったのだから，英語風のつづりだからといって気にする必要はない，むしろ英語風のつづりのほうが外国人には親しみやすいのではないかという考え方である。

　いまひとつは，日本人はこと文字に関しては制限されたり統一されたりするのを好まない国民性をもっているのではないかという考え方である。

　日本語全体の文字表記に目を移すと，次のような風景が目の前に広がる。漢字自体がすこしずつふえ，むずかしい漢字も復活しつつある一方で，カタカナ外来語やローマ字，英語も分野によっては漢字を圧倒している。つまり別に意図しなくても文字の分野別のすみわけがなされていると考えられよう。文学作品やデパートのファッション関係の売場などを考えればすぐわかる。このことは，日本人が文字の多様性を利用してそれぞれの文字の特性をうまく生かしているともいえる。しかし，日本人にとってはそれでよいとしても，外国人には，こと文字に関しては学びにくい言語であることはまちがいない。昔とちがい日本語をやさしくしようという主張が社会の中でうもれてしまっていることに私はさびしさを感じる。耳できいてすぐにはわからない表現がテレビ番組にあふれていて，いらだつこともめずらしくないのだ。

9. 未来にむけて

　この小論のしめくくりとして，これまでの私とローマ字とのかかわりと，ローマ字の今後の見通しをのべることにする。

　私は愛橘が生きていたころ，そしてその死後もかなり長い間ローマ字に興味がなかった。すこしずつ興味をもちはじめたのは，愛橘の資料を研究していくうちにいやでもローマ字の問題に直面せざるをえなくなったからだろう。そのうち，愛橘の和歌を日本のローマ字社の機関誌に連載したり，そのおはなし会に参加してローマ字仲間とローマ字論議をするようになって，ローマ字が私にとって身近な問題になってきた。2000年度から7年間，私は柴田武氏のあとを継いで日本のローマ字社の理事長職を務めさせていただいた。つらいこともいろいろあったが私には貴重な経験だった。そのあいだに，愛橘に関する講演会やローマ字教室などをひらきローマ字への考察と理解を深めていった。

　愛橘の手がけた4つの分野について現在の状況を考えてみると，もっとも成功をおさめているのは，いうまでもなく航空であろう。まさに長足の進歩をとげたといってよい。メートル法の普及もかなり進み，日本ではほぼ完全に社会に定着している。地震のうち，防災については，東日本大震災が日本を襲ったことをきっかけに社会全体が防災への関心を高めている。科学技術の進歩が，その大地震のゆれに対して，大きな建造物の被害をくいとめてくれた。それに対し，愛橘の手がけた分野で成功していないのが地震の予知とローマ字である。単語としてのローマ字表記は日常生活において完全に定着しているとはいえ，ローマ字で日本語の文章を書くという点に関しては，昔にくらべて大幅に退歩し，まったくといっていいほどその定着度がみられない。なぜなのかを私なりに考察してみると，なんといってもパソコンの普及が決定的である。国民は漢字かなまじりで文章を記すことに不便さを感じなくなり，なぜわざわざローマ字を使って文章を書かなくてはならないのかという根本的な疑問にぶつかる。その必要性がみつからないのである。新聞やテレビでもローマ字文を目にすることはまったくない。そのような不利な状況のもとでローマ字を普及させる手だてはないものか。私のこれまでの実践やローマ字運動の歴史にそのヒントがかくされているように思えるのだ。

　これからのローマ字運動についてのべる前に，ローマ字表記の不一致をど

う考えたらよいのかを考察したい。日本人が日本語の表記をなにかひとつに統一することをいやがる傾向，いろいろな文字表記を受けいれ，その使い分けをむしろ楽しんでいるようにさえ思える国民性を無視することはできまい。とするなら，ローマ字運動も，文字表記のひとつであるローマ字表記を無理に統一しないで，ある程度の幅を認めてもよいのではないか。私としては訓令式を基本にすえ長音記号をつけることだけは徹底したいが，あまり厳密にそれを押しつけるとそれだけでローマ字はいやだとそっぽを向かれてしまいかねない。その辺の兼ね合いがむずかしい。

　これからのローマ字運動で力をいれたいのが

1. ローマ字表記によるやさしい日本語の普及(カタカナ，ひらがななどの団体との連携はこれからも重要であろう)
2. こころを伝えることのできるローマ字の研究(書道をふくむ)
3. ローマ字という文字のうつくしさの研究と実践(書道をふくむ)
4. 子どもをふくめて若い世代への教育
5. 国際語としての日本語を学びやすくする手だてとしてのローマ字表記

などである。研究する価値のありそうなものばかりだ。私は愛橘のローマ字運動にかけた熱意と心意気を決して忘れることなく，上にあげた課題にとりくみながらローマ字をすこしでも広めていきたいと考えている。

参考文献

Kitta-Hirokuni(1992)『Nippon no Rômazi-undô 1582～1990』日本ローマ字教育研究会
田中舘愛橘(1938)『葛の根』日本のローマ字社
Tanakadate Aikitu(1948)『TOKI WA UTURU』鳳文書林
田中舘美稲(1999)『私の父　田中舘愛橘』二戸市
中村清二(1946)『田中舘愛橘先生』鳳文書林
松浦明(1983)「田中舘愛橘とローマ字──その現代的意義──」『法政女子紀要』第2号
松浦明(1984)「続・田中舘愛橘とローマ字──文字論の立場から──」『法政女子紀要』
　　第3号

第二次大戦下のローマ字運動と
石森延男の戦時下の作品

前田　均

1. はじめに

　私は国語教師・日本語教師を続けてきたが，最近では日本語教育の歴史的研究を行っている。国語教師・日本語教師の先達からは学ぶことが多かったが，歴史資料を調べていると，先達たちの人生には後進の者がまったく言及しない過去があることがわかってきた。先達たちの戦後の業績からは想像もつかないようなものが見受けられる。

　本稿は，2部構成にして，まず第二次大戦下でのローマ字運動，次に石森延男の戦時下の作品を扱う。それを通して現代の我々に何を問いかけているのかを明らかにする。

2. 第二次大戦下でのローマ字運動
2.1 問題の所在

　戦争中は英語教育が禁止・停止されたという俗説がある。実際にはそんなことはなかったのだが，工場への動員などで授業がなかったため，そう思い込んだ人も多い。体験者に話を聞いてみても学校(の種別。特に男女)・学年・地域によってかなり差があったようである。当時中学生だった英語学者の渡部昇一も戦時下の英語の授業がどのようであったかについて書いていて[1]，途中で教科書が戦時色の強いものに替わったことにも言及している。

　はなはだしきに至っては外来語まで禁止されたという人までいる。数年前，評判になった妹尾河童の『少年H』[2]もそうで,「これからは『ピッチャー』が『投手』で，『キャッチャー』を『捕手』といわなあかんのやぞ」と登場人物に言わせているが，そんなことはなく，これをはじめとする同書の誤り

1　渡部(1996)。
2　妹尾(1997)。

前田　均

については既に山中恒・山中典子(1999)[3]が詳細に批判を加えている[4]。但し英語や外来語の安易な使用が忌避されたのは事実である。

それでは英語と同じローマ字で日本語を表記することを目指すローマ字運動は当時，どのような動きを見せていたのか。

2.2　戦時下の田中館愛橘

手元に，田中館愛橘の『時局と国語のローマ字書き──国定式の合理を説き世界的拡張を期す　英語型の不合理なるヘボン式を廃す』と題する小冊子がある。巻頭には「天地も動かすはかり言の葉の誠の道を究めてしかな」という「明治天皇大御歌」が掲載されている。時代性がよくわかる。発行日は明記されていないが，「昭和十八年十月二十六日」に田中館が貴族院で提出した質問書が巻末に掲載されているところから見て，同時期のものと思われる。Kitta(1992)では昭和18年9月12日としている。

この「第八十三回帝国議会貴族院」に提出された「国語ノローマ字綴リ方統一ニ関する質問主意書」は次の内容である。

　　　政府ハ訓令式ヲ発シ国語ノローマ字綴リ方ノ統一ヲ期セリ爾来官民之
　　カ実行ニ務メ順調ニ効果ヲ収メツヽアリ，然ルニ今南方地域ニ英語ノ行
　　ハル、ニ顧ミテ一旦訓令式ニ従ヒタルモノヲ再ヒ改竄スルモノアリ
　　　此ノ如キハ政府ノ方針ニ疑惑ヲ懐カシムルノ慮ナシトセス
　　　政府ハ適当ノ訓諭ヲ与ヘ之等訓令式ニ統一ノ阻害ヲ除ク意思ナキヤ

これに対して「十月二十八日」に文部大臣から以下の「答弁書」が提出された。

　　　ローマ字ニ関シテハ御意見ノ通リ内閣訓令式ニヨルベキモノナルヲ以
　　テ南方諸地域ニ於テローマ字ヲ使用スル場合ハ右訓令式ニ従フ様関係各

3　これ以降も山中らは『少年H』を批判しつつ，戦時下の真実について明らかにする本を刊行し続けている。
4　山中らも指摘していない『少年H』の間違いについては前田(2000b)参照。

庁トモ協議ノ上十分手段ヲ講ズル方針ナリ

　望みどおりの回答が得られたようである。ただ，これまでの持論をさらに押し進めるために，「時局」をも利用しているのではないか。そのために「明治天皇大御歌」を巻頭に掲載しているのである。この小冊子中にも，次のような箇所がある。

　　大決戦を勝ち抜き，「八紘一宇」の世界を打ち建て，文化を指導するに国語の大切な事は言ふ迄も無い。これを記す文字の備へは，その時になつて，遽に出来るものはないから，早速研究すべき問題である。(中略)敵愾心に燃え立つ余り，音素文字であるローマ字を敵性の文字と思ふのは全く誤解である。これの日本式書き方が国民教育に必要な時，「八紘一宇」の為，この誤解を解かうと思ひ立つてこゝに筆を執る。
　　　　　　　　　　　　　　　　　　　　　　　　　　　　(1ページ)

　　ローマ字は音素を表はすに使はれる。表はすと写すとは，似顔と写真程の違ひがある。似顔は姿の気持を表はす。写真はピントが合はなければぼける。他国語の英語にピントを合はせて日本語を写さうとしたのはヘボン式であつた。これは既に政府の訓令に従つて，教科書から追出された。今，東洋の天地から英米思想を追出す時──英語は英語として必要な事は勿論だが，──英国人ですら「植民地式」と批評した位なヘボン式は，此際断然やめるべきである。そもそも，ローマ字を敵性文字と誤解するのは「ヘボン式を称へるものはおほむね英米思想から抜けきれないでゐる」と見做される事が祟つてゐるからである。　　(7ページ)

　従来からの論を補強するために「時局」を利用しているのではないか。「時局」を捨象して田中館の論を読めば，これまでの持論と変わりがない。持論を補強するために「敵」にされた「英米(思想)」こそいい迷惑である。戦争の際には「統制」が行われやすくなるので，それを自分たちの勢力拡大に利用する人たちがかつていたし，今もいるだろう。

2.3 戦時下のローマ字運動機関誌

　昭和10年代のローマ字運動の機関誌を見ると，いかにも時代を反映している記事が散見される。手持ちのものから紹介する。

　『Rômazi Sekai』昭和14年2月号には Kizokuin-giin の MANO-Bunzi が「Rômazi o kotohogite」と題して，「Rômazi no Mozi no Sekiya omo hirakeyuku Miyo no Hikari o aogu uresisa」という短歌を発表している。

　『Rômazi Sekai』の昭和14年11月号には「日本のローマ字社」で販売している年賀状の広告が載っている。11月という時期を考えると納得できる広告である。ただ，そこには「戦地の勇士・傷病の皆様にＲの年賀状を！！」「興亜の光はローマ字によつて愈々燦然！！」の文字が踊っている。年賀状の絵柄も飛行機のものもあり，「航空日本」をたたえるものではないか。同誌の前年（昭和13年）12月号にも年賀状の広告が載っているが，まったく戦時色はない。この1年で大きく変わったようである。

　『Rômazi no Nippon』昭和15年9月号には Huzita-Itirô の「Umeyo! Huyase yo!」という一文が載っているが，その最後は「生めよ！　増やせよ！　の声が高い折から，ひとつ日本でも五つ子ぐらいが生まれてもよさそうですね。」（引用にあたって場合によってはローマ字書きを現在の通用の表記に改めることがある）で終っている。「国策協力」をローマ字でも読まされるわけである。ローマ字書きを読むことの練習になるかもしれないが。

　『Rômazi Sekai』昭和16年11月号の巻頭には「Ikusa ni mesareta Kaiin ni!」と題して「大会決議」をあげたことが記されている。以下が決議である。

　大君の御稜威のもとに大東亜建設の文化的使命を達することをこいねがってここに第16回総寄り合いを開いた日本ローマ字会は本会員にして戦に召され，あらゆる苦しみに打ち勝ち，輝かしき勲をたてられた各位に対して感謝を捧げるとともに，いよいよ武運の長きことを祈る。また痛手を受けて横たわる各位には一日も早くご回復を祈る。ことに尊き命を国に捧げられた各位に対し，謹んで悼み，御霊を慰め奉る。

昭和 16 年 10 月 19 日　東京で
　　　　　社団法人日本ローマ字会
　　　　　　　　会長　田中館愛橘

　これらは何によるものだろうか。後進の者が当時を知らず批評するのは慎重にしなければならないが，ローマ字運動にはこのような歴史があったことは忘れてはいけないだろう。
　確かに昭和 14 年 6 月 5 日の「左翼ローマ字運動事件」などがあったのは事実であろう。Kitta(1992) によるとこの事件は次のとおりである。

　　日中事変が起ってから思想統制が強くなり，ローマ字運動をすることも反国家主義とされ特高に検挙された。いわゆる「左翼ローマ字運動事件」である。この日，検挙されたのは，高倉テル，大島義夫，黒瀧成至，平井昌夫，鬼頭礼蔵，高橋肇，安原博純其の他の早稲田大学生などローマ字論者である。かれらはいずれも日本式ローマ字の運動家であった(後略)。

　このようなことがあったため，「過剰転向」したという解釈もできる。ただ最初に掲げた田中館の論はそれを超えているようにも思える。ローマ字運動の歴史から戦時下の動きを消すわけにはいかない。事実，Kitta(1992) にはその種の記述はない。

2.4　植民地のローマ字運動家

　「侵略」というと，戦争と植民地支配が挙げられる。私は台湾の大学で日本語を教えた経験から，台湾についても調べている。Kitta(1992) にも名まえが出ている人物に木村万寿夫がいる。戦後の木村には，『国語教育のためのローマ字教育論』，『ローマ字文の書き方』，『国語問題と国語教育』といった著書がある。木村は日本統治下の台湾で台中師範学校教諭をしていた。その著書『国語音声の特質と国語教育』(1938 年，私家版)には次のような記述がある。

台湾に於ける教育が，その創始以来，一視同仁の御聖旨によつて行はれてゐることは，誠に有難いことであつて，我々はこの点をよく反省する必要がある。最初から国語による教育が主張されたのもこのためである。若し台湾に対して諸外国の植民地に対する如き態度で臨むならば，何等国語による教育は必要とされない。諸外国の植民地に対する態度は全く搾取的で，利益を目標としてゐるから，そこには国語の普及といふやうなものは全く考へられず土語のまゝに放置され，たゞ貿易と多少の通訳を使つてゐる程度にすぎないものが多い。然るに我が国の台湾に対する態度は，台湾を単なる植民地とは考へず，一視同仁内地の延長と考へてゐる。本島人は日本国民の重要なる一構成分子であつて，日本国民と離れたものではない。随つて本島に於ては国語による教育が施されるべきであり，それが創始以来着々として実施されてゐるわけである。

　これが誤りであることは今ではわざわざ指摘するまでもないだろう。台湾の住民にはそれぞれの言語（木村の言う「土語」）があり，日本語は「宗主国語」として押し付けられているに過ぎない。ただ，ローマ字運動が国語をやさしくし，万人が等しく用いられるものとし，民主国家にふさわしいものとしようという目的をもって行われてきたことを考えると，木村の戦前と戦後はまるで違っているように思える。しかし，国語は加工できるものであり，大きな意図（「一視同仁」だろうと「民主」であろうと）のために自分たちエリートが庶民によりよいものを与えてやるのだという思想に基づいているとすれば，木村には一貫性があったと言えるのではないだろうか。

　『Rômazi Sekai』昭和13年12月号には，「東京市小学校訓導」の田原口貞邦が「内南洋群島での日本語教育とローマ字」を書いている。ミクロネシアを視察した田原口は現地の実態を知り，

　　　台湾はともかく，南洋に関する限り，ローマ字で日本語を教えることは極めて容易かつ自然であることが明らかです。そうして私は植民地におけるローマ字日本語教育の実験がまずこの地方から始められることのこの可能性を生かしてゆきたいと願うものであります。

という考えを抱くに至った。

田口原は「N. R. K. 教育部委員として，昨年総寄り合いで決まった決議案の『植民地での日本語教育はローマ字で行うよう適当な手立てをとること』についての基礎的な調べをして参ろうと考えて出かけた」と述べている。これによると，昭和12年にローマ字運動は植民地での日本語教育をローマ字をもって進めることを主張していたことがわかる。これが戦時下の南方占領地でのローマ字を用いた日本語普及に結びついていくのではないか。

2.5　日本語教育界では

私が心配しているのは次のようなことがあるからである。私は日本語教育界に身を置いているのだが，日本語教育学会の研究大会の最近のシンポジウムのテーマは「多文化共生」が掲げられることが多い。

> 2008年秋季「日本語教育は『生活者としての外国人』のために何ができるか——来るべき移民受け入れ時代に向けて」
> 2007年秋季特別シンポジウム「『生活者としての外国人』と日本語教育」
> 2005年秋季「多文化共生社会と年少者をとりまく環境——日本語支援の新たな展望」
> 2003年春季「外国人の定住と日本語教育」

かつて戦争が拡大し，占領地での日本語教育が必要とされたころ，日本語教師や国語学・国語教育関係者が「国策」とばかりに日本語教育に「挺身」した時代があった[5]。それは敗戦によってもろくも崩壊し，「挺身」した関係者は口をつぐんだ。私は「多文化共生」の美名のもと，「移民受け入れ時代」を「来るべき」ものとして疑うことなく，血道をあげている姿は数十年前の日本語教師の再来ではないかと思っている。

ローマ字運動も同じではないか。田中館が「南方地域」に言及していることからもわかるように，占領地での日本語普及のためにローマ字が有効

5　前田(2009)。

であることに目をつけ，自分たちの勢力拡大に利用しようとしたのではないか。

2.6　そして現代へ

『Rômazi no Nippon』の 2009 年 7 月号には「介護福祉士・看護師の国家試験問題にローマ字表記を要請」と題する文章が載っている。「厚生労働省の国家試験において，介護福祉士の外国人受験者の全員が不合格であった」ことを受けて，「介護福祉士の試験問題を，(a)漢字かな文，(b)ローマ字文の2種併記する」ことを同会有志が厚生労働省担当部局に要請したことを報じている。資料として「ローマ字文」になおした例や，それのみならず難しい表現をやさしい表現になおした例が掲げられている。後者の例を挙げると，「左右のフレームを交互に持ち上げて使用する」を「migi-hidari no waku wo kawarugawaru motiagete tukau」である。確かに試験問題の中には例として挙げてあるように「トウブをコウクツにし，カガクのみをキョジョウしてキドウカクホする」(同誌ではむずかしさを示すため漢字をカタカナになおし引用してある)といった表現があるようで，「外国人受験者」のためのみならず「ケア」(これも「sewa」となおすよう提言されている)を受ける側としても，改善の余地があると思わされる。

しかし，本当に「移民受け入れ時代」を「来るべき」ものとしてよいのだろうか。ローマ字運動も日本語教育界同様，歴史を振り返るべきではないか。

3. 石森延男の戦時下の作品

3.1　戦時下の石森延男

石森延男という名前は，ローマ字運動家にとっては先達であり，Kitta (1992)では「児童文学者としての名まえは名作『コタンの口笛』やほかの作品で世間に知られているが，戦後の国語教育を守りぬき特にローマ字教育を終生唱えたことはあまり知られていない。」と評されている。"Tomosibi o kesuna!" の作詞者として忘れることのできない名まえである。国語教育界では特に傑作との評価の高い戦後の暫定教科書の編纂者として特筆されるこ

とが多い。一般では名まえは知らなくても，童謡「野菊」の作詞者[6]だ，と言えばたいていの人はわかってくれる。「野菊」はカラオケでも「唱歌・童謡」のところに置いてある店が多い。

その評価でとりあえず間違いはないが，今回は石森の仕事としてまずふれられることのない戦時下の童話の作品について紹介し，現在の時点でそれをたどる意義について考えることとする。

3.2 石森の作品「今朝の山」

「日本少国民文化協会」を編者とし，「小学館」を発行所として昭和19年11月5日に出版された『軍人援護童話集　小さい戦友』という童話集がある。10人の作家が童話を書いているが，その中に石森の「今朝の山」という作品が掲載されている。この作品のあらすじを紹介する。引用ではルビは省略し，漢字は現行の字体を用いる。

雪国の子どもである「やす子」は隣に住んでいる国民学校（初等科）1年生の「よし子」の世話をよくしてやっているが，それは「よし子」の父親が出征しているからである。「やす子」は「皇后陛下」の「なぐさめむことの葉もかなたたたかひのにはをしのびてすぐすやからを」，つまり「出征して，戦場に出てゐる人の，その家族たちのことを思へば，なんといつて，なぐさめていいのか，そのことばさへもない。」という意味の「御歌」に「皇后陛下は，このやうなお心をそそがれておいであそばされるのです，――ああ，なんといつて，このお心にお礼を申しあげていいのでせう，それこそ，そのことばさへも見いだせません。」と感動し，「今朝の山」という「綴り方」を書くというものである。

その「綴り方」の中で「やす子」は，

> よし子さんのやうな方々――軍人遺家族や出征家族――は，ほかの人の力をかりようとは思つてはいないでせう。あくまで，自分の力で働いて，るすをしつかり守らうと決心されてゐるでせう。まして，お国から，お助けをいただかうなどとは，さらさら考へてはゐないでせう。

6　金田一・安西 (1979)。

前田　均

> 　　戦争に出るといふのは，いさぎよく国のために自分をささげることであります。出征したから，そのかはりに，国からすくつてもらはうなどとは，けしつぶほども思つてはゐません。それどころか，戦に出かけることは，その一家の誉となるのです。それなのにありがたいことには，皇室におかせられましては，この出征軍人の家族のために，いろいろと御仁愛をたれさせたまふのであります。

と書くのである。

「今朝の山」という題は，その日の朝に見た近くの山がこれまでになくきれいだったので，「あさみどりすみわたりたる大空のひろきをおのが心ともがな」という「御歌」を思い出し，「日本は，どこまでも，ありがたい国であり，美しい心でつながり，美しい思いで助けあふ国であります。ちやうど『今朝の山』のやうに，にごりのない清らかなはればれとした世界であります。」と「綴り方」を結ぶところから来ている。

3.3　石森の意図と問題点

　この石森の作品はこれまで言及されることはあったのだろうか。いかに戦争中の作品とはいえ，石森のイメージとは異なる印象を持たれるのではないだろうか。

　この本には「軍事保護院指導課長　吉川覺」が「はじめに」を書いていて，

> 　　兵隊さんの遺家族のお手伝ひをすること。戦地の兵隊さんに，慰問文や慰問袋をお送りすること。その他いろいろありますが，それよりも，なによりも，みなさんの一人一人が，「兵隊さん次は私たちがひきうけます。」と，しつかりおやくそくできるやうな，りつぱな少国民になることが，兵隊さんを一番およろこばせする道です。

と述べているので，その最初の「兵隊さんの遺家族のお手伝ひをする」趣旨に合わせて石森もこのような作品を書いたのだろうと想像できる。事実，他の執筆者も同様の作品を書いている。"銃後の少国民"に生き方の指針を示

したものであろう。

3.4 他の作家の戦時下の作品

　この童話集には住井すゑ子(戦後は「すゑ」を名乗ったが戦前・戦中は「すゑ子」と名乗っていた)も「棉の花」という，孫の出征に間に合うように千人針に使う布を自分で作るおばあさんの話を書いている。住井といえば，代表作『橋のない川』などによって「反戦・反差別」を貫いた作家という評価がされることが多いし，本人もそう自称していたが，それが偽りであったことは既に櫻本富雄によって明らかにされている[7]。住井には戦争中に書いた戦争協力・戦争賛美の作品があると櫻本は指摘している。私も住井の出身地であり，『橋のない川』の舞台である奈良県に住む者として微力ながら住井の「虚構」を明らかにしてきている[8]。しかし，その「虚構」が明らかになってからも，2001年に「新訂版」が発行された『部落問題・人権事典』(編集発行：部落解放・人権研究所，発売：解放出版社』の「住井すゑ」の項目(担当：前川む一)にはそれら戦争中の作品とその問題点についての記述はない。

　石森と同じく戦後の国語教育のリーダーたちの一人であった国分一太郎も戦中には戦後の言動と正反対の作品がある[9]が，これも本人の口から語られることはなかったし，「解放教育」のリーダーでもあるため，前掲の『部落問題・人権事典』にも「国分一太郎」の項目(担当：中村拡三)があるが，それには一切の言及がない。住井のことといい，これでは読者大衆を裏切ることであり，「人権」を冠する編集発行者・事典にふさわしいことなのであろうか[10]。

7　櫻本(1995)。
8　前田(1998b)，前田(1999)，前田(2000a)，前田(2001b)，前田(2001c)，前田(2006)。
9　前田(1998a)，前田(2001a)。
10　最近の研究では，国分の「記憶の嘘」が明らかにされている。「生活綴り方運動の指導者として治安維持法違反で執行猶予三年の判決を受けて釈放された国分一太郎が，一九四三年夏に鈴木庫三中佐に殴打されたという記述である。(中略)鈴木中佐はその前年に情報局から転出し，当時ハイラルにいた。歴史上はありえない『殴打事件』であり，悪質な歴史の捏造である。」(佐藤2004)このような人物を国語教育や「解放教育」のリーダーとしてきた戦後の我々のあり方を問い直さなければならない。

他を批判するのはこれまでにしよう。ふり返ってローマ字運動の世界でも石森ら先達のこのような作品をはじめとする「業績」を発掘していくことは自分たちの歴史を美化しないために必要なことなのではないだろうか。

　『石森先生の思い出』[11]の「年譜」の「昭和19年」の項には「戦争の責任を感じ退官願を提出したが許されず，のみち（前年に死んだ長女——引用者注）の思い出集『くす玉ひとつ』を編み，のみちの師友たちに頒つ。」とあるが，「戦争の責任」とは何のことだろうか。この「今朝の山」との整合性が気になる。

　須田実に『戦後国語教育リーダーの功罪』という本がある。文字通り，戦後の国語教育をリードした4人を挙げ，その「功罪」を検証したものである。十人の中にはもちろん石森も国分も入っている。その他の「リーダー」のうち，西尾実は「日本語総力戦体制の樹立」[12]を唱えていたし，時枝誠記は「半島人は須く朝鮮語を捨てゝ国語に帰一すべきである」[13]と主張していた。

　国語教育界も日本語教育界もローマ字運動の世界も，過去を振り返り，それを現代に生かしていくことが今求められているのではないか。

参考文献
石森延男先生教育文学碑建設賛助会(1967)『石森先生の思い出』.
木村万寿夫(1938)『国語音声の特質と国語教育』.
木村万寿夫(1955)『国語教育のためのローマ字教育論』.
木村万寿夫(1961)『ローマ字文の書き方』.
木村万寿夫(1979)『国語問題と国語教育』.
金田一春彦・安西愛子編(1979)『日本の唱歌　（中）　大正・昭和篇』講談社，p.258.
Kitta-Hirokuni(1992)『Nippon no Rômazi-undô 1582-1990』p.64, 97, 113-114.
前田均(1998a)「国分一太郎の戦時下の作品について」『天理大学学報』通巻187号.
前田均(1998b)「住井すゑの戦時下の作品について」『天理大学人権問題研究室紀要』第1号.

11　石森延男先生教育文学碑建設賛助会(1967)。
12　西尾(1943)。
13　時枝(1943)。但し，安田(1997)から重引。

前田均(1999)「住井すゑの戦争責任とその弁護者たち」『天理大学人権問題研究室紀要』第2号.
前田均(2000a)「住井すゑ擁護者たちの自家撞着」『天理大学人権問題研究室紀要』第3号.
前田均(2000b)「『少年H』の言語関係事項の間違い」『日本語・日本文化研究』京都外国語大学，第7号.
前田均(2001a)「国分一太郎の従軍体験に基づく作品群」『日本語日本文学の研究──前田富祺先生退官記念論集』前田富祺先生退官記念論集刊行会.
前田均(2001b)「住井すゑの『少年倶楽部』に掲載された作品とラジオ放送された作品」『山辺道』天理大学，第45巻.
前田均(2001c)「住井すゑ著『日本地理学の先駆長久保赤水』戦中版・戦後版の比較」『天理大学学報』通巻198号.
前田均(2006)「住井すゑ戦時下作品目録」『文献探索2005』金沢文圃閣.
前田均(2009)「日本語教師が加害者になるとき」『天理大学人権問題研究室紀要』第12号.
日本少国民文化協会(1944)『軍人援護童話集 小さい戦友』小学館.
西尾実(1943)「日本語総力戦体制の樹立」『日本語』第3巻第1号，日本語教育振興会.
櫻本富雄(1995)「住井すゑにみる『反戦』の虚構」『論座』1995年8月号，朝日新聞社.
佐藤卓己(2004)『言論統制』中央公論新社，p.357.
妹尾河童(1997)『少年H 上巻』講談社，p.176.
須田実(1995)『戦後国語教育リーダーの功罪』明治書院.
時枝誠記(1943)「朝鮮における国語」『国民文学』第3巻第1号.
山中恒・山中典子(1999)『間違いだらけの少年H』発行・辺境社，発売・勁草書房.
安田敏朗(1997)『植民地のなかの「国語学」』三元社，p.133.
渡部昇一(1996)『英文法を撫でる』PHP新書，pp.102-104.

占領下の国語改革をめぐる言説
——国字改革に関する誤解を中心に——

茅島　篤

1. はじめに

　わが国は「ポツダム宣言」を受諾，昭和20(1945)年8月15日の昭和天皇による戦争終結の玉音放送で終戦を迎えた。連合国軍による占領は降伏文書調印の同年9月2日からサンフランシスコ講話条約が発効した昭和27年4月28日までであった。

　昭和21年元旦の「新日本建設ニ関スル詔書」（いわゆる「人間宣言」）は，内容とともに文体・用語・用字の変化の点で簡易化され詔勅の歴史上異例のものとなった。憲法改正草案は「文語体の漢字カタカナ交じり文」から「口語体の漢字ひらがな交じり文」へと替わった。同11月3日には日本国憲法が公布され，同16日には「当用漢字表」（日常使用する漢字を1850字に制限），「現代かなづかい」が公布された。国家の基本である憲法と現代表記のもととなる改革が実行された。

　昭和21年3月30日付の第一次対日米国教育使節団報告書(原文に「第一次」はないが2度来日したため冠する)は，国語改革のなかで「国字ローマ字採用」を勧告した。「マッカーサーの声明」を付した同文書は，使節団員と総司令部(GHQ)の想像を超えて，日本ではバイブルのように受容かつ服膺された。報告書の勧告が次々と制度化されていったなか，唯一実現を見なかったのが「国字ローマ字採用」であった。

　戦後67年を閲するが，今なお誤った言説がジャーナリズム，高名な学者を通じて人口に膾炙している。曰く「GHQ／CI&E(民間情報教育局)と使節団はローマ字化政策を採っていた」，「R. K. ホールはローマ字化を命令した，口頭で指令をだした」，「日本人の読み書き能力調査と当用漢字表公布はローマ字化を意図した」，「国家的なローマ字化の動きがあった」等々である。

　筆者が所属する法人に，問い合わせと史実を明らかにしてほしいとの要請

もある。小論では，まず第1節で俗説の所在が奈辺に在るのか明らかにすることを試みる。次に，第2節で連合国軍総司令部・米国側の認識を，また第3節で日本側の認識をみた上で，第4節でかかる言説を検証する。

2. 連合国軍総司令部・米国側の認識

　連合国軍による日本の政策決定には，極東委員会(在ワシントン)と対日理事会(在東京)の諮問機関が存在したが，実質上は米国主体の総司令部に権限があった。占領の基本方針は「ポツダム宣言」と「降伏後ニ於ケル米国ノ初期ノ対日方針」に拠った。間接統治のもと，日本の非軍国主義化と民主主義化の二大方針が示された。

　CI&EのK. R. ダイク局長がホールらの教育使節団計画書に署名したのは昭和20年11月10日であった。このとき既に使節団の4分野のひとつ「日本人の再教育における心理」のなかで「国語改革」を扱うことが決定していた。ちなみに，ホールは同年9月30日に着任，ダイク局長より国語改革担当官に任命されたのは同11月12日であった。

　以下，関係機関と当事者の認識をみよう。

i　D. マッカーサー連合国軍最高司令官の声明

　第一次教育使節団は「おそらく，これ以上の好機は，今後，数世代の間巡ってこないだろう」とうたい，「国字ローマ字採用」勧告を含む報告書をマッカーサー宛に提出した。マッカーサーは報告書を公表するにあたり付した声明文で「教育原理と国語改革に関する勧告の中にはあまりにも遠大なものもあり，長期の研究と今後の計画の指針としてのみ役立ちうるに過ぎないものもある」(藤本他1995：42-43)と記し，改革に消極的であった。

ii　教育使節団長と起草委員の認識

　第一次使節団長で報告書の起草特別委員会委員でもあったG. D. ストッダードは，帰国後の昭和21年5月21日に「国語改革に関する私達の主たる勧告は，国語問題を研究し，かつ公式な報告書を作成するために著名な日本人指導者の委員会を求めたものであった」と述べ，同委員のG. T. ボール

ズは「使節団は政策を実際に変えるわけでなく，勧告するだけという認識は常にあった」（茅島 2009：110）と述べている。

第二次使節団で国語問題を担当した F. G. ホッホワルトは昭和 25 年 9 月 16 日に「4 年まえ，日本の國字はローマ字を採用すべきだと勧告したところ，これについてたくさん返事がきた。（中略）。われわれの勧告には無理があったのではないかと疑問をもつ」（ローマ字教育會 1950：43-44）と述べている。第二次使節団報告書には，第一次にあった「the Adoption of Romaji」すなわち「ローマ字採用」の文言はない。

iii 対日理事会での発言

昭和 21 年 4 月 30 日の第 3 回対日理事会で，中国代表朱世明中将は，教育使節団の国語改革を踏まえて「（前略）マッカーサー司令官あるいは彼の幕僚たちは，この問題をどのように考えているのかを尋ねたい」[1]と発言した。CI&E 局長のダイク准将は「われわれがいえることは，この問題について徹底した専門的研究が行われるべきだということである。われわれは，それに関しては日本の学者やこの問題に貢献し得る世界のいずれの国の言語学者にでも援助を求めたいと思っている」（久保 1984：147-148）と返答した。朱は漢字廃止に反対であった。

同会議でダイクは「最終的に如何なる教育制度を採択するかは，結局ポツダム宣言に恪遵した日本国民自身が決めるべきものであるということであると結んだ」（外務省 1979：46）とある。

iv アメリカ国務・陸・海軍の三省間政策調整委員会の方針

昭和 21 年 5 月 9 日のアメリカ国務・陸・海軍の三省間政策調整機関である極東小委員会では，言語問題につき同委員会で検討してもらうべく方針を示した。

「4. 以下の如き結論に達した。

（A. 省略）

---

[1] VERBATIM MINUTES OF THE THIRD MEETING, ALLIED COUNCIL FOR JAPAN, 30 April 1946. Office of the Secretariat Allied Council for Japan 2 May 1946.

B.　日本語表記法の改革と，かかる改革遂行のための方策は，日本政府と日本国民により決定されるべき問題である。
　　C.　連合国軍最高司令官は，日本政府が日本人学識者，指導的な教育者および政治家からなる委員会を組織し，日本語表記法改革の妥当性を検討し，かかる改革を遂行するため，委員会が提示する長期計画を策定するよう奨励すべきである。ただし命令をしてはいけない」[2]

v　米国国務省の文書

　昭和22年3月27日の極東委員会の承認を得て，国務省は「日本の教育制度の改正に関する政策」を公表した。このなかには教育使節団が勧告したすべての重要な勧告が含まれていたが，唯一国語改革自体が除かれた。日本人の読み書き能力調査の1年5か月前のことである。

vi　CI&E特別会議での発言と方針

　ホールは昭和21年3月13日に教育使節団に国語改革について講義を行った。その前日(12日)にローマ字化に反対のCI&E局長代行 D. R. ニューゼント(ダイクは一時帰国中)から「日本語表記改革は必要であるとの先験的前提はない」，「米国教育使節団が検討するために問題を提示するが(改革を)推奨するのでないことを常に覚えておくこと」[3]を含んだ，注意すべき10項目にわたるメモランダム(冒頭に<u>RESTRICTED</u>(ママ)とある)を渡されていたので，講義内容はそれに従ったものとなった。

　同5月13日開催のCI&E特別会議(冒頭にCONFIDENTIALとある)では，教育使節団の「国字ローマ字採用」は支持するどころか勧告にすぎないとの見方である。本特別会議の議事録から抜粋する[4]。
　I.　導入「(ダイク局長発言)われわれは言語改革(language reform)について話すのは止めて，言語簡易化(language simplification)について話し始め

2　STATE-WAR-NAVY COORDINATING COMMITTEE "REPORT OF THE JAPANESE WRITTEN SYSTEM AND LANGUAGE PROBLEMS" SWNCC298 9 May 1946.
3　Reel 32, Box 37, *Joseph C. Trainor Papers*, Hoover Institution, Stanford University.
4　同上。1，3，4，13，17頁。

るべきと提案する」,「プロジェクト全体は押しつけてはならないということである」

II. 問題の提示「(ダイク)当総司令部の90％の人々は,日本を民主化する問題において,われわれは言語を扱う必要はまったくないということに同意するだろう」

III. 討論「(ホール)われわれ4人は貴官の見解に同意しないことに全員一致です(筆者付記:ホールの部下A. R. ドーンハイム,民間外国人J. O. ガントレット,A. デル・レ)」,「(ダイク)(筆者付記:対日理事会での中国・ロシアを意識して)中国がこの問題を持ち出してきた。ロシアがどんな見解をとるか(後略)」,「(ホール)われわれは,ローマ字は問題に対する論理的解決策であると確信してきた」,「(ホール)われわれは日本人がアクションをとることを強制できる立場にいるべきである」,「(国務省のG. T. ボールズ,教育使節団員)日本語の民主化は非軍事化・民主化・それに非国家主義化と最も密接に関係した項目の枠組みに入らない」

IV. 結論「(ダイク)政策上の理由で,国語改革を指令によって行うのは避ける。これは対日理事会によって検討されると確信する。(中略)われわれはそのようにする必要はない」

ダイクはすでにローマ字化に与しなくなっていた。ホールとドーンハイムは昭和21年5月27日にダイクと交代したニューゼント局長から国語改革担当を解任された。ドーンハイムは筆者に「この会議でローマ字化案は無くなったが,自分もこの頃はそれに疑問を持ちはじめていた」[5]と証言した。

本特別会議後も,CI&Eは漢字文の簡易化には関心を示したが,日本人の読み書き調査後はそれも薄れていった。T. H. マグレールは国語審議会第16回総会(昭和24年4月18日)でのあいさつ(概要)の中で「日本の国語問題は日本人の手にゆだねられている。わたくしは日本の国語について何の知識もないが,審議会のお手つだいには喜んで当たりたい。(中略)どこの国の国語もその国の文化と密接な関係がある。(後略)」(文部省1952b:214)と述べている。

---

5 ドーンハイム氏への平成9年12月29日のインタビュー。

vii　CI&E 課員の回顧

上記特別会議に出席した M. T. オアは,「第一次米国教育使節団報告書は慎重に受け取られたが, SCAP(筆者付記：連合国軍最高司令官)ないし日本政府を拘束するものではなったことは覚えておかれるべきです」[6],「ボブ・ホールが国語改革から外された出来事でわかるように, 彼の考えは承認されなかったのです。CI&E の役割は, 言語簡易化をエンカレッジしアシストすることに限定されていて, 日本に対して英語や伝統的表記をローマ字に替えることではありませんでした。これと異なる意見を持つ占領関係者は誰もいないと思います」[7] と証言した。

ホールは当時を振り返って,「使節団の報告書が提出された頃までには, 検閲問題は沙汰やみになり, 当初軍事当局から得られた支持は途絶えたのである。しかし, 仮に国語改革が占領軍当局から強く促されていたら, 日本国民は改革を行ったであろうことはほぼ疑う余地がないように思われる」,「だが改革に対する連合国軍側の無関心や真っ向からの反対は, 当然ながら注目され, この国語改革に対する優先順位は非常に低かった」,「この絶好の機会は失われ, そして二度目が果たしてくるか否かは疑わしい」[8] と述べている。

3.　日本側の認識

日本側の認識は, 連合国軍総司令部・米国側の認識とズレがあったのかをみる。

i　占領下最初の国語審議会総会(昭和 20 年 11 月 27 日)の議事での大村清一次官の発言

「わが国は, 連合軍の進駐下にあらゆる行政が行われているが, 内政上の点について, 文部省としては極力自主性を保って行きたい。この点占領当局

6　オア氏から筆者宛の平成 8 年 7 月 19 日付書簡。
7　オア氏への平成 7 年 10 月 8 日のインタビュー。
8　Robert K. Hall "EDUCATION IN THE DEVELOPMENT OF POSTWAR JAPAN" 1976 年 11 月 7 日のシンポジウム「日本占領と戦後世界へのその遺産」提出論文, 米国バージニア州ノーフォーク市マッカーサー記念館所蔵。

も同意を表して干渉をさけ不必要な指令は発しないと言明したゆえに，(中略) 審議会としてもこの点をじゅうぶん考えてやってもらいたい」(文部省 1952b：34-35)

ii　マッカーサー元帥提案で設置された日本側教育家委員会の答申(昭和21年4月9日前後)

「(前略)国民学校の教科書の大部分を横書きとし，これにローマ字をとり入れ，漸次にローマ字文を本文としようというような意見には賛成しかねる。(後略)」(茅島 2009：71)

iii　上記委員会委員長だった南原繁委員長(東京帝大元総長)の発言

「これ(筆者付記：ローマ字化)は大問題であります。(中略)われわれの大体の公式の意見は，ローマ字というものを新しい小学校で初めて教えてよかろうがこれをもって日本の国語にするということはけしからんという意見は出しているのです。(中略)CIEの中にホル(ママ)という男がおったが，この男はなかなか熱心なんです。そして教育使節団を動かして，日本語の将来をローマ字化するというところまで考えておったのです。(中略)個人的にもまた相当やったのですが，ホルさんともやりました。(中略)ローマ字論者にとっては遺憾なことであるかも知れないが(後略)」(南原 1977：204)

iv　国語審議会第10回総会(昭和21年5月8日)での山崎匡輔文部次官の発言

「ローマ字問題のアドバイスは教育使節団も司令部も強いが，国内問題ゆえ命令はしないといっている」(1952b：52)。ホールらのローマ字化案が先のCI&E特別会議で却下される5日前の発言である。

v　第90帝国議会(昭和21年6月23日)での田中館愛橘議員の質問に対する首相吉田茂の答弁

「私ト致シマシテハ只今ノ処，『ローマ字』ヲ国字ニスルト云フ方針ヲ内外ニ明示スルト云フダケノ用意ハ，端的ニ申ストナイノデアリマス」(茅島 2009：140)

vi 当用漢字表の原案を作成した国語審議会の漢字に関する主査委員会委員長を務めた山本有三の発言

「(前略)終戦直後，民間情報局にホール少佐という人がいて，ローマ字を採用しろといっていたことは確かです。この人は昭和二十一年一月はじめに，私の家にもやってきましたが，そのとき私は『ローマ字のことは，ポツダム宣言のなかには一行も書いていない。日本は無条件降伏をしたけれども，国語の問題まで命令を受けるものとは思えない。これは国民感情と深く結びついているものなのだから，日本に任せてくれ』といったら，それ以上，強いことは言いませんでした。(中略)最近，終戦直後の文部大臣前田多門氏[9]と，つぎの文部大臣安倍能成氏に会って確かめたところ，命令など受けたことはないと，きっぱり否定されました」[10]

vii 国語審議会第13回総会(昭和22年9月29日)での安倍能成国語審議会長の発言

「(前略)文化は一朝一夕にできたものではなく，他国人にはまかせられぬ微妙な問題がある。特に国語がそうである。アメリカ人がちょっと日本語を習ってむずかしい，もっと簡単な日本語に改造したらなどというと，それを原因に迎合する日本人もあるが，そういうことなくみずからしっかりした研究の上に問題を解決していきたい。その意味で国語研究所の設立を希望するのである」(野村 2006：115)

viii 国語審議会第44回総会(昭和36年11月30日)での森戸辰男文部大臣の発言

「(前略)文部省にいた当時，ローマ字問題がやかましく，占領軍の係官から公式にではないが，日本でもローマ字を使えという話もあったが，もってのほかのことで強く反対した。「占領治下」で敗戦国にそういうことをもっ

---

9 前田は昭和20年8月18日から翌21年1月13日まで，安倍は昭和21年1月13日から同年5月22日まで文部大臣を務めた。安倍は「当用漢字表」「現代かなづかい」制定時の国語審議会長であった。

10 「山本有三氏にきく」(上)「国語問題とその周辺」(二)，『毎日新聞』昭和36年6月14日夕刊，3頁。

てくることは，国民が承知しない。(後略)」(野村 2006：115-116)

ix 昭和 25 年に来日の第二次教育使節団に提出した文部省報告書「日本における教育改革の進展」

「米国教育使節団の勧告のうち『ある形のローマ字をぜひとも一般に採用すること』という提案は，それが漢字を全廃し，また，かなをも排除し，ローマ字のみを第一義的な国字とする方針の具体化であるという意味においては，わが国民一般が肯定するには，至っていないのである。(後略)」(文部省 1950：66)

x 国語審議会のローマ字調査分科審議会総会(昭和 25 年 10 月 19 日)での文部省の原敏夫担当課長の発言

「(前略)御承知のように，この報告書は第 2 次の教育使節団がマッカーサー元帥に対して行った報告でありますが，これは単なる勧告であって，これがこのまま S.C.A.P の政策になるのではありません。またこの勧告に基づいて，G.H.Q.C.I.E が直接イニシアティブをとるものでもありません。(後略)」(文部省 1952a：131)

4. 繰り返される誤解

日本を代表するジャーナリズムの報道内容，専門・一般雑誌，学術・啓蒙書から幾つか援用し問題点を提示し検証する。また関連事項に訂正を加える。筆者は，茅島(2009：6-10)で先行研究の検証をしているので一瞥いただければ幸いである。

4.1 GHQ／CI&E と教育使節団のローマ字化政策，ホールのローマ字化命令・口頭指令

産経新聞は平成 23 年 8 月 7 日の「産経抄」(1 頁)で，「戦後，日本文化が深刻な危機に直面したことがある。当時，支配していた連合国軍総司令部の民間情報教育局(CI&E)が，日本語のローマ字化を企画したのだ。漢字は習得が難しいから日本人の教育程度は低い。このため戦前，軍部の独走を許し

たのだという(後略)」と載せている。

平成 15 年発行の『国語施策百年の歩み』の「＜座談会＞戦後国語施策の出発——昭和 20 年代を振り返る——」をみる。発言者の野元菊雄は当時，日本人の読み書き能力調査に従事した当事者で，この間 CI&E に属した。

司会者の「そういう GHQ が控えていながら，国語審議会が，当用漢字表だの，現代かなづかいだのをどんどんすすめていけたというのは，何かあったのでしょうか。GHQ としては，ローマ字採用の方針ではなかったのでしょうか」の質問に対して，野元は「GHQ は，ローマ字採用に行く一歩か半歩か前と思っていたんじゃないでしょうか。どうでしょうか。そう命令されては困るというので，慌てて「現代かなづかい」「当用漢字表」を出したのか，と私は思っていましたよ。ただ，私は日本ではローマ字化は成功しなかったと思います。(後略)」(文化庁 2003：19)と述べている。

朝日新聞書評委員を務める保坂正康は平成 23 年に『サンデー毎日』の「もし日本語のローマ字表記化が実行されていたら」のなかで，「GHQ は当初，日本語のローマ字表記化を目指して，様々な教育改革勧告を行った」[11]と述べている。本文章は上記野元への聞き取りを踏まえたものとなっていることを添えておく。

しかし，第 2 節でみたように，GHQ／CI&E としてはローマ字化を企画したり目指したことはなく，ローマ字採用の方針もなかった。

高島俊男は，「昭和二十一年三月にアメリカから教育使節団が来て日本政府に，漢字を廃止してローマ字を採用せよ，と勧告した」(高島 2001：195)と述べている。また，小駒勝美は，「マッカーサーの"漢字廃止令"」の小見出しにつづけて，「(前略)昭和二十(1945)年に日本が敗戦すると，米国は占領政策の一環として，漢字や仮名を全廃させ，日本人にローマ字を使わせようと考えた。昭和 21 年 3 月の「アメリカ教育使節団報告書」にはっきりとそう書いてある」(小駒 2008：127)と述べている。

だが，第 2 節でみたように，使節団報告書は日本政府でなくマッカーサー宛に提出された上に，政策文書ではなかった。

山岸徳平(後年，国語審議会委員)は，「国語問題の審議」のなかで，「ま

11　平成 23 年 12 月 11 日号，49 頁。

ず，『日本の文字を，全部ローマ字に改めよ』と，ホール大尉が命令した」（山岸1961：2）と述べている。また，「ホールが昭和20年11月20日に教科書の日本語・ローマ字併記と国字ローマ字化を口頭で指令した」との説もある。しかし，指令を受けたとされる文部省の有光次郎教科書局長は，「文部省としても，強制されたら一番大変だと思ったのは，国語・国字の問題でした」（有光1987：14）と述べ，仮定法を使って否定している。

　ホール自身もインタビューのなかで「全く正しくない。全く，全然です」（Hall 1981：29），「私は誰に対しても命令を下す立場になかったのです。（後略）」（同上：41）と証言している。GHQの公式指令に口頭による指令はなく，また彼はCI&Eの1課員にすぎなかった。

　教育使節団事務局連絡部員を務め，ホールとも接触があった文部省の福田繁は次のように述べている。「私はそのホールさんのやり方というのは，見ていて，それは失敗するだろうと思ってたんです。結局最後はCIEの中でホールさんの意見は採用されなかったんですね。そのことを私は，ニューゼントさんのところへ私が行ったら，それはもう心配しなくてもいいよと，こう言われて，もうローマ字の問題はCIEは干渉しないから安心しなさいと（後略）」（福田2008：100）

　GHQの指令と誤解した例は学会の書籍にも散見されるため付記しておく。日本語教育学会編『新版　日本語教育事典』（大修館書店，2005年）には，昭和20年の欄に「日本語教育振興会，GHQの指令により解散」「文部省，国語科を廃止。（後略）」（1080頁）とある。同著を参考文献のひとつにした『月刊　日本語』（アルク，2006年5月号）は「また第二次大戦末期の日本語普及政策の中心的存在といえる日本語教育振興会は，GHQの指令で解散」と述べ，マンガを使ってGHQの軍人が「ソーンナモノ　イリマセンネ」「ホラ　解散　解散」（48, 51頁）と描写している。しかしGHQの指令で解散された事実はなく，新法人の財団法人言語文化研究所の申請と同時進行で自主解散したのであり，財産も新法人に継承されている。「国語科」は「国語課」のミスプリと思われる。

4.2 日本人の読み書き能力調査とローマ字化

NHK テレビは平成 22 年 9 月 23 日夜 10 時から学者も出演して「みんなでニホン GO　日本語ローマ字化構想の意外な結末」を放映した。

番組では「占領下，漢字は実はなくなりかけていた」，「読み書き能力調査に漢字の将来が託された」[12]，「CI&E の担当者ペルゼルから『報告書を書きなおしてくれないか（ローマ字化を不要と思わせる高得点であったゆえ）』と言われた柴田武は『直すわけにはいきません』と断った」，「柴田への学者としての尊敬があったので，ペルゼルはそれを聞いて何も言わず引き下がった」，と寸劇で再現された。「これで漢字がなくなり日本語がローマ字化されることはなかった。柴田先生は漢字を守った英雄である」とのストーリィであった。

柴田は昭和 60 年に雑誌の座談会で上記同様のことを発言している。

「（筆者付記：昭和 24 年 1 月か 2 月のある日）『なんとかローマ字化を進めるような結論を書けないか』って彼（ベルゼル）は言うんです。（中略）ホールという少佐の圧力があったんでしょうね。（中略）わたくしが第一ホテルの彼のベッド・ルームで拒否したことが，日本語のローマ字化という彼らの計画を諦めさせた一つのファクターになっていたんではないかと今にして思います」[13]

柴田は当時，調査に従事した当事者で，この間 CI&E に属した。彼は新進気鋭のローマ字論者であった。柴田は先の野元らとの座談会で，「（前略）これ（筆者付記：読み書き能力調査）は今になって考えると正に GHQ の施策を決定するための重要な仕事だったらしい。つまりローマ字化をねらったわけですよ。（中略）多分ホール辺りが（後略）」「ペルゼルは社会学の方で，ハルパーンは本当の言語学者ですね[14]。ペルゼルも，ハルパーンもローマ字論者

12　調査は，昭和 23 年 8 月，全国 15 歳から 64 歳までの 2 万 1008 人を対象に行われた（実際の参加者は 1 万 6814 人）。詳しくは，読み書き能力調査委員会（1951），茅島（2005）を参照。

13　「言語解放の時代の精神史」『言語生活』第 401 号，筑摩書房，昭和 60 年 4 月号，22 頁。

14　両者とも人類学者で，博士論論文は何れも Dept. of Anthropology に提出。Pelzel, John Campbell. *Social stratification in Japanese urban economic life.* Harvard University, 1949. Halpern, Abraham M. *A Grammar of the Yuma Language.* University of Chicago, 1947. Dissertation Office の Ms. Colleen Mullarkey による。記して謝意を表する。ハルパーンは言語学研究者でもあった。

ですね」(文化庁 2003:15, 21)と発言している。

　J. C. ペルゼルと柴田のやり取りは，時にやや拡大して述べられている。

　保坂は先の雑誌(『サンデー毎日』50頁)で「(前略)調査書をまとめた野元らに，この数字を操作しろと強く命じたともいう。日本側委員の中にはローマ字化論者もいたが，その数字を操作することはできないと反発して『直せ』『直さない』の応酬があったとも証言している」と述べている。筆者は寡聞にして野元菊雄のかかる発言や文章を見たことはない。野元は先の柴田らとの座談会でも言及していない。

　さて，柴田の発言には事実関係に食い違いがあるので，少し詳しく見てみよう。

　当時，柴田は30歳(東大助手任期終了後)で，一方のJ. C. ペルゼルは33歳(ハーバード大学人類学部助手。博士課程学位論文作成段階)で言語簡易化担当の1課員であった。ペルゼルは昭和22年7月8日に着任し，昭和24年7月1日任期が来て帰国，ハーバード大学に戻った。

　柴田はローマ字同志会の結成者のひとりで，昭和21年4月21日の「大學新聞」(大學新聞社)に「國字國語問題への展望　結論はローマ字＝國語・國字の將來について＝」の題のもと，「さきに結論を述べよう。けつきよくローマ字にならざるを得まい。(中略)將來の國字はローマ字以外にないのである。(中略)思ひきて(ママ)切札を出すべきである」(2頁)との考えを述べていた。

　ペルゼルは，戦後教育史研究者の勝岡寛次の質問に返書を寄越している。彼は，書簡のなかで「(前略)実際テストの結果は，現行表記法による識字率が非常に高いことを示しており，このことは誰かがテストをローマ字に有利なように歪曲しようとしても，それは失敗せざるを得ないことを示しています。(後略)」「私は日本側報告書が占領軍のではなく，日本人の報告書となるよう，自分の示唆は最小限に止めたつもりです。メッセージ(筆者付記：『読み書き能力調査』に掲載)をローマ字で書くことにも反対しませんでした。それは彼らの誰かが(誰かは覚えていませんが)要求してきたことですから」[15]と述べている。また，メッセージのなかでペルゼルは「科学的な調査にあたっては，私どもはたえず十分な反省をもってその方法の妥当性を検討

15　Letter to Mr.Kanji Katsuoka from Dr. J. C. Pelzel, Feb., 19, 1986.

いたさねばなりませんが，また同時に，ひとたびしかるべき操作を経てある結果を得たならば，私どもはそこに示された厳粛な事実を率直に，歪めることなく認める勇気と自信がなくてはなりません」[16]と述べている。ここには，彼の書き直し要求の意志はみられない。

　また，柴田はペルゼルの報告書書きなおし要求発言の背景にホールの圧力があったように述べるが，ホールは部下のドーンハイムと共に読み書き能力調査実施2年余前の昭和21年7月16日に「ランダル将軍号」で帰国している。ホールはこの頃はコロンビア大学で教鞭を執っており，昭和22年7月着任のペルゼルとは接触もなかったのである。

　組織表の上でCI&E教育課に部署として言語簡易化班(Language Simplification Unit)が載るのは昭和22年7月＆8月の組織表であり，ハルパーンとペルゼルの2名が載っている。昭和24年7月のCI&E組織表では，言語簡易化部門自体が無くなっている(佐藤1984：47, 137, 158)。

　読み書き調査の目的については，務台理作調査委員長が被調査者宛の案内状に「これは，日本の教育をどう改めたらいいのか将来の國語をどうしたらいいかを知るのに，どうしても必要な調査であります」[17]と書いている。

　産経新聞は「(前略)文部省の教育研修所が日本語の読み書き能力の調査をしたところ，過半数が90点満点で80点以上だった。心配ご無用となりCI&Eも断念したのだ(後略)」(先述の「産経抄」)と載せている。

　しかし，第2節でみたように，CI&E内部でも昭和21年5月の時点でローマ字化の考えは否定されており，読み書き調査はローマ字化をねらったものではない。柴田がペルゼルの報告書の書き直しを断ったことで漢字が守られローマ字化が阻止できたということはあり得なかった。柴田とペルゼルの主張は対立するが，筆者は両人間の会話に誤解があったとみている。

　ところで，日本側で行った分析報告書では，平均78.3点だが，「この調査は『社会生活を正常に営むのにどうしても必要な度合および型の文字言語を使う能力』を測定するのが目的である」(『日本人の読み書き能力調査』328頁)とされたゆえ，満点を取っていなければ「読み書き能力」があると

16　前掲12)，3頁。
17　前掲12)，734頁。

はみなされず評価は低い。評価はリテラシーの定義，設問次第で異なり得る。委員には服部四郎・石黒修(修治)・柴田武ほかローマ字論者の解釈とは逆に識字率は高かったと評価した結城錦一・白石大二両委員もいた(文化庁 2003：13)。CI&E ではペルゼルもだが，彼の上司，ニューゼント局長・オア課長らも高い識字率を評価していた。

4.3　当用漢字表とローマ字化

　朝日新聞は平成 13 年 2 月 15 日の夕刊「国語審議会物語」(18 頁)で，「(前略)連合国軍総司令部(GHQ)のローマ字教育推進を追い風に，国語審が敗戦翌年に答申した当用漢字表は，漢字全廃までの『当座の用』のはずだった」と載せている。

　時枝誠記は当時，漢字に関する主査委員会委員であった。彼は国語学会創立十周年記念大会の討論会「漢字制限の問題点」のなかで「当用漢字表(中略)これはできうるなら千八百五十字を，教育漢字の八百八十一字までに減らしてしまう，更にそれをゼロにまで持って行こうとするのが，当用漢字表の目ざしているところのものなんです。(中略)将来国語をローマ字にするとか，或いは仮名文字一本にするとかいうことは未決定であるところへもって来て(後略)」(國語學會 1954：16)[18]と述べている。

　大野晋は，讀賣新聞の昭和 52 年 1 月 22 日の朝刊「まだ 400 字は欲しい」(22 頁)のなかで「当用漢字が作られた背景には，将来，漢字を全廃し，国字を仮名文字かローマ字にしようとするねらいがあったんだ。(中略)表音主義者たちが，国語審議会という国語政策を決める"権力の座"について強引に実施したところに大きな問題があったと思う。(後略)」と述べている。

　宇野精一(後年，国語審議会委員)は聞き手の漢字廃止・表音文字化の復活についての質問に対し，「『当用漢字』は，(中略)字の通り『当面用いる』字，つまりそのうち漢字はなくすという意味がありました」，「GHQ は当初，日本語をローマ字にしようとした」[19]と述べている。

　鈴木孝夫(後年，国語審議会委員)は，「(前略)つまり当用とは漢字全廃を前

18　茅島(2011)を参照。
19　「すべては日本語に在り」『正論』産経新聞社，平成 14 年 9 月 1 日通巻 361 号, 362 頁。

提として，たゞ急に廃止すれば大混乱が起きるから，日本人の間にローマ字が普及されるまでのつなぎとして，当座の用をたすだけの目的で，限られた数の漢字を使うという意味だった。（後略）」（文化庁 2003：97）と述べている。

上記援用部分を検証しよう。

時枝の先の討論会での発言に対して，当時，文部事務官で国語審議会幹事の一人であった釘本久春は「当用漢字表，又漢字制限の一つの具体的な案というものは漢字を零にしようという立場ではありませんので，必要な漢字は残して，そうして一定の範囲内で限ろうということであります。（後略）」（國語學會 1954：34）と述べていたが，これが正しい（文部省 1952b）。また釘本は「（大西発言に対して）曾て司令部の圧力があったろうということでありましたが，これはぜんぜんありませんから，私はそのことを申し上げておきます」，「私が自分自身の良心にかけて公開の席上において，当時の仕事をしておった役人の一人が，そういうことはないと申しておるので，（後略）」（同上：32）と確言している。当時，文部省国語調査室に釘本を介して同室嘱託になった林大（おおき）も「国語審議会が，漢字制限をやる。当用漢字表をつくる。それから仮名遣いを改定するということについて，GHQ は特に指図はしなかったと思いますね。それは，やはり立場としては日本人がやることだという考え方を持っていて，（後略）」（文化庁 2003：20）と述べている。

前田文相は国語審議会に対して，国字をかな文字かローマ字にするかの検討要請や諮問はしていない。ただ当用漢字表制定に携わった委員には漢字擁護の人が多くいたが，なかには漢字廃止の方向にもっていきたい人がいたのは確かである。これは当用漢字表の採択投票結果（現在員 71，出席委員 32（満場一致）・有効委任状 14（賛成））とそのときのやり取りから読み取れる（文部省 1952b：90-96）。

おさえておきたいのは，昭和 20 年 11 月 27 日の国語審議会第 8 回総会での前田文部大臣あいさつ要旨（代理大村次官）にある「本会に対しては，かねて国語の統制に関する件，漢字の調査に関する件，かなづかいの改定に関する件の 4 件について，諮問いたしておりましたところ，（後略）」（文部省 1952b：32）のくだりである。これは戦時中の昭和 17 年 6 月 17 日に国語審議会第 6 回総会で議決，文部大臣に答申した標準漢字表（常用漢字 1134 字・

準常用漢字1320字・特別漢字74字，計2528字)が告示にいたらず，この表にあった常用漢字の再検討(諮問でない)から入ったのである．昭和10年3月25日に松田源治文部大臣が国語審議会に諮問した上記の四項目まで遡り継続性がある．

保坂正康は先の雑誌[20]で，「GHQの命令でだされていた『当用漢字表』の廃止をすぐさま実行し，これらの漢字をすぐにローマ字にあてはめようとする思惑もあったという」，「そして決め手になったのは，この使節団の報告書のあと，マッカーサーが日本語のローマ字化は，『あまりに遠大で，今後の方針としてのみ役立ちうるにすぎない』とこの件に強権を発動しないことを約束し，ピリオドが打たれた」と述べる．

第2節とこれまででみたように，「当用漢字表」はGHQの命令でなく，CI&Eの誰も当用漢字表制定まで国語審議会には出席さえしていない．マッカーサーの声明公表は昭和21年4月7日，「当用漢字表」の公布は同年11月16日なので辻褄が合わない．

上記の4.1から4.3の誤った言説は，第3節でみた日本側の認識と較べても乖離していることがわかる．

4.4 国家的なローマ字化の動きはあったのか

甲斐睦朗は平成23年刊の大著の「あとがき」で，「国字ローマ字化の問題を大きく取り上げている印象があるかもしれない．もしそうした印象があるとすれば，それは当時の国字ローマ字化の動きが国家的な規模で進行しようとしていたからである」(甲斐2011：379)と述べている．

戦後，国語審議会，文部省や政令で設置されたローマ字関係の協議会・調査会等でのローマ字論者たちの活躍が目立ち，後年昭和36年3月の国語審議会委員5人の脱退事件や審議会令改正を踏まえれば「国家的な規模で進行しようとしていた」という見方もなりたつかもしれない．しかし，現実には国民からの盛り上がりがなく，国語審議会として国字ローマ字化に動くことはなく，国家的レベルでもそれはなかった．

上記本は立派な内容であるだけに，誤解が惜しまれる．

---

20 『サンデー毎日』平成23年12月11日号，49, 51頁．

例えば「羽仁五郎氏などの運動が功を奏して，米国教育使節団もその気になったということである」(同上：214)とあるが，羽仁が全日本教員組合中央委員会の一員として，5委員で使節団第3委員会(教育行政担当)委員長ほか5名と会ったのは昭和21年3月26日である。使節団は24日最終報告書をまとめる全体会議でローマ字採用をすでに決定しており，当事者であった羽仁発言の原典に事実誤認がある。付言すれば，それ以前の14日に使節団団長と国語改革委員長と面談した人物に，貴族院議員田中館愛橘があった。ホールは昭和21年元旦に田中館の自宅を訪問し会談した。それはともかく，使節団は来日前から国語問題を議論し，世界の言語簡易化に通じた団員複数も含んだ見識高い27名からなり，勧告内容は使節団としてのものであった。この関連で大久保正太郎の「ローマ字運動家たちも，ローマ字運動本部の指令にもとづいて民間情報部や教育使節団に，かっぱつに，はたらきかけました」(同上)との引用があるが，ローマ字運動本部が組織されたのは4月5日で，使節団員は約2か月居残ったボールズを除き同月1日に全員帰国していた。

5．おわりに

　叙上，連合国軍総司令部・米国側と日本側の認識を踏まえて，誤った言説を検証し，幾つかの関連事項を訂正した。GHQ・米国側と日本側の間に認識のズレはみられないが，取り上げた当事者を含んだ誤った言説は，それらと乖離していることが判明した。

　マッカーサー元帥は，憲法改正・戦犯裁判には積極的で，またシャウプ勧告公表に際しては吉田茂首相に書簡で国会審議を強く要望したが，国語改革については消極的であった。日本側では，占領期の歴代首相，歴代文相，文部省高官と関係事務官，国語審議会幹事は占領軍側の権力構造と彼らの国語改革に対するスタンスを知悉していた。占領下，国民の間でローマ字化運動への盛り上がりがないなか，それが国家的規模で動くことはなかった。

　間接統治の下，占領側，極東委員会，GHQ／CI&Eは，国語改革は日本国民が決めることであるという方針のもと，介入しなかった。米国は直接統治下の韓国でもローマ字化は試みていない。CI&Eは国語の簡易化には関心を示したが，ローマ字化に対する関心はなかった。米国の占領政策の転換は

その関心をさらに薄めた。「国字ローマ字採用」を勧告した教育使節団報告書は日本政府宛でなくマッカーサー最高司令官宛のもので政策文書ではなかった。日本人が決めることという意味では使節団も同じ考えであった。

　R. K. ホールの命令・口頭指令に関しては，ホールと有光次郎の当事者同士の否定でも明らかなように誤解であった。使節団帰国後の昭和21年5月13日のCI&E特別会議でホールらのローマ字化の考えは否定され，漢字かな交じり文の簡易化の方向となった。よって昭和22年にCI&E教育課に設置されたのはLanguage Simplificationの部署であった。柴田武とJ. C. ペルゼルの間の発言には完全に食い違いがあるが，当時の彼らの身分でのやり取りで漢字が守られ，ローマ字化が阻止されたということはあり得なかった。

　ホールらのローマ字化の考えに対しては強い反対があった。そのなかには，戦前の日本で美術研究を行った日本語教授H. C. ヘンダーソンや和歌山高商・大阪商大で教鞭を執ったD. R. ニューゼントら知日派の上司，それに18歳まで日本で生まれ育ち，戦前は一高で教鞭を執り，戦後は使節団のなかで1人政治顧問として居残った国務省の人類学者G. T. ボールズがいた。

　戦後初期に「当用漢字表」が短日月に実現できたのは，CI&E内の課長以下のごく一部のローマ字化への動き，教育使節団の「国字ローマ字採用」勧告，新憲法制定と無縁ではなかった。加えて戦前からの漢字制限の改革遺産を継承したもので，占領下のモメンタムを活かしたものであった。ただし，「当用漢字表」はCI&Eの命令によるものでなく，またそれは日本人の読み書き能力調査同様，ローマ字化を目指したものでなかった。

　表記に関する唯一の指令は，昭和21年9月3日の連合国軍最高司令部指令第2号の「日本国政府ハ一切ノ都会自治町村及市ノ名称ガ此等ヲ連結スル公路ノ入口ノ両側及停車場歩廊ニ（中略）英語ヲ以テ掲ゲラルルコトヲ確保スルモノトス名称ノ英語ヘノ転記ハ，修正「ヘボン」式（「ローマ」字）ニ依ルベシ」（文部省1955：175）である。しかし，これは占領軍のためのものであって，国語ローマ字表記についてではない。

　みてきた誤った言説は，全体のコンテクストで捉えていないところに問題がある。学殖豊かな先達の言説に言挙げするのはよしとしないが，謬説が今なお再生産され，時に拡大される現状を憂えてのことである。

参考文献

有光次郎(1987)「1 アメリカ教育使節団」木田宏監修『証言　戦後の文教政策』第一法規出版，14.
小駒勝美(2008)『漢字は日本語である』新潮社，127.
甲斐陸朗(2011)『終戦直後の国語国字問題』明治書院，214, 379.
外務省編(1979)『初期対日占領政策〈下〉──朝海浩一郎報告書──』毎日新聞社，46.
茅島篤(2005)「ローマ字問題と読み書き能力調査」文化庁編『国語施策百年史』ぎょうせい.
茅島篤(2009)『国字ローマ字化の研究　改訂版──占領下日本における国内的・国際的要因の解明──』風間書房，6-10, 71, 110, 140.
茅島篤(2011)「当用漢字をめぐる誤解」『Rômazi no Nippon』657 号.
久保義三(1984)『対日占領政策と戦後教育改革』三省堂，147-148.
國語學會編(1954)『國語学』第 17 号，16, 32, 34.
佐藤秀夫(1984)『戦後教育改革資料 2　連合国軍最高司令部民間情報教育局の人事と機構』国立教育研究所，47, 137, 158.
高島俊男(2001)『漢字と日本人』文藝春秋，195.
南原繁(1977)「学制改革の経過」鈴木英一編『教育基本法の制定』学陽書房，204.
野村敏夫(2006)『国語政策の戦後史』，大修館書店，115-116.
福田繁(2008)『戦後教育史研究』第 22 号．明星大学戦後教育史研究センター，100.
藤本昌司，茅島篤，加賀屋俊二，三輪建二訳(1995)『戦後教育の原像──日本・ドイツに対するアメリカ教育使節団報告書──』鳳書房，42-43.
文化庁(2003)『国語施策百年の歩み』，13, 15, 19, 20, 21, 97.
文部省(1950)『日本における教育改革の進展　文部時報特集号』第 880 号，66.
文部省(1952a)『国語審議会報告書──付　議事要録── 昭和24年6月～27年4月』，131.
文部省(1952b)『国語審議会の記録(現代かなづかいの制定から国語白書の発表まで)』文部省，32, 34-35, 52, 90-96, 214.
文部省(1955)『ローマ字問題資料集　第 1 集』明治図書出版，175.
山岸徳平(1961)「国語問題の審議」『国文学　言語と文芸 7』，2.
読み書き能力調査委員会編(1951)『日本人の読み書き能力調査』東京大学出版部.
ローマ字教育會編(1950)『ことばの教育』第 15 号，43.
Hall, R. K.（1981）"Interview of Robert King Hall by Harry Wrey." April 12, *Harry Wray Oral History Collection*, 29, 41.（明星大学戦後教育史センター所蔵）

それでも漢字はなくなる

野村　雅昭

1. 漢字に対する意識

　漢字がなくなる，あるいは，漢字使用を廃止するというかんがえは，現在では勢力をうしなってしまったようにみえる。一昨年の「常用漢字表」の改定（2010年11月30日，内閣訓令・告示）のときも，それが漢字使用をいっそう固定したものにしようという方向のものであったことに対して，批判的な意見はきわめてすくなかった。パブリックコメントなどというものは形式的にはおこなわれたものの，少数意見はまったく問題にされなかった。慎重な検討をもとめる日本語学会の理事会の声明（『日本語の研究』2009.7, pp.166-167）など，歯牙にもかけられなかった。

　改定の内容がほぼ確定した2010年2月-3月に実施された国語に関する世論調査では，「あなたは，漢字についてどのような意識を持っていますか。この中から，当てはまるものがあれば，幾つでも選んでください。」という質問に対して，漢字使用に肯定的な回答がたかい比率をしめている（数字はパーセント。[ ]内の数字はおなじ質問に対する5年前の調査の回答）。

・日本語の表記に欠くことのできない大切な文字である　　72.4 [70.9]
・漢字を見るとすぐに意味が分かるので便利である　　　　60.1 [58.3]
（文化庁 2010, p.21）

　それに対して，漢字に対して批判的なイメージのともなう選択肢の回答率はおどろくほどひくい。

・日本語の表記を難しくしている文字である　　　　　　　8.8 [9.2]
・漢字を覚えるのは大変なので，なるべく使わない方が良い　3.3 [3.5]
（同上）

この数字をみると，日本語を表記する文字としての漢字は，まさに永遠に不滅であるようにみえる。しかし，それは本当のことだろうか。近代以来，すくなからぬひとびとが漢字使用に疑問をもち，その使用をやめることの必要をとき，実践をこころみてきた。それにもかかわらず，そのこころみは成果をもたらしていない。

　この調査と比較できるような世論調査は，現代の日本語の性格が決定づけられた「当用漢字表」をはじめとする一連の国語施策が制定された第2次大戦直後には，存在しない。ただし，戦前の「標準漢字表」(1942年，国語審議会答申)のみなおしにはじまる第八回国語審議会の発足の総会(1945年11月)で，文部大臣前田多門は，つぎのようなあいさつをしている。

> およそ社会において，知識と知能とを高める最も広範かつ基礎的の手段は，言葉と文字であります。国語の純化，国語問題の解決なくしては，わが国民の科学知識の向上も日常生活の効率化も期し難いのであります。平易にして正確，典雅にして明朗な国語の制定は，まことに今日の急務であります。ことにわが国においては，漢字が複雑かつ無統制に使用されているために，文化の進展に大なる妨げとなっているのでありまして，文字改革の必要は特に大きいのであります。本日の議題たる標準漢字表の再検討も，またこの必要に応ずるものであります。
> 　　　　　　　　　　　　　　　（文化庁2005による。pp.284-285）

　終戦の詔勅があってからわずか3か月後に，このような表明がおこなわれたことに，おどろかされる。「漢字が複雑かつ無統制に使用されている」という認識は，突然おもいついたものではない。それ以前の日本語と漢字との1000年以上にわたるたたかいで身にしみついたものであった。それが敗戦後の毎日の生活にも不自由を感じるなかで，ほとばしりでたのである。これが文部大臣の自筆になるものか文部官僚の作文であるかは別として，決して個人のおもいつきではなく，多数の日本人に共感されるものであったことはまちがいない。

　それから半世紀以上の時間がながれた。冒頭に引用した国民の意識調査の

結果は、この敗戦時の日本人の漢字使用に対する反省とは、あまりにへだたっている。その原因はなにか。半世紀前に問題とされた漢字使用の欠陥がすべてとりのぞかれたからだろうか。そうではない。それは大多数の日本人の心のなかにある「漢字がなくなってしまったらとても日本語で生活ができない」という漠然としたおそれである。その不安感をとりのぞく努力がなされなかったわけではないが、十分ではない。

「漢字をつかいつづける」ことが、わたしたちの言語生活にどのような不自由をもたらすのか。逆に、「漢字がなくなる」というのはどういうことか。漢字がなくても日本語は存在しつづけることができるだろうか。それらのことを、事実にもとづいて丁寧に説明することが、いま、ふたたび必要なことにおもわれる。

2. 漢字廃止と漢字滅亡

幕末から明治にかけての国字論、つまり日本語の文字改革に関する議論では、漢字を「廃止」する対象としてとらえているものがおおい。前島密の「漢字御廃止之議」としてしられている建議書は、その代表的なものである。この建議書は、小西信八(1899)の解説では「慶応年中漢字御廃止の儀に付き慶喜公に上る書」とされ、慶応2(1866)年にしるされたものとなっている（もとは漢文であろうが、ここでは引用書の書き下し文による。ただし、3か所に句点をくわえ、適宜濁点を付した）。

> 国家の大本は国民の教育にして其教育は士民を論ぜず国民に普からしめ之を普からしめんには成る可く簡易なる文字文章を用ひざる可らず。其深邃高尚なる百科の学に於けるも文字を知り得て後に其事を知る如き艱渋迂遠なる教授法を取らず渾て学とは其事理を解知するに在りとせざる可らずと奉存候。果して然らば御国に於ても西洋諸国の如く音符字(仮名字)を用ひて教育を布かれ漢字は用ひられず終には日常公私の文に漢字の用を御廃止相成候様にと奉存候。　　　（小西1899による。pp.6-7）

要約すれば、以下のようになるだろう。

- 教育を全国民に普及するためには，できるだけ簡単な文字をもちいるのがよい。
- 文字をおぼえてから学問をするような迂遠な方法はとらず，直接に学問に役にたつ文字を使用するべきである。
- まず教育においては，カナのような表音文字をもちい，漢字はつかわず，しだいに一般の文章でも漢字の使用を廃止する。

なお，前島の建議書が1866年に著述されたことへの疑問が提出されているが，阿久澤佳之(2009, pp.37-54)に詳細な検討があり，それにゆずる。

前島のこの意見は，のちにヒラガナ専用論として展開していくものである。

ここでは，教育において漢字使用が無用の負担をあたえていることが指摘されている。しかし，それがまずは教育の世界での目標とされ，さらにそれにとどまらず，一般の文章における漢字使用の「廃止」を目的としていることが明確にのべられている。

この廃止論はそのアンチテーゼとしての漢字擁護論を喚起し，両者の折衷案である漢字制限論を妥協点として，現在にいたることになる。しかし，文字改良の意見がその背景に「廃止」を前提とするというとらえかたは，国民につよくしみこんだ。カナ専用論にせよ，ローマ字専用論にせよ，たしかに究極的には漢字使用の廃止をめざすものであるが，その最終段階にいたるまえに，いくつかのステップがありうることを，前島の論はしめしている。そのことはあまり理解されずに，いきなり漢字使用を停止することが表音文字専用論者の主張であるように誤解されたのは，不幸なこといわなければならない。

一方，漢字滅亡論についてみると，漢字がなくなることを学術論文として最初に発表したのは，安本美典である。安本は，つぎのように問題を設定する。

> 国語施策に，賛成，あるいは反対という立場とは別に，われわれのあいだで，漢字が，どのように使われてきたか，その現状と趨勢とを，明らかにすることも，また，必要なことではなかろうか。
>
> (安本1963, p.46)

203

この論文が発表された1960年代は,「当用漢字表」(1946)をはじめとする, 一連の漢字制限のための国語施策に対する反発がつよまっていたときである。安本のこのような姿勢は, 漢字使用への観念的な擁護論や廃止論に対して, 基本的なデータを提供しようとするものであった。
　安本は, 1900年から1955年までに発表された100編の小説に使用された1000字中の漢字の比率を統計的に分析し, 漢字使用の比率が直線的に減少していることを指摘した。この推測にはいくつかの仮定がふくまれるが, 安本はそれをも検討し, 将来の日本語で漢字使用がしだいに減少することは否定できないとして, つぎのように結論づける。

　　私の分析によれば, 千数百年にわたり, わが国の文化をになってきた漢字の命数がつきるのも, どうやら, あと二, 三百年さきにとせまっているようである。それはなお, わたしたちに生があるあいだには, おとずれてこない。
　　人類が, 月世界に到着する日を, まのあたりに知りえても, 漢字滅亡の日は, なお, わたしたちよりも, 数代さきの子孫への日として, 残されている。
　　　　　　　　　　　　　　　　　　　　　　　　　　　(同上, p.54)

　ここには「漢字がなくなる」という字句はないが,「漢字の命数がつきる」「漢字滅亡の日」というような類義の表現がふくまれている。この予測, すなわち200ないし300年さきのことであっても, 日本語の文章から漢字使用が消滅するという結論は, おおきな反響をよんだ。それまで, ともすれば観念的にあるいは感情的に漢字使用を論じていた日本人にとって, すくなくとも統計的には将来は「漢字がなくなる」ことが証明されたからである。
　これに対しては, その後, その推測をさらに検証した, 野村雅昭(1988)や宮島達夫(1988)が発表された。それらは安本の推測を支持しつつ, その範囲のなかでは減少の速度がゆるやかなところで, 漢字使用が推移していることをあきらかにしている。
　この論文のもつ意味は, その推測があたっているかどうかということよりも, 漢字使用の実態を科学的に検討する方法を提示したことにある。それに

より，すくなからぬひとびとが，漢字使用が将来にむかってどのように推移するのかという視野をもちえるようになった。しかし，他面では，そのような何百年先のことはともかく，当面，漢字はつかえるという楽観的な結論にはしるひとびとをうみだしたことも，たしかである。

　また，ほおっておいても漢字はなくなるのだから，別にそのためになにかをするという必要はないという誤解をうんだことも，マイナスの一面といえるだろう。漢字がなくなったり消滅したりすることが，あたかも自然現象のように客観的にとらえられたことは，功罪両面をそなえていたということができる。

3. 漢字が日本語をほろぼす

　漢字がなくなるということは，おおくの日本人にとって，実感として共有されることではない。しかし，古代のエジプト文字，メソポタミア文字，マヤ文字などがいずれも消滅していったことは事実である。それがつかわれなくなった事情はさまざまであるが，なくなったことにちがいはない。漢字だけがその例外ということには，なんの根拠もない。

　文字がなくなるという現象に，その文字を使用している言語そのものが消失することがともなうばあいがある。ある文字を使用している言語が1種類であり，その言語がなんらかの事情で存在しなくなれば，その文字も消滅することになるわけである。野村(1977)は，『漢字の未来』(1988)のもとになった論文で，つぎのようにのべている。

　　漢字のなくなるひは，かならず，おとずれる。しかも，それは徐々にではなく，カタストロフィー的に，おとずれる公算がつよい。
　　　　　　　　　　　　　　　　　　　　　　　　　　(野村 1977, p.49)

　ここで，漢字がなくなるといっているのは，日本語から漢字がなくなることを意味している。それが「カタストロフィー的」におとずれるというのは，漢字使用の減少傾向がしだいに増加するとともに，その減少率が加速度的にたかくなることをかんがえていた。それとともに，その背景に，日本語

そのものがつかわれなくなることも想定していた。たとえば，英語のような言語とのバイリンガル現象が実現し，そのあらそいのなかで，日本語がそれにやぶれるような状況をかんがえていたのである。

安本の"漢字が滅亡する"という予測には，日本語の存続が前提となっている。日本語はそのままのこり，その文字使用から漢字がすがたをけすことがイメージとしてはうかんでくる。その点では，野村が「漢字がなくなる」というのと，おなじではない。野村は，日本語の消滅そのものをも視野におさめているからである。

日本語がなくなることが日本語の漢字使用が消滅することをもたらすというのは，ある意味で穏当ななりゆきである。ところが，漢字使用そのものが日本語をほろぼすということになると，それはまったくことなる展開といわなければならない。田中克彦(2011)は，「推薦状」の「薦」や「招聘状」の「聘」のような字が日本語で無意味な文字であることをきっかけに，以下のようにのべる。

　　これらの漢字は，ひらかれた知識に文字のたがをはめて権威にしたことによって，人民を知識から遠ざけ，人の精神をヒクツにし，屈従的にさせる以外に大きな効果はない。そこでエーッめんどうくさい，と勇気をふるって，インヴィテーション・レターなどという英語を使ってしまうことになる。つまり漢字には，日本のわかものを英語に追いやる効果がある。
　　（中略）
　　このようにして，皮肉なことだが，漢字は日本語を守ってくれるどころか，逆に漢字の知識の要求が高まれば高まるほど，人々を日本語から遠ざけて英語へと追いやることになる。　　　　（田中 2011, p.89）

ここで，田中は日本語をまもろうとして漢字を大切にしようとしても，むしろ漢字使用の不合理さや無意味なわずらわしさが日本語から日本人をとおざけることになるという。そして，日本語以外の言語，たとえば英語に日本人をちかづけ，その結果として，日本語をほろぼすことになるとする。

このような論のすすめかたの背景には，言語と文字がべつものだという明確なかんがえがある。言語とは，音声そのものである。それに対して，漢字のような文字は，言語の本来の性質としてのオトをおおいかくす性質をもっている。そのような文字をつかっている言語は，その文字のためにほろびるというのが，田中の逆説的な主張である。

　田中の論では，日本語がほろび，その結果として，漢字がなくなるわけであるが，その日本語がほろびる原因に漢字使用があるということになる。したがって，漢字使用をやめれば，日本語はいきながらえることになるわけだが，そこまでの言及はない。

　しかし，田中の主張をみとめるならば，日本語を存続させるためには，漢字使用をやめることが必要になる。それがいいすぎだとしても，漢字をつかわなくすることが日本語の延命の一助となることはたしかである。日本語と漢字のどちらが大切かという問題の設定のしかたにあまり意味があるとはおもえないが，日本人のなかには漢字のほうが大事だとおもうひともいないわけではない。自覚的にはそうおもっていなくても，漢字と日本語は一体のもので，それをわけて論ずることは無理だとおもうひとは，すくなくない。そうだとすれば，つぎの段階として，漢字を廃止することの問題点を検討することが必要になる。

4. 漢字廃止へのみち

　いささかとおまわりではあったが，「漢字を廃止する」「漢字がなくなる」という表現をめぐって，その意味することを考察してきた。漢字がなくなるということは，社会現象としての文字使用を客観的にとらえたときのある種の状況である。その点では，純粋な自然現象としての「オゾン層がこわれる」「石油がなくなる」などとはことなる。

　漢字がなくなるのは，あきらかに人間が漢字をつかうのをやめようとする意図的なこころみにもとづいている。一方で，オゾン層の破壊や石油の枯渇は，自然現象ではあっても，それに人間がかかわっていることは否定できない。漢字がなくなることと漢字を廃止することとを一体のものとしてかんがえることは，その意味でも不合理ではないだろう。

野村　雅昭

　「当用漢字表」(1946)の制定が漢字使用の存続を前提としたものであったか，漢字の廃止を目標としたその経過での単なるチェックポイントであったかの議論には，いまは，たちいらない。しかし，近代以降，日本で本格的に漢字廃止が実施されたりそのための方策が検討されたりしたことは，ほとんどない。もちろん，ローマ字専用論やカナモジ専用論のたちばから，その前提となる試案が提出されたことはある。けれども，国家的な規模のものはもちろんとして，学校教育のような世界に範囲をかぎったとしても，漢字制限は実施されたが，漢字廃止そのものが目標になったことはない。

　ところが，日本列島とおなじく，中国の漢字文化の影響をつよくうけた北東アジアに位置する朝鮮半島では，この半世紀のあいだに漢字廃止が現実のものとなっている。北朝鮮における状況は詳細にはわからないが，漢字廃止が進行しつつあることはまちがいない。ここでは，韓国の事情について，それをみることにする。1945年に日本の統治支配がおわったあとに，韓国のハングル専用化は，はじまる。以下の要約および引用は，宋永彬(2004)による。

　1948年に「ハングル専用に関する法律」が公布される。それに対して漢字併用論派がまきかえしをはかるが，1968年の朴正煕大統領による「ハングル専用促進7ヵ事項」は上記の法律を一層強化したもので，公用文におけるハングル専用化，新聞などにおけるハングル専用の推奨，学校教育における漢字の追放などの面で，効果をおさめた。それに対して，漢字併用派は抵抗をこころみた。1999年の国務会議での合意による政府公用文における漢字使用の承認などはそのあらわれである。そうした経緯はあるが，現在の状況は以下のようにまとめられる。

　　現在もハングル専用論と漢字併用論の対立は依然続いているが，最近は上記の4点(野村注：後掲)以外にいわゆる漢字文化圏における情報交換手段としての漢字教育の必要性が加わった。日中韓の字体の違いをまったく考慮していない主張である。一方，一般の文字生活における漢字表記は徐々に減り，現在では，雑誌，小説，大学の専門書はもちろん，人文系の歴史，国語学，哲学などの専門書ですら漢字表記はほとん

ど見られない。漢字表記について保守的な立場にあった新聞でも現在はほとんどの日刊紙で一部の見出しや略語，人名の漢字併記などを除いて漢字表記はほとんど見られないほどハングルは定着した。

(宋2004，p.139)

　ハングル専用化がすすむことは，韓国における漢字廃止運動が成果をおさめていることにほかならない。しかし，それに対する反対論が存在することもたしかである。前頁の引用で「上記の4点」とある，漢字併用論派の主張とは，1969年に同派の中心的な存在である韓国語文教育研究会が公表しているものである。

1) 韓国語の単語の70％が漢語であり，正しい韓国語の理解と表現力，語彙力を伸ばすために漢字が必要である。
2) 漢語をハングルのみで表記した場合，同音異義語を区別できなくなり困難を招く。
3) 伝統文化を継承・発展させるためには漢字・漢文の教育が必要である。
4) 漢字はその性格上，造語力と思考力，応用力を身につけさせるため教育的な効果が高い。

(宋2004による，p.138)

　これをよんで気がつくのは，これが明治期の漢字擁護派，昭和戦後の漢字改革に対する批判派の主張と，ほとんどかわりがないことである。ここには，漢字の長所と伝統文化の継承ということが理念的にのべられる。いくらか具体的だとみられるのは，同音異義語の区別ぐらいだが，これも，ハングル表記におけるワカチガキの方法の整備にもとづく，文脈における弁別機能により意味の特定にほとんど問題は生じていないとされる。
　ここにみられる主張は，現在の漢字併用派のひとびとにも共通したものとおもわれる。呉善花(2008)は，おなじく漢字併用派の人物がハングル専用教育による弊害をのべた文章を引用して，つぎのようにのべる。

八〇パーセント以上失われたという語彙の大部分が，日常的にはあまり使われない，しかし世界を論じたり高度な思考を展開したりするにはなくてはならない概念語，抽象語，専門語など「漢語高級語彙」の一群なのである。どれほど思考の広がりや幅が阻害されているかがわかろうというものだ。そのため，一般に知的な関心は低く，国民一人あたり年間平均読書量〇・九冊という，惨憺たる知的荒廃が生み出されている。「国民全体が文盲のどん底に陥った」というのは，けっして大げさな言葉だとばかりはいえないのである。　　　　　　　　（呉 2008, p.71）

　ここにある統計的な引用がどの程度に正確なのかはわからない。しかし，ハングル専用が実施される以前の識字率が20パーセント台だった時代にくらべ，現在の識字率は比較にならないほど向上している。引用にいう「文盲のどん底」とは漢字を基準にしたばあいのことだろうが，漢字がないために「漢語高級語彙」が理解できず，そのために高度な思考が不可能だとすると，もともと漢字のような表語文字をもたない言語の使用者は，どのようなことになるのだろうか。
　ここでは，漢字廃止ということがどのような影響をもたらすかという一例として，隣国の漢字擁護派の見解を紹介した。しかし，その主張は漢字や漢語によって形成された知識層にとって，漢字廃止がどのような困難をもたらすかという視点にたったものである。宋（2004, pp.149-150）は，現在の韓国における「分かりやすい専門用語への置き換え作業」について紹介しているが，漢字廃止とはただ漢字使用をやめるだけのものではない。そのような作業をともなうことにより，これまでよりもつかいやすい言語の創造が実現することをわすれてはならない。日本の戦後の文字改革が中途半端におわったのは，このような努力がふかまらなかったからにほかならない。韓国における半世紀にわたる実践の歴史は，日本人にとっても十分に参考になるものである。

5. それでも漢字はなくなる

　ここまでにのべたのは，漢字がなくなるという予測は，自然に漢字がほろ

んでゆくことを意味するものではなく，漢字を廃止するという使用者の意志によって実現するということであった。しかし，それにしては，なぜ漢字を廃止しなければならないのかということの説明がないのかと，疑問におもうひとがあるかもしれない。もちろん，漢字には長所もあれば短所もある。筆者の漢字否定論は，それをバランスシートとして比較したうえでの結論なのである。そのことは，野村（1988）ほかで，くりかえし論じてきた。

　最後に，最近になって問題となることがらについて，多少の指摘をして，ペンをおくことにする。ひとつは，情報蓄積の面で，漢字が有利だとするかんがえかたである。表語文字である漢字は，その一字一字が意味を有する言語単位であることを原則とする。もっとも，これは過去にそうであったというだけで，現在はそうとはいいきれない面もあるが，そのことをいまは論じない。しかし，漢字をもちいない言語においても，情報蓄積の要素となる最小単位は存在する。それを漢字1字で表記するか表音文字の連続で表記するかのちがいだけなのである。

　日本語には，漢語からはいった「不‐」「無‐」「非‐」などの接頭辞的な一群の単位がある。これはみただけで，それが否定的な意味をそえるものとわかるとして，機能がすぐれているとするみかたがある。しかし，英語でも，これに対応するものとして，「un-」「in-」「dis-」などの語群がある。そのあいだに優劣の差はない。漢字のほうが視覚的にすぐれているという意見があるかもしれないが，決定的な差異ではない。

　別の面からいえば，漢字を廃止したらば，過去のぼうだいな量の情報の蓄積を利用できなくなるという批判もある。しかし，漢字廃止ということを，あらゆる面で徹底する必要はない。過去の情報はそれとして利用可能な状態で保存しておくことは必要である。ただし，すべての国民がそれを利用することは前提としなくてもよい。漢字文化の継承をこわだかにさけぶひとが，一般国民のどれだけがその利用をもとめることを想定しているのか，きいてみたいものである。

　情報処理の面とならぶもうひとつの問題は，漢字の国際性のとぼしさである。日本の漢字使用の複雑さを理解し，それをつかいこなすことが外国人とりわけ非漢字文化圏のひとびとにとって，どれほど困難な障壁であるかとい

野村　雅昭

うことは，これまで日本人には本当の意味で理解されていなかった。それがわかったのは，近年にふえた，看護師や介護福祉士を希望して来日し研修をうけて国家試験を受験する東南アジアのひとびとの合格率のひくさからだった。

　日本にくるまえから専門的知識はたかく，日本での数年の研修で会話能力は十分に習得している。それなのに，合格率がひくいのは試験問題で漢字がよめないからである。「褥瘡」「膀胱」「咀嚼」などといった日本人でもわからない語彙を試験問題にだすことが，そもそも不見識なのである。世論の批判をうけて，ようやく漢字にルビをふることになり，多少合格率はあがったということだが，それは本当の解決にならない。医学界がその専門用語をわかりやすいものにかえることに本気でとりくまないかぎり，せっかく日本にきて看護や介護の面で貢献してくれようという隣人は，やがていなくなってしまうだろう。

　わずかな例をあげただけだが，日本語の漢字使用に問題のあることは，理解されたとおもう。しかし，それでも，漢字にしがみつくひとびとが多数をしめるのはなぜか。なぜ漢字使用をやめなければならないのか。そのことについて，以下のようにのべたことがある。

> 日本や中国が漢字をつかった表記システムにこだわるのは，他の文字体系を採用することにより，その言語的アイデンティティーがそこなわれるのをおそれるためである。しかし，逆説的にきこえるかもしれないが，漢字をすてて世界文字を採用することがむしろその言語をのこすことには必要なのである。世界がひとつの言語で統一されるまえに，世界共通文字をもつことが必要になるというのは，そういう意味からである。
> 　　　　　　　　　　　　　　　　　　　　（野村 2008，pp.283-284）

　そのかんがえは，いまでもかわっていない。わたしたちが漢字をすてるのは，日本語をのこすためである。その結果，日本語から漢字はなくなる。それには，つよい抵抗があるだろう。しかし，それでも漢字はなくなる。

（2012.7）

参考文献

阿久澤佳之　2009　「前島来輔『漢字御廃止之議』の成立問題」,『日本近代語研究』5,ひつじ書房

呉　善花　2008　『「漢字廃止」で韓国に何が起きたか』,PHP研究所

小西信八　1899　『前島密君国字国文改良建議書』,秀英舎(印刷)

宋　永彬　2004　「韓国の漢字」,『朝倉漢字講座　5　漢字の未来』,朝倉書店

田中克彦　2011　『漢字が日本語をほろぼす』,角川マーケティング

日本語学会理事会　2009　「「「新漢字表(仮称)」に関する試案」への意見書」,『日本語の研究』5-3

野村雅昭　1977　「漢字の未来」,『言語生活』307

野村雅昭　1988　『漢字の未来』,筑摩書房

野村雅昭　2008　『漢字の未来　新版』,三元社

文化庁　2005　『国語施策百年史』,ぎょうせい(印刷)

文化庁　2010　『平成21年度　国語に関する世論調査　新しい常用漢字についての意識』,ぎょうせい

宮島達夫　1988　「「漢字の将来」その後」,『言語生活』436

安本美典　1963　「漢字の将来——漢字の余命はあと二百三十年か——」,『言語生活』137

年表・資料編

ローマ字年表の凡例

◆暦について
　1872年（明治5）12月の改暦までは旧暦，それ以後は新暦により月（日）を記載した（例外的に，この年，ホイットニーが森有礼にあてて書簡を発信した日付は新暦である）。この方式では，改暦以前のできごとについては見出しの西暦年と食い違う場合があるので注意されたい（例　1866年12月の項にある「漢字御廃止之儀」の建白は，旧暦の慶応2年12月のことだが，これを新暦に直すと1867年初頭となる）。

◆カッコの用法について
　単行本・叢書・雑誌・新聞等の名称は『　』で，論文・記事・演題・団体・引用等は「　」でくくった。

◆外国でのできごとについて
　外国で起こった文字改革関係のできごとには，薄い網かけを施して国内のできごとと区別した。なお，国が特定できないものはすべて中国に関する記述である。

◆ローマ字の書籍の著者名の表記について
　ローマ字の書籍は，一般的に著者名もローマ字で表記されているが，検索の便宜等を考え，漢字名が分かるものは漢字で表記した。漢字は新字体で統一した。

◆「この年」「この年か」「この頃」の使い分けについて
　月日までは不明だが，当該年に起きたことが判明している項目は「この年」，当該年に起きたと思われるものは「この年か」，当該年の前後付近で起きたと思われるものについては「この頃」と書いて区別した。

◆刊行物の版と発行部数について
　（　）内に「○までに△版◇万部」などとあるのは，その刊行物の普及ぶりを具体的に示すため，現在判明している最終の版の発行年月日と，累計発行部数を記録したものである。

ローマ字年表

月	日	できごと
1549	天文 18	
7	22	スペイン人のイエズス会宣教師ザビエル(Francisco de Xavier, 1506〜1552), 鹿児島に上陸. (島津貴久に謁見したのち平戸・博多・山口を経て1551年京に上るが得るところなく退去. 山口, ついで豊後府内で布教. 1552年インドに渡り, 中国宣教を志して待機中, 広東港外の小島で病死.)
1582	天正 10	
1	28	大友・大村・有馬の3大名, ローマ法王グレゴリウス13世に使節を派遣(天正遣欧使節). 正使の伊東マンショ・千々石ミゲルら4少年, イエズス会宣教師ヴァリニャーノ(A.Valignano)に伴われて長崎を出港. (1584年夏, リスボンに上陸. マドリード・フィレンツェを経て1585年春, 法王に謁見. イタリア各地で大歓迎を受けたことを物語る記念碑や文書が現存. イモラ(Imola)市には, 使節らが歓待に謝意を表した書状が残り, ポルトガル式つづり方のローマ字書きが見られる. 1586年春, リスボンを出航して帰国の途に就く.)
1587	天正 15	
6	19	豊臣秀吉, キリスト教の布教を禁止(バテレン追放令).
1590	天正 18	
6	20	ヴァリニャーノと遣欧使節の少年ら, 長崎に帰港. 西洋の活字と印刷機械をもたらす. 九州の一角でローマ字書きキリシタン文献の刊行が始まる.
1591	天正 19	
		『サントスの御作業のうち抜書(Sanctos no Gosagveo no vchi Nvqigaqi)』, 加津佐刊.
1592	文禄 1	
		『ヒデスの導師としてルイ・デ・グラナダの編まれたる書の略』(信心録), 『ドチリナ・キリシタン(Doctrina Christão)』口語訳『平家物語』, 天草刊.
1593	文禄 2	
		『Esopono Fabvlas(伊曾保の物語)』『禁句集(Qincvxǔ)』, 天草刊.
1594	文禄 3	
		『ラテン文典』, 天草刊.
1595	文禄 4	
		『ラテン・ポルトガル・日本語対訳辞書』, 天草刊.
1596	文禄 5	
		『コンテムツス・ムンジ全部(Contemptvs mundi jembu)』, 天草刊.

1600	慶長 5
	『ドチリナ・キリシタン』，長崎刊．
1603	慶長 8
	『日葡辞書』本編，長崎刊．（1604．補遺．）
	（徳川家康，江戸に幕府を開く）
1604	慶長 9
	J.T. ロドリゲス『日本大文典』，長崎で刊行始まる．（1620．『日本小文典』．）
この頃	キリシタン大名の大友宗麟・黒田如水・黒田長政ら，ローマ字書きの印判を使用．
1607	慶長 12
	『スピリツアル修行鈔』，長崎刊．
1611	慶長 16
	三浦按針（ウイリアム・アダムズ）の手紙にイギリス式ローマ字つづり方の特色．
1622	元和 8
	『聖処女マリヤの尊きロサリヨの修行』，マニラ近郊ビノンドク刊．
1623	元和 9
	『聖処女マリヤの尊きロサリヨのジャルダンとて花園に誓ゆる経』，同所で刊．
	金尼閣（Nicolas Trigault）『西儒耳目資』．
1661	万治 4　寛文 1
	カロン（F.Caron）『日本大王国志』，ハーグ刊．
1713	正徳 3
	新井白石『采覧異言』の稿成る．イタリアの宣教師シドッチ（G. B. Sidotti, 1668～1714）への尋問や江戸滞在のオランダ人からの聞き取りをまとめた世界地誌．（1725．加筆．）
1715	正徳 5
	オランダ刊の『日本帝国地図』（Imperivm Japonicvm 1715）にオランダ式ローマ字つづりによる地名表記．
この頃	新井白石『西洋紀聞』成立．シドッチの取り調べ内容を記録．西洋でローマ字が使われていることを紹介．
1727	享保 12
	ケンペル（E.Kämpfer）『日本帝国史』，ロンドン刊．オランダ流にドイツ式を交えたローマ字つづり方．
1746	延享 3
	青木昆陽『和蘭文字略考』．
1765	明和 2

		加茂真淵『国意考』成立か.漢字の不便とローマ字の利便を説く. 後藤梨香『紅毛談』.ローマ字を掲載したため幕府に絶版を命じられたとも.
1787	天明 7	
秋		森島中良(桂川甫粲)『紅毛雑話』(大阪心斎橋通南久太郎町・志津や季介).唐土の文字の不便とオランダの文字の簡易さを説く.
1788	天明 8	
		大槻玄沢『蘭学階梯』.蘭学者式ローマ字つづり方が見える.
1795	寛政 7	
		大槻玄沢『増広蘭学佩觿』.
1797	寛政 9	
		本多利明『経世秘策』で「欧羅巴ノ国字数 25,異体共ニ八品アリテ,天地ノ事ヲ記ルニ足レリトセリ,是以簡省ナリ……」と述べ,文字の国際性を説く.
1798	寛政 10	
		同『西域物語』でも同様.
		『摂津名所図会』.伏見町の疋田という唐高麗物屋を紹介したローマ字書き狂歌を含む.
1799	寛政 11	
		高井蘭山『音訓国字略』.各種文字を紹介しているが,オランダ文字の欄だけは空欄とし「和蘭ノ文字障有テ削之」とある.
		大阪刊の『絵本異国一覧』の表紙にローマ字.
1803	享和 3	
		曼亭鬼武『三国昔噺和漢蘭雑話』にローマ字文.
1806	文化 3	
		橋本稲彦『弁読国意考』.賀茂真淵の国字論を支持.
1810	文化 7	
		藤林普山『蘭学逕』.蘭学者式ローマ字つづり方.
1811	文化 8	
		佐藤信淵『蘭学大道編』成る.国字論に言及.
1815	文化 12	
		洞露斎百喜『芝瓢国一覧』にオランダ式ローマ字の狂歌.
1820	文政 3	
		山片蟠桃『夢廼代』(ゆめのしろ)完成.梵字・ローマ字をも引用して国字論に及ぶ.
		チチング(I. Titsingh)『将軍列伝』(Mémoires et anecdotes sur la dynastie régnante de Djogouns).パリ刊.フランス式特色のあるローマ字つづり.

1823	文政6	
		磯田平庵『五十音研究図』．ローマ字を含む．
		シーボルト(P.F.B. von Siebold)来日．(1829. 追放.)
1824	文政7	
7	6	この日没した小森桃郭(医師・文人)はローマ字の印判を用いた．
1825	文政8	
		『日本小文典』のランドレス(Landresse)によるフランス語訳(Éléments de la grammaire japonaise)がパリで刊行．
1830	文政13	
		メドハースト(W.H.Medhurst)『英和・和英辞書』(An English and Japanese and Japanese and English vocabulary)，バタビヤ刊．ウ woo, oo ク kfoo, kfoe 等のつづり．
1832	天保3	
		『いろは分け紋帖』．ローマ字書きを含む．
		シーボルト『日本』(Nippon)出版開始．ドイツ式ローマ字つづり方の特色．
1833	天保4	
		フィッセル(J.F.van Overmeer Fisscher)『日本風俗備考』，アムステルダム刊．国字論にも及ぶ．(杉田成卿・箕作阮甫らが邦訳.)
1839	天保10	
仲夏		山形市小白川町・天満神社に長沢塾・大木朝栄が「蘭学絵馬」を奉納．百人一首の歌をローマ字で「Harusukite(春過ぎて)…」と記す．
1848	嘉永1	
晩春		『改正増補蠻語箋』(原本は森島中良撰)謙塾から刊．「I ro ha ba pa ni ho...」の表．
1850	嘉永3	
1	-	薩摩藩主島津斉彬，ローマ字で日記を書く．(1850.2. まで.)
1853	嘉永6	
6	3	(ペリー，浦賀に来航.)
1855	安政2	
		大庭雪斎『訳和蘭文語』前編(上中下)．序文に文字論．
1856	安政3	
		『ペリー提督日本遠征記』，刊行始まる．日本の地名等を日本式に近いつづりで表記．例：Syaka, Gi(義), Simada, Sinagawa.
		ロニー(L.P.de Rosny)『日本語研究入門』(Introduction a l'étude de la langue Japonaise), パリ刊．
1857	安政4	
		大庭雪斎『訳和蘭文語』後編(上中下)．

		クルティウス(J.H.Donker Curtius)著・ホフマン補訂『日本文法稿本』(Proeve eener Japansche Spraakkunst).
1859	安政6	
9	23	ヘボン(J.C.Hepburn), 神奈川に来航. アメリカ長老教会宣教医.
この年		『和英商買対話集』(長崎人塩田幸八). ローマ字を含む.
1860	安政7　万延1	
		『商貼外通韻便覧』(東都書林宝善堂).
		自啄斎石橋政方『英語箋』.
1862	文久2	
		ファン・リード(E.M.Van Reed)『和英商話』(日新堂).
1863	文久3	
		ブラウン(S.R.Brown)『英和俗語典』.
1866	慶応2	
12	-	前島密,「漢字御廃止之儀」将軍慶喜に建白書提出(異説あり). 明治以降の国字改良論の先駆.
この年		錦港堂蔵『横文字早学』(横浜弁天通一町目・師岡屋伊兵衛). 奥付に「Kei-Oh-ni-tora no shingcoku」(慶応2寅の新刻)と.
1867	慶応3	
9	-	阿部友之進(為任)『英学セッいろは』(日本橋通十軒店・東京書林). 和とじ左開き・左縦書き. (I RO HA BA PA NI HO BO PO HE BE FE TO DO CHI DSI......の順.)
この年		柳河春三『洋学指針　英学部　全』(大阪・大和屋喜兵衛).
		ヘボン『和英語林集成』(A Japanese and English Dictionary)初版1200部. 5月上海, 長老会宣教プレスで印刷, 横浜刊.
		ウェード(T.F.Wade, 在北京イギリス公使館中国語通訳)『語言自邇集』.
		ホフマン『日本文典』(Japansche Spraakleer), ライデン刊.
1868	慶応4　明治1	
3	-	『和英通韻以呂波便覧』(「倭字　巻菱湖／蟹行字　阿蘭陀人書尚友堂主人校」, 土佐海援隊蔵版). 海援隊長坂本龍馬は前年11月に死去. 海援隊も1869年閏4月に解散.
この年		桂川甫策撰『単語便覧・上』(下巻は1870.刊).
		『和英初学便覧』.
		(1月　鳥羽伏見の戦, 3月　五箇条の御誓文, 9月　明治改元)
1869	明治2	
5	-	南部義籌, 判学事松岡時敏を通じて大学頭山内豊信(容堂)に「脩国語論」を建白. ローマ字採用論の初め.

5	-	前島密,議政機関集議院に「国文教育の儀に付建議」「国文教育施行の方法」「廃漢字私見書」を提出.
この年		品川英輔『和英通韓楷梯』.
		柳河春三,公議所に「布告ノ書ニ仮名文ヲ用ヒ且ツ板行ニス可キ事」を建議.
1870	明治3	
11	-	斉藤建之『横文字いろは』『異人語早学七体いろは』『通商洋字便覧』(一名「頭書洋語七体以呂波」).
この年		橋爪貫一『仏学捷径七ツ以呂波』.
		『横文字 早まなび』(松林堂版).
1871	明治4	
孟春		『独逸学入門』(神田・中外堂).左開き.
晩春		青木輔清『横文字独学』(英学之部 初),忍藩洋学校蔵.左開き左縦書き.ローマ字書きで「五十韻の表」を掲げる.
6	-	橋爪貫一『英字三体名頭字尽』(東京書肆椀屋喜兵衛).
7	18	(文部省新設)
8	-	南部義籌,再び「脩国語論」を文部省に建白.
	-	好間堂松岡啓『英学階梯』(一名「洋学階梯」).
晩夏		三木光斎『蟹字混交漢語詩入都々逸』初編(東京浅草茅町1丁目品川屋朝治版,当世堂刊).弐編は『仏語混交漢語詩入都々逸』.
仲秋		島一徳『童蒙英学初歩』.
11	-	司法権大録天野御民,『新聞雑誌』21号に「カナ採用論」を発表.吉川正雄,かな書き『ちゑのいとぐち』.
この年		渡為常『英語早まなび』,内川勇『和英雑書名頭字尽』(東京保永堂),生産会社編『英和通信』『英独横文字早学』,大墾逸人『日耳曼字十体以呂波』,森田靖之『独逸七以呂波』,板垣栄『独逸九個以呂波』,船亭『支那西洋国字度々逸』など.
		ロニー『日本詩歌集』(Anthologie Japonaise),パリ刊.
1872	明治5	
4	-	南部義籌,文部卿に「文字ヲ改換スルノ議」を建白.
6	29	アメリカの言語学者ホイットニー(W.D.Whitney),簡略英語を日本の国語にしたいとの森有礼の考えに反対し,日本語のローマ字化を勧める書簡を記す.森は翌年これを自著『Education in Japan』で公開.
7	-	前島密「学制御施行ニ先ダチ国字改良相成度卑見内申書」を岩倉右大臣と大木文部卿に建白.

8	3	(学制発布)
この年		宇田甘冥『英語対覧本朝辞源』，開誠舎梓『英語便覧』，雪外逸人『童蒙英学手引草』，青木輔清『英学童子通』，岩崎先生『英語いろは』，球文社版『洋学指南』，石橋政方『改正増補英語箋』(東京方箋閣)，吉田庸徳『訓蒙英学指南』，三木光斎『和洋字混部類』，亜遊居人『英学教授』，松井先生『英字新選東京方角』，吉田屋文三郎板『異人詞入和洋五体以呂波』(東京書林)，欧文舎主人『蟹行文字源平字尽』，吉田先生『横문字早学入門』，茶好同人『三体英字独学』，青木輔清『独逸横文字独学』，山兄堂普水序『西洋国字葉唄』など.
		『WEIKAI GOTAI IROHA(エイカイ五体いろは)』(東京松延堂).
		ヘボン『和英語林集成』再版3000部. 上海で印刷，横浜刊. ローマ字つづり方を修正.
		プフィッツマイエル(A.Pfizmaier)『万葉集抄』(Gedichte aus der Sammlung der zehntausend Blätter)，ウィーン刊.
1873	明治6	
1	-	イギリス人サマーズ(J.Summers)，ロンドンで日本語の『Tai Sei Shimbun』(大西新聞)を創刊．ローマ文字も見える．つづり方は日本語に近い．
	-	加藤祐一『五十韻の原由(わけ)』上下(大阪・柳原喜兵衛版)．上巻は各ページに「之新志／Si si si」のように大きな文字を並べ，下巻では主に五十韻と動詞の活用を説く．
	-	『官許四十八字(いろは)新聞誌』創刊．第5号(4月)まで．
2	-	前島密，日刊『まいにち　ひらがな　しんぶんし』創刊．(1874.5.まで.)
		鳥山啓，ひらがな書き「だいいちよみほん」「だいによみほん」刊．
3	-	黒川真頼『横文字百人一首』(Yokomozi Hyakunin Issyu)(東京浅草広小路・浅倉久兵衛＝文淵堂)．かなづかい式ローマ字つづり方．
	夏	東園隆『童蒙必見和漢以呂波帖』(宝山堂)．いろは各文字に漢字2字の楷行両書，カタカナ，ローマ字大小文字の活字筆記両体，ひらがな，日文(神代文字)を示す．
9	-	上嶋勝蔵『横文字独稽古』(大阪心斎橋通安堂寺町北へ入・冨士政七板)．
11	-	福沢諭吉『第一文字之教』．漢字制限論の初め．
この年		内川勇訳『和英名頭字尽』(保永堂)．
		馬場辰猪『日本語初等文典』(An Elementary Grammar of the Japanese Language with Easy Progressive Exercises)，ロンドン・ニューヨーク刊．日本人によって英語で書かれた最初の日本語口語文法書．ローマ字つづり方は大体日本式．森有礼の英語採用論に反対の序文付き．(1888.増補版.)
		阿佐野蔵版『童蒙英語初学』，時習軒主人『横文字雑書一覧』，『世界字尽五体以呂波』(横文字世界字尽)，『英字以呂波三体之部』など．

1874		明治7
1	-	鳥山啓『きうり　いちろく』.
3	-	西周「洋字ヲ以テ国語ヲ書スルノ論」(『明六雑誌』).
	-	橘慎一郎『師範学校小学教科書』の中に「ローマ字五十音図」.
4	-	清水卯三郎『ものわり　の　はしご』. かな書き化学書.
5	-	同「平仮名の説」(『明六雑誌』).
9	-	広島師範学校校長・久保田譲, 下等小学第六級(現在の小学校1年)からローマ字を教えよと文部省に建議. 広島師範附属小学に限り教えてよいとの許可を得て実行.
この年		文部省, ローマ字を以て日本語を書く一定の方法を定めることとなりその起案を南部義籌に命じたが, のち中止. 南部は『横文字綴日本文典初学』(Nippon Bunten Uhimanabi)を出版.
1875		明治8
6	-	黒川真頼「言語文字改革ノ説ノ弁」(『洋々社談』2号). 森有礼の英語採用説に反対.
1876		明治9
6	-	文部省, ローマ字音図7枚を発行. 羅馬小字図・羅馬頭字図・書写小字図・書写頭字図・西字成音図第1号・第2号・西字濁音並次清音図(つづりかたは日本式とほとんど同じ).
10	2	大川錠吉『七体以呂波・名頭尽・日本国尽』(聚英学堂).
この年		渋江保『小学入門授業法』(一貫社). 50音図にローマ字.
1878		明治11
初春		青木輔清『雅俗節用集』の見出しにローマ字.
11	16	ユーイング(J.A.Ewing)東京大学教授, ローマ字書き日本語を逆読みしてフォノグラフに記録し, それを逆まわしして本当のことばを出させる実験.
	-	サトウ(E.M.Satow)「日本語のローマ字綴り方」(On the transliteration of the Japanese syllabary)(『日本亜細亜協会報』). シ shi, ジ zhi, ス su, ズ zu. チ chi, ヂ ji, ツ tsz, ヅ dzu.
1879		明治12
10	-	南部義籌「以羅馬字写国語, 並盛正則漢学論」(『洋々社談』59, 60号). カナとローマ字を比較し, ローマ字のすぐれた点を主張.
1880		明治13
この年		エドキンズ(J.Edkins)「ローマ字のチ・ツについて」(On the Japanese letter "chi" and "tsz")(『日本亜細亜協会報』)で ti, tu を採用すべきと主張. サトウ「Reply to Dr. Edkins on "chi" and "tsu"」で反論.
1881		明治14
3	-	馬場信一『五体名頭』(名古屋九星閣).

この年		イビー(C.S.Eby)「日本語ローマ字書きについて」(On writing Japanese in Roman letters)(『Chrysanthemum』誌). エドキンスに反対.
1882	**明治15**	
4	-	矢田部良吉「ローマ字ヲ以テ日本語ヲ綴ルノ説」(『東洋学芸雑誌』7～8号). (1882.5. まで.)
7	8	イビー「羅馬字ヲ以テ日本語ヲ綴ルノ説」(『六合雑誌』第3巻25号).
1883	**明治16**	
7	1	かなのくわい設立. カナ論諸団体の大同団結. 雪月花の3部に分かれ, 各部で雑誌発行.
	18	かなのくわい,「おほよりあい」開催. 会長・有栖川威仁, 副会長・吉原重俊・肥田浜五郎を決定.
1884	**明治17**	
6	-	外山正一「漢字を廃し英語を盛に興すは今日の急務なり」(『東洋学芸雑誌』33号). ローマ字に賛成だがしばらくカナ説に従うと述べる.
7	-	外山正一「羅馬字ヲ主張スル者ニ告グ」(『東洋学芸雑誌』34号). ローマ字論者の団結を訴える.
11	-	金子平吉『英和五体以呂波名頭字尽』(探古堂).
	-	西村貞検・大槻文彦訂, 日下部三之助編『小学読本』(金港堂). 首巻末尾に羅馬字図.
12	2	羅馬字会の発起人会に有志70人余が参集. 創立委員・外山正一・矢田部良吉・山川健次郎・北尾次郎・寺尾壽・松井直吉・隈本有尚.
	-	外山正一「羅馬字会を起すの趣意」(『東洋学芸雑誌』39号).
1885	**明治18**	
1	17	羅馬字会の創立会兼第1回例会. 会則決定, 事務委員15人を選挙.
	29	羅馬字会, 40人の書方取調委員会を設置.
2	3	羅馬字会書方取調委員会, 外山正一を委員長, 寺尾壽を副委員長とし, 原案起草委員6人を選挙.
	19	『羅馬字会書キ方原案起草委員報告書』.
3	27	羅馬字会書方取調委員会, 原案を可決(羅馬字会式). 修正ヘボン式を採用.
4	-	羅馬字会の事務所を東京市神田区中猿楽町14番地に置く.
5	-	島田純一『羅馬字書方ノ意見』.「五十音毎行ノ子音ヲ各一字ト為ス事例ヘハタ行ニハTノミヲ用ヒサ行ニハSノミヲ用フルノ類／清濁ノ関係ヲ一定ナラシムル事例ヘハSノ濁音ニハ必ズZヲ用ヒTニハDヲ用フルノ類」. ヘボン式反対論の第1弾.「Kara Monogatari no Nukigaki」を併載.

6	10	『RŌMAJI ZASSHI』創刊.（1892.12.10の第91号まで.）創刊号に当時の会員が2904人とある（最盛時の1887年末には1万人以上という）.
	18	矢田部良吉『羅馬字早学び』（羅馬字会）.
8	-	田中館愛橘「本会雑誌ヲ羅馬字ニテ発兌スルノ発議及ヒ羅馬字用法意見」（『理学協会雑誌』第16巻）
9	-	田中館愛橘「発音考」（『理学協会雑誌』第17巻）.
11	-	羅馬字会書方取調委員会，チェンバレン・外山正一・山川健次郎・神田乃武・矢田部良吉を外国語の書方取調委員に選ぶ.
12	10	田中館愛橘・島田純ら13人，羅馬字会書方取調委員会の定めたつづり方に反対し，総会に対案を提出.
1886	明治19	
1	23	羅馬字会総会，書方取調委員会決定のつづり方を審議．田中館愛橘らから出された対案には賛成者も多かったが結局否決.
	-	田口卯吉『日本開化の性質』（大阪・青木崇山堂）．「附言」に'ローマ字の書き方'.
3	16	下田歌子編『国文小学読本』．1の巻上の末尾にローマ字付き五十音表．奥付の検印にTÔKEI★JAPONとある.
	29	塩谷与右衛門『童子早学』，越中国高岡で出版.
	-	田中館愛橘「Rômazi Motiikata Kairyôan no Setumei」（『有無雑誌』1号）.
	-	矢野文雄『日本文体文字新論』（報知社）.
4	13	伊東留吉『頭書単語図解，欧文綴七ツ以呂波』.
	20	仁科静太郎『英語入十五以呂波　附名頭尽』（浅草の大川錠吉）.
5	10	田中館愛橘ら『Rōmazi Sinsi』創刊（羅馬字新誌事務所）．（1888.3.20.の第18号まで.）
6	-	加藤繁生『RŌMAJI no HASHIGO』.
9	-	帝国大学文科大学に博言学科を設置．教授チェンバレン（B. H. Chamberlain）．（1900．言語学科と改称.）
11	-	末松謙澄『日本文章論』（東京文学社）．仮名論・ローマ字論にも言及.
12	15	田中義重・三浦伊三郎ら，茨城県谷田部町に羅馬字研究会を設立.
この年		ヘボン『改正増補和英英和語林集成』第3版．横浜で印刷，東京刊（丸善商社）．奥付に「明治19年5月27日版権免許／同年10月出版」と．羅馬字会式のつづり方を採用.
1887	明治20	
3	-	W. ブッシュ著・渋谷新次郎訳『WAMPAKU MONOGATARI』第1巻（羅馬字会＝東京市神田区北神保町15）.

この年		米山栄吉『開化七体いろは』.
1888	**明治 21**	
3	-	書方改良会, 左横書きを主張する機関誌『国民必読』創刊. (10号までか.)
12	14	言語取調所, 黒田太久馬の主唱で創立.
	-	W. ブッシュ著・小柳津要人訳『WAMPAKU MONOGATARI』第2巻(羅馬字会). (1978.3. ほるぷ出版が両巻を復刻.)
1889	**明治 22**	
3	-	文部省, 小学校用ローマ字掛図出版.
6	-	John Batchelor『An Ainu-English-Japanese Dictionary』(蝦和英三対辞書) 初版(北海道庁).
10	31	近藤太十郎『京都区組明細図』KIOTOKU-KUMIMESAIZ に, TENRIUJI, NISON-IN, SHAKADÔ など.
1890	**明治 23**	
8	11	小宮山容安『万国いろは習字本』. ローマ字でいろはの筆記体.
11	1	石川倉次の6点式日本語点字, 正式に採用. 子音要素と母音要素の組み合わせ.
1892	**明治 25**	
6	18	大島正健『字音仮名遣便法』(敬業社). 発音をローマ字で示す.
この年		フランス人カロン(P. Caron)『BENKYÔKA NO TOMO ("Vade-Mecum" de L'Étudiant)』, 香港刊.
1894	**明治 27**	
3	-	朝日奈知泉「日本今後の文字と文章」(『大日本』). ローマ字国字説.
7	-	井上哲次郎・加藤弘之・嘉納治五郎・上田万年・矢田部良吉ら, 国字改良会設立.
10	24	南部義籌『TOSA NO NIKI(横文字綴土佐日記)』(東洋新学社 = TOUYAU SYINGAKUSYA). 日本式に近いつづり方. 扉裏のローマ字表はC, J, Vなどを除く19字のみ.
この年		(日清戦争. ~ 1895)
1899	**明治 32**	
10	-	帝国教育会が国字改良会を合併して国字改良部を設置. 仮名字調査部・羅馬字調査部・新字調査部・漢字節減調査部, 編集委員に分ける.
1900	**明治 33**	
1	-	帝国教育会国字改良部, 国語国字に関する改良意見(変体仮名の廃止, 表音式仮名遣いの採用等)を『教育公報』に発表.
	-	原敬「漢字減少論」(『大阪毎日新聞』)(1900.2. まで.)
3	8	外山正一没(61歳).

4	2	文部省,国語調査の方針を決める準備調査のため上田万年・那河通世・大槻文彦・三宅雄二郎・徳富猪一郎・湯本武比古・朝日奈知泉を国語調査委員に任命.委員長・前島密.(4.16. 第1回会合.)
10	3	五葉舎万寿『語学字体独習』.
11	5	文部省,上田万年,神田乃武らに調査を委嘱した「羅馬字書方調査報告」を官報に発表.反対論盛んなため実施不可能.つづり方は修正ヘボン式と日本式との妥協案で前者に近い.
12	-	帝国教育会国字改良部の羅馬字書方取調委員会,羅馬字会式を多数説,文部省式を少数説と総会に報告.総会は特別委員に再審査させ,日本式に近い結論を得る.
1901	明治34	
2	1	帝国教育会国字改良部総会にローマ字つづり方の特別委員案提出.小差で文部省案に従うことを可決.
9	3	中江兆民『一年有半』.「文字の戦国時代」でローマ字国字論.
1902	明治35	
3	24	国語調査委員会を設置.(4.11. 委員長加藤弘之ら任命.4.24. 第1回委員会.)
7	22	堀江秀雄編『国語改良論纂』(金港堂書籍).
8	9	黒沢貞次郎,アメリカのエリオット・ハッチ社でカナ文字タイプライターを製作し,日本で発売.
10	20	小西信八「にほんがなのたいぷらいたあ」(『茗溪会雑誌』第200号).
この年		魯迅,日本に留学.1909年まで滞日.
1903	明治36	
5	5	第4回全国連合教育会,文部大臣のローマ字を高等小学校に課すことの可否についての諮問に,所によって教えるを可とすべきと答申.(大阪市で5.6. まで.)
6	15	綾部乙松『新体七ツいろは』(東京山口書店).
11	15	青木武助『文字のはなし』(東京・弘文館吉川半七).
	30	正木直彦ら,高等小学校でローマ字を教えることができるようにすることを第8回高等教育会議に建議したが否決.
この年		呉玉章,日本に留学.
1904	明治37	
3	-	ローマ字書き新約聖書『Shin Yaku Zensho』.
11	-	国語調査委員会『仮名字羅馬字優劣論比較一覧』.
この年		(日露戦争.~1905)
1905	明治38	
3	20	久保田文部大臣,「文法上許容スベキ事項,国語仮名遣改定案,字音仮名遣改定案」を高等教育会議・国語調査委員会・帝国教育会及び師範学校に諮問.

6	-	動物愛護会(於：学士会)の席上，向軍治が新公論社社長桜井義肇に『新公論』誌上にローマ字欄新設を勧める．桜井は独立したローマ字雑誌の創刊を計画．
10	15	『RÔMAJI』創刊．新公論社(東京市本郷区東片町111番地)刊．発行兼編集人・清山安立．田丸卓郎も第4号に「Nipponsiki Rômazi」，第8号に「Tiu ya Kô to iu Kotoba」などを執筆．(1912.1.からローマ字ひろめ会(住所同じ)刊．)
12	7	ローマ字ひろめ会設立．機関誌『Rômaji』．ローマ字論者の大同団結．つづり方は各人各様．
	25	田丸卓郎，東京帝国大学理科大学物理学教室のニュートン祭での講演でローマ字論を発表．それまで田中館式・田丸式と呼ばれていたつづり方を「日本式ローマ字」と命名．
1906	明治39	
2	25	田丸卓郎「日本式羅馬字」(『東洋学芸雑誌』第23巻293号)．ニュートン祭での講演をまとめたもの．
3	3	ローマ字ひろめ会，第1回ローマ字大講演会(神田青年会館)．
	7	藤岡勝二『RÔMAZI TEBIKI』(新公論社)．(1915.9.25.までに5版．)
	18	丸山通一『羅馬字のすすめ』(新公論社)．
6	4	田丸卓郎「日本式羅馬字」(『読売新聞』．6.24.まで8回連載．)
8	-	『明星』にYÔ-BA(茅野蕭々，ヘボン式)，MICHI-ZURE(北原白秋，ヘボン式)，GÛTARA(与謝野寛，日本・ヘボン式)のローマ字詩掲載．12月にも．
9	-	『明星』にWAKAREM(平野万里，日本式)のローマ字詩，TANKA(秋庭俊彦，日本式)のローマ字歌など掲載．
10	28	ローマ字ひろめ会，第2回ローマ字大講演会(神田一橋・高等商業学校)．講演後総会．小学校でのローマ字採用につき文部大臣へ建議を可決．(11.1.建議．)
11	24	田丸卓郎『RÔMAZIBUN no KAKIKATA, TUKETARI Nipponsiki-Rômazi no Ron』(三省堂)．TUKETARIは6月の『読売新聞』連載の訂正版．
12	6	帝国教育会，藤岡勝二を講師にローマ字講習会を開催．(12.9.まで．)
この年		朱文熊，中国で初めてローマ字を表音字母として採用し，「江蘇新字母」を考案．
1907	明治40	
1	18	ローマ字ひろめ会，第1回綴方研究会開く．委員・藤岡勝二・後藤牧太・平井金三・樋口勘次郎・神田乃武・向軍治・丸山通一・高楠順次郎・田中館愛橘・田丸卓郎・友田鎮三・上田万年・山口鋭之助．委員長・上田．
	21	西園寺公望首相，ローマ字ひろめ会会頭に就任．
	23	第23回帝国議会で，根本正・松本君平提出の「ローマ字ヲ日本ニ於ケル一般小学校生徒ニ課スル」件が小学校必修制のかたちで衆議院可決．
3	-	上野公園で開催の東京博覧会を機会に，東京市長尾崎行雄はローマ字と漢字で記した町名札を市中の辻々に掲げた．ローマ字ひろめ会の建議による．

5	4	津市で開催の全国連合教育会は小学校の国語科にローマ字を加えることを大多数で可決，文部省に建議．(5.6.まで．)
6	6	ローマ字ひろめ会，小学校にローマ字を課するよう再び文部大臣に建議．
8	6	ローマ字ひろめ会編『国字問題論集』(三省堂書店)．沢柳政太郎・巌谷季雄・大隈重信・田丸卓郎などの論考を所収．
	20	桜井知『羅馬字の反対論を破る』(新公論社)．(1930.3.25. 帝国ローマ字クラブが「われらの主張」第1の10版の一部として刊．)
12	5	群馬県富岡中学校教諭・塚田節・中尾喜市『Rômazi-tuduri KOKUGO-TOKUHON』(金港堂)．
1908	明治41	
5	22	ローマ字ひろめ会評議員会，綴方研究会の仕事を無視し，修正ヘボン式を会の正式なつづり方と決定．
	23	臨時仮名遣調査委員会官制公布．(5.25. 委員長・菊池大麓，委員・曽我祐準以下24名を任命．5.29. 第1回委員会．)
9	5	文部大臣，臨時仮名遣調査委員会に対する諮問案を撤回．(12.12. 委員会廃止．)
10	-	『Rōmaji』付録として田丸卓郎編『Nipponsiki-Rômazi』を創刊．(1910.3. まで．)
1909	明治42	
3	17	石原万岳(いしはら・ばんがく)『家族のたのしみ 諺の巻 一名ローマ字はやわかり』(冨山房)．
	18	根本正・田川大吉郎提出の「ローマ字普及に関する建議案」が衆議院で可決．
	25	ローマ字ひろめ会，「ローマ字を小学校生徒に課するの事」の建議書を小松原英太郎文部大臣に提出．
4	3	石川啄木，ローマ字で日記を書く．(6.16. まで．) つづり方は日本・ヘボン両式混在．4.13. からヘボン式が主流となる．(→ 1911.10.28.)
7	10	田中館愛橘・芳賀矢一・田丸卓郎，「日本のローマ字社」を設立(当初は「日本のろーま字社」)．日本式つづり方による図書出版を目的．東京市本郷区駒込曙町11，田丸卓郎邸を事務所とする．
10	15	中川都涯『九ついろは』(日進社)．
12	15	田中館愛橘・芳賀矢一・田丸卓郎『ろーま字ひとりげいこ』(日本のローマ字社)．「Nippon no Rômazi」1の巻．同社初の出版．のち児童用の『ローマ字読み方』(1913年)と青年大人用の『ローマ字独げいこ』(1914年)に分ける．(前者は1943.7.15. までに33版14万7000部，後者は1941.8.15. までに19版，推計3万部．)
1910	明治43	
3	1	土岐哀果(善麿)のローマ字書き短歌が雑誌『創作』(東雲堂)に掲載．

4	-	土岐哀果『Nakiwarai』(ローマ字ひろめ会). ローマ字書き歌集. 啄木の短歌3行書きに影響を与える. (1971.5.10. 日本近代文学館名著復刻全集に収録.)
6	5	『Rômazi Sinbun』創刊(ローマ字ひろめ会). 日本式つづり方, 月2回刊. (1911.6.20. の第26号まで.)
7	-	保科孝一, 国語国字問題調査のため文部省から欧州に留学を命じられる. (1913.12. 帰国.)
8	-	Terui-Ryôjirô「Rômaji bakari de osieru Nihon-jin no shôgakkô」(『Rômaji』V-11).
10	9	田丸卓郎「国語上の問題とローマ字」(『読売新聞』記念号). (10.10. まで.)
11	2	田丸陸郎(ろくろう, 卓郎の弟), 東京小石川区明化小学校4, 5年生にローマ字講習. (12.21. まで.)
	15	芳賀矢一・田丸卓郎・田中館愛橘『Kotowazadukusi』(日本のローマ字社). 「Nippon no Rômazi」2の巻. (1925.2.25. までに4版.)
	-	『SHIN=YAKU SEISHO』(横浜福音印刷合資会社). ローマ字書き新約聖書.
	-	田丸陸郎, 東京女子高等師範学校附属小学校の第2部と第3部の5年生36名と6年生2名にローマ字講習.
この頃		メキシコ日本人移民の暁小学校では日本式ローマ字で国語読本を教え, 1年間で日本の小学校の3年分を教授.
1911	**明治44**	
3	1	田丸卓郎「小学校の教課とローマ字」, 田丸陸郎「ろーま字教授の実験」(『帝国教育』344号).
	25	土岐善麿作詞・多梅稚(おおの・うめわか)作曲『Urasima, Saru to Kurage, Usagi to Wani』(日本のローマ字社). 唱歌集. 楽譜入り. 巌谷小波が「はしがき」.
4	-	北海道の小学校教員・鳴海要吉, ローマ字を教えたこと等で社会主義者とされ, 3か月の停職.
5	-	田丸陸郎, 京橋区泰明小学校5, 6年生にローマ字講習.
7	-	『Rômazi Sinbun』を『Rômazi Sekai』と改題, 月刊雑誌として出発. 発行兼編集人・田丸陸郎, 発行所・駒込東片町111番地ローマ字ひろめ会.
9	21	J.C. ヘボン没(96歳). 同日早朝, 東京・明治学院のヘボン館全焼.
10	28	石川啄木, 再びローマ字日記を残す. (10.31. まで.) つづり方はほぼ完全な日本式. (← 1909.4.3)
	-	田丸陸郎, 京橋小学校5, 6年生にローマ字講習.
この年		F. de Saussure『Cours de Linguistique Générale』. (1928.1.15. 小林英夫訳『言語学原論』, 1972.12.12. 同『一般言語学講義』.)
1912	**明治45 大正1**	
4	-	ローマ字ひろめ会, 日本式つづり方賛成者と絶縁. 田中館愛橘・田丸卓郎は退会.

5	3	帝国教育会主催の全国小学校教育会議,「土地の状況により尋常小学校でローマ字を読みうる程度に教えることを利益と認める」と決議.(5.5.まで.)
6	-	『Rômazi Sekai』, 第1巻12号から日本のローマ字社刊となる.
		田丸陸郎,京橋小学校の5年生にローマ字講習.(夏休みには明化小学校の5,6年生にも.)
8	25	『東亜研究』第2巻8号,金子堅太郎ら27人の「ローマ字反対論」を特集.
12	-	田丸卓郎『Sindô(振動)』(日本のローマ字社).「Rigaku」1の巻.
1913	大正2	
1	11	寺田寅彦『Umi no Buturigaku』(日本のローマ字社).「Rigaku」2の巻.
7	-	池野成一郎『Zikken-Idengaku』(日本のローマ字社).「Rigaku」3の巻.
	-	中央気象台,部内のローマ字つづり方を日本式に統一.
8	21	中村不折『七體いろは』(東京市本郷区向ヶ岡弥生町2番地・光華堂).
9	17	田中館愛橘・芳賀矢一・田丸卓郎『ローマ字読み方』(日本のローマ字社).
12	18	土岐善麿「日本とローマ字」(『読売新聞』).向軍治とつづり方論争を生じ,田丸卓郎も参加.
	-	桜根孝之進『Hifubyôgaku』.
この年		日本のローマ字社米国支社,ロサンゼルス市ジョージア街に設立.主任・境沢英雄.大正年間に『Kodomo no Sinbun』などを刊行.
		読音統一会,「注音字母」を議決.
1914	大正3	
5	5	川副佳一郎『KONJAKU MONOGATARI(今昔物語)』(ローマ字ひろめ会).
7	3	田丸陸郎没.清林寺(東京都文京区向ヶ丘2)に葬る.墓碑はローマ字書き.日本のローマ字社事務扱役は土岐善麿が後継.
9	14	東京ローマ字会,土岐善麿を中心に設立.日本式ローマ字の実行団体.
10	15	国語調査委員会の成瀬仁蔵・高田早苗が加藤弘之・鎌田栄吉.三土忠造委員らの賛成を得て,口語文体とローマ字を採用するよう文部大臣に建議.
	18	田丸卓郎『ローマ字国字論』(日本のローマ字社).(1930.6.15.改訂第3版から岩波書店刊.1980.10.15.までに7刷.)
12	12	鳴海要吉『TUTI NI KAERE(土に帰れ)』(日本のローマ字社).ローマ字歌集.「Akebono Bunko」1の巻.(1925.9.20.「日本字版」(恵風館),1979.1.25.再刊(津軽書房).)
	-	桜根孝之進提出の小学校でローマ字を教えることの請願,第35回衆議院請願委員会で採択.
この年		大阪中央電信局,欧文着信用として欧文タイプライターの使用を始める.
		(第1次世界大戦.〜1918.)

1915		大正4
1	-	『ローマ字百人一首かるた』（ローマ字ひろめ会）.
2	20	川副佳一郎『Chintao no Ikusa ni kuwawatte（青島の戦に加わって）』（ローマ字ひろめ会）.
4	21	上田万年『ローマ字で引く国語辞典』（冨山房）．（1918.3.30までに25版.）
5	1	ローマ字ひろめ会，『KATEI NO RÔMAJI』創刊.
	5	日本のローマ字社，財団法人認可（文部省）．理事・田中館愛橘・大河内正敏・芳賀矢一・田丸卓郎（事務指図役），事務扱役・土岐善麿．基本金3054円.
	-	鳴海要吉『Akatuki』創刊．短歌誌.
7	12	今村明恒『東京弁』（日本のローマ字社）．漢字かな交じり・ローマ字対訳.
1916		大正5
1	-	寺田寅彦，タイプライターを詠んだ歌を『Rômazi Sekai』に発表.
3	17	大阪市教育会主催のローマ字講習会開催．講師・桜根孝之進・田丸卓郎．小学校の校長・教員300名参加．（3.20.まで.）
4	25	鳴海要吉『Usio no Oto』（東京堂）．ローマ字詩文集．（1985.11.5.川崎むつを編訳で漢字かな対訳版（青森・こころざし出版社）.）
5	1	習字研究会（山口亀吉）『英和大正七ツイロハ』（千松堂）.
	27	『Seiyô Rekisibanasi』（日本のローマ字社）．「Nippon no Rômazi」5の巻.
7	5	日下部重太郎『ローマ字文自在』（東京宝文館）.
	-	南部義籌『Abezyibumi no Itoguti』．古典式つづり方.
8	24	日本のローマ字社編『An Outline of the Grammar of Colloquial Japanese』（同社）.
9	-	桜根孝之進『Kwaryûbyôgaku（花柳病学）』．ヘボン式.
10	24	早稲田大学ローマ字会発会式．実際には平岡伴一らが2月から活動していた.
		左近義弼，『文明評論』に「最新式」と唱える独特のローマ字つづり方を発表.
この年		黒沢貞次郎，電信用のカタカナタイプライターを考案．（翌年大阪電信局で使用開始.）
1917		大正6
3	23	土岐哀果『HYAKUNIN ISSYU』（日本のローマ字社）．「Akebono Bunko」2の巻.
4	5	鳴海要吉『Rômazi Sintokuhon（ローマ字新読本）』（岡村書店）．（1924.4.20.までに16版.）
	27	「東海道駅伝徒歩競走」，読売新聞社社会部長・土岐善麿が企画，同社主催で京都・三条大橋から東京・上野不忍池までの区間で実施．駅伝の初め．（4.29.まで.）
6	3	島崎藤村著・鳴海うらはる編訳『Tôson Sisyû』（研究社）.

6	-	左近義弼『国字としてのローマ字』．左近式ローマ字を提唱．内村鑑三の序文に「日本語はローマ字を以て書かれざるべからず，若し然らずば日本語は終に亡んで了ふであらう」とある．
9	-	陸軍陸地測量部は地図のローマ字を日本式つづり方に統一．
10	-	鳴海要吉，『AKATUKI』を『Akatki Bungak』と改題．有機式ローマ字を主張(u母音抜きの表記)．
この年		楠島文兵衛『ローマ字てほどき』(日本のローマ字社)．「Hinomaru Bunko」1の巻．
		井上哲次郎・服部宇之吉・新渡戸稲造・大沢岳太郎・横井時敬・草野俊助・江木衷・佐伯勝太郎編『ABCびき日本語辞典』(三省堂)．
1918	大正7	
1	1	『ローマ字少年』創刊(日本のローマ字社)．少年少女向けローマ字月刊誌．編集主任・葛原しげる．(1918.10.の第10号まで.)
	-	田丸卓郎考案の「Rômazigoma MATU-TAKE-UME」発売(日本のローマ字社)．
2	6	田丸卓郎，「我々のローマ字運動の趣意」の講演(丸善夜学会教室)．パンフレット『名士講演(其50)』もあり．
7	23	北原白秋『OMOHIDE』(阿蘭陀書房)．Kitahara haksiw tyo など，歴史的かなづかいによる『思ひ出』の有機式ローマ字訳．
8	2	『大阪毎日新聞』に「仁丹」がローマ字の広告．
11	23	注音字母公布．
1919	大正8	
3	15	土岐善麿『Otogiuta(お伽唄)』(日本のローマ字社)．「Hinomaru Bunko」2の巻．
7	8	『ローマ字のすすめ』(日本のローマ字社)．
	28	稲留正吉『漢字に代はる新日本の文字と其の綴字法　附日本のローマ字と其の綴字法』上巻(文字の革命社)．
9	5	『Yomigaeri』創刊(神戸・Yomigaeri no Ie)．桜沢如一(Nyoiti. Yukikazu とも)主宰のローマ字書き文芸雑誌．(1924.5.まで.)
	25	川副桜喬(佳一郎)『RÔMAJI DOKUSHÛ』(岡村盛花堂)．
10	15	内藤豊一訳『Grimm Otogibanasi』(日本のローマ字社)．「Hinomaru Bunko」4，5の巻．
12	25	川副佳一郎『ROBINSON MONOGATARI』(ローマ字ひろめ会)．
この年		芝野六助『Kamiyo no Hanasi(神代の話)』(日本のローマ字社)．「Hinomaru Bunko」3の巻．
		藤岡勝二『ローマ字びき実用国語辞典』(三省堂)．
		『Taisyô 8-nendo no Rômazi Kaityû-nikki』(日本のローマ字社)．

4	21	国語統一籌備会(準備会)設置.
5	4	五・四運動.
1920	大正9	
1	27	田中館愛橘『Korekarano Hikôki』. 全文ローマ字のパンフレット.
2	28	日本式ローマ字の研究と普及を目的とした台湾ローマ字会(T. R. K.)設立.
3	6	東京帝大ローマ字会，田丸先生謝恩会を開催(山上御殿).「Rômazi no Uta」(田中館愛橘作詞，緒方準一作曲)の初披露など.
	18	桜沢如一訳『NAYAMI NO HANA』(神戸堂本店). ローマ字書きボードレール詩集.
4	10	後藤静香『Rômaji-Kenkyû』(希望社出版部).
	-	山下芳太郎『国字改良論』. 左横書き，カタカナ専用論.
5	25	三浦圭三『面白いローマ字のお伽噺』(大阪市北久宝寺町・岡田菊二郎).
9	10	近藤光治『ローマ字早学び』6葉(ローマ字ひろめ会).
11	1	山下芳太郎ら，仮名文字協会設立. カナモジカイの前身.
	11	大審院，ローマ字投票を有効と判決. この年春の衆院選に際し，北海道旭川区で投じられたローマ字表記の1票をめぐる裁判.「毫も選挙の自由公平其他選挙法の精神に乖離する所なし」と.
	15	田丸卓郎『ローマ字文の研究』(日本のローマ字社). (1981.9.22.までに9版(ローマ字教育会版を含む).)
	-	日本のローマ字社編『Pocket Handbook of Colloquial Japanese(現代日本語手引)』(同社). (1943.10.1.までに4版1万3000部.)
この年		田中館愛橘『Japanese Writing and the Rômazi Movement』(ロンドン，The Eastern Press). [Reprinted from "Transactions of Japan Society"]
		教育部『国語辞典』.
1921	大正10	
1	-	日本ローマ字会(N.R.K.)設立. 東京ローマ字会を改組. 会長・田中館愛橘，副会長・田丸卓郎. 機関誌『Rômazi Sekai』.
	-	台湾ローマ字会，機関誌『Taiwan Rômazi』創刊.
2	4	早稲田大学高等学院ローマ字会設立. 田中館愛橘・円地与四松の講演会.
3	15	財団法人帝国ローマ字クラブ，大阪で設立. 桜根孝之進主宰のヘボン式運動団体. (1950.6.24. 解散.)
4	15	滝川正木『新編大正七ツいろは』(古今書院).
5	10	円地与四松『何故日本式ローマ字を国字とせねばならぬか』(東京自彊館).
6	15	高島直一『ローマ字教授法の研究』(交友堂).

6	24	臨時国語調査会官制公布．漢字・仮名づかい・文体の調査を目的．（6.25. 会長・森林太郎，委員・上田万年以下34名を任命．7.7. 第1回総会．）
7	28	土岐善麿編『ROOMAZIGAKI TANPEN-SYOOSETUSYUU（ローマ字短篇小説集）』（新潮社）．
8	10	鈴木信太郎『ローマ字のおしえ』（大阪・岡本増進堂）．
9	-	桜沢如一訳『Kurisumasu no Kaimono』（Yomigaeri no Ie）．
11	15	桜沢如一『ARARAGI no HANA』（Yomigaeri no Ie）．
この年		田中館愛橘・田丸卓郎ら考案のローマ字日本語用タイプライター「Nipponsiki-Corona」初の20台，アメリカから届く．発売と同時に売り切れ．1台125円．
		中国共産党成立．
		瞿秋白ソビエトに入る．
1922	大正11	
2	15	ホイットマン著・土岐善麿訳『Miti no Uta』「Rômazi Tezuri-bunko」1の巻．
	20	仮名文字協会，機関誌『カナ　ノ　ヒカリ』創刊．
3	18	横浜市の小学校で4月からローマ字を教えるため，市教育会主催のローマ字講習会開催．講師，田中館愛橘・田丸卓郎・土岐善麿．
	-	松本君平ら7人，「広クローマ字ヲ行渡ラセルコトニ就テノ建議案」を衆議院に提出．
	-	田丸卓郎『小学校とローマ字問題』（日本のローマ字社）．
5	-	田丸卓郎「時勢の推移を論じて国語の先生方に日本式ローマ字の研究を勧める」（『国語教育』第7巻5号）．神保格と論争を生ずる．
6	-	桜沢如一訳『TE NO SUDI』（Yomigaeri no Ie）．
7	8	海軍水路部，海図のローマ字を日本式つづり方に改定．
	9	臨時国語調査会会長・森林太郎没（60歳）．（8.27. 後任に上田万年を任命．）
	13	田中館愛橘・田丸卓郎，『印刷電信機ニ日本式ローマ字ヲ使フコトノ建議』を逓信大臣前田利定に提出．（8.1.『『印刷電信機ニ日本式ローマ字ヲ使フコトノ建議』に関する知らせ』のパンフレット刊．）
8	25	川副佳一郎『日本ローマ字史』（岡村書店）．
9	23	第八高等学校ローマ字会発会式．田中館愛橘と土岐善麿の記念講演会（名古屋市・愛知県会議事堂）．
10	18	ツルゲーネフ著・土岐善麿訳『Unmei』（日本のローマ字社）．「Rômazi Tezuri-bunko」2の巻．
	21	日本ローマ字会第2回総寄合（東京神田・明治会館）．文部省英語教授顧問H.E. パーマーが「何故に私は日本式ローマ字を賛成するに到ったか」の講演．

10	-	田丸卓郎「"Nipponsiki-Corona" no Hairetu ni tuite」(『Rômazi Sekai』第 12 巻 10 号).
11	11	北海道帝国大学ローマ字会設立.
12	5	夏目漱石『BOTTYAN(ローマ字坊ちやん)』(岩波書店).
	25	H. E. パーマー『Why I became converted to the Japanese System of Romanization』(日本のローマ字社).
	28	川久保浩『ISOPPU MONOGATARI』(日本のローマ字社).
1923	大正 12	
1	1	メーテルリンク著・世良琢磨訳『Utigawa』(日本のローマ字社).
2	-	桜根孝之進,962 人の賛成を得て「小学校教課の中にローマ字を入れる事」の建議案を貴衆両院へ提出.
3	15	田丸卓郎『ローマ字模範読本』2 の巻(日本のローマ字社). (1939.9.25 までに 6 版 1 万 2830 部.)
	20	桜沢如一編『NIPPON-SISYÛ』(Yomigaeri no Ie). 朔太郎・有明・白秋らの詩をローマ字化.
	-	松本君平, 代議士 137 人の賛成を得て「小学校にローマ字を課す建議書」を衆議院へ提出.
4	30	嘉納治五郎の発案で,国民教育にローマ字を加えるためにローマ字論者の大同団結をはかる会合を開催(学士会).
	-	京都ローマ字会設立.
5	3	新潟高等学校で日本ローマ字会の講演会.
	5	石山行之助『ローマ字近道』(国華堂本店).
	9	臨時国語調査会総会, 常用漢字 1962 字. (5.12. 略字 154 字を決定発表.)
	10	土岐善麿『Barahime(ばら姫)』(日本のローマ字社).「Hinomaru Bunko」6, 7 の巻.
	-	山下芳太郎がアメリカ・アンダーウッド社に注文したカナタイプライターが納品される. (山下は 4.7. に没.)
6	-	京都ローマ字会機関誌『Hikari』創刊. (1925.10. の 29 号まで.)
7	1	桜根孝之進『ローマ字綴方の目標』(帝国ローマ字クラブ). (1930.2.28.「われらの主張」第 7 として再版.)
	10	Suwa-Kanenori『SURIE-AWASE』(Yomigaeri no Ie).
9	1	(関東大震災)
この年		知里幸恵 (1903-1922)『アイヌ神謡集』(郷土研究社). 1922.3.1. 日付けの自序.

1924	大正13	
1	-	田丸卓郎,「社会に於ける改革運動と社会発展の方向」(日本教員組合啓明会機関誌『文化運動』).
	-	『RÔMAZI SEKAI』付録として子どもの読物『HIBARI』創刊. (日本のローマ字社).
3	1	秋山登詩集『KISETU NO HANAYOME』(日本のローマ字社).
4	1	仮名文字協会, カナモジカイと改称.
	8	西田貞亮『Bussetu AMIDAKYÔ』(丙午出版社).
	25	内務省, 選挙のローマ字投票の有効を告示.
	25	日本ローマ字会, 新井白石200年祭記念講演会を開催(東京丸ノ内・商工奨励会). 上田万年「白石とローマ字」, 土岐善麿「Hakuseki kara Hepburn e」.
4	-	ローマ字ひろめ会, 『Kodomo no Rômaji』創刊. (1926.3. まで.)
5	18	田丸卓郎『ローマ字模範読本』1の巻(日本のローマ字社). (1943.7.15. までに19版5万3000部.)
6	20	土岐善麿『Dyosi Rômazi Tokuhon(女子ローマ字読本)Maki no 1』(日本のローマ字社).
8	10	神原泰『Bilitis no Uta kara(ビリチスの歌から)』(日本のローマ字社).「Akebono Bunko」3の巻.
	18	H. E. パーマー『何故に私は日本式ローマ字を賛成するに到ったか』(日本のローマ字社).
10	26	日本ローマ字会第4回総寄合(東京神田・中央仏教会館). 柳田国男(「島人の言葉」), 沢柳政太郎らが講演.
11	5	吉岡忠雄『TADAO TANPENSYÛ』(日本のローマ字社). ローマ字書き創作短編小説集. 寺田寅彦の Hasigaki, 土岐善麿の SOEGAKI 付き. (1940.9.7.『屋根草』として再版.)
	7	野上俊夫『カナ ト ローマジ』(カナモジカイ).
12	24	Matuda-Eizi『HAHA WO TADUNETE SANZEN-RI』(台湾ローマ字会).
この年		名古屋ローマ字会『万年ローマ字練習帖』(万年社).
1925	大正14	
1	18	土岐善麿『Uguisu no Tamago』(アルス). 漢詩ローマ字訳.
2	1	『YURIKAGO』創刊(日本のローマ字社). 子ども向け絵入りローマ字雑誌. 編集主任・戸沢辰雄, 協力・島田忠夫. (1927.12. まで.)
	15	加茂正一『Logos no Nageki』(大阪交友堂書店).
3	20	桑木厳翼『SEIYOO-KINSEI-TETUGAKUSI(西洋近世哲学史)』(日本のローマ字社, 岩波書店). 全文ローマ字.

3	31	田丸卓郎『Rikigaku no Kyôkwasyo（力学の教科書）』（日本のローマ字社）．「Rigaku」4の巻．
	-	田中館愛橘『KÔKÛKI NO TIKAGORO』（『学士会月報』444号）．
4	1	田中館愛橘『HUYU NO YOBANASI』（日本のローマ字社）．
5	1	池川専一詩集『KESI no HANA』（ミスマル社）．
	25	田中館愛橘が「メートル法の起源と其の応用」の講演．のち『教育研究』臨時増刊に所収．
6	-	海軍水路部，万国水路中央局を経て，帝国海図の地名の書き方には海軍式（日本式ローマ字）を用いることを各国に通牒するよう要求．(8.18. 中央局が各国に通知．)
7	1	菊沢季生『Gramatika Kursolibro de Esperanto』（ミスマル社）．解説はローマ字文．
8	12	岩手県で開催の宮古夏期大学で土岐善麿，主に小学校教員に対してローマ字講習．(8.16. まで．)
	25	イナガキイノスケ『左ヨコガキ論』（カナモジカイ）．
9	20	第1回貴族院帝国学士院会員議員選挙．(10.10. 田中館愛橘・藤沢利喜太郎・小野塚喜平次・井上哲次郎が勅任．)
	20	日下部富蔵『SAKAYUKU MOZI』（目黒書店）―文字の歴史，改良論，日本式・ヘボン式一覧表，田丸博士の短歌　Kotodama no sakioo kuni no / koto no Ha wo utusi idasan / mozi wa Rômazi. を紹介．縦書き文語体の小冊子．
10	5	夏目漱石『NIHYAKU-TÔKA』（ローマ字ひろめ会大阪支部）．
11	8	ローマ字ひろめ会，創立20周年記念祝賀会（東京丸ノ内・中央亭）．
	15	加茂正一『似而非ローマ字論者に教ふ』（帝国ローマ字クラブ）．「われらの主張」第4．
12	1	武富安雄『Totukuni no Kagami』（日本のローマ字社）．全文ローマ字の外国ことわざ集．「Akebono Bunko」4の巻
	24	弘中広志『OSYAKASAMA to AMIDANYORAI no HANASI』（フクハナ社）．
	25	早川桂太郎詩集『Momoirono Sinzyu』（日本のローマ字社）．
この年		田丸卓郎「研究発表の方法に就て」（『日本学術協会報告』第1巻）．ローマ字日本語による論文発表を提唱．
1926 大正15　昭和1		
1	30	太田黒克彦の童謡集『Kubihuri-Ningyô』（日本のローマ字社）．
2	5	田中館愛橘，貴族院でローマ字問題に関する質疑．以後頻繁にローマ字問題で発言．
	25	福永恭助『国語国字問題』（聚英閣）．

3	1	山下義静『同音異義の語をどうする？』(帝国ローマ字クラブ).「われらの主張」第5.
	17	八高ローマ字会編『ニッポンローマ字読本』(同会).（1933.7.20.までに8版6万部.）
	27	日本ローマ字会, 田中館愛橘(会長)・田丸卓郎(副会長)・芳賀矢一らによって社団法人として設立.（2011.4.1. 公益社団法人国際日本語学会日本ローマ字会となる.）
5	20	日下部重太郎『標準ローマ字文法』(文友堂書店).
6	1	内閣訓令号外「法令形式ノ改善ニ関スル件」. 平易な用字用語, 濁音符・句読点の活用などを推奨.
	-	末松直次『Syokubutu Byôrigaku』(日本のローマ字社).「Rigaku」5の巻.
8	28	鳥谷部陽太郎『国語国字の将来』(三土舎).
10	22	向軍治『国を亡ぼす教育』(三土舎). 全文ローマ字.
	24	田中館愛橘『羅馬字意見及び発音考』(日本のローマ字社). 両文献の写真複製.
	24	日本ローマ字会, 法人としての第1回総寄合開催(東京帝国大学仏教青年会館). 穂積重遠・上田万年・長谷川如是閑らが講演.
11	3	多田サイ『Meidi Tennoo Syooken Kootaikoo OOMIUTA(明治天皇　昭憲皇太后　大御歌)』. 私家版.
	17	田中館愛橘, 東京銀行倶楽部晩餐会で「汎太平洋学術会議の所感を述べて国字論に及ぶ」の演説.
12	18	田中館愛橘・田丸卓郎らが中心となり, 山川健次郎ほか24名で「鉄道掲示版駅名書キ方ニ関スル建議」を鉄道大臣井上匡四郎に提出.
この年		『Kotoba no Hikari』創刊(京都府亀岡町・ローマ字普及会).（1931.6.まで.）
		島崎藤村『HURUSATO』初版.（日本のローマ字社）.
この年か		国語統一籌備会,『国語羅馬字拼音法式』布告.
1927　昭和2		
1	28	黒柳勲『常用俗字略字之起源』(大阪・ペン文字会).
2	11	『国語国字問題文庫』(合本).
3	1	西田貞亮『OYA no MEGUMI』.
	24	松本君平提出の「ローマ字ヲ小学校教科目中ニ加フル事ニ関スル法律案」, 衆議院委員会を通過. 本会議では審議未了.
6	-	土岐善麿考案の「ローマ字ゆかた」発売(日本のローマ字社).
7	2	鉄道大臣小川平吉, 達571号「鉄道掲示規則」により鉄道掲示のローマ字つづりのヘボン式を継続.

7	5	田中館愛橘「民族交際とローマ字」(東京中央放送局編『ラヂオ講演国際講座』第2編11輯).
9	2	小川健吉『新式羅馬字』(大日本新式羅馬字会).
10	17	日本ローマ字会第2回総寄合(岡山医科大学). 世良琢磨・福永恭助・田丸卓郎らの講演.
	22	田中館愛橘『NIPPONGO TO RÔMAZI』(国際連盟知的協力委員会学術部に提出した英文のローマ字日本語訳).
11	8	椎尾詞(しいお・ひとし)『Sûgaku no Dodai』(日本のローマ字社).「Rigaku」6の巻.
12	10	日本ローマ字会臨時総寄合(本部).『Rômazi no Nippon』創刊の方針決定.
1928	昭和3	
1	1	日本のローマ字社, 子ども向け雑誌『Yurikago』を改め,『Rômazi no Nippon』創刊.
	6	田中館愛橘「Waga mitaru Sekai no Taisei」を大阪放送局からラジオ放送.
	15	ローマ字新聞『SAKIGAKE』創刊(広島ローマ字館).
4	29	ヘボン式の「ローマ字同志社」設立. 主事・宮崎静二. 機関誌『Rômaji Dôshi』. 1928.4.29. 第1巻第1号, 5.27. 第2号, 6.25. 第3号, 7.25. 第4号, 8.15. 第5号, 9.5. 第6号, 10.1. 第7号, 11.1. 第8号, 12.1. 第9号刊. 孔版印刷.
6	7	海軍省, 官房第1939号の2で, 海軍部内でのローマ字つづり方を日本式に統一.
7	25	夏目漱石『BOTTYAN』第2版. (岩波書店).
	30	土岐善麿『国語国字問題』(日本ローマ字会パンフレット第1冊). (1931.11. 1. 増補版(「東京帝国大学ローマ字会調査ローマ字年報Ⅰ」を付録).)
	-	ロンドンで開催の万国地理学会議, 日本の地名のローマ字つづり方の統一を日本政府に要請.
	-	愛知一中弁論部の機関誌『SISIKU』(獅子吼), 国語国字問題研究号.
8	5	広瀬武夫『国字問題と日本式ローマ字』(ローマ字普及会).
	10	ワシントンで開催の万国船舶信号書(のちの国際信号書)改訂会議に内閣・外務・逓信・海軍が合議の上, 日本式ローマ字つづり方を使用するよう訓令.
10	28	日本ローマ字会第3回総寄合(東京帝国大学・山上御殿). 有志による寸劇「Ityôbyô-zidai」と尾佐竹猛らの講演.
	30	田丸卓郎『日本語の世界的書き方』(日本ローマ字会パンフレット第2冊).
11	10	日下部重太郎『標準ローマ字綴り方解説』(ローマ字ひろめ会).
	16	不破祐俊『ローマ字日本語の史的発展』.
	26	佐伯功介『ローマ字綴方について』(八高ローマ字会パンフレット第1冊).

12	12	山崎直方(東京帝大教授),「本邦地名のローマ字綴り方につき国際百万分の一地図委員会のなせる決議に関する意見」を文部次官勝田主計に提出.
9	26	国民党政府大学院『国音字母第2式国語羅馬字』を公布.
11	3	トルコ,ローマ字を国字とする法令を公布.アラビア文字を廃止.
1929	昭和4	
2	1	田丸卓郎「日本語の世界的書き方」(『少年団研究』第6巻2号).
	18	福岡県教育会,小学校国定教科書へのローマ字の追加を当局に建議することを可決.
3	25	菊沢季生『ローマ字の学び方』(日本のローマ字社).
4	1	暁烏敏(真宗大谷派前宗務総長)『MAKOTONO KOKORO』(石川県石川郡出城村北安田香草舎).
	5	植松安『KOJIKI I KAMIYO NO MAKI(古事記 I 神代の巻)』(帝国ローマ字クラブ).
5	4	宮崎高等農林学校ローマ字会発会式.田中館愛橘が講演.
	18	永雄節郎『Niyaku no Kikai : Monoage, Hakobiobi nado no Mokuromi to Sikumi』(荷役機械研究所).全文(日本式)ローマ字書き.583ページ.(1940.5.15.までに6版.)
	20	尾佐竹猛・佐伯功介『仮名論とローマ字論』(日本ローマ字会パンフレット第3冊).
7	5	椎尾ひとし『理学者と阿弥陀教』(八高ローマ字会).
8	1	河野誠恵(こうの・じょうえ)『ROOMAZIGAKI SYOOSINGE(ローマ字書き正信偈)』(洗心書房=広島市境町).河野は宮崎県日向市美々津町・正覚寺住職.同寺の門柱は SINSYUU ／ HONGANZIHA ／ SYOOGAKUZI と刻す.のち同県都農町報恩寺住職.
	1	田丸卓郎『Rômazibun wo kaku tameno kantanna BUNPÔ-ZIBIKI(文法字引)』(日本のローマ字社).(1953.11.5.ローマ字教育会から改訂新版.)
9	5	陸軍省,陸普第4090号により,陸軍部内のローマ字つづり方を日本式に統一.
	5	内藤智秀『トルコのローマ字採用』(ローマ字ひろめ会).付録1「トルコ格言集」,同2「トルコに於けるローマ字運動の覚書」(粟飯原晋).
10	20	田中館愛橘・H.E.パーマー・菊沢季生『ローマ字綴方の進化』(日本ローマ字会パンフレット第4冊).
	-	芳賀矢一『百人一首歌がるた』(日本のローマ字社).
11	7	土岐善麿『柚子の種』(大阪屋書店).随筆集.「ローマ字日本語の文献」を所収.
	25	川副佳一郎『ZÔKIBAYASHI』(ローマ字ひろめ会).随筆集.
12	3	田中館愛橘,「鉄道駅名ノローマ字綴リ方ニ関スル建議」を鉄道大臣江木翼に提出.
この年		瞿秋白『中国拉丁化字母』.

1930	昭和5	
1	1	末弘厳太郎・不破祐俊・児山敬一『漢字からローマ字へ！！』（日本ローマ字会パンフレット第5冊）．
	11	日独文化協会主事ドクトル・ウェ・グンデルト，田中館愛橘あて日本式ローマ字に賛成の書簡を記す．
	15	国語政策実行団体「国語協会」設立．会長近衛文麿・理事長南弘．
2	1	日本ローマ字会『Rômazi-undô』創刊．孔版印刷．
	28	桜根孝之進『ローマ字綴方の目標』（帝国ローマ字クラブ）．
	-	日本内地の総選挙で諺文字（オンモン字＝ハングル）による投票が有効とされる．
3	22	宮崎静二『ローマ字綴り方論』（ローマ字ひろめ会）．
4	1	河野誠恵『Rômazigaki no Nippongo』（美々津ローマ字会）．
	6	温田勇『Keisan no Hayamihyô』（荷役機械研究所＝所長・永雄節郎）．
	25	間宮不二雄『国定標準ローマ字綴方決定ニ就イテ　附　標準式－日本式－ヘボン式の比較』（帝国ローマ字クラブ）．「われらの主張」第8．
	-	田中館愛橘「日本式ローマ字綴り方公用に就き」（『学士会月報』504号）．
5	20	『ローマ字論に対する中立者の意見（小原喜三郎「ローマ字のよしあし」，渓鴎生「非実用的な日本式」），国定ローマ字綴り方制定の目標　附　日本式ローマ字綴り方の改定を勧める』（帝国ローマ字クラブ）．「われらの主張」第9．
	-	平岡伴一，鈴木和一『A JAPANESE-ENGLISH DICTIONARY』（日本のローマ字社）．
	-	田中館愛橘「日本式ローマ字は合理的なり」（『学士会月報』506号）．
6	28	高田ローマ字会，日本式つづり方採用を文部大臣に建議．
7	10	平岡伴一『ローマ字論の立場』（日本ローマ字会富山支部）（富山ローマ字会パンフレット第1冊）．
8	25	『独逸碩学の見たる日本語のローマ字綴方論』（ローマ字ひろめ会）．シャールシュミット博士のヘボン式擁護論．
11	1	ローマ字ひろめ会『ローマ字ひろめ会略史』．創立25年記念．
	25	臨時ローマ字調査会官制公布．（11.26.会長・田中隆三文部大臣，委員・鈴木富士弥（内閣書記官長）以下34名を任命．）
	-	東京帝国大学内言語学会，『日本語をローマ字で書く上の綴り方に関する意見』．英語版『CONCERNING THE ROMANIZATION OF JAPANESE』も．
12	15	臨時ローマ字調査会第1回総会．
	22	田丸卓郎「ローマ字綴方の統一」（『東京帝国大学新聞』）．（美濃部達吉と論争を生じ，田中館愛橘も参加．）
この年		田中館愛橘『日本式ノローマ字公用ニ就キ主ナル内外諸名士ノ所見』．

243

この年		カナモジカイ『カナ ト コトバ』創刊.
4	-	国民党中央常会，注音字母の名称を「注音符号」に変更.
1931	昭和6	
1	1	土岐善麿『ローマ字日本語の文献』(日本ローマ字会パンフレット第6冊).
	5	鬼頭礼蔵『曙ローマ字読本』(平野書房).
	10	土岐善麿『"NIPPONSIKI" ni naru made(日本式になるまで)』(日本ローマ字会). 『ローマ字日本語の文献』別冊.
	13	臨時ローマ字調査会第2回総会．日本ローマ字会会長・田中舘愛橘とローマ字ひろめ会会頭・鎌田栄吉が論述．(前者は『音声学とローマ字問題』(1935)に所収.)
3	-	盛岡ローマ字会，臨時ローマ字調査会長に日本式採用を建議．1049名が署名.
4	15	長谷川誠治(弘前高等学校英語教師)，ローマ字書き源氏物語を自費出版．弘前大図書館蔵(一部).
	-	臨時ローマ字調査会，専門的調査のため臨時委員として二荒芳徳・神保格・末弘厳太郎・桜根孝之進・宮崎静二・菊沢季生の6人を任命.
	-	生沼曹六(岡山医大ローマ字会長)，文部大臣に日本式採用を建議．宮崎県美々津ローマ字会も同様の建議．460名が署名.
5	1	福永恭助『ローマ字綴り座談会』(日本ローマ字会パンフレット第7冊).
	15	臨時ローマ字調査会第3回総会．田丸卓郎，病をおして3時間にわたって日本式ローマ字の理論を展開．この晩から床に就く.
6	5	菊沢季生『国字問題の研究』(岩波書店)．東北帝国大学法文学部に提出の卒業論文に加筆．山田孝雄の序文.
	13	東大，慶応，東北，駒場，京大，岡山医大，大阪医大，新潟医大，九大，北大，千葉医大の11大学ローマ字会，「大学ローマ字連盟」を設立，つづり方統一について日本式を支持する共同宣言書を発表.
	18	昭和天皇，臨時国語調査会幹事・保科孝一を宮中御学問所に招き，国語国字問題を聴取.
	30	臨時ローマ字調査会第4回総会．つづり方について，ヘボン式の桜根孝之進と日本式の福永恭助が応酬.
	-	仙台市で開催の東北ローマ字大会で刈和野ローマ字会・仙台ローマ字会・東北大ローマ字会の提議により東北ローマ字連盟設立.
	-	日本ローマ字会考案の「ローマ字ゆかた」高島屋から発売.
7	10	W．グンデルト『日本式ローマ字』(日本ローマ字会富山支部)(富山ローマ字会パンフレット第2冊).
	10	仙台ローマ字会『KOTOBA TO MOZI』第1巻10号.
	12	宮崎静二『KAITEI RÔMAJI no SHIORI』(ローマ字同志社).

7	15	長崎ローマ字会・長崎医大ローマ字会・長崎高商ローマ字会，臨時ローマ字調査会長に日本式採用を建議．
	16	奈良県御所ローマ字会，講習会開催(御所工業学校)．講師・村野辰雄，中山文熹．(10月までに6回．)
	-	永井柳太郎「国字革命の急務」(『現代』).
	-	世良琢磨『Nippon to Amerika』創刊(『Kotoba no Hikari』を改題).
8	15	東京帝大ローマ字会『ローマ字年報1932年版』(日本ローマ字会出版部).
	-	ジュネーブで開催の第2回万国言語学会でトルベツコイ，日本式ローマ字を国際正字法の目的に適した模範的実例であると報告，諸学者が賛成．
	-	福永恭助「ローマ字日本式時代」(『文芸春秋』8月号).
9	5	鬼頭礼蔵『誰にもかけるローマ字看板集』(日本のローマ字社).
	14	長岡市で開催の全国都市小学校協議会，都市小学校でローマ字を課するならば日本式によるべきことを満場一致で決議．
	18	(柳条湖事件．「満州事変」の発端)
	22	パリで開催の万国地理学会第6部会，田中舘愛橘委員提出の「日本式綴り方による日本地名統一の希望」を満場一致で可決．
10	15	石田秀一郎『ローマ字日本語運動の歴史 附日本式に対する疑二つ三つ他二篇』(ローマ字ひろめ会).
	26	田中舘愛橘，奈良県御所小学校でローマ字講演会．聴き手558名．
	-	ペルー・リマ市在住日本人の修養団体Mezame会，『Rômazi Class』創刊.
	-	『現代』10月号に「国字問題の大論争」．保科孝一・塩谷温・上野陽一・山枡儀重・向軍治・永井柳太郎など．
11	9	臨時ローマ字調査会第5回総会．日本式の菊沢季生，ヘボン式の宮崎静二が論述．
	15	『岩波講座教育科学』第2冊．「国語及び国字問題シンポジウム」を所収．神保格・菊沢季生・三木寿雄がローマ字について執筆．
	28	芳賀矢一「我が国民と漢字」，吉田小五郎「売物に出たシャビエル上人の一書翰」(雑誌『書物春秋』XIII).
	29	関東ローマ字連盟設立(千葉市赤十字講堂).
12	1	山口高等学校ローマ字会設立．
	15	永雄節郎『Nisigahara kara』(西ヶ原ローマ字会).
	末	清田丁末『国字問題及国字論入門』．孔版印刷．
この年		金田一京助『アイヌ叙事詩ユーカラの研究』(東洋文庫)．ローマ字アイヌ語．
9	-	ウラジオストックの中国新文字第1次代表大会で「中国漢字拉丁化の原則と規則」決定．

1932	昭和 7	
1	1	斉藤秀一，日本のローマ字社発行の『Rômazi Kaityûnikki』にローマ字文で日記．(11.19.まで．)
	-	山口高等学校ローマ字会『AKATUKI』創刊．
2	15	内務省，ローマ字投票の姓と名の間に「つなぎ」(-)を用いるのを有効とする通牒．
3	10	『標準ローマ字綴りの主張』(ローマ字ひろめ会)．
4	25	臨時ローマ字調査会第6回総会．ヘボン式側の論述続く．会長に鳩山一郎．
	-	菊沢季生「日本式ローマ字綴り方の立場に就て(1〜3)」(『学士会月報』4〜6月号)．
5	1	佐伯功介『各国語に於けるローマ字の使ひ方及び国際的立場より見た日本ローマ字』(日本ローマ字会出版部)．
	15	(五・一五事件)
	19	後藤格次『ローマ字と口語文典　新しい見方』(西ヶ原刊行会)．
	-	文芸同人雑誌『RÔMAZI ZIDAI』創刊(日本のローマ字社)．全文ローマ字．編集兼発行人・安原博純．同人は岩倉具実・鬼頭礼蔵・松浦礼蔵・村野辰雄・斉藤秀一・湯浅啓温(Hiroharu)ら19人．(1933.4.1.の11-12合併号まで．)
6	1	菊沢季生『国字論批判』(仙台ローマ字会パンフレット第1冊)．
	25	三浦圭三『ローマ字新読本』(大阪・岡田文祥堂)．
7	8	鬼頭礼蔵『ローマ字OSARAI読本』(日本のローマ字社)．(1940.4.12.までに5版9700部．)
	15	『Nippon to Amerika』特別号『KETINBOO no HANASI』．
8	5	星野行則『トルコの国字改良　実情視察報告書』．
	15	平岡伴一『国字国語問題文献目録』(岩波書店)．
	15	橋本進吉「国語学概論」上(『岩波講座日本文学』)．(1933.1.下．)
	28	ローマ字同志会『ISOPPU MONOGATARI』第1集．
	29	ツルゲーネフ著・土岐善麿訳『Unmei(運命)』(日本語ひろめ会・日本のローマ字社・ローマ字普及会)．
9	15	日本式ローマ字による子ども雑誌『Rômazi no Tomo』創刊．(1939.7.まで．)
	22	田丸卓郎没(59歳)．(9.26.葬儀．清林寺(東京都文京区向ヶ丘2)に葬る．墓碑はローマ字書き．)
	26	山形ローマ字会『YAMAGATA RÔMAZI』創刊．孔版印刷．
10	12	東北・東京帝大ローマ字会編『ローマ字年報1933年版』(日本ローマ字会出版部)．
	21	田中館愛橘，東京中央放送局から「万国学術会議ヨリ帰ツテ」の放送．『学士会月報』第536号所収．パンフレットもあり．

10	25	長谷川誠治『日本国字論』(岩波書店). 古典式ローマ字を主張.
	-	田中館愛橘「日本地名のローマ字書き方問題の経過」(『学士会月報』535号).
11	28	臨時ローマ字調査会第7回総会. 福永恭助が日本式の立場を論述.
12	3	広島ローマ字会発会式(広島高等工業学校). 田中館愛橘の講演会.
	10	桜根孝之進『所謂日本式ローマ字論者に質す——臨時ローマ字調査会に於ける論旨——』(帝国ローマ字クラブ). 「われらの主張」第11.
	15	永雄節郎『Yoi Mozi wo』.
	15	日本ローマ字会, 事務所新設のためローマ字運動後援会を組織.

1933	昭和8	
1	22	田辺真之助訳『HAIDASHITA YABU』(ローマ字同志会).
	27	稲垣伊之助・緒方準一・松本静史・森馥, 大阪市に「日本語ヲヨクスル会」を結成.
4	7	福永恭助『ヘボン式ローマ字論を撃滅する』.
	15	日下部重太郎『ローマ字の研究』(岩波国語学講座Ⅷ).
	15	ローマ字書き『西鶴　五人女　巻一』(京都ローマ字会).
	20	児山敬一『HOSI to RINRIN』. 発行者・松浦四郎. ローマ字書き詩集.
	-	尾崎行雄「墓標の代りに」(『改造』). 漢字全廃を主張.
5	3	R.L. スチーブンソン著・鈴木和一訳注『ZISATU KURABU : The Young Man with the Cream Tarts』(日本のローマ字社). 英和(ローマ字文)対訳.
	8	『Nippon to Amerika』115号から『Nippon』と改題.
	16	臨時ローマ字調査会第8回総会. ヘボン式の神保格と日本式の佐伯功介が音素をめぐってやりとり.
6	-	『ローマ字ニュース』創刊(ローマ字新聞社). 当初旬刊. (編集は初め彦根市の世良琢磨, のち仙台市の菊沢季生, さらに週刊化した1937.4. の第130号以降は東京で伊藤銀二らが担当. 1938.9.18. 付け196号で終刊. 『Rômazi no Nippon』に合流.)
7	11	臨時ローマ字調査会第9回総会. 主として菊沢季生が国語学的立場からローマ字つづり方問題を論述.
	20	桜根孝之進『所謂日本式ローマ字論者の陰謀　附　世界文化の精錬所と亜細亜語の解説』(帝国ローマ字クラブ). 「われらの主張」第12.
9	21	斉藤秀一, 生家の山形県東田川郡山添村泉流寺で『ニッポンローマ字読本』などを教材とし小学生9人にローマ字講習(この日から10日間).
10	1	松浦四郎『RÔMAZI EHON』(日本のローマ字社).

10	25	H.E. パーマー著・宮田斉訳『羅馬字化の原理：特に日本語羅馬字化に就て』（岩波書店）．
	30	岡倉由三郎『ローマ字の調査(意見書)』（帝国ローマ字クラブ）．「われらの主張」第14(第13を改番)．
11	6	多田斉司・サイ『ことばの教育の科学的建設』（仙台市，国語学研究会）．
	7	臨時ローマ字調査会第10回総会．ヘボン式の桜根孝之進，宮崎静二らが論述．主査委員会を設けて論議することを決議．
	20	桜根孝之進・間宮不二雄『ローマ字綴り方論争の後を顧みて(不思議物語の続編)耳にしたことと目にしたこと(日本式ローマ字論者の宣伝と実際)』（帝国ローマ字クラブ）．「われらの主張」第13(第14を改番)．
12	15	R.L. スチーブンソン著・鈴木和一訳注『ZISATU KURABU II：The Story of the Physician and the Saratoga Trunk』（日本のローマ字社）．英和(ローマ字文)対訳．
この年		田丸卓郎「Kasokudo - disinkei no Seisaku oyobi Kenkyû」（『東京帝国大学地震研究所彙報』第11号第2冊．全文ローマ字書き．）
		国民政府教育部，①標準国音に合わない出版物の印刷停止，②小学校教科書に注音字母をつけることを通達．
1934　昭和9		
1	5	永雄節郎・鬼頭礼蔵，東京家庭購買組合職員従業員200人にローマ字講習会(神田YMCA)．
3	1	土岐善麿編『故田丸博士論文選集——日本式ローマ字の歴史と展開——』（日本のローマ字社）．
	6	臨時ローマ字調査会第1次主査委員会の初会合．委員長・粟屋謙文部次官，委員・芝田徹心・佐伯功介・神保格・宮崎静二・菊沢季生(専門家として新村出と岡倉由三郎を加える)．(7.14.まで12回会合.)
	20	高島直一『ローマ字問題について——小学校長諸彦に訴える——』（帝国ローマ字クラブ）．「われらの主張」第15．
	28	森馥『日本語をよくする会の事業まとめがき』．
4	15	R.L. スチーブンソン著・鈴木和一訳注『ZISATU KURABU III：The Adventure of the Hansom Cabs』（日本のローマ字社）．英和(ローマ字文)対訳．
	15	日下部重太郎『ローマ字の研究(国語科学講座8文字学)』（明治書院）．
	20	中山文熹『少年少女の読物　ローマ字への道』（日本のローマ字社）．(1938.10.1.までに3版1万部.)
	-	山崎喜重郎『Kôtô-Sûgaku no Tehodoki』（日本のローマ字社）．「Rigaku」7の巻．
	29	多田斉司『Rômazigaki MAN'YÔSYÛ』（Kotodama-no-Ya）．
5	25	多田斉司『Ogura Hyakunin Issyu』（日本のローマ字社）．

5	30	日本ローマ字会・日本のローマ字社『輝くローマ字運動』(日本のローマ字社). 宣伝パンフレット. (1936.10.1. までに 10 版 2 万 6200 部.)
7	14	臨時ローマ字調査会第 1 次主査委員会は「日本式綴り方は理論的に一貫せるものと認む」との結論に達し, ①ハ行のフを hu とすること②拗音は「子音＋y＋母音」の連続である③サ行, ナ行, タ行について日本式の表わし方がいけないと理論的にいうことができない④標準式はサ行, タ行, ナ行, カ行等の表わし方において態度一貫せず⑤はねる音はすべて n をもって表わす⑥日本式つづり方は理論的に一貫せるものと認むとの報告書を会長に提出.
8	23	松為周従, 岩手県福岡小学校 5 年生を中心に中学生・女学生も加え 200 人に 5 日間ローマ字講習会(町長川島氏協力).
	23	世良琢磨『正しいローマ字読本』(のち『Sin Kokuteisiki Rōmazi Tokuhon』と改題)(日本のローマ字社). (1938.3.1. までに 12 版 1 万 2000 部.)
9	1	斉藤秀一, 雑誌『文字と言語』創刊. 孔版印刷. (11.1. 第 2 号, 1935.1.1. 第 3 号, 3.7. 第 4 号, 5.7. 第 5 号, 7.10. 第 6 号, 9.20. 第 7 号, 1936. 1.- 第 8 号, 4.10. 第 9 号, 11.10. 第 10 号, 1937.3.1. 第 11 号, 9.20. 第 12 号, 1938.5.15. 第 13 号まで.)
	10	さいとうきょうぞう『Nippon Rômazi Sinbun』創刊(京都ローマ字会).
	-	山本六三郎「日本式ローマ字による駅名書き改めに就て」(『鉄道時報』9 月 1 日号).
11	20	H.F.Oltmans・山本六三郎『A Tour in Japan 日本の旅』(日本のローマ字社).
	20	山崎喜重郎・佐伯功介『国語を守れ！！』(日本ローマ字会パンフレット第 8 冊).
12	21	文部省に国語審議会を設置(臨時国語調査会は廃止). 会長・南弘, 副会長・穂積重遠, 委員・森山鋭一以下 35 名を任命.
この年		日本無線電信株式会社,『ローマ字綴　日本語電報の認め方』.
		国際連盟知的協力委員会 L'ADOPTION UNIVERSELLE DES CARACTÈRES LATINS. (ラテン文字の国際的採用：田中館愛橘提案による 19 ヵ国のローマ字調査報告書.)
		魯迅『門外文談』. ローマ字論.
1935		**昭和 10**
1	1	イェスペルセン著・田中館愛橘訳『ローマ字一般使用意見』(日本のローマ字社).
	15	臨時ローマ字調査会第 11 回総会. 会長に松田源治. 第 1 次主査委員会の報告. さらに慎重な調査を進めるとして第 2 次主査委員会を設けることを決定. 委員長・三辺長治文部次官, 委員・芝田徹心・新村出・岡倉由三郎・佐伯功介・神保格・宮崎静二・菊沢季生. (5.10. から 7.23. まで 10 回会合.)
	20	田中館愛橘・中目覚・土岐善麿・佐伯功介『音声学とローマ字問題』, 菊沢季生『国語学の立場から見たローマ字綴方問題——文部省臨時ローマ字調査会に於ける論述——』, 同『音声学的ローマ字綴方論』(すべて日本のローマ字社).

249

3	3	宮崎静二編『Rongo ISEIHEN』(ローマ字同志社).
	25	日本ローマ字会,官庁用語統一の調査機関設置の請願を200名の連署で提出(衆議院は採択).
6	1	青山学院ローマ字会発会式.
	19	日本ローマ字会編『日本式ローマ字とは何か?』(日本のローマ字社).
7	10	河野誠恵『三種合編正信偈 La Psalmo de Ĝusta Kredo』(日本仏教エスペランチスト連盟). エスペラント,意訳ローマ字書き,「棒読みローマ字書き」の正信偈.
	-	田中館愛橘,ロンドンで開催の万国音声学会で,田口泖三郎の音声実験による日本式ローマ字の合理性を報告.将来談話を自動的にタイプライターで打たせる可能性のあることを付言.
8	-	東京・名古屋・盛岡・福岡等の小学校で,学生ローマ字会の会員らによるローマ字講習盛ん.
9	15	雑誌『言語問題』第5号,ローマ字問題号.
	25	出口王仁三郎『OOMOTO NORITO』(天声社). ローマ字書き.
10	8	田中館愛橘,パリ大学(ソルボンヌ)日本研究部で「トーキーフィルムによる日本語の音素研究」の講演.
	12	青山学院ローマ字会,『AOYAMA RÔMAZI NYÛSU』創刊.
11	3	土屋寛『日本国字論』(日本のローマ字社).
	21	臨時ローマ字調査会第12回総会.第2次主査委員会の報告と説明を受けたのち,さらに第3次主査委員会(委員長・林博太郎,委員・大橋八郎・添田敬一郎・三辺長治・新村出・戸沢正保・吉野信次・中目覚・岡倉由三郎)を設け,最終的結論を得ることを決議.
	27	全国学生ローマ字連盟(22団体),日本式つづり方によるローマ字統一の急務を宣言.
	-	中野重治『萩原朔太郎氏へ——控え帳(八)——』(『文学界』11月号).ローマ字問題に言及.
12	10	田中館愛橘「Sekaitekini mita Rômazi-undô」(東京工業大学学芸雑誌『工業』).
	-	田丸卓郎『Rikigaku I』(日本のローマ字社).
この年		菊沢季生『1935 Yokogaki Nikki』(日本のローマ字社).
この年か		田口泖三郎「トーキーの利用に依り見たる日本語」(『工政』195号). パンフレットもあり.
6	18	瞿秋白,福建省で虐殺される(36歳).
12	-	中国新文字研究会設立.
この年		延安で新文字奨励.

1936 昭和11

1	1	岩倉具実・大島功訳『MARKO no tutaeta Hukuin』(日本のローマ字社). ローマ字書きマルコ伝.
	17	臨時ローマ字調査会第3次主査委員会. 総会提出のつづり方原案を作成. (1.31.まで.)
	-	頼阿佐夫(平井昌夫)「国字論の発生」(『唯物論研究』).
2	26	(二・二六事件)
3	3	南洋庁, 庁内公用ローマ字を日本式にすると通牒.
	31	『臨時ローマ字調査会議事録(上)』.
4	1	小林政助『ローマ字書き 救世軍軍歌集』(日本のローマ字社).
	5	劉宝積(りゅう・ほうしゃく)『SUIKODEN』(日本のローマ字社).
	28	田中館愛橘,「音韻学上より見たる日本語の音声と正字法」の講演(東京・日仏会館).
5	5	桜根孝之進・日下部重太郎『ローマ字万葉集』(帝国ローマ字クラブ). 全文(ヘボン式)ローマ字書き. 600ページ.
	14	田中館愛橘, 貴族院でローマ字の質問.
	20	H.G. ウェルズ著・村野辰雄訳『TIISAI SEKAI REKISI(1)』(日本のローマ字社).
	25	内藤好文訳『GRIMM OTOGIBANASI I』(日本のローマ字社).
	-	平生釟三郎文相(カナモジカイ会員)の漢字廃止論が議会で問題化.
6	13	臨時ローマ字調査会第13回総会. 流会.
	26	臨時ローマ字調査会第14回総会. 第3次主査委員会作成の原案を可決. 主として日本式つづり方によるが, ヂ, ヅの区別を認めない点のみヘボン式の方針を採り入れる.
7	5	金田一京助・知里真志保『アイヌ語法概説』(岩波書店), pit → pichi(筋), tan-moshir → tam-moshir(この世)など, 発音式ローマ字.
	14	ローマ字ひろめ会, 臨時ローマ字調査会のローマ字つづり方案に反対宣言.
	25	八木理三訳『RONGO』(日本のローマ字社).
	25	下瀬謙太郎『支那語のローマ字化をめぐって――民国政府の国字国語運動のあらまし(略字とルビ付漢字の強制を前に)』(日本のローマ字社).
8	1	斉藤秀一編訳『支那語ローマ字化の理論』. 私家版. 葉籟士「支那国字改良運動史」, 同「支那文ローマ字化の原則」, 魯迅「ローマ字について」, 同「支那文章語のヨミガエリ」など所収.
	3	菊沢季生『国定ローマ字綴り方解説』(日本ローマ字会パンフレット第9冊).
	23	日本ローマ字会, 臨時ローマ字調査会のローマ字つづり方案に賛成を宣言.
10	5	多田斉司『Rômazigaki MANYÔSYÛ II』(日本のローマ字社).

251

11	5	鬼頭礼蔵『国定ローマ字文章読本』(日本のローマ字社).
	15	『ローマ字「まぜかえし」運動の真相』(大西雅雄「ローマ字問題厳正批判」,桜根孝之進「ヘボン先生を想ふ」,「似而非ローマ字論者欺瞞の実例」菊沢季生「国定ローマ字綴方の制定」,桜根「皇国文教の危機——臨時ローマ字調査会報告演説——」)(帝国ローマ字クラブ).「われらの主張」第18.
	20	田中館愛橘『ローマ字綴り方の外交及び国際関係の事項概要』.
12	15	永雄節郎(筆名は Asibiki-no-Yamadori)『HIZAKURIGE SEKAI-HITOMAWARI』(日本のローマ字社).
	-	田丸卓郎『Rikigaku Ⅱ』(日本のローマ字社,のち岩波書店).
この年		岩倉具実「ローマ字は空論ではない」(『学士会月報』562,563号).
		『1936 n.-ban Yokogaki Nikki』(日本のローマ字社).
		高倉テル『国語国字運動の意義』(早稲田大学ローマ字会出版部).早大RKテキスト其の2.『唯物論研究』1935年12月号抜き刷り.孔版印刷.
		高杉三郎『日本語合理化運動の「暴論」に抗して』(早稲田大学ローマ字会出版部).早大RKテキスト其の3.孔版印刷.
この年か		若木望『民族文化お(ママ)民族自らが引上げる為に!』(早稲田高等学院ローマ字会出版部).「課外テキスト」其の10.孔版印刷.
10	19	魯迅没(55歳).
1937	**昭和12**	
1	30	黒滝成至『国語の発展と国民教育』(扶桑閣).
2	10	日本ローマ字会『ローマ字綴り方統一の促進に関する宣言』.
	20	桜根孝之進編『敢て天下の教育者諸君に訴ふ——ローマ字論者の目的 ほか——』(帝国ローマ字クラブ).「われらの主張」第19.
	-	国会で田中館愛橘が臨時ローマ字調査会の統一決定したつづり方の実施を要望したのに対し,林銑十郎文部大臣はその大綱に異論はないが実施上の細目については考慮を要すると答弁.
3	10	田中館愛橘『ローマ字綴り方の外交及び国際関係の事項概要』.
	12	田中館愛橘ほか208名提出のローマ字を国字とする請願は衆議院から政府に参考送付.
	31	『臨時ローマ字調査会議事録(下)』.
	-	田中館愛橘「日本に於るローマ字書きの発達及び正字法の制定」(『学士会月報』588号).オランダのVan Ginneken教授の60歳記念論文集に寄せたもの.
4	5	『ローマ字綴論争の末幕——言霊祭のちの巻 ローマ字マゼカエシ運動不滅の功績 調査会式ロォマ字綴り案を排撃す——』(帝国ローマ字クラブ).「われらの主張」第20.

4	10	田丸卓郎『RIKIGAKU Ⅱ』(岩波書店).(1948.3.20.までに6刷.)
	-	大隈重信『文字の維新革命』(早稲田ローマ字会出版部).
5	1	木村友常詩集『Osikirigawa hukin』(日本のローマ字社).
	-	橋本進吉,「古代国語の音韻について」の講演(第2回神職講習会).
6	20	斉藤秀一『Latinigo』創刊.全文エスペラント語のローマ字運動誌.(1938.3. 第2号.)
7	7	(盧溝橋事件.日中全面戦争始まる)
9	21	内閣訓令第3号で,いわゆる訓令式を制定.内閣訓令第三号「国語ノローマ字綴方統一ノ件」公布.
10	3	関西ローマ字連盟,日本ローマ字会が訓令式ローマ字つづり方を正式な書き方とすべきことを決議.
	16	湯浅啓温・平井昌夫・不破祐俊・鬼頭礼蔵・児山敬一・鈴木和一ら,「Nippon Rômazikwai no Heiwa wo utitateyo!」の文書を配り訓令式に対する態度を示す.
11	2	朝鮮総督府鉄道局,駅名標示のつづり方を訓令式に統一.
	4	田中館秀三編『市町村名の読方及び市町村面積人口密度表』(日本書房).読み方は訓令式ローマ字で表記.例:石和町 Isawa,右左口村 Ubaguti.
	15	ローマ字ひろめ会,訓令式ローマ字つづり方に反対し,改正方を総理大臣に進言.
12	25	日本ローマ字会つづり方委員会,一応訓令式に統一することを決定.
この年か		松下秀男・高倉テル・野沢愛蘭(斉藤秀一)『ジ,ヂ,ズ,ヅの問題／ローマ字運動の過去・現在・未来／支那ソヴェート共和国での文字問題』.早大RKテキスト其の6,7,8合本(『文字と言語』11号抜刷).孔版印刷.
この年		月刊『新文学』創刊.
1938	**昭和13**	
1	31	文部大臣官房,各地方長官・関東庁長官に旅券のローマ字つづりは原則として訓令式によるよう通牒.
2	9	福岡県教育代議員会,小学校国定教科書にローマ字を入れるよう建議する件を可決.
	15	鳴海要吉『国定ローマ字小学読本』(岡村書店).
	19	門野幾之進の寄付金をもとに財団法人標準ローマ字会設立.(1986.11.4財団法人世界青少年交流協会に事業継承し解散.)
	25	日本ローマ字会,1592名の署名で,小学校の正課に訓令式ローマ字を入れることを衆議院に請願.
	-	日本ローマ字会,機関誌のローマ字つづり方を訓令式に統一.

3	1	H.G. ウェルズ著・村野辰雄訳『TIISAI SEKAI REKISI (2)』(日本のローマ字社). (1)(2)の合本も同時発行.
	8	鉄道省, ローマ字つづり方を訓令式に統一. 特急の愛称も「Huzi」, 「Tubame」の表記となる.
4	15	田中館愛橘『Kuzu no Ne』(日本のローマ字社). 随筆・論文集. ローマ字文・欧文を含む.
	30	山本有三『戦争と二人の婦人』(岩波書店). あとがき「この本を出版するに当たつて――国語に対する一つの意見――」で漢字制限, ふりがな廃止, やさしいことばの使用を提唱, 是非の論争起る.
6	12	田中館愛橘『メートル法の起りと現在の問題』(科学知識普及会).
7	11	早稲田大学ローマ字会出版部編『国民ローマ字読本』(日本のローマ字社). (7.7.『Kokumin Rômazi Tokuhon no Osiekata no Tebiki』). 孔版印刷.
8	6	日本ローマ字会, 日本郵船が「秩父丸」を「Titibu-maru」から「Chichibu-maru」に書き換えたことにつき, 旧に復するよう文部・通信両大臣に建議.
9	22	故田丸博士7周忌追善ローマ字問題講演会(佐藤新興生活館). 田中館愛橘・南弘・土岐善麿・兼常清佐が講演. 田中館の講演は「国字の将来に対するローマ字の立場」として『学士会月報』607号に所収. パンフレットもあり.
	28	カナモジカイ, 財団法人となる.
11	10	セルマ・ラーゲルレーフ著・イシガオサム訳『Betulehemu no Osanago』(日本のローマ字社). ローマ字訳.
	18	頼阿佐夫(平井昌夫)『国語国字問題』(三笠書房).
	25	文部省図書局長, 英語科教授におけるローマ字つづり方を訓令式によるよう通牒.
12	6	福岡県学務部長, 公私立中学校長に英語科教授に訓令式ローマ字を用いるよう通牒.
	12	白水社編『ふりがな廃止論とその批判』(同社).
	15	新道満『ローマ字発音 台湾市街庄名の読み方』(東都書籍).
この年		『七ケ国語会話書』(国際観光局). 「Nippongo」の部分は訓令式ローマ字表記.
この年か		山本有三『国語に対する一つの意見』(早稲田大学ローマ字会出版部). 早大RKテキスト其の14. 孔版印刷.
この頃		落合英雄『ローマ字運動の本質』. 第2早高学友会雑誌38号別刷再版. 孔版印刷.
この年		陝甘寧辺区新文字促進会, 延安に成立.
1939	**昭和14**	
1	18	「Chichibu-maru」を「Kamakura-maru」と改称.
	-	田中館愛橘, 貴族院で国語問題・ローマ字問題の質疑.
6	5	左翼言語文字運動事件.

6	-	西田幾太郎「学問的方法」(『中央公論』6月号). 高倉テル翻字によるローマ字文.
9	1	(ドイツ軍, ポーランドに侵攻. 第2次世界大戦始まる.)
	5	福永恭助・岩倉具実『口語辞典　Hanasikotoba o hiku Zibiki』(口語辞典出版会). (1940.8.1. 再版. 1951.5.30. 森北出版から第3版.)
この年		桜根孝之進編『ローマ字論文集』(帝国ローマ字クラブ).
		N.S.Trubetzkoy『Grundzüge der Phonologie』. (1980.1. 長嶋善郎訳『音韻論の原理』.)
		上海新文字研究会,「拉丁化中国字運動新綱領草案」を公布.
		韓国, マッキューン・ライシャワー式の朝鮮語ローマ字開発.
1940	**昭和15**	
1	3	月刊『WAKAI NIPPON』74号(国際ローマ字会). 宮崎静二編集.
2	29	陸軍,「兵器名称及用語ニ簡易化ニ関スル規程」通達. 弾薬盒→弾入(タマイレ), 縫綴器→ミシン, 拡大鏡→虫めがね, 転把→ハンドル, 喞筒→ポンプなど. (5.1.『兵器用語集(其ノ一)』. 6.- 文部大臣官邸で陸軍と国語審議会との座談会開催.)
3	1	田中館愛橘・下村宏, 貴族院で国語問題を質疑. (3.3. まで.)
	8	日本ローマ字会請願の国民学校に訓令式ローマ字を課する件は衆議院で採択, 貴族院で審議未了.
	22	笠井重次提出の訓令式ローマ字つづり方撤廃の請願は衆議院で採択.
9	5	斉藤秀一没 (31歳).
11	17	ローマ字ひろめ会, 国際ローマ字会と合同.
	28	文部省図書局に国語課設置. 以降, 改廃変を経て現在の文化庁文化部国語課に至る.
12	14	ローマ字ひろめ会35周年記念会を開催.
	31	木下祝夫訳著『KOZIKÏ』第2巻 Rômazi-yakuhon(日独文化協会・ベルリン日本学会).
	-	有坂秀世『音韻論』(三省堂書店)(1959.5. 増補版.)
この年		日本ローマ字会『ヘボン式に答える』.
11	7	延安に陝甘寧辺区新文字協会が成立. この日を中国文字革命節とする.
この年		毛沢東『新民主主義論』.「文字必須在一定条件之下加以改革……」と書く.
		朝鮮語学会「朝鮮語音羅馬字表記法」.
1941	**昭和16**	
1	31	田中館愛橘の貴族院での質問に対し文部省図書局長, ローマ字は国民学校高等科卒業までには適当に教授できるよう, また訓令式つづり方の徹底については今後とも十分努力すると答弁.

2	-	陸軍と国語課とが「国語国字問題ニ対スル根本方針」について座談会開催.
3	1	田中館愛橘『精神の経済——日本民族の歴史的大発展——』(日本のローマ字社).
	31	島崎藤村『HURUSATO』第5版(日本のローマ字社).
4	1	三原時信・谷保子訳『対訳日本小学国語読本』("Parallel Translation of the Japanese Primary School Reader: Book I ～ VI"). アメリカ・カリフォルニア州デラノ学園の境沢英雄の提案で, 在米日本人2世に日本語を教えるために編まれた.
	1	(国民学校令により, 小学校は国民学校と改称. 1947.3. まで)
	-	『JAPAN : The Official Guide』(日本ツーリスト・ビューロー). 本文の固有名詞, 差し込み地図の地名表記はすべて日本式ローマ字.
5	2	国語審議会官制改正. 幹事長職を新設, 保科孝一を任命.
9	25	童振華著・陳文彬訳『中華の国字問題』(中央公論社).
10	20	佐伯功介『国字問題の理論』(日本のローマ字社).
12	8	(日本軍, マレー半島上陸, ハワイ真珠湾攻撃. 対米英宣戦布告.)
	10	時枝誠記『国語学原論』(岩波書店).
この年		ドイツ, フラクトゥール書体を廃止, 一般的なローマ字(アンティカ書体)を採用.
		陝甘寧辺区政府, 新文字と漢字とは同等の地位にあると表明.
1942	**昭和 17**	
1	20	朝日新聞社編『國語文化講座 第六巻 國語進出篇』, 大石初太郎「東亜共栄圏に於ける日本語」, 倉石武四郎「支那語になつた日本語」ほか.
4	-	文部省, 英語教科書に併記を許していたヘボン式ローマ字を削除, 訓令式つづり方に統一を指令.
6	17	国語審議会, 「標準漢字表」を議決, 文部大臣に答申. 常用1134, 準常用1320, 特別74, 計2528字.
7	10	田中館愛橘「渡仏雑感を回顧してメートル法に及ぶ」(『日仏文化』新第8輯).
	17	国語審議会, 「国語ノ横書ニ関スル件」(左横書きとする)を議決, 文部大臣に答申. 反対の意見強く, 閣議決定に至らず.
8	25	松坂忠則『国字問題の本質』(弘文堂書房).
	夏	日本ローマ字会, 早稲田ローマ字会の支援を受け, 小石川・仰高国民学校などでローマ字講習.
10	25	田沼利男『大東亜ローマ字読本』(日本のローマ字社).
11	19	田中館愛橘米寿記念事業委員会発起人会を開催(東京御茶の水・岸記念体育館).
12	4	文部省, 「標準漢字表」を修正し, 3種の別を廃して計2669字とする.
	5	日本天主公教会『KÔKYÔ YÔRI(公教要理)』(日本のローマ字社).

この年		陝甘寧辺区に新文字幹部学校設立.
1943	**昭和 18**	
2	-	毎日新聞,左横書きの広告掲載を拒否.各紙も同調.また,英米語の雑誌名は禁止され,『サンデー毎日』は『週刊毎日』,『エコノミスト』は『経済毎日』と改題.
4	10	中村清二『田中館愛橘先生』(中央公論社).(1944.10.1. 再版. 1946.4.5. 鳳文書林から第3版.)
7	8	柳田知常『日本語の現在と将来』(美濃文化報国).
12	-	『Rômazi Sekai』,第33巻12号で休刊.(ただし『Rômazi no Nippon』が巻号を受け継いで続刊. 1945.1. の第35巻1号まで.)
この年		田中館愛橘『時局と国語のローマ字書き』.「結び」に「紀元2603年9月12日巻き脚絆を装いてタイプライター打終る」とある.ローマ字版と漢字かな版の2種.さらに後者には貴族院議事録が付いているものといないものとがある.
1944	**昭和 19**	
1	-	田中館愛橘,朝日文化賞を受ける.日本航空発達への貢献に対して.
2	-	田中館愛橘『科学精神』.(第84回帝国議会貴族院での質疑をまとめたもの. 29日,質疑の録音を海外にも放送.)
4	29	田中館愛橘,文化勲章を受ける.この日東京放送局が放送した「Onrei no Kotoba」を印刷したパンフレット『Bunka-Kunsyô o itadakite』がある.
10	-	田中館博士米寿記念事業委員会,報告書を出して解散.
1945	**昭和 20**	
3	-	日本ローマ字会と日本のローマ字社,空襲に備え建物疎開.麹町区富士見町2-12の幼稚園跡に移転.
8	15	日本の敗戦確定.いわゆる玉音放送は文語的表現のため意味が正確に伝わらなかったり,逆の意味に取られたりする.
9	3	連合国軍総司令部,指令第2号で公共建物駅等に名称を英語で掲げ,ローマ字つづり方は修正ヘボン式によることを命じる.原文 "Transcription of names into English shall be in accord with the Modified Hepburn (Romaji) system."
11	12	『読売報知新聞』,社説に「漢字を廃止せよ」を掲げ,ローマ字採用を勧める.
12	1	山本有三,ミタカ国語研究所を設立.所長・安藤正次.
	-	国語協会・カナモジカイ・日本ローマ字会は国字問題解決案を協議.連合国軍総司令部の民間情報教育局教育課へ提出.
1946	**昭和 21**	
1	24	三鷹国語研究所と言語文化研究所が主唱し33団体の参集を求め,国語改良のため国民運動をおこすことを協議.

2	15	岡倉由三郎著・福原麟太郎編『ローマ字の話』(研究社).
	26	鬼頭礼蔵,「ローマ字問題に関する意見書」を文部大臣安倍能成に提出.
3	3	小林胖・柴田武・日下部文夫ら,ローマ字同志会を結成.
	5,6	対日米国教育使節団27名,ふたてに分かれて来日.
	14	田中館愛橘,対日米国教育使節団長G. D. ストッダードと国語改革委員長G. カウンツと面談.
	30	対日米国教育使節団,連合国軍最高司令官マッカーサーに報告書を提出.「ある形のローマ字をぜひとも一般に採用すること」「選ぶべき特殊の形のローマ字は,日本の学者,教育権威者,および政治家よりなる委員会がこれを決定すること」などを勧告.「日本の国字は学習の恐るべきさまたげになっている……カナよりローマ字の方が長所が多い……ローマ字の採用は国境をこえて知識や思想を伝達するうえに偉大な寄与をなすであろう」と書く.
4	5	土岐善麿・鬼頭礼蔵・平井昌夫ら,ローマ字運動本部を設立(委員長・土岐善麿,副委員長・大塚明郎,事務部・教育部委員長・鬼頭礼蔵,企画部委員長・平井昌夫).
	6	国民の国語運動連盟を設立.常任世話役・安藤正次・石黒修・小野俊一・佐伯功介・佐藤亮一・高橋健二・西尾実・藤江忠二郎・松坂忠則・三宅正太郎・三好七郎.
	7	連合国軍総司令部,マッカーサー声明付きの対日米国教育使節団報告書を公表.声明は「…国語改革に関する勧告の中にはあまりにも遠大なものもあり,長期の研究と今後の計画の指針としてのみ役立ちうるに過ぎないものもある」と.
	18	次官会議で官庁用語と文章をやさしくすることを決定.進駐軍関係及び鉄道駅名等地名のローマ字表記は標準式(修正ヘボン式),国民関係は訓令式と決まる.
	-	志賀直哉「国語問題」(『改造』4月号).「日本語を廃止して,世界中で一番うつくしい言語であるフランス語を採用しては」と書く.
	-	月刊ローマ字雑誌『Robin』刊行.
5	11	『Rômaji Shimbun』創刊(Hakushinsha). Kawahata Kituo 編集.月3回刊.
	13	ローマ字運動本部,「ローマ字採用ニ関シテ」を各新聞雑誌に発送.
	25	ローマ字運動本部,文部省でのローマ字調査機関設置にあたっては人選・組織等を民主的にするよう建議.
	-	『週刊朝日』に「国語国字の革新座談会」.羽仁五郎・服部四郎・中野好夫・緒方富雄・高見順・土岐善麿ら.(上)5月19日付.(下)5月26日付.
6	1	三尾砂(みお・いさご),福島県伊達郡茂庭村蛇体に新国民教育研究所を設立.ローマ字教育実践のため附属青葉学園小学校を創立.(6.5. 始業式.)
	5	日本ローマ字会とカナモジカイ,日本式ローマ字と横書きカタカナ普及,漢字全廃の推進を声明.
	12	国民の国語運動連盟ローマ字委員会,原案を訓令式に決定.

6	15	ローマ字教育の実施に関する対策を協議するため，文部省でローマ字教育対策懇談会を開催．
	29	文部省にローマ字教育協議会を設置．
7	11	文部大臣田中耕太郎，衆議院憲法特別委員会で来年度からローマ字を初等教育に入れると言明．
	12	鬼頭礼蔵『国字改革問題の方向』（ローマ字運動本部，）．孔版印刷．
	15	鬼頭礼蔵，石川県鹿島郡の8か所で2125人にローマ字講習．（7.16.まで．）
8	5	鬼頭礼蔵『Kokugo Rômazi Tokuhon』（ローマ字運動本部）．孔版印刷．（10.20.ローマ字教育会刊．1948.4.1.までに6版．）
	5	新大阪新聞社・日本ローマ字会が大阪の4国民学校で1000名にローマ字講習．（8.9.まで．）
	17	日本ローマ字会，東京大学でローマ字教え方講習会．（8.26.まで．）
	27	国民の国語運動連盟，「国語国字問題ノ解決案」を発表．
9	20	鬼頭礼蔵『国字改革の方向』（ローマ字教育会）．
10	1	少年少女向け科学文化雑誌『真理の国，SINRI NO KUNI』第1巻2号．鈴木和一「ローマ字の話」，湯浅啓温「わるい虫とよい虫」，羽仁五郎「MIRAI WA KIMI-TATI NO MONO DA」など掲載．
	22	ローマ字教育協議会，「ローマ字教育を行ふについての意見」「ローマ字教育の指針」を決定．文部大臣に答申．（10.25.教育刷新委員会，昭和22年度から義務教育の期間中にローマ字教育を実施することを了承．）
11	3	日本国憲法公布．旧漢字旧かな表記だが，口語体漢字ひらがな交じりで書かれた最初の法律．（1947.5.3.施行．）
	4	小学生向けの『EIZI SYOOKOKUMIN』創刊（新大阪新聞社）．タブロイド版2ページ，全文ローマ字．毎週月曜発行．
	10	ローマ字同志会『ローマ字文章法』（新日本社）．柴田武らが執筆．東大式分かち書きの原理を説く．
	11	鬼頭礼蔵，石川県下4か所で790人にローマ字講演．（8.15.まで．）
	16	『当用漢字表』（1850字），『現代かなづかい』，内閣告示・内閣訓令．
	18	ローマ字運動本部，ローマ字教授法講習会を東京下谷区と立川市で開催．（11.21.まで．）
	-	『文部時報』第834号「米国教育使節団報告書」．
12	5	松浦四郎『RÔMAZI EHON』（鳳文書林）．
	10	木本喜一『やさしいローマ字読本　初級用』（金沢・自由日本社）．
	11	ローマ字運動本部，ローマ字教授法講習会を大宮市と熊谷市で開催．（12.27.まで．）
	-	橋本進吉『国語学概論』（「橋本進吉博士著作集」第1巻．岩波書店．）

この年		岡野篤信・長谷川弘三・藤井駿一ら，ローマ字図書専門出版の「ローマ字教育会」を，音羽の日本ローマ字会事務所内に興す．
1947	**昭和 22**	
1	20	国民学校でローマ字教育を実施するについての「文部当局談」発表．
	25	秋玲二『TANOSII HANAZONO』（アカシヤ社）．
2	1	平井昌夫『ローマ字文法概説』．孔版印刷．
	19	'ローマ字博士' 田中館愛橘，最後の貴族院（第 92 回帝国議会）でもローマ字の演説．
	20	土岐善麿『国語と国字問題』（春秋社）．
	24	東京都ローマ字教育研究会設立（会長・城戸幡太郎）．
	28	文部省「ローマ字教育の指針」「ローマ字文の書き方」発表．
3	8	平井昌夫『ローマ字綴り方の歴史』（ローマ字教育会）．孔版印刷．
	21	日本ローマ字会『Rômazi Sekai』復刊第 1 号（第 37 巻 1-2）．
	31	土岐善麿編『Kazaguruma』（ローマ字教育会）．「ローマ字読本・春の巻」と副題．漱石・藤村・花袋らの作品を収録．
	31	中央教育研究所『ローマ字読本入門』（文寿堂出版部）．
	-	日本ローマ字会・京都ローマ字会・京都帝大ローマ字会編『ローマ字教室』基本編（都新聞社）．
4	1	『Rômazi no Tomodati（毎日こども文庫）』創刊（毎日新聞少国民新聞）．執筆者に鬼頭礼蔵・戸沢辰雄・土岐善麿ほか．
	5	豊島与志雄『長彦と丸彦』（国立書院）．ローマ字童話．
	5	服部四郎『国語ローマ字の綴字法の研究』（研究社）．
	6	広島ローマ字会，ローマ字教え方講習会を開催．講師・佐伯功介．（8.7.まで．）
	10	桜庭信之・小島忠治（福原麟太郎監修）『RÔMAZI TOKUHON Ⅰ』（研究社）．
	30	鬼頭礼蔵『ローマ字教授法の理論』（ローマ字教育会）．
	-	小・中学校国語科でローマ字教育を開始．いずれも選択制．小学校は第 4 学年以上（3 学年も可），年間 40 時間以上あてることを原則．
5	10	多田斉司・柴田武・石黒修『ローマ字教育の諸問題Ⅰ』（ローマ字教育会）．ローマ字運動本部編ローマ字教授法通信講座第 5 冊．孔版印刷．
	20	『国語国字問題と国語教育』（小学館国語研究部）．
	30	土岐善麿『ローマ字文の書き方』（朝日新聞社）．（1951.7.1. ローマ字教育会から再版．）
	-	『Saiensu』創刊（京都・秋田屋）．全文ローマ字書きの科学雑誌．梅棹忠夫主宰．泉井久之助らが執筆．
6	10	鬼頭礼蔵，鹿児島県下 5 か所で 1910 人にローマ字教授法講習．（6.26.まで．）

6	25	桜庭信之・小島忠治(福原麟太郎監修)『RÔMAJI TOKUHON II』(研究社). (1947.11.20.までに10版.)
	27	鬼頭礼蔵, 熊本県下2か所で450人にローマ字教授法講習. (6.28.まで.)
7	20	高沢幸太郎『Rômazi no Hon』(学習会出版部).
8	5	日本ローマ字会『ローマ字教育講座』第1巻(星書房). 三尾砂・上飯坂好実が執筆. 青葉学園児童のローマ字作品収録.
	5	鈴木和一『ひとりで学べる新制ローマ字』(牧書店).
	10	天理教青年会, 機関誌『ARAKI-TORYO』創刊.
9	1	日本ローマ字会・京都ローマ字会・京都帝大ローマ字会編『ローマ字教室』第2編(都新聞社).
	5	中島秀則『ローマ字童話イソップ』(文化書房).
	30	日本ローマ字会編『ローマ字教育講座』第2巻. 松村明・佐伯功介・岩倉具実・鬼頭礼蔵・世良琢磨・石黒修が執筆.
10	15	『Dôbutu no Sekai──Tomodati-bunko──』(毎日新聞社).
	15	江口喜一『Sintei Rômazi Tokuhon(新定ローマ字読本)』(日本のローマ字社).
	-	服部四郎『Rômazi to Eigo no Otogibanasi』(Bunkyûdô).
11	10	平井昌夫『ローマ字教育の理論と実際』(開隆堂出版). (1951.7.20. 改訂版『ローマ字学習指導論』.)
	25	日本ローマ字会編『ローマ字教育講座』第3巻. 中村通夫・平井昌夫・三尾砂・世良琢磨・土岐善麿が執筆.
1948	**昭和23**	
1	15	斎藤強三『ローマ字読本』巻1(臼井書房). (巻2は2.1.刊行).
	29	文部省, ローマ字教育調査委員会準備会を開催. ローマ字調査委員会設置要項決定.
2	16	『当用漢字別表(教育漢字)』881字, 内閣告示・内閣訓令.
3	1	日本ローマ字会編『ローマ字教育講座』第4巻. 佐伯功介・菊沢季生・平井昌夫・川上晃・石森延男が執筆.
	-	文部省教育研修所(のち国立教育研究所)にローマ字教育実験調査委員会を設置. 委員長・日高第四郎, 副委員長・波多野完治・石黒修, 委員・前田静夫・鬼頭礼蔵・三尾砂・奥中孝三・服部四郎・岩淵悦太郎ら22名.
5	25	文部省, ローマ字教科書の入用部数を調査. ローマ字教育に関する調査実施.
	27	「小学校ならびに新制中学校において児童・生徒のローマ字の習得状況調査のために行う考査」の実施準備.
6	1	鬼頭礼蔵『ローマ字の教室　Tarô to Poti』合本版(ローマ字教育会). 奥付に「昭和22年6月から'ローマ字の友'に連載/昭和23年3月改訂分冊版発行」とある.

6	15	土岐善麿・鬼頭礼蔵・平井昌夫『ローマ字教育』(非凡閣).
	20	戸田良吉『切りとったうでがまた生えたら』(ローマ字教育会).「Perikan Bunko」2.
7	1	佐伯功介『ローマ字読本』(広島図書).
	20	関英雄『星の世界へ』(ローマ字教育会).「Perikan Bunko」5.
	21	文部省, 中学校用ローマ字教科書『Watakusitati no Mati』刊.
	30	文部省, 小学校用ローマ字教科書『TARÔ SAN』『TARŌ SAN』刊.
8	8	文部省教育研修所, 全国2万1008人を対象(参加者：1万6820人)に全国270箇所で読み書き能力調査を実施.（8.26.まで.）
	15	鬼頭礼蔵『Minna de Asobô 1』(ローマ字教育会).（1952.1.25. 改訂増補第9版.）
	21	鬼頭礼蔵『Gakkô no Mado kara』(ローマ字教育会). 小学校5年生用ローマ字教科書.
	25	田中館愛橘『TOKI WA UTURU』(鳳文書林).（1986.10.25. 田中館愛橘会が復刻. 漢字文とローマ字文併記.）
9	1	文部省教育研修所, ローマ字教育実験学級を1年生から6年生まで日本式29学級, 訓令式41学級, ヘボン式18学級, 計88学級を指定, 全国で教育実験を開始(年度により変化あり, 1949年度は120学級, 50年度は104学級. 1951.3.まで.), 国語科以外の科目の読み書き全てにローマ字を使用. 国語科以外で研修所が用意したローマ字教科書は「Sansû」のみで, 教師たちは苦闘.（石黒修「ローマ字教育の実験と調査」『ことばの教育』34号, 1952.6. 発行）
	6	鬼頭礼蔵『Tarô to Poti』(ローマ字教育会). 小学校4年生用ローマ字教科書. (9.2. 文部省検定済みとなる.)
	20	平井昌夫『国語国字問題の歴史』(昭森社).（1949.11.10. 再版. 1998.2.25. 三元社が復刻(安田敏朗解説).）
10	1	東京都ローマ字教育会,『SYÔNEN RÔMAZI SINBUN』創刊.
	1	桜庭信之『RÔMAZI NO KAKIKATA TARÔ SAN』(日本図書出版社).
	12	文部省, ローマ字調査会規定(大臣裁定)を制定. 議事規則を制定.
11	5	東京都ローマ字教育研究会編『Tarô Sanの'ワークブック'』(ローマ字教育会).
12	10	鬼頭礼蔵『ローマ字教科書教授の手引』(教育図書).
	10	松村明『ローマ字教育論』(牧書房).
	15	島崎藤村『HURUSATO』(ローマ字教育会).
	20	文部省に国立国語研究所設置.（1949.1.31. 西尾実が初代所長に.）
	20	宮田幸一『日本語文法の輪郭』(三省堂).（2009.6. くろしお出版が復刊.）
10	1	「ハングル専用に関する法律案」韓国国会をとおる.

この年		韓国文教部「ハングルをローマ字で書く法」発表.
		倪海曙『中国拼音文字概論』, 上海刊.
1949		**昭和 24**
2	20	文部省, 中学校用ローマ字教科書『SEKAI』刊.「ギリシア・ローマ神話」「昆虫記」「クオレ」「ロビンソン・クルーソー」などを含む.
3	1	文部省, 小学校用ローマ字教科書『MATI』を刊行.（5年生用.）
	10	文部省, 小学校用ローマ字教科書『KUNI』を刊行.（6年生用.）
	-	文部省教科書局国語課『国語調査沿革資料』.
4	1	雑誌『ことばの教育』第1号, 『ローマ字の友・教育版』改題.（ローマ字教育会）. 本創刊号では「検定教科書 "Tarô to Poti" によるローマ字学習指導の細目(1)」(鬼頭礼蔵)を特集.
	5	松村明・飛田多喜雄『Amai Akebi』（穂波出版社）. 小学生用ローマ字読本.
	15	鬼頭礼蔵, 長野・新潟・富山・石川の各地をめぐり, ローマ字講習.（5.8.まで.）
	15	Nomura-Hirosi『Grimm no Dôwa(1) Siawasemono no Hans』（富山新聞社出版部）.
	15	本多忠一・藤井駿一『TARÔ SAN のローマ字練習帖』（ローマ字教育会）.
	28	『当用漢字字体表』, 内閣告示・内閣訓令.
	-	『公用文の書き方』, 各省庁に配布.
5	19	鬼頭礼蔵『太郎とポチの練習帖』（ローマ字教育会）.
	-	ローマ字調査会のつづり方に関する主査委員会, 10回調査を続ける.
6	10	鬼頭礼蔵『Kabotya』（ローマ字教育会）.
	30	古川晴男『Hana to Musi』（ローマ字教育会）.
7	5	国語審議会令, ローマ字調査審議会令公布.
	5	鬼頭礼蔵『Minna de asobô 2』（ローマ字教育会）.
	5	鬼頭礼蔵『Genkina Kodomo wa Ensoku ni』（ローマ字教育会）.
	20	鬼頭礼蔵『Midorino Kuni no Kodomotati』（ローマ字教育会）. 小学校6年生用ローマ字教科書.
	22	教育文化研究会『HIKARI O MOTOMETE』（教育図書）. 中学3年生用ローマ字読本.
	26	三尾砂『MINNA NO RÔMAZI』（国民図書刊行会）. 小学校用ローマ字教科書.
	29	平井昌夫・橘田広国・岡野篤信『SEKAI no TABI』（ローマ字教育会）. 中学2年生用ローマ字教科書.

8	4	第1回全日本ローマ字教育大会(東京都目黒区・国立教育研究所).東京都ローマ字教育研究会主催.5日,全国のローマ字教育研究団体がまとまり,全日本ローマ字教育連盟を設立.初代委員長・武藤辰男,副委員長・太田登志雄・野村哲・吉川久雄.(8.5.まで.)
	5	三須英雄『INE(稲)』(ローマ字教育会).
	25	松為周従『Tarô no Gakko 4 nen Sansû no 1』(ローマ字教育会).
	-	井伏鱒二「本日休診」(『別冊文芸春秋』).'春三'がローマ字タイプライターで手紙を書く場面がある.
9	5	鬼頭礼蔵『Dôbutu no Sekai』(ローマ字教育会).
	15	本多忠一『HUZISAN』(ローマ字教育会).
	20	関根文之助『日本文明の父ヘボン博士』(香柏書房).
10	30	クロタキ・チカラ『進むニッポン語』(大学書林).
	-	「ローマ字教育の効果測定に関する調査報告」印刷.
11	5	鬼頭礼蔵『太郎とポチの練習帖2』(ローマ字教育会).
	10	改組後の国語審議会第1回総会.
	20	田丸卓郎『RIKIGAKU I』(岩波書店).
	30	「ローマ字調査審議会委員及び臨時委員候補者推薦方法」文部省告示.
12	1	中西悟堂・浮田章一『Kizi Monogatari』(ローマ字教育会).「Perikan Bunko」1.
	1	橘田広国『Aoi-Tori』(東京都文教共済会).ローマ字童話.
	5	松為周従『Tarô no Gakkô 4 nen Sansû no 2 Yamanobori』(ローマ字教育会).
	15	戸沢辰雄『KISYA NI NOTTE——Kôtû no Hanasi——』(ローマ字教育会).
	15	トルストイ著・柳田知常訳『Basya ni notta Kuma』(ローマ字教育会).「Perikan Bunko」3.
	20	ローマ字調査審議会第1回総会.
	20	平井昌夫・日下部文夫・田中敏雄『KIBÔ no MITI』(ローマ字教育会).中学3年生用ローマ字教科書.
10	1	中華人民共和国成立.
11	10	中国文字改革協会設立(会長・呉玉章).
この年		東北鉄道局電報従事者大会で「新文字電報案」通過.
1950	昭和25	
1	1	鬼頭礼蔵『Me to Mimi to Kuti』(ローマ字教育会).「Rômazi no Tomo」第12巻第1号.
	20	原浩『Ie』(ローマ字教育会).

1	30	柴田武『文字と言葉』（刀江書院）．
2	1	鬼頭礼蔵『Minna no Tomodati』（ローマ字教育会）．
	4	鬼頭礼蔵・平井昌夫，甲府市穴切小学校で県下の教師 350 人にローマ字講義．
	10	海老沢有道校註『長崎版どちりなきりしたん』（岩波文庫）．
	10	高木博『KIN'IRO NO SIKA』（国民図書刊行会）．「Rômazi Dôwasyû」2.
3	20	文部省『改訂　ローマ字教育の指針』．
4	1	鬼頭礼蔵『Watasitati no E-nikki』（ローマ字教育会）．
	5	釘本久春『Hana to Kodomo』（国民図書刊行会）．
	5	子ども向けローマ字新聞『KODOMO TIMES』創刊．（東京都文京区小石川 1-1，文明研究会）．
	10	西日本ローマ字研究会『Rômazi no Kodomo 1』（西日本学習社）．
	10	文部省にローマ字に関する学習指導要領編修協議会設置．
	17	国語審議会令公布，「ローマ字に関する事項」が目的に加わる．ローマ字調査審議会をローマ字調査分科審議会として包含．
	29	第 2 回ローマ字教育全国大会（大阪市東区・集英小学校＝現・開平小学校）．全日本ローマ字教育連盟・大阪ローマ字教育研究会・ローマ字教育研究所の共催．（4.30. まで．）
5	1	楠山正雄『Tawara-Tôta(俵藤太)』（ローマ字教育会）．「Perikan Bunko」4.
	6	国語審議会ローマ字調査分科審議会に「つづり方」と「分ち書き」の両分科会設置．
	10	三須英雄『Mugi』（ローマ字教育会）．
	13	漁船法施行規則で漁船の登録番号にローマ字を付ける．TK3 － 1234 の TK は東京，3 は 5 トン未満の動力漁船，－からあとの数字は都道府県ごとの一貫番号．HK：北海道，AM：青森，FS：福島，CB：千葉，ON：沖縄など．
	25	垣内松三『辞筌』（河野書店）．国語辞典．RÔMAZI SAKUIN 付き．
	25	村上秀夫『MUZINTÔ』（小田原市・オリエント社）．
6	10	戸沢辰雄『Tarô to Poti no Mangwa Nikki』（ローマ字教育会）．
	25	鬼頭礼蔵『Sima no Odiisan』（ローマ字教育会）．
	26	国語審議会ローマ字調査分科審議会つづり方部会第 1 回部会．（1952.2.25. までに 24 回開催．）
7	1	松爲周従『Aozora ni nobiru：Sannen Sansû 1』（ローマ字教育会）．
	10	国語審議会ローマ字調査分科審議会分ち書き部会第 1 回部会．（1952.1.28 までに 16 回開催．）

8	1	ローマ字同志会(福永恭助，小林胖ら)『ローマ字綴り方問題について』．孔版印刷．
	5	土岐善麿『鶯の卵 Uguisu no Tamago』（春秋社）．
	27	第2次対日米国教育使節団，5名来日．
	-	文部省，第2次対日米国教育使節団に報告書『日本における教育改革の進展』を提出．
9	22	第2次対日米国教育使節団，連合国軍最高司令官マッカーサーに報告書を提出．「1つのローマ字方式(a single system of Romaji)が最もたやすく世間一般に用いられうる手段を研究すること」，「小学校の正規の教育課程の中にローマ字教育を加えること」などを勧告．
	25	時枝誠記『日本文法　口語篇』(岩波書店).
	25	松為周従『Tarô no Gakkô：Yonen no Sansû Kodomo-Ginkô』（ローマ字教育会）．算数ワークブック．
10	13	林毅陸，社団法人ローマ字ひろめ会設立．(標準式団体，1992.4.3. 許可取り消し．)
	15	松浦四郎『Kikai to Ningen』（ローマ字教育会）．
	30	藤井駿一ほか『中学のローマ字学習指導の手引き』（ローマ字教育会）．
11	10	鈴木和一訳『Sindbad no Bôken』（ローマ字教育会）．「Perikan Bunko」6.
	10	吉田澄夫・井之口有一『国字問題論集』(冨山房).
	20	問田のぶ『Nezumi no Otukai』（ローマ字教育会）．
	20	御園生咲郎・田中行成『ローマ字理論と指導』（山口県ローマ字学会）．
	20	国語審議会ローマ字教育部会第1回部会．(1952.3.17 まで 16回開催．)
12	5	ローマ字文化後援会『国語国字問題を解決しなければニッポンの再建はできない』．
	25	青木文教『Nazo no Kuni Tibetto：Tibetto no Tabi』（ローマ字教育会）．「Perikan Bunko」8.（1957.2.25. の再版は『Tibetto no Tabi』と改題．）
	26	ローマ字教育研究所，ローマ字教育研究協議会を開催(26〜27, 28〜29 の2回．東京都中央区泰明小学校). 文部省後援．(12.29. まで．)
	-	「第二次訪日米国教育使節団報告書」(『文部時報』第880号.)
この頃		タブロイド版4ページの『Rômazi Sinbun』（東京港区・ローマ字新聞社＝発行人・上田半次郎）刊．月3回．
1951	**昭和 26**	
1	10	『寺田寅彦全集』文学篇第10巻(岩波書店).「RÔMAZI NO MAKI」．
2	5	ローマ字教育研究所『Suna to tatakau』（ローマ字教育会）．
3	1	三尾砂『Mayotta Koguma』（日本のローマ字社）．

3	3	朝日新聞・朝刊　岡野篤信「ローマ字表記は訓令式に　国会図書館は混乱に加担するな」.
	25	文部省『国語問題要領解説』. 国語シリーズ 4.
	31	文部省『ローマ字実験学級の調査報告』.
4	15	堀川掬・山田一枝『Tenki no Hanasi』（ローマ字教育会）.
	20	松浦四郎『日本式ローマ字綴り方解説』（ローマ字教育研究所）. 孔版印刷.
	20	読み書き能力調査委員会『日本人の読み書き能力』（東京大学出版部）. 編集出版委員：石黒修・柴田　武・島津一夫・野元菊雄・林知己夫. 元 CI&E 担当官 J.C. ペルゼルのローマ字書きメッセージ所収.
	25	ローマ字教育研究所『Watasitati no Kurasi』（ローマ字教育会）. 小学生用社会科読み物.
5	10	鬼頭礼蔵『ローマ字学習指導法講義』第 1 分冊（ローマ字教育会）.
	20	中国地方ローマ字教育研究協議会を開催（広島市中央公民館）. 広島県市教育委員会・ローマ字教育研究所主催. （5.22. まで.）
	30	河野誠恵『Wakariyasui NIPPONGO NO SYOOSINGE』（ローマ字教育会）.
6	1	岩下新平・青山正治・鎌田勇・丸山千織（土岐善麿監修）『ATARASII RÔMAZI』（東京書籍）. 小学生用ローマ字教科書.
	7	平井昌夫『RÔMAZI KURABU』（開隆堂）. 小学生用ローマ字教科書.
	10	奈街三郎『Raion to Hosi』（ローマ字教育会）.「Perikan Bunko」7.
	15	問田のぶ『Sanbikino Kobuta』（ローマ字教育会）.（1963.1.25. までに 7 版.）
	25	ローマ字教育実験学級を指導するため文部省ローマ字教育実験調査研究会を設置.
7	1	宮沢賢治著・齋藤襄治編訳『KAI NO HI（貝の日）』（ローマ字教育会）.「Perikan Bunko」10.
	30	新垣宏一『ローマ字入門のほん』（徳島新聞出版部）.
	10	文部省『学習指導要領一般編(試案)改訂版』.『ローマ字教育の指針』と 1958 年版指導要領の中間にあるが，ローマ字教育については最も詳細.「第6章ローマ字の学習指導」第2節：ローマ字の学習指導の一般目標は何か. ローマ字の学習指導の一般目標として，次のことがあげられる. 1. ローマ字を読みこなす力を養う. 2. 自分の考えをローマ字で書き表わす力を養う. 3. ローマ字のきまりを身につけて，正しく表現する力を養う. 4. 気軽にローマ字を使う習慣と態度を養う.
9	1	文部省，ローマ字教育実験学級を設け，調査研究することを決定. 全国に 20 学級. （1954.3. まで.）
	5	尾崎行雄『わが遺言』（国民図書刊行会）. 漢字全廃・ローマ字採用を主張.
	15	鬼頭礼蔵『Akai Hune Aoi Hune』（ローマ字教育会）.「Minna de asobô」3.

9	25	鬼頭礼蔵『Watasitati no Keiziban 1』（ローマ字教育会）．
10	10	江口榛一『Sippo no Yukue』（ローマ字教育会）．
	10	三須英雄『IMO』（ローマ字教育会）．
	15	松爲周従『Aozora ni nobiru：Sannen Sansû 2』（ローマ字教育会）．
	20	福永恭助『HUSIGINA HOMAESEN』（ローマ字教育会）．「Perikan Bunko」11.
	20	タカクラ・テル，スズキ・ケンジ『ぶたの歌』（理論社）．版画とローマ字文．
11	15	福永恭助『これからの文章はこう書くのだ——口語文のあり方——』（森北出版）．
	15	中村隆『Sio no Hanasi』（ローマ字教育会）．
	20	松爲周従『Aozora ni nobiru：Sannen Sansû 3』（ローマ字教育会）．
	21	鬼頭礼蔵・松下秀男，愛媛県西条市・新居浜市・松山市でローマ字講習．（11.24.まで．）
12	20	平井昌夫・藤井駿一・千葉龍蔵『Mado o Akeyô』ヘボン式版（ローマ字教育会）．中学１年生用ローマ字教科書．
	25	ローマ字教育研究所編『学習指導要領を中心とした国語科ローマ字の学習指導』（ローマ字教育会）．
	27	第3回ローマ字教育全国大会（東京都台東区・田原小学校）．（12.28.まで．）
	30	鬼頭礼蔵『ローマ字指導法講義』第2分冊（ローマ字教育会）．
この年		服部四郎『音韻論と正書法』（研究社）．
6	-	毛沢東，「漢字の簡素化から文字改革を進めよ」と呉玉章に語る．
12	26	政府に中国文字改革研究委員会を設置．のち中国文字改革委員会と改称．
1952	昭和27	
1	-	『Rômazi no Nippon』再出発．（創刊は1928.1.（日本のローマ字社））．『Rômazi no Tomo』教育版（ローマ字教育会）を受け継ぐ．月刊．（現在は財団法人日本のローマ字社機関誌として季刊．）
2	1	鬼頭礼蔵・松下秀男，京都・大阪・兵庫の各地区別ローマ字教育協議会でローマ字講習や実地授業．
	10	タカクラ・テル『新ニッポン語』（理論社）．
	25	坪田譲治『Kitune to Kappa』（ローマ字教育会）．「Perikan Bunko」12.
	-	『実践国語』第13巻141号，「ローマ字教育の問題」を特集．石黒修・鬼頭礼蔵・橘田広国・日吉透雲・田中敏雄・岩下新平・野村兼嗣・浜真喜男・丸山千織ら執筆．
3	10	ローマ字調査分科審議会のつづり方部会が「ローマ字のつづり方」を，分ち書き部会が「ローマ字文の分ち書きのしかた」を総会に報告．
	31	文部省『昭和27年度ローマ字教育実験学級指導試案そのⅠ』．

4	5	鬼頭礼蔵『ローマ字学習の具体的指導法——小学校第六学年——』(ローマ字教育会).
	10	鬼頭礼蔵『ローマ字学習の具体的指導法——小学校第四学年——』前期用(ローマ字教育会).
	10	三須英雄『INE to MUGI』(ローマ字教育会).
	10	倉石武四郎『漢字の運命』(岩波新書).
	14	国語審議会ローマ字教育部会,「国語教育におけるローマ字の取扱について」を総会に報告.
	15	本多忠一『HUZISAN』(ローマ字教育会).
	25	福原麟太郎・山岸徳平『研究社国語辞典』(研究社). 見出し語をヘボン式ローマ字で示す.
5	10	文部省『国語審議会報告書——付議事要録——』. ローマ字教育の問題, ローマ字つづり方の問題, ローマ字分かち書きの問題を扱う.
	21	田中館愛橘没(95歳). (5.26. 日本学士院葬(東京大学大講堂). のち福岡町(現二戸市)でも葬儀. 同地祖霊社に葬る. 墓碑はローマ字書き.)
	-	ローマ字教育研究所, ローマ字教育実験学級を全国に41設置, 実験・調査・研究を開始. (1956.3. まで.)
6	2	『ローマ字教育実験学級終末テストの調査報告(昭和26年度)』.
	12	岡田武松「故田中館愛橘会員略歴」(『日本学士院紀要』第10巻2号).
	15	文部省『入門期におけるローマ字文の学習指導』(統計出版). 国語シリーズ9.
9	1	『Rômazi Sekai』第42巻通巻448号,「巨人のあしあと——田中館博士逸話集——」として追悼特集.
	1	松下秀男, 愛媛県教育委員会に招かれ3会場で実地授業と講習. (9.15. まで.)
	5	松浦四郎『ローマ字正字法の研究』(ローマ字教育会).
	15	後藤楢根『Haru wo matu Donguri』(ローマ字教育会).「Perikan Bunko」9.
10	15	鬼頭礼蔵『ローマ字学習の具体的指導法——小学校第四学年——』後期用(ローマ字教育会).
11	15	後藤篤行『東大ローマ字会の分ち書きの研究』(日本ローマ字会).
12	8	戸沢辰雄『Isoppu no Hanasi』(ローマ字教育会).「Perikan Bunko」13.
	10	柳田友常『Taketori Monogatari』(ローマ字教育会). ローマ字書き「Nippon no Koten」7.
	26	第4回ローマ字教育全国大会(東京千代田区・錦華小学校). 小田原喜治彦・田中俊彦が公開授業. (12.27. まで.)
この年		教育部, 常用字2000字を公布.
1953	昭和28	
1	12	鬼頭礼蔵, 京都綾部小・安詳小でローマ字の実地授業と講習. (1.13. まで.)

1	14	岡野篤信，佐賀県・長崎県の3校でローマ字の実地授業と講習．（1.16.まで．）
	25	ローマ字雑誌『IZUMI』創刊（熊本ローマ字研究会）．
2	1	文部省『昭和28年度ローマ字教育実験学級指導試案』．
3	1	ローマ字教育研究所編『Taipuraitâ no Toriatukaikata to Rensyûsyo』（ローマ字教育会）．孔版印刷．
	12	「ローマ字つづり方の単一化について」が第18回国語審議会で可決．文部大臣に建議．訓令式を第1表とし，その他を第2表とする．
	20	平井昌夫『Hon no Rekisi』（ローマ字教育会）．「Perikan Bunko」14．
3	25	中島健蔵・大塚明郎・鬼頭礼蔵，48人の賛成を得て，各都道府県教育長に「ローマ字教育振興について」の要望書を送付．
4	5	愛知県ローマ字研究会『"Tarô to Poti" no Rômazi-kâdo』．
5	20	松村博司『Genzi Monogatari』（ローマ字教育会）．ローマ字書き「Nippon no Koten」10．
6	1	黒岩一郎『Nippon Eitaigura』（ローマ字教育会）．ローマ字書き「Nippon no Koten」23．
	20	教育文化研究会『NOBORU ASAHI』（教育図書）．中学1年生用ローマ字読本．
	-	文部省『ローマ字教育実験学級終末テストの調査報告（昭和27年度）』．
7	10	永平和雄『Heike Monogatari』（ローマ字教育会）．ローマ字書き「Nippon no Koten」17．
	20	文部省『やや進んだ段階におけるローマ字の学習指導』（光風出版）．国語シリーズ10．
8	4	「小中学校のローマ字つづり方の学習について」を文部省が通達．1955年度から，単一化されたつづり方で実施することになる．
9	15	福永恭助『ローマ字文を書くコツ』（ローマ字教育会）．
10	1	小沢正夫『Makura no Sôsi』（ローマ字教育会）．ローマ字書き「Nippon no Koten」9．
	17	松下秀男，奈良県奈良市佐保小を皮切りに大阪府・兵庫県・京都府・岡山県・島根県・鹿児島県下の16か所で実地授業と講習．（11.20.まで．）
11	1	小沢正夫『Hôdyôki（方丈記）』（ローマ字教育会）．ローマ字書き「Nippon no Koten」16．
12	10	柴田勝『Pinokkio』（ローマ字教育会）．「Perikan Bunko」15．
1954		昭和29
2	5	北岩夫『ローマ字は日本教育と日本社会を近代化する』（私家版）．
3	10	文部省，学術用語集『数学篇』『物理学篇』刊．ローマ字・漢字・英語各表記を

		対照．ローマ字つづり方は 1953.3.12. の「単一化」の方式による．
	15	国語審議会各部会等，「ローマ字教育について」「ローマ字のわかち書きについて」「標準語のために」「当用漢字表審議報告」「外来語の表記について」を総会に報告．文部大臣に報告．
5	5	新書判『啄木全集』第 16 巻(岩波書店)．「Rômazi nikki」を採録．
6	16	中村道夫・高木博『TYÛGAKUSEI NO RÔMAZI』1．2．3．
7	1	文部省『中学校高等学校学習指導法国語科編』．第 6 章ローマ字学習指導．
	30	第 5 回ローマ字教育全国大会(東京都・日本医師会館)．ローマ字教育実験学級の実験結果についての発表．(7.31. まで．)
	-	文部省『ローマ字教育実験学級終末テストの調査報告(昭和 28 年度)』．
11	15	永平和雄『Satomi Hakkenden』(ローマ字教育会)．ローマ字書き「Nippon no Koten」30．
12	9	「ローマ字のつづり方」内閣告示第 1 号・「ローマ字のつづり方の実施について」内閣訓令第 1 号公布(1937.9.21. の内閣訓令第 3 号は廃止)．
1955	昭和 30	
3	5	大塚明郎著小学 5 年生用ローマ字教科書『Ahureru Izumi』(ローマ字教育会)．
	30	文部省『ローマ字問題資料集』第 1 集(明治図書出版)．国語シリーズ 23．
4	1	木村万寿夫『国語教育のためのローマ字教育論』(ローマ字教育会)．
	1	ローマ字教育，単一化されたつづり方で実施．
	25	鬼頭礼蔵『四年生のローマ字学習指導案』『五年生のローマ字学習指導案』『六年生のローマ字学習指導案』(ローマ字教育会)．(1955.3.31. までに『四年生〜』『五年生〜』はともに 7 版，『六年生〜』は 6 版．)
5	19	第 1 回ローマ字の日中央行事(東京・正則学園・共立講堂)．19 日保科孝一(代読)が「訓令式成立のいきさつ」の特別講演．金田一京助が「真理の勝利」の記念講演．荒川文六・河野誠恵に文部大臣奨励賞(東京・正則学園)．20 日徳川夢声が「生きたはなし」の講演．その他舞踏，映画など(神田共立講堂)．5 月 20 日をローマ字の日と定める．(5.20. まで．)
8	3	第 6 回ローマ字教育全国大会(東京都・日本医師会館)．中島健蔵「私はなぜローマ教育を支持するか」の講演．(8.4. まで．)
10	1	『Hyôjun Rômaji』創刊．(財団法人標準ローマ字会)．
11	-	小原喜三郎「これこそ憂うべき教科書　有害無益なローマ字教育，千二百万学童のため訴える！」．
10	-	全国文字改革会議，北京に招集．ローマ字採用決定．
この年		文改会に拼音方案委員会設立．

271

この年		漢字簡化方案草案発表.
		北朝鮮「外国字母による朝鮮語表記法」としてキリル文字・ラテン文字の書き方を発表. ローマ字はマッキューン・ライシャワー式に近いが,有気音(激音)を ph, th, kh, 母音 [ε] を ai とつづる.
1956	**昭和 31**	
3	-	日本最初の本格的コンピューター "FUJIC" をローマ字論者岡崎文次が独力で完成.
	-	上林暁「和日庵」(『文芸』3 月号). モデルは鳴海要吉.
	-	高校入試にローマ字の出題目立つ(京都市内の高校・広島大学附属高校など).
4	27	『講座日本語Ⅵ 国語と国字』(大月書店).「5. 国語運動のあゆみ」を大久保正太郎が執筆, ローマ字に言及.
5	20	第 2 回ローマ字の日中央行事(東京・毎日講堂). 原田稔が「中国の文字改革と今後の見透し」, 喜安善市が「明日の通信機械をヨーロッパに見る」の講演. 北村千代子に文部大臣奨励賞.
7	5	国語審議会,「国語教育におけるローマ字教育について」を可決. 文部大臣に報告.
8	4	第 7 回ローマ字教育全国大会(東京都・学習院大学). (8.6. まで.)
	-	作文の会・実践国語研究集会・日本作文の会・全日本ローマ字教育連盟の諸団体, ローマ字教育の強調について文部大臣に要望書提出.
	-	ローマ字運動内部で, 教科書問題などをめぐり紛争発生. ローマ字教育研究所・ローマ字教育会・日本のローマ字社は「Rômazi-kyôiku-undô ni kansuru Ippan-zyôsei no Bunseki to Undô-hôsin」のパンフレットを同志に配布.
9	30	知里真志保『地名アイヌ語小辞典』(北海道出版企画センター). sí-chupka(シチュㇷ゚カ, 真東), mosir, -i(モシㇼ, 島;国土;世界)など, ローマ字, かな表記に工夫.
11	28	津山市立第二小学校で開催の第 6 回中国・四国地区ローマ字教育研究大会で, 小学生のローマ字タイプのコンクールを開催.
1	1	すべての出版物が横書きになる.
	28	漢字簡化方案公布.
2	-	漢語拼音方案草案発表.
8	-	『拼音』創刊.
1957	**昭和 32**	
1	17	金田一春彦『日本語』(岩波新書).
2	1	『Rômazi Kyôiku』創刊 (ローマ字教育実践連絡会=千葉市本納小学校内). 同校教諭山本武が中心. 孔版印刷. 月刊. (1958.5.1 の第 16 号まで.)
3	14	灘尾文部大臣・内藤政府委員, 衆議院文教委員会で社会党木下委員に対し, ローマ字教育を廃止縮小する考えはないと答弁.

7	7	Shibata Yuuki『KANREKI』. 川柳集(豆本). 私家版.
8	5	第8回ローマ字教育全国大会(東京教育大学). 和歌森太郎が「歴史の歩みとことばの歩み」の講演. (8.7.まで.)
11	30	『標準式ローマ字制定七十周年記念　講演集』(財団法人標準ローマ字会)
4	-	「本国地名審議表初稿」発表.
7	-	『拼音』を『文字改革』と改題. (1966.6. 文化大革命で停刊.)
12	11	漢語拼音方案公布.
1958		**昭和33**
1	1	さねとうけいしゅう『中国の文字改革』(くろしお出版).
	30	片山哲・臼井荘一・小笠原三九郎・中村梅吉・松岡駒吉らの代議士が中心となり,「言語政策をはなしあう会」の準備会開催.
3	1	「日本ローマ字会ローマ字実験学級とテストについての報告」(『Rômazi Kyôiku』第14号). (第15号に続き.)
	15	教育課程審議会, 小学校4年以上のローマ字教育の必修とローマ字教科書の廃止を決定, 文部大臣に答申.
	-	文部省『ローマ字教育実験調査報告書(第1部, 第2部)』.
4	1	石黒修『YASASII RÔMAZI　初級用・こども編』(東都教材社).
	8	倉石武四郎『ローマ字中国語初級』(岩波書店).
	10	衆参両院議員の有志と学識経験者によって「言語政策をはなしあう会」設立. のち「言語政策の会」と改称.
	-	『ことばの教育』第20巻第4号(100号)刊. 付録『ローマ字教育白書』.
5	1	宣伝パンフレット「言語政策を話し合う会」(同会).
	1	倉田宣威『USAGI』(ローマ字教育会).「Perikan Bunko」15.
	10	倉石武四郎『漢字からローマ字へ――中国の文字改革と日本――』(弘文堂).
	-	鈴木和一「言葉のくだたま――On some aspects of the Japanese language, and pieces of advice towards its Romanization――」(『早稲田商学』第133号).
6	25	鬼頭礼蔵『日本語をやさしくしよう』(くろしお出版).
	-	楠道隆『国字問題についてこう考える』. 神戸大学教育学部(のち武庫川女子大学)の授業科目「国語国字問題」テキスト. (1967.10. 改訂版. 1979.4. 三訂版.)
8	6	第9回ローマ字教育全国大会(東京教育大学). 植竹春彦・山田節男・高良とみの各国会議員も出席, 意見交換. (8.8.まで.)
10	1	文部省, 改訂学習指導要領告示. ローマ字にあてる時間数を4年20時間, 5年, 6年各10時間に削減. ローマ字に関する部分：第4学年：ローマ字については, 次の事項を指導する. ア. ローマ字で書いた語や簡単な文などを読むこと. イ. ローマ字で語や簡単な文などを書くこと.

月	日	事項
10	1	日本ローマ字会『Rômazi Sekai』復活第1号.
11	17	平林広人『Andersen Dôwasyû(アンデルセン童話集)』(ローマ字教育会).
	18	国語審議会ローマ字調査分科審議会,「ローマ字調査分科審議会報告」を総会に報告.
2	11	漢語拼音方案,全国人民代表大会で承認.
7	-	東北鉄道管区内でローマ字電報実施.
	-	第1回全国プートンホワ教育成績観摩会(コンクール),北京で開催.
9	-	全国の小学1年生にローマ字教育実施.
10	-	全国の郵便局でローマ字電報の取扱い開始.
	-	『漢語拼音報』創刊. 週刊ローマ字新聞.
1959	昭和34	
2	7	文部省,小学校教育課程移行措置要領を通達し,「ローマ字を課していない場合は新指導要領に従ってローマ字の指導を行なうようにすること」とする.
	-	多田斉司「国語をローマ字でかくことについて」(『学士会月報』669号).
4	1	石黒修『YASASII RÔMAZI』(東部教材社).
	1	岩倉具実『gengogaku eno tebiki(言語学への手引き)』(くろしお出版). ローマ字書き大学言語学教科書. (1967.5.20. 増補. 1976.4.15. までに6刷.)
5	21	日本のローマ字社,創立50周年記念祝賀会・授賞・「Rômazi no Uta」発表などの行事を実施(銀座ガスホール等). 記念講演会に三笠宮崇仁親王・阿部知二・片山哲ほかも参加. 江戸川乱歩が「一つの世界一つの文字」の講演. 記念出版は菊沢季生編『日本ローマ字史年表』(日本のローマ字社).
	25	江戸川乱歩『夢の殺人』(ローマ字教育会). 原作『二廃人』. かな漢字・ローマ字漸増表記. (1962.9.1. までに9版.)
7	11	『送りがなのつけ方』,「『送りがなのつけ方』の実施について」内閣告示第1号. 訓令第1号.
8	5	第10回ローマ字教育全国大会(東京教育大学). 江戸川乱歩が「ローマ字の話」の講演. (8.7. まで.)
9	3	鬼頭礼蔵・松下秀男・藤井駿一・戸沢辰雄『ローマ字学習基本カード』(ローマ字教育研究所). 説明書の題名は「だれにでもできるローマ字の教え方」.
	17	鬼頭礼蔵,青森県黒石小学校を始めとして南は長崎県須崎小学校まで15会場, 1055名の教師に対し,ローマ字指導法を伝達する全国行脚. 松下秀男も鳥取県・島根県・山口県にかけて母親たちにローマ字を教える. (11月からは鹿児島・長崎に渡り,広島・奈良とめぐる.) (12.16. まで.)
10	31	柳瀬真子『ローマ字教育の実践』(くろしお出版).
11	4	国語問題協議会設立.

12	25	木村万寿夫,「ローマ字と文法(主として言語の活用について)」(『鳥取大学研究報告(教育科学)』).
8	-	第2回全国プートンホワ教育成績観摩会,上海で開催.
	-	『万栄拼音報』創刊.
この年		韓国文教部「ハングルのローマ字表記法」,無気音 b, d, g, 有気音 p, t, k と書き分ける方式を採用.
1960		昭和35
1	1	江戸川乱歩『天空の魔人(少年探偵団)』(ローマ字教育会). かな漢字・ローマ字漸増表記. (1962.9.1. までに13版.)
	29	『言語政策』創刊(言語政策をはなしあう会).
2	25	桑原三二・橘田広国『中学の国語』(くろしお出版). 第10章はローマ字.
3	2	鬼頭礼蔵, 佐賀県内でのローマ字講習のため病をおして東京を発つ. 3日佐賀郡東与賀小学校, 4日同木山小・佐賀市赤松小, 5日同循誘小学校で指導. 6日島原から大牟田に向かう船中で心臓発作. 同市内の病院で死去(52歳). (3.12. ローマ字葬(東京都文京区向ヶ丘2 清林寺). 墓碑はローマ字書き.)
	28	中国文字改革視察日本学術代表団出発. 土岐善麿(団長)・有光次郎(以上日本のローマ字社理事)・松下秀男(同事務局長)が参加. (5.3. 帰国.)
	-	橘田広国, 個人ローマ字研究誌『Kitta プリント』創刊. (1986.1. までに271号, 4905ページ.)
	-	城山三郎「岬の白い道」(『オール読物』). ローマ字教育を行う小学校教師の苦心を描く. モデルは愛知県のサイトー・トシオ.
4	15	小野昇編『国語改革論争』(くろしお出版).
7	1	文部省『小学校ローマ字指導資料』. 初等教育研究資料第24集. 第1部「ローマ字学習指導実験研究報告」は大橋富貴子(お茶の水女子大附小教諭)が執筆.
	7	辻昶(つじ・あきら)『Perrault Dôwasyû(ペロー童話集)』(ローマ字教育会).
8	4	第11回ローマ字教育全国大会(東京都・明治大学). 中国のローマ字についてパネルディスカッション. (8.6. まで)
10	30	三上章『象は鼻が長い──日本文法入門──』(くろしお出版). 序・佐久間鼎.
12	24	服部四郎『言語学の方法』(岩波書店).
	25	佐伯功介『ローマ字文のわかち書きについて』(日本ローマ字会).『Rômazi Sekai』臨時増刊.
	-	福田恒存『私の国語教室』(新潮社).
4	-	中共中央「ローマ字による識字推進についての指示」.
7	28	『光明日報』の「文字改革」欄復活.

8	-	第3回全国プートンホワ教育成績観摩会(青島).
1961	昭和36	
1	15	高橋健二訳『Grimm Dôwasyû(グリム童話集)』(くろしお出版).
3	17	ローマ字調査分科審議会が国語審議会総会に「ローマ字調査分科審議会報告」を提出.
	22	舟橋聖一ら表意派委員5人,国語審議会を脱退.
4	-	小学校のローマ字教育が必修となる.独立した教科書がなくなり国語教科書中の10ページ程に削減.以後ローマ字教育は後退.
5	23	鬼頭礼蔵追悼の国語国字問題講演会「あすの暮し・あすの日本語」(東京・朝日新聞講堂).日本のローマ字社・日本ローマ字会共催.
6	1	実務用字研究協会(STB)設立.
	25	日本のローマ字社編集部編『たのしいローマ字』(ローマ字教育会).
8	14	第12回ローマ字教育全国大会(東京都・目白小学校).前年までこの大会の中心をなしていた全日本ローマ字教育連盟(委員長・山崎好次郎)と,もう一つの団体であるローマ字教育者全国協議会(委員長・武藤辰男)が合体,日本ローマ字教育協議会を結成.ローマ字教育運動の統一に成功,初代委員長・石森延男.略称をNRKKとする.(8.15.まで.)
10	15	時枝誠記『國語問題と國語教育』(中教出版,旧版1949)改訂,言語改革論に対する批判.
10	16	石森延男『Nippon Tokorodokoro 1』(ローマ字教育会).
11	20	佐伯功介『国字論抜粋』(日本ローマ字会).
	30	木村万寿夫『ローマ字文の書き方』(ローマ字教育会).
		松下秀男「中国のローマ字教育」(『実践国語』11,12月号).
11	-	周有光『漢字改革概論』.(1964.9.修訂本.1979.10.第3版.)
1962	昭和37	
1	25	松坂忠則『国語国字論争──復古主義への反論──』(新興出版社).
	-	楠道隆「わたしの国語政策批判」(『神戸大学教育学部研究集録』第26集).
3	20	大阪女子大学附属図書館編『大阪女子大学蔵 日本英学資料解題』.
4	15	橘田広国「ローマ字教育のABC」『教育手帳』.以後3回連載.
	-	中学校のローマ字教育が必修化.
5	14	第13回ローマ字教育全国大会(京都市・北白川小学校).「新しい国語教科書によるローマ字の指導をどのようにしたらよいか」の主題で研究.(5.15.まで.)
7	9	鳴海要吉の文学碑が青森県下北半島佐井村に建つ.ローマ字文でも刻まれてある.同日,記念出版として川崎むつを編『鳴海要吉歌抄 半島の歌』刊(同村観

		光協会).
8	25	木村万寿夫「ローマ字指導の問題点」(『鳥取大学学芸学部研究報告——教育科学——』).
12	25	福田恆存『國語問題論争史』(新潮社).
1963	**昭和38**	
2	28	望月久貴「近代ローマ字教育の史的考察」(『学校教育研究所年報』第7号).
	-	安本美典「漢字の将来—漢字の余命はあと二百三十年か—」(『言語生活』2月号).
6	30	三上章『文法教育の革新』(くろしお出版).
	30	『文禄二年耶蘇会版伊曽保物語』(京都大学国文学会).
8	1	伊藤静致『Rômazi Hyôron』創刊(ローマ字評論社). 孔版印刷. 1964.1.1. 第2号, 1964.9.1. 第3号, 10.1. 第4号, 1966.5.1. 第5号, 1967.8.1. 第6号, 1968.6.1. 第7号, 1970.8.1. 第8号, 1971.8.1. 第9号, 1975.12.1. 第10号まで.
	5	第14回ローマ字教育全国大会(東京都港区・三河台中学校).
9	16	倉石武四郎『岩波中国語辞典』. ピンイン見出し.
12	20	三上章『日本語の論理:ハとガ』『日本語の構文』(ともにくろしお出版).
7	-	上海市の「普通話普及要項」を教育部・文改会等が全国に通知.
1964	**昭和39**	
3	13	国語審議会の総会に, 国語の表記は漢字仮名交じりをもって正則とすることを公表せよとの提案が提出される. (1965.12.9. 総会, これを当然のこととする.)
8	5	第15回ローマ字教育全国大会(静岡市・井宮小学校). (8.6.まで)
	18	橘田広国「国語教育の近代化をめざす」(『日本教育新聞』).
	20	服部四郎『アイヌ語方言辞典』(岩波書店), cep(チェㇷ゚, 家), cikap(チカㇷ゚, 鳥)など, 服部式(新日本式)日本語ローマ字に近いつづり.
9	1	石森延男『Yôroppa Tokorodokoro』(ローマ字教育会).
11	11	真流力『中国での日本語の問題』. 孔版印刷.
この年		国立国会図書館で館長が図書目録等のローマ字つづり方を訓令式からヘボン式に変えようとしたが職員の反対で断念. 同館労組は『国立国会図書館のローマ字ヘボン化の問題について』のパンフレットを発行(11月). 土岐善麿の講演会も開く.
5	3	郭沫若「日本漢字改革と文字機械化」(『人民日報』). 10月刊(人民出版社).
	-	『簡化字総表』発表.
1965	**昭和40**	
8	5	第16回ローマ字教育全国大会(東京都渋谷区・大向小学校). NRKKの歌「Tomosibi o kesuna!」を制定. (8.7.まで.)

12	9	国語審議会各部会.「当用漢字表の再検討について」「送りがなのつけ方の再検討について」などを総会に報告.
この年		『光明日報』の「文字改革」欄, 9月10日の123回から復活.
1966	昭和41	
4	1	大学国語教育研究会編『国語教育法』(くろしお出版). 第8章「ローマ字の学習指導」を岡野篤信が執筆.
	15	杉本つとむ『にっぽん語の超克』(寧楽書房).「田中館愛橘」「石川啄木」の章あり.
5	25	教育科学研究会・秋田国語部会『にっぽんご5　発音とローマ字』(むぎ書房). 画期的な音声教育の教科書.
6	13	文部大臣, 国語審議会に「国語施策の改善の具体策について」を諮問.
8	1	石森延男『Sobieto Tokorodokoro』(ローマ字教育会).
	27	第17回ローマ字教育全国大会(札幌市・本通小学校). (8.28.まで.)
12	3	言語政策をはなしあう会, 前島密『漢字御廃止之儀』100年記念講演会(逓信総合博物館)開催. 倉石武四郎・山本正秀らの講演.
この年		わが国の郵便切手に「NIPPON」の国名標示が始まる.
12	12	呉玉章没(87歳).
この年		文化大革命始まる. 新聞の題名からローマ字消える.
1967	昭和42	
1	-	竹端瞭一「韓国の言語政策」(『言語生活』1月号, 筑摩書房)
5	20	島正三『天草本ヘイケモノガタリ検索』(桜楓社).
8	5	鈴木和一『ひとりで学べるローマ字』(牧書店).
	10	第18回ローマ字教育全国大会(東京都・国立教育会館). (8.11.まで.)
9	5	杉本つとむ『近代日本語の新研究』(桜楓社).「石川啄木のローマ字日記の研究」を所収.
10	1	文部省『現行の国語表記の基準』.
1968	昭和43	
7	11	文部省, 小学校学習指導要領改訂. 第4学年では「ローマ字による日常ふれる程度の簡単な単語の読み書きを指導するものとする」と定める.
	20	大河内信彦『わたくしのローマ字』.
8	5	第19回ローマ字教育全国大会(愛媛県西条市・壬生川小学校). (8.6.まで.)
10	25	早稲田大学図書館『洋学資料図録』.
11	1	蒲池文雄「ローマ字教育のあるべきすがた」(愛媛大学『国語科教育試論と資料』).

11	25	木村万寿夫「ローマ字指導の問題点」(『鳥取大学教育研究報告(教育科学)』).
この年		当用漢字別表に備考漢字(備考欄)を新設，115字を追加．教育漢字が事実上996字となる．
1969	**昭和44**	
3	-	滑川道夫，『国語の教育』第2巻第3号で「ローマ字教育の再認」を提案．
4	-	『Energy』第6巻第2号，「文字と現代社会」を特集．
5	3	愛媛ローマ字国語の会設立．(7.25.『愛媛ローマ字国語』創刊.)
6	-	蒲池文雄「啄木日記の一考察」(愛媛大学教育学部国語国文学会『愛媛国文と教育』).
7	3	おかのあつのぶ「難解の法文は専制の表徴　平易なる法文は民権の保障──穂積陳重著「法律進化論」の法文体論──」(『言語政策』11号).
	21	梅棹忠夫『知的生産の技術』(岩波新書).
8	1	第20回ローマ字教育全国大会(東京都・国立教育会館).（8.2.まで.)
	25	『愛媛ローマ字国語』臨時第1号(愛媛ローマ字国語の会，代表・丹益一).
1970	**昭和45**	
1	10	小村定吉詩集『UGUISU』(越後屋書房).
3	-	『ローマ字ひとり学習』(枚方市教育委員会社会教育課).孔版印刷.
4	10	塩田紀和『日本の文字とことば』(国土社).
8	1	さいとうきょうぞう，ローマ字雑誌『Izumi』創刊.
	6	第21回ローマ字教育全国大会(奈良市椿井小学校，県立文化会館).（8.7.まで.)
9	15	田中美輝夫『英語アルファベット発達史──文字と音価──』(開文社).
1	1	韓国公文書のハングル専用断行(韓国国務総理訓令第68号).
1971	**昭和46**	
3	30	大塚光信校注『キリシタン版エソポ物語』(角川文庫).
4	1	村田竜一『ローマ字指導の理論と実際』(日本ローマ字会出版部).
5	31	小島幸枝『どちりなきりしたん　総索引』(風間書房).
8	13	第22回ローマ字教育全国大会(東京都千代田区・練成中学校＝現・神田一ツ橋中学校).（8.14.まで.)
12	1	『石森延男児童文学全集』全15巻(学習研究社)．第6巻に「Sekai Tokorodokoro」所収
1972	**昭和47**	
1	-	三宅武郎『現行と改正案　当用漢字音訓表　送りがなのつけ方　反省と批判』(言語政策の会).
2	1	ロゲルギスト「ローマ字表記法への一提案」(『自然』72巻2号，中央公論社).

5	20	田中館愛橘20年祭講演会「東アジアの言語問題」(朝日新聞社講堂). 片山哲・土岐善麿・藤堂明保・竹端瞭一が講演.
	30	高橋明雄「増毛地方文学概誌」(『留萌文学』46). 鳴海要吉に言及.
7	20	北山六智夫「鳴海要吉讃歌」(『青森文学』20).
8	11	第23回ローマ字教育全国大会(横浜市・県立勤労会館). (8.12.まで.)
10	-	竹端瞭一「朝鮮語の問題――おもにハングルと漢字について――」(韓国研究院機関誌『韓』1巻10号, 2巻2号) (1973.2.まで.)
1973	昭和48	
3	-	日本語教育学会機関誌『日本語教育』18号で「ローマ字使用について」特集.
	-	日本のローマ字社の連続お話し会で, 竹端瞭一「文字の歴史」(1973.6.まで.)
6	18	『当用漢字改訂音訓表』『改訂送り仮名の付け方』, 内閣告示・内閣訓令.
7	2	塩田紀和『日本の言語政策の研究』(くろしお出版).
8	4	第24回ローマ字教育全国大会(東京都・世田谷区東深沢中学校). (8.5.まで.)
	-	『Energy』第10巻第2号,「漢字文明とローマ字文明」を特集.
この年		木村万寿夫「日本語のわかち書きについて」(安田女子大学国語国文論集).
		『光明日報』,「文字改革」欄を復活.
		国務院, 中国の人名・地名のローマ字表記に漢語拼音方式を採用すると発表.
1974	昭和49	
5	1	鳴海竹春・荒川順太郎・間山ツエらの呼びかけで鳴海うらぶる『TUTI NI KAERE』(1914)を復刻(くろしお出版).
8	6	第25回ローマ字教育全国大会(青森市・浪打小学校). 終了後, 佐井村の鳴海要吉ローマ字歌碑を訪ねる. (8.7.まで.)
12	25	大野晋ほか『岩波古語辞典』. (1990.2.8.補訂版.)
この年		前年から国際標準化機構(ISO)で日本語のローマ字つづり方にヘボン式採用が決定されようとしたが, 大塚明郎らの力で覆す.
1975	昭和50	
8	1	佐伯功介『ローマ字つづり方問題の経過』(日本ローマ字会出版部).
	9	第26回ローマ字教育全国大会(東京都文京区・新江戸川会館). (8.10.まで.)
11	30	大岡昇平『少年――ある自伝の試み――』(筑摩書房). 65ページに少年時の『ローマ字少年』体験.
12	10	竹浪和夫『生(ライフ)の悲しみ――鳴海要吉の半生――』(北の街社).
	10	『言語政策』19号, 会津八一「漢字の認識」・菊池寛「漢字廃止と国粋」・尾崎咢堂「墓標の代りに」・永井柳太郎「国字革命の急務」・原敬「漢字減少論」を紹介.

1976	昭和 51	
1	15	丹益一『ローマ字に生きる』．(私家版).
3	20	福島邦道解説『天草版イソポ物語』(勉誠出版)．大英図書館本影印．
8	10	第27回ローマ字教育全国大会(香川大学教育学部附属高松小学校)．(8.11.まで.)
9	10	読売新聞社会部編『日本語の現場第3集』．「NAMAE」の章でローマ字を扱う．
10	-	向井豊昭『小説集　ここにも』．「Saitô-Hidekatu」の節がある．
11	8	『岩波講座日本語』第1巻「日本語と国語学」．柴田武「世界の中の日本語」所収．
1977	昭和 52	
3	29	『岩波講座日本語』第8巻「文字」．日下部文夫「日本のローマ字」所収．
5	21	田中館愛橘25年祭記念の集まり(東京新宿三井ビル54階三井クラブ)．
7	23	当用漢字別表が改訂．教育漢字996字となる．
8	8	第28回ローマ字教育全国大会(東京都・国立教育会館)．石森延男委員長が退任,橘田広国が後継．(8.9.まで.)
9	16	桑原武夫編訳『啄木ローマ字日記』(岩波文庫)．
10	20	惣郷正明『サムライと横文字』(ブリタニカ出版)．
11	1	矢島文雄『文字学のたのしみ』(大修館書店)．
8	-	国連第3回地名標準化会議，漢語拼音方案を中国の地名表記の国際標準にすると決定．
12	-	第2次漢字簡化規則(草案)発表．
1978	昭和 53	
4	20	H. G. ウェルズ著・村野辰雄訳『TIISAI SEKAI REKISI』再版(日本のローマ字社)．(1979.5.20.改訂第3版.)
5	1	小泉保『日本語の正書法』(大修館書店)．
8	10	今東光『東光金蘭帖』(中公文庫)．「鳴海うらはる」の章あり．
	11	第29回ローマ字教育全国大会(熊本大学附属小学校，熊本共済会館)．(8.12.まで.)
12	15	小林司「言語差別と闘った先駆的エスペランチスト斉藤秀一」(『朝日ジャーナル』)．
1979	昭和 54	
1	-	A. コンドラートフ著・磯谷孝・石井哲士郎訳『文字学の現在』(勁草書房)．
2	20	樺島忠夫『日本の文字——表記体系を考える——』(岩波新書)．
4	1	木村万寿夫『国語問題と国語教育』(くろしお出版)．
8	1	『ことばの教育』190号(最終号，NRKK)．編集・伊藤静致．

8	13	第30回ローマ字教育全国大会(東京青山会館). 小林司が斉藤秀一について講演. 日本のローマ字社創立70年とあわせ第30回大会記念祝賀会を開催. (8.14.まで.)
12	10	服部四郎『新版 音韻論と正書法──新日本式つづり方の提唱──』(大修館書店).
	11	P. ヒューム著・村野辰雄訳『VERDI: Hito to sono Ongaku』(日本のローマ字社).
	20	武部良明『日本語の表記』(角川書店).
この年		佐伯功介・山田尚勇 "The Romanization of Japanese Writing: Hepburn vs Kunrei System Controversies"(日本のローマ字社). 国際標準化機構に提出の文書.
		第5回全国プートンホワ教育成績観摩会, 北京で開催(15年ぶり).
1980	昭和55	
3	30	国土地理院, 12色刷100万分の1日本国際地図を発行. ローマ字つづりは訓令式(長音符号は¯).
4	15	土岐善麿没(94歳).
5	10	橘田広国『Kôtyô no Uta』. ローマ字歌集. 私家版.
	21	村野辰雄『YÔROPPA, OPERA NO TABI』(日本のローマ字社).
8	1	山形県国民教育研究所『谷間に輝く星──斉藤秀一──』.
	4	第31回ローマ字教育全国大会(大阪市・淡路小学校, なにわ会館). 桑原武夫が「日本語の将来」の講演. 主催の日本ローマ字教育協議会, 名称を日本ローマ字教育研究会と改める(略称 NRKK). (8.5.まで.)
9	1	佐伯功介「カナとローマ字の問題」(『日華月報』第167号).
12	12	W. ウィーバー著・村野辰雄訳『PUCCINI: Hito to sono Ongaku』(日本のローマ字社).
1981	昭和56	
1	20	樺島忠夫『日本語はどう変わるか──語彙と文字──』(岩波新書).
4	1	西田龍雄『講座言語5 世界の文字』(大修館書店).
8	17	第32回ローマ字教育全国大会(東京都大田区・久原小学校). 永井道雄が「国際化時代と教育」の講演. (8.18.まで.)
10	1	常用漢字表(1945字), 内閣告示・内閣訓令.
12	-	杉本つとむ「日本人にとって今, ローマ字は絶対に必要」(雑誌『日本語』11巻10号；杉本『日本語の旅路』皓星社, 2010所収).
この年		高橋健二「憲法口語化のことなど」の講演. (日本のローマ字社会合).
		山田尚勇「欧米文入力の歴史と日本文入力の将来」(『ICS INFORMATION』No.4).
1982	昭和57	

5	-	ローマ字の日記念行事：21日東京で古田東朔が「明治18年前後の国語国字問題」，前橋市で斎藤襄治が「ニューイングランド　文学の旅」の講演．22日鹿児島市で糸井寛一・蒲池文雄・竹端瞭一，札幌市で栃内和男・今倉松男が講演．大阪では小泉保が講演．
8	9	第33回ローマ字教育全国大会(奈良市西大寺北小学校，史跡文化センター)．(8.10.まで.)
9	20	田丸卓郎50年忌記念の会(東京・新宿).
	23	J. カルショー著・村野辰雄訳『WAGNER：Hito to sono Ongaku』(日本のローマ字社).
11	1	杉本つとむ「Daimyô to Orandago——Seizika to Gaikokugo to Sakoku——」．初代姫路藩主酒井忠恭のローマ字による「切韻図」を紹介(Rômazi no Nippon; 杉本『蘭学三昧』皓星社，2009所収).
この年		木村一郎「ニッポン語の冒険」(『前橋市立女子高等学校紀要』).

1983　昭和58

2	-	山田尚勇「言語の標準化の評価にあたってのいくつかの基本的要素について」(『文部省特定研究・情報化社会における言語の標準化　研究報告1』).
5	25	丸谷才一『日本語の世界16国語改革を批判する』(中央公論社).
	-	ローマ字の日記念行事：20日前橋市で山田尚勇が「情報化社会　コンピュータ国字問題」の講演．21日札幌市で橘田広国・栃内和男による国字問題講習会.
6	26	天理教教義及史料集成部編『OFUDESAKI Rômanized Edition』(天理教道友社)．ヘボン式.
8	10	第34回ローマ字教育全国大会(東京青山会館)．(8.11.まで.)
10	11	NHK教育テレビの番組「アジアの目・世界の目」の「漢字から汉字そして……中国文字改革のゆくえ」に山田尚勇・塩田紀和・橘田広国が出演.
	-	NHK『おかあさんの勉強室』10月号，「自由の中からよみがえれ！」の題でサイトー・トシオ「なんでも塾」のローマ字学習を紹介.
2	22	全国政協・中国文字改革委員会・教育部が共催，漢語拼音方案公布25周年座談会.

1984　昭和59

1	-	山田尚勇「情報化社会とことば」(『月刊国語教育』第3巻10号).
5	-	ローマ字の日記念行事：18日東京で講演会．19日札幌市で伊藤静致，20日前橋市で折敷瀬興，静岡市で草部典一，22日大阪で飯盛亭が講演.
7	10	日本のローマ字社創立75周年記念の会(東京・新宿)．外山滋比古・高田弘の対談「国際化時代のローマ字日本語を考える」.
	-	山田尚勇「ワープロと日本語の現状と将来」(『日本語学』第3巻7号).

8	1	東京都の主婦・鈴木喜代栄，ローマ字教本『Nippon no Rômazi』刊．自力で普及．（1992.12.10. までに 4 版．）
	8	第 35 回ローマ字教育全国大会(那覇市・古蔵小学校)．(8.9. まで．)
10	25	金両基『ハングルの世界』(中公新書)．
12	-	林力「日中民間人会議と漢字問題」(『言語生活』)．
	-	『現代のエスプリ』209 号，「占領下の教育改革」を特集．
1	13	韓国文教部告示 84-1 号「国語のローマ字表記法」．
10	-	『漢語ローマ字正書法の基本規則(試案)』発表．
1985	**昭和 60**	
2	11	周有光著・橘田広国訳『漢字改革概論』(日本のローマ字社)．
3	1	丹蘭次郎(Niran Dziroo)『ARUTAI-ZOKU』．詩集．
	29	土岐善麿『鶯の卵　新訳中国詩選』(筑摩叢書)．漢字かな．
5	-	ローマ字の日記念行事：16 日大阪市で小泉保が「中国のローマ字について」の講演．18 日札幌市で池上二良の講演．19 日前橋市で利根光一が「長谷川テルの遺児たち」の講演．
6	4	中国文字改革委員会の陳章太副主任歓迎会(東京都・学士会館)．日本のローマ字社理事会主催．
8	2	第 36 回ローマ字教育全国大会(愛媛県西条市・神戸小学校)．(8.3. まで．)
11	5	杉本つとむ『人物でつづる近代日本語の歴史』(雄山閣)．
	14	中国社会科学院文字改革代表団来日(団長・周有光)．日本のローマ字社役員らと懇談会(三和銀行東京本部)．
3	5	『光明日報』，「語言文字」の欄第 1 号を掲載．
この年		中国文字改革委員会，国家語言文字工作委員会と改称．
1986	**昭和 61**	
4	-	R.K. Logan "The Alphabet Effect : The Impact of the Phonetic Alphabet on the Development of Western Civilization"(William Morrow)．
5	21	岩手県二戸市に田中館愛橘会設立．記念館建設を最終目標とする．
	-	ローマ字の日記念行事：16 日大阪市で竹内和夫が「トルコのローマ字と日本のローマ字」，24 日札幌市で栃内香次「ワープロのハードとソフト」の講演．25 日高崎市でなかやまのりあきと木村一郎の対談「ひらがなの歌　点字の歌　ローマ字の歌」．
7	1	『現代仮名遣い』，内閣告示・内閣訓令．
	31	第 37 回ローマ字教育全国大会(東京青山会館)．(8.1. まで．)

10	25	標識令改正により道路の案内標識にローマ字併記が復活（1971年以来廃止されていた）．
	-	ドナルド・キーン「ローマ字でしか書けなかった啄木の真実」（『新潮45＋』）．
	-	タカクラ・テル「国語・国字改革運動にたいする私の態度」（『育てる』10，11月号）．この夏のローマ字教育全国大会での講演原稿．（1986.11. まで．）
12	10	国際交流基金『Basic Japanese-English Dictionary』（凡人社）．
	25	国立国語研究所『国語年鑑』，昭和61年版から横書き左開きを採用．ローマ字標題は「KOKUGO-NENKAN」．
1	6	全国文字工作会議（北京）．（1.13. まで．）
6	24	国務院，1977.12.20. の第2次漢字簡化規則（草案）の使用を停止し，社会での漢字使用の混乱現象を正すと通知．
1987	**昭和62**	
2	26	電電公社，東京で電文の横書きを開始．相前後して全国で実施．
3	19	日本のローマ字社理事会，「ローマ字の日について」決議．全国での記念行事の中心となることを宣言．
4	15	日本のローマ字社，「標識令改正の実施についてのお願い」を建設大臣天野光晴に提出．
	20	望月洋子『ヘボンの生涯と日本語』（新潮選書）．
	-	内ヶ崎直郎『ローマ字で書いた俳句集』（私家版）．
5	17	ローマ字の日の記念行事：高崎市で天沼寧とおかのあつのぶの対談「鬼頭礼蔵とローマ字教育」．（23日札幌市で門脇誠一が「ハングル・カナ・ローマ字」，栗原豪彦が「英語の敬語・日本語の敬語」の講演．）
	21	田中館愛橘会総会（二戸市）．国分富士保が講演．
6	10	橋本万太郎・鈴木孝夫・山田尚勇編『漢字民族の決断』（大修館書店）．
	-	J. M. Unger, "The Fifth Generation Fallacy: Why Japan is Betting its Future on Artificial Intelligence"（Oxford U. Press）．（1992.6. 奥村睦世訳『コンピュータ社会と漢字——言語学者がみた第五代コンピュータ——』（サイマル出版会）．）
7	30	第38回ローマ字教育全国大会（大阪府枚方市・北牧野小学校）．（7.31. まで．）
8	-	『日本語学』8月号，文字論を特集．ローマ字論に触れた論文目立つ．
9	-	ドナルド・キーン，『朝日新聞』に連載の「続百代の過客（日記にみる日本人）」177～188で，啄木日記に触れる．
11	10	月刊『本の街』第8巻12号，「神田ローマ字物語」を特集．
12	7	梅棹忠夫『あすの日本語のために』（くもん出版）．Ⅰ～Ⅴのうちmまでがローマ字論．
1	1	出版物に数字を用いる際の規則（試行）公布．

		1988　昭和63
1	20	金田一春彦『日本語　新版(上)』(岩波新書).　(3.22.(下).)
	-	J. M. アンガー「Nihonzin no Yomikaki Nôryoku to Konpyûta」(『SINO-PLATONIC PAPERS』No.6).
3	1	電報用文字が，120年間続いたカタカナからひらがなに変わる.
	1	梅棹忠夫『日本語と日本文明』(くもん出版).
	-	宮島達夫「「漢字の将来」その後」(『言語生活』436号).
5	31	『学術用語集集成』(日本科学協会).
	-	ローマ字の日記念行事：15日前橋市で鈴木沙雄が「ローマ字運動と私」，18日大阪市で桑原利秀が「100年を経た国際語エスペラントとローマ字への希望」の講演．21日札幌市で宮岡伯人が「エスキモーの文字を作る」，橘田広国が「中国の文字改革の現況」の講演．
6	20	梅棹忠夫『日本語と事務革命』(くもん出版).
	-	山田尚勇「横書きの歴史　現状と評価」(『文学』6月号).
7	20	木村一郎『ふたつの広場で』．ローマ字文を含む．私家版.
	25	野村雅昭『漢字の未来』(筑摩書房).　(2008.4.30. 新版(三元社).)
8	4	第39回ローマ字教育全国大会(宮崎県日向市・中央公民館).　(8.5.まで.)
	20	惣郷正明『日本語開化物語』(朝日選書).
10	22	さいとうきょうぞう(斉藤強三)，日本ローマ字会会長に就任.
2	7	倪海曙没(69歳).
	16	『光明日報』毎月2回掲載の「語言文字」欄を第75回で停止.
		1989　昭和64　平成1
3	15	教育漢字改改訂，1006字となる.
5	20	田中館愛橘会総会(二戸市)．永田武が講演.
	-	ローマ字の日記念行事：20日札幌市で村崎恭子が「アイヌ語のローマ字表記」の講演．同日前橋市で村野辰雄・磯部守良・おかのあつのぶ・陳真による座談会「ローマ字運動の過去・現在・未来」．22日大阪市で中西一弘が「ことばの教育を考える」の講演．
7	10	日本のローマ字社，三塚外務大臣あて「旅券法改正について」を提出．人名表記を姓・名順とすること，訓令式のつづりも認めることを求める.
8	1	鳥谷部陽之助『崎人大正期の求道者たち』(彩流社)．鳥谷部陽太郎のローマ字実践を紹介.
	7	第40回ローマ字教育全国大会(東京青山会館)．日本のローマ字社創立80周年とあわせ記念大会とする．(8.8.まで.)
9	1	国際標準化機構，国際規格 ISO3602 "Documentation - Romanization of Japanese

		(kana script)"(英語標題)を制定．基本的に訓令式を採用．技術の世界でのローマ字つづり方標準化される．
10	17	沖縄県の前山田仁(まえやまだ・つとむ)，博報賞受賞．ローマ字教育の実践も授賞理由．
1990	**平成2**	
5	20	日本のローマ字社，広告入り「エコーはがき」5万枚を発行．
	21	田中館愛橘会総会(二戸市)．佐貫亦男が「田中館先生と日本の航空」の講演．
	-	ローマ字の日記念行事：12日札幌市で和田雅之が「北海道の言葉の行革」，城野光一が「アイヌ語の地名について」の講演．19日前橋市で喜安善市が「わたしの『ローマ字国字論』」の講演，24日大阪市で小泉保が「外来語のあらわし方について」の講演．
8	24	第41回ローマ字教育全国大会(札幌市・ホテルアカシヤ)．(8.25.まで.)
1991	**平成3**	
5	26	前橋市でローマ字の日記念行事．桐生潤三と木村一郎の対談「ローマ字とエスペラントをつなぐもの」．
6	1	『ローマ字実験学級の記録』(日本のローマ字社)．文部省『ローマ字教育実験学級の調査報告』(1951)などを複製．
7	30	第42回ローマ字教育全国大会(群馬県・水上温泉)．(7.31.まで.)
12	20	伴野有市郎『図書館と日本の文字文化』(図書館フォーラム)．
この年		ソビエト連邦崩壊．独立した中央アジア各国で，言語表記をキリル文字からローマ字に変更する動きが始まる．
1992	**平成4**	
1	21	梅棹忠夫『実戦・世界言語紀行』(岩波新書)．
5	16	札幌市でローマ字の日記念行事．シンポジウム「外国人の見た日本の言葉と文字」．講師・クリストファー・マックラウド，シャノン・ウエア．
	20	第43回ローマ字教育全国大会(岩手県二戸市・シビックホール)．福岡小学校で公開授業．大塚明郎らの講演．田中館愛橘没後40年記念．(5.21.まで.)
6	15	田中克彦『モンゴル民族と自由』(岩波書店)．
9	-	J.M.アンガー『コンピュータ社会と漢字』(サイマル出版会)．
11	10	紀田順一郎・荒俣宏『コンピューターの宇宙誌──きらめく知的探求者たち──』(ジャストシステム)．
この年		張育泉「ローマ字運動の開拓者に学ぶ」(『語文建設』2月号.)
		北朝鮮「朝鮮語のラテン文字表記法」を定める．有声音化を発音にしたがってp~b，t~d，k~gと書きわけるが，ch~jとせず，無声音(清音)・有声音(濁音)ともjで表す．「朝鮮」はJosŏn．

1993	平成 5	
4	-	山田尚勇「文字論の科学的検討」(『Rômazi no Nippon』第 479 号). (1994. 4. の 490 号まで.)
5	-	ローマ字の日記念行事：22 日札幌市でモハメッド・ホスローが「イラン人の見た日本の言葉と文字」の講演, 同日前橋市で公開輪読会「椎尾詞があらわす Sûgaku no Dodai を読む」(講師・柴田さだ・柴田武・大塚明郎・末松茂久・矢野雄次・おかのあつのぶ・橘田広国).
7	29	第 44 回ローマ字教育全国大会(東京品川区・ゆうぽうと). (7.30. まで.)
1994	平成 6	
1	15	紀田順一郎『日本語大博物館――悪魔の文字と闘った人々――』(ジャストシステム).
5	21	前橋市でローマ字の日記念行事. バイオリニスト伊賀あやのレクチャーコンサートと木村一郎の萩原朔太郎についての講演.
7	31	第 45 回ローマ字教育全国大会(ホテルアウィーナ大阪). (8.1. まで.)
1995	平成 7	
5	3	ローマ字運動 110 年, 日本ローマ字会 70 年記念の会(京都市).
	15	藤本昌司, 茅島篤, 加賀屋俊二, 三輪建二訳『戦後教育の原像――日本・ドイツに対するアメリカ教育使節団報告書――』(鳳書房).
	-	ローマ字の日記念行事：20 日札幌市でマーク・デビッドソンが「日本語雑感」, Iwasaki Kiyosi が「キーボードの話」の講演, 27 日高崎市で竜岡博が「私のローマ字人生」の講演.
6	30	竜岡博『Rômazibun no Tebiki』(日本のローマ字社).
11	11	第 46 回ローマ字教育全国大会(群馬県・水上温泉). (11.12. まで.)
	17	日本のローマ字社, 国立国会図書館キー・タイトルのローマ字つづり方がヘボン式のままなのを改めるよう申し入れ書を提出.
1996	平成 8	
3	-	竜岡博・山田尚勇「日本語のローマ字書き体系の理論と実状について」(『学術情報センター紀要』第 8 号).
4	7	日本ローマ字会の「99 式ローマ字つづり」につき, 日本のローマ字社, 「緊急有志の会」を開いて検討.
5	1	清水正之, ローマ字に関するホームページを開設. 現在の「ローマ字日本語」(http://www.roomazi.net/)の原形.
	3	日本ローマ字会と日本のローマ字社, 第 1 回合同大会(京都市・新都ホテル).
6	15	日本ローマ字会, 「新しいローマ字つづりについて話し合う会」を開催(吹田市). 日本のローマ字社・柴田武理事長, 「言語学者としてとうてい受け入れられない」と発言.

7	10	萱野茂『萱野茂のアイヌ語辞典』(三省堂). モシㇼ【mosir】(静かな大地)など，カタカナとアイヌ語式ローマ字の見出し.
8	1	J. M. Unger, "Literacy and Script Reform in Occupation Japan：Reading between the Lines"(Oxford U. Press). (2001.10.31. 奥村睦世訳『占領下日本の表記改革——忘れられたローマ字による教育実験——』(三元社).)
12	18	イ・ヨンスク『国語という思想』(岩波書店).
	19	第47回ローマ字教育全国大会(奈良市・ホテル三笠温泉). (12.20. まで.)

1997	平成 9	
3	20	『アイヌタイムズ』(アイヌ語ペンクラブ，萱野志朗)創刊. カタカナとローマ字のアイヌ語対訳.「二風谷(にぶたに)」を Niptay，日本語からの借用語「中国」を Cyugoku とつづる.
5	17	札幌市でローマ字の日記念行事. ニュン・フイが「ミャンマー人から見た日本」，山田尚勇が「訓令式から ISO 式へ」の講演.
	20	清水正之，ホームページ「ローマ字文庫」を開設.
	25	日本のローマ字社訳『ISO3602　日本語のローマ字表記の国際標準』(日本のローマ字社).
	25	日本ローマ字会・日本のローマ字社第2回合同大会(都ホテル東京). 田中克彦が「バザル・バラーディンのモンゴル語統一ラテン・アルファベットとその運命」の講演.
7	10	佐藤治助『吹雪く野づらに——エスペランティスト斉藤秀一の生涯——』(鶴岡書店).
8	23	第48回ローマ字教育全国大会(東京品川区・ゆうぽうと). (8.24. まで.)

1998	平成 10	
2	-	『Rômazi no Nippon』に「情報処理委員会のページ」を新設.
4	25	高橋太郎が「旅券になぜ長音記号を付けてはならないか」の発表. 日本のローマ字社研究会.
5	16	日本ローマ字会・日本のローマ字社第3回合同大会(京都市・新都ホテル).
7	9	日本のローマ字社柴田理事長ら，『言語生活』でローマ字国字論を披歴した栗林・キリバス名誉総領事を訪ね，交流.
8	29	第49回ローマ字教育全国大会(長野県伊那市・伊那小学校). (8.30. まで.)

1999	平成 11	
4	17	日本のローマ字社春の研究大会(大東文化大学). 王学群が「現在の中国のローマ字事情」，高靖が「中国の学校教育におけるピンイン(ローマ字)」の発表.
5	15	日本ローマ字会・日本のローマ字社第4回合同大会(都ホテル東京). 岩瀬順一が「私とローマ字　1959-1999」の講演.

7	21	日本のローマ字社は日本ローマ字会の唱える新つづり方「99式」について「糾究会」を開催.
8	-	『Rômazi no Nippon』,「99式」に対する疑問の声を掲載.
12	20	竜岡博『Rômazi：Rômazibun no kakikata』(日本のローマ字社).
この年		日本ローマ字会,かなづかいに依存するローマ字つづり方「99式」を会として採用.機関誌で使い始める.
2000	平成12	
1	10	黄文雄『漢字文明にひそむ中華思想の呪縛』(廣済堂).
3	15	茅島篤『国字ローマ字化の研究――占領下日本の国内的・国際的要因の解明――』(風間書房).(2009.3.31.改訂版)
	24	日本のローマ字社,パスポートの氏名欄で認められるようになったオ列長音のH表記に反対の旨,外務省旅券課に申し入れる.
4	15	戸川芳郎編『漢字の潮流』(山川出版社).
5	3	日本ローマ字会・日本のローマ字社第5回合同大会(京都市・新都ホテル).茅島篤が「創立者田中館愛橘をしのぶ(田中館愛橘博士50周忌)」の講演.
	31	大橋富貴子『大橋先生のローマ字教室』(日本のローマ字社).
7	7	加藤秀俊監修・国際交流基金日本語国際センター『日本語の開国』(TBSブリタニカ).
9	20	安田敏朗『近代日本言語史再考――帝国化する「日本語」と「言語問題」――』(三元社).
	-	日本のローマ字社,「汎用JPドメイン名に関する方針(案)」に対する要望書を日本ネットワークインフォメーションセンターに提出.
12	29	茅島篤,勝岡寛次,「米使節団にあてる改革への影響裏付け　田中館博士の書簡発見」(岩手日報朝刊,岩手日報社)として報道される.
7	7	韓国文化観光部,告示第20008号「国語のローマ字表記法」,2000年式と呼ばれる.
2001	平成13	
5	12	日本ローマ字会・日本のローマ字社第6回合同大会(都ホテル東京).鈴木康之が「ローマ字による日本語文法」の講演.
6	1	溝口博之が「天草版'Feiqe Monogatari'を資料とした動詞の活用の研究(強変化動詞と弱変化動詞の場合)」の発表.日本のローマ字社研究会.
7	6	根岸亜紀が「ローマ字を使用する古代日本語の文法研究」の発表.日本のローマ字社研究会.
	15	山口光『還元文法構文論――再検討・三上文法――』(くろしお出版).

8	15	柴田武『Wakatigaki no Naze』（日本のローマ字社）.
9	15	「田中館委員用報告書地図類見本」の地名記載例(伊藤せいち『オホーツク文化資料館館信』44号). Osyamanbe 長万部 Oshamambe など『庁20万分1図』と比較.
10	5	溝口博之が「鈴木重幸『日本語文法・形態論』を中世日本語の動詞研究に生かす」の発表. 日本のローマ字社研究会.
	20	高島俊男『漢字と日本人』（文春新書）.
11	17	日本のローマ字社，川崎市麻生区で一般向けの日本語シンポジウム開催. 講師・松浦明・鈴木喜代栄・清水正之.
2002	平成14	
2	25	日本ローマ字会・日本のローマ字社，合同大会を当面取りやめることで合意.
5	3	日本のローマ字社，会社名のローマ字登記について法務省に意見書を提出. (7.31. 法務省告示でローマ字，アラビア数字等も会社名の登記に使用可能に. 11.1. 施行.)
	19 20	日本のローマ字社，田中館愛橘没後50年記念事業を岩手県二戸市等で実施. (5.19.～20. バスツアー. 5.20. 講演会・研究発表・二戸市立福岡小学校生のローマ字教室(指導・松浦明). 第50回ローマ字教育全国大会(二戸市).)
8	5	松浦明，5月に続き福岡小学校でローマ字教室.
10	4	根岸亜紀が「だからローマ字指導は必要だ——音声教育とローマ字——」の発表. 日本のローマ字社研究会.
	12	日本のローマ字社，シンポジウム「漢字を使わない日本語を考える」開催(東京千代田区・私学会館). 講師はワタナベサトシ・なかやまのりひろ・清水正之.
11	5	田中館愛橘の文化人切手発売. 「TANAKADATE AIKITU」と訓令式で表記.
	30	日本のローマ字社秋の研究大会(大東文化大学). 松浦明・清水正之が発表.
12	6	茅島篤「『字をZIに』唱えた学者 日本語のローマ字表記に情熱，田中館愛橘」日本経済新聞 朝刊「文化」欄に掲載.
	16	松浦明，福岡小学校でローマ字教室.
2003	平成15	
2	25	日本のローマ字社編著『はじめてのローマ字の本』1(汐文社). 松浦明・清水正之が執筆. 4月までに全3冊完結.
3	31	文化庁『国語施策百年の歩み』.
5	20	松浦明，二戸市立中央小学校でローマ字教室を開催.
	31	北海道ローマ字研究会，ローマ字の日記念講演会を開催(札幌市). 日本のローマ字社が共催. 松浦明が講演.

9	6	「田丸卓郎と田中館愛橘──日本ローマ字物語──」展(盛岡市先人記念館). 日本のローマ字社・松浦家が全面協力. (10.12. 盛岡市内ツアー, 講演会(同館). 11.13. まで.)
	10	松浦明, 二戸市立福岡小学校・中央小学校でローマ字教室.
10	29	日本のローマ字社秋の研究大会(大東文化大学). 白愛仙・禹炳國の発表.
11	20	尾名池誠『横書き誕生──日本語表記の近代──』(岩波新書).
12	8	松浦明, 岩手県葛巻町立小屋瀬小学校でローマ字教室.
	14	やさしい にほんご の かい設立総会(東京・本郷). (2004.4.13. 特定非営利活動法人認可.)
2004	平成 16	
1	26	松浦明, 岩手県浄法寺町立大峰中学校で「愛橘出前講座」. (4.13. 受講した生徒らが修学旅行で東京大学見学. 松浦が案内.)
3	5	鈴木康之が「私のローマ字文法論」の発表. 日本のローマ字社研究会(大東文化大学).
5	23	ローマ字の日記念行事として「東京ローマ字ツアー」実施. 丸の内・神田・本郷・雑司ヶ谷などを巡り, ローマ字運動の歴史をたどる.
6	24	梅棹忠夫『日本語の将来』(日本放送出版協会).
8	21	日本ローマ字教育研究会有志, 東京で懇談会開催. 「日本ローマ字研究協会」(略称 NRKK)と改称し, より大衆的な組織として再出発することを決定. 会長・栃内和男. (8.22. まで.)
10	1	根岸亜紀が「ポルトガル式, オランダ式, 英語式, そして日本式(日本におけるローマ字の歴史)」の発表. 日本のローマ字社研究会.
11	5	伴野有市郎が「国立国会図書館の目録の配列について」の発表. 日本のローマ字社研究会.
	27	日本のローマ字社秋の研究大会(大東文化大学). ワタナベサトシ・なかやまのりひろ・浜野豊美・木村一郎が発表.
12	17	野田正彰『陳真──戦争と平和の旅路──』(岩波書店). (陳真は陳文彬の娘. 北京放送大学特任教授. 2005.1.4. 没(72歳).) (← 1941.9.25)
この年		上田能敬「国際規格 ISO3602 に基づく日本語表記の蘭の名前のローマ字転字」(『Nagoya International Orchid Congress 2004』).
2005	平成 17	
1	10	土屋道雄『国語問題論争史』(玉川大学出版部).
2	10	前田均・堤智子・角知行『短期留学生およびローマ字日本語教科書の調査研究』(天理大学).
3	31	杉本つとむ『語源海』(東京書籍). 随所にローマ字を活用.

3	31	文化庁『国語施策百年史』（ぎょうせい）．
4	12	鈴木康之『新版　日本語学の常識』（数学教育研究会）．
	23	日本のローマ字社春の研究大会(東京・新宿)．茅島篤・みやざわよしゆき・松浦明が発表．
5	1	日本ローマ字会『ローマ字運動120年のあゆみ　年表』（日本ローマ字会）．
	15	ローマ字の日記念行事(東京・新宿)．木村一郎が「東京専門学校講師田中館愛橘」，松浦明が「グラスゴー大学と田中館愛橘──未公開資料を中心に──」の講演．
6	25	鈴木康之が「田丸卓郎『ローマ字文の研究』の日本語文法論」の発表．日本のローマ字社研究会．
	30	松浦明，イギリス・グラスゴーを訪問，田中館愛橘の足跡を調査．（7.3.まで．）
8	21	第51回ローマ字教育全国大会(千葉市・ホテルポートプラザちば)．（8.22.まで．）
9	24	根岸亜紀が「日本におけるローマ字の歴史──ポルトガル式，オランダ式，英語式，そして日本式──」の発表．日本のローマ字社研究会．
10	22	J.M.アンガーが「戦後の日本人の読み書きの実態」の講演(神戸大学)．
11	19	日本のローマ字社秋の研究大会(東京・新宿)．浜野豊美・なかやまのりひろ・ワタナベサトシ・松浦明が発表．
12	20	「アインシュタイン日本見聞録」展(東京国際フォーラム．2006.2.26まで)．田中館・田丸の資料も展示された．
1	27	韓国国語基本法第14条第1項制定．ハングル専用法に代わる．「漢字その他の外国文字」の使用は限定．
2006	平成18	
3	25	鈴木康之が「宮田幸一の日本語文法の研究」の発表．日本のローマ字社研究会．
4	29	日本のローマ字社春の研究大会(東京・新宿)．根岸亜紀・桜井正孝・松浦明が発表．
5	20	ローマ字の日記念行事(東京・新宿)．松浦明が「愛橘のローマ字の書の魅力」，おかのあつのぶが「私のローマ字人生──早稲田大学ローマ字会──」の講演．
6	17	浜野豊美が「ことばの教育の重要性について」の発表．日本のローマ字社研究会．
8	20	第52回ローマ字教育全国大会(さいたま市・ホテルブリランテ武蔵野)．竹端瞭一「明治の我輩たちの文字改革論」（8.21.まで．）
9	16	なかやまのりひろ「ひらがな　たんか　の　半世紀」の発表．日本のローマ字社研究会．
	18	田中館愛橘生誕150年記念式典(二戸市)．松浦明が「田中館愛橘とその理想」の講演．19日，福岡小学校でローマ字教室．

11	25	日本のローマ字社秋の研究大会(東京・新宿).浜野豊美・なかやまのりひろ・ワタナベサトシ・清水正之・松浦明が発表.
12	16	鈴木康之が「かなもじ指導・ローマ字指導の原則」の発表.日本のローマ字社研究会.

2007	平成 19	
3	17	松浦明「国語の進化論を考える」の発表.日本のローマ字社研究会.
	30	「京都フォーラム」,討論会「言語が開く公共性」を開催.田中克彦の招きで松浦明が参加,ローマ字論について発表.(4.1.まで.)
4	28	日本のローマ字社春の研究大会(東京・国際文化会館).桜井正孝・松浦明・茅島篤が発表.
5	19	ローマ字の日記念行事(東京・国際文化会館).木村一郎が「東京市本郷区駒込曙町11番地　田丸卓郎先生」,松浦明が「私が育ったローマ字環境——4代にわたるローマ字運動——」の講演.
6	20	杉本つとむ『市民のための国語の授業』(おうふう).第7章は「ローマ字 aiueo は日本人の創始です」.
	23	鈴木康之が「コトバに注目しての子育て論——政府主導・官僚支配の教育改革論を批判する立場から——」の発表.日本のローマ字社研究会.
8	21	第53回ローマ字教育全国大会(東京・グランドアーク半蔵門).(8.22.まで.)
9	29	松浦明が「英語教育と日本語」の発表.日本のローマ字社研究会.
10	8	桜井正孝が「国際規格と日本」の発表.日本のローマ字社研究会.
	18	「近代日本と「国語」」展(国立国会図書館).(12.18.まで.)
11	23	日本のローマ字社秋の研究大会(東京・国際文化会館).浜野豊美・なかやまのりひろ・ワタナベサトシ・松浦明が発表.

2008	平成 20	
2	7	北原保雄『KY式日本語——ローマ字略語がなぜ流行るのか——』(大修館書店).
	15	小学校の新学習指導要領発表.ローマ字学習を4年から3年へ前倒し.2011年度全面実施.
3	15	桜井正孝が「子ども向けのローマ字教育」の発表.日本のローマ字社研究会.
4	19	日本のローマ字社春の研究大会(東京・国際文化会館).根岸亜紀・松浦明・桜井正孝が発表.
5	17	ローマ字の日記念行事(東京・国際文化会館).木村一郎が「第2次世界大戦下のNRS」,松浦明が「明治初期の愛橘のローマ字日記」.
	20	松浦明,二戸市立金田一小学校・石切所小学校で「愛橘出前講座」.(5.22.同中央小学校でも実施.)

6	21	鄭栄愛「ピンインとハングルとローマ字」の発表．日本のローマ字社研究会．
8	24	第54回ローマ字教育全国大会(神奈川県・KKR鎌倉わかみや)．(8.25.まで．)
9	20	岩崎ちひろが「ピンイン(中国語ローマ字)学習の思い出」の発表．日本のローマ字社研究会．
10	31	水村美苗『日本語が亡びるとき　英語の世紀の中で』(筑摩書房)
11	4	松浦明，二戸市立福岡小学校・同浄法寺小学校で「愛橘出前講座」．(11.5.まで．)
	22	日本のローマ字社秋の研究大会(東京・国際文化会館)．浜野豊美・サイトウマサトシ・桜井正孝が発表．
2009	**平成21**	
4	25	日本のローマ字社春の研究大会(東京・本郷)．桜井正孝・松浦明が発表．
5	30	ローマ字の日記念行事(東京・本郷)．桜井正孝と松浦明が「NRS設立100周年をむかえるにあたっての記念式典・記念企画等について」講演．
6	8	茅島篤・清水正之・竹端瞭一，外国人の看護師・介護福祉士試験につき，難しい問題文のローマ字併記を求める要請書を厚生労働省担当部局に提出．
	20	浜野豊美が「国語教育の現状と問題点」の発表．日本のローマ字社研究会．
7	10	日本のローマ字社設立100周年記念式典(東京・国際文化会館)．来賓・梅棹忠夫(代理)・ワタナベサトシ・野村雅昭・柳瀬真子・なかやまのりひろほか．松浦明が「過去を踏まえたこれからのローマ字運動」の講演．
8	23	第55回ローマ字教育全国大会(ホテルライフォート札幌)．「札幌ローマ字遺跡めぐり」を実施．(8.24.まで．)
9	26	松浦明が「国語教育から日本語教育へ――その呼称の変化をたどる――」の発表．日本のローマ字社研究会．
11	8	日本のローマ字社設立100周年記念シンポジウム(東京・国際文化会館)．講師・田中克彦・野村雅昭・茅島篤・高瀬英樹・陳瑤瑤．
	12	松浦明，二戸市で「愛橘出前講座」．(11.13.まで．)
	21	日本のローマ字社秋の研究大会(東京・本郷)．松浦明・ワタナベサトシ・なかやまのりひろ・鄭栄愛が発表．
2010	**平成22**	
5	22	ローマ字の日記念行事(東京・本郷)．清水正之が「ローマ字運動の楽しさ」の講演．
7	10	竹端瞭一が「倭国語と漢字の出会い」の発表．日本のローマ字社研究会．
8	20	竹浪和夫『評伝鳴海要吉』(下北文化社)．
	22	第56回ローマ字教育全国大会(東京都・ホテルフロラシオン青山)．(8.23.まで．)

10	23	日本のローマ字社秋の研究大会(東京・本郷). 葛原眞・清水正之・カワイヒロシ・なかやまのりひろが発表.
11	30	『改訂常用漢字表』(2136字). 内閣告示・内閣訓令.
12	1	茅島篤「世界と日本語をつないできたローマ字」『理想の詩』冬号(第33巻第4号)(理想科学工業株式会社).
2011	平成23	
4	3	葛原眞が「『少年世界』のローマ字欄を読む」の発表. 日本のローマ字社研究会.
5	22	ローマ字の日記念行事(東京・本郷). 茅島篤が「占領下の日本人の読み書き能力調査について」, 清水正之が「ローマ字運動を発足した先人たちの決意」の講演.
	25	田中克彦『漢字が日本語をほろぼす』(角川SSC新書).
7	29	改正障害者基本法成立, 手指法＋非手指法組み合わせの日本手話を視覚言語と認める.
8	21	第57回ローマ字教育全国大会(東京都・ホテルフロラシオン青山). (8.22.まで.)
11	3	日本のローマ字社秋の研究大会(東京・本郷). ワタナベサトシ・浜野豊美・なかやまのりひろ・清水正之・木村一郎が発表.

主な参考文献

岩波書店編集部編 (1984)『近代日本総合年表　第二版』岩波書店.
川副佳一郎 (1922)「ローマ字年表」川副編『日本ローマ字史』岡村書店.
川副佳一郎 (1957)「標準式ローマ字七十年略史」『標準式ローマ字制定七十周年記念講演集』財団法人標準ローマ字会.
菊沢季生編 (1959)『日本ローマ字史年表』日本のローマ字社.
橘田広国編 (1992)『Nippon no Rômazi-undô 1582～1990』日本ローマ字教育研究会.
日本ローマ字会 (2005)『ローマ字運動120年のあゆみ　年表』社団法人日本ローマ字会.
平井昌夫編 (1948)「国語国字問題年表」『国語国字問題の歴史』昭森社. (復刻版1998 三元社.)
文化庁 (2005)「国語施策年表」『国語施策百年史』ぎょうせい.
ローマ字ひろめ会編 (1930)『ローマ字ひろめ会略史』ローマ字ひろめ会.

　本年表では, 日本式(訓令式をふくむ)・ヘボン(標準)式双方の動きをできるだけ公平に扱うことを心がけたが, 時間的制約からいまだ不十分である. 旧制高校・大学や各地のローマ字運動, カナモジ論, ローマ字出版文化, 学界の研究成果等についても加えるべき事柄が多い. 他日を期したい.

資料編

(I) 內閣訓令第三號「國語ノローマ字綴方統一ノ件」昭和 12 年 9 月 21 日公布 (原文縱書き)

各官廳

國語ノローマ字綴方ハ從來區々ニシテ，其ノ統一ヲ缺キ使用上不便尠カラズ，之ヲ統一スルコトハ，教育上，學術上將又國際關係其ノ他ヨリ見テ，極メテ必要ナルコトト信ズ。仍テ自今下ノ通ローマ字綴方ヲ統一セントス。各官廳ニ於テハ漸次之ガ實行ヲ期スベシ。

昭和十二年九月二十一日

内閣總理大臣　公爵　近衛文麿

1. 國語ノローマ字綴方ハ左(ママ)ノ表ニ依ル

　　ローマ字綴表

a	i	u	e	o			
ka	ki	ku	ke	ko	kya	kyu	kyo
sa	si	su	se	so	sya	syu	syo
ta	ti	tu	te	to	tya	tyu	tyo
na	ni	nu	ne	no	nya	nyu	nyo
ha	hi	hu	he	ho	hya	hyu	hyo
ma	mi	mu	me	mo	mya	myu	myo
ya	i	yu	e	yo			
ra	ri	ru	re	ro	rya	ryu	ryo
wa	i	u	e	o			
ga	gi	gu	ge	go	gya	gyu	gyo
za	zi	zu	ze	zo	zya	zyu	zyo
da	zi	zu	de	do	zya	zyu	zyo
ba	bi	bu	be	bo	bya	byu	byo
pa	pi	pu	pe	po	pya	pyu	pyo

2. 前號ニ定ムルモノノ外ニ付テハ概ネ左(ママ)ノ例ニ依ル

　1. 長音ノ符號ヲ附スル場合ニハ okāsama, kyūsyū, Ōsaka ノ如ク「-」ヲ用フルコト
　2. 撥音ハ總ベテ n ヲ以テ表ハスコト
　3. 撥音 n ト其ノ次ニ來ル母音 (y ヲ含ム) トヲ切離ス必要アルトキハ hin-i, kin-yōbi, Shin-ōkubo ノ如ク「-」ヲ用フルコト
　4. 促音ハ gakkō, happyō, tossa, Sapporo ノ如ク子音ヲ重ネテ之ヲ表ハスコト
　5. 文書ノ書始及固有名詞ハ Wagakuni no……, Sizuoka, Masasige ノ如ク語頭ヲ大文字トスルコト尙固有名詞以外ノ名詞ノ語頭ヲ大文字トスルモ差支ナシ
　6. 特殊音ノ表記ハ自由トス

～～～～～～～～～～～～～～～～～～～～～～～～～～～～～～～～～～

(Ⅱ) 文部省発表 「ローマ字文の書き方」 昭和22年2月28日

Ⅰ つづり方
1. 直音

a	i	u	e	o				
ア	イ(ヰ)	ウ	エ(ヱ)	オ				
ka	ki	ku	ke	ko	ga	gi	gu	ge	go
カ	キ	ク	ケ	コ	ガ	ギ	グ	ゲ	ゴ
sa	si	su	se	so	za	zi	zu	ze	zo
サ	シ	ス	セ	ソ	ザ	ジ(ヂ)	ズ(ヅ)	ゼ	ゾ
ta	ti	tu	te	to	da			de	do
タ	チ	ツ	テ	ト	ダ			デ	ド
na	ni	nu	ne	no					
ナ	ニ	ヌ	ネ	ノ					
ha	hi	hu	he	ho	ba	bi	bu	be	bo
ハ	ヒ	フ	ヘ	ホ	バ	ビ	ブ	ベ	ボ
ma	mi	mu	me	mo	pa	pi	pu	pe	po
マ	ミ	ム	メ	モ	パ	ピ	プ	ペ	ポ
ya		yu		yo					
ヤ		ユ		ヨ					
ra	ri	ru	re	ro					
ラ	リ	ル	レ	ロ					
wa									
ワ									

2. よう音（拗音）

kya	kyu	kyo	gya	gyu	gyo
キャ	キュ	キョ	ギャ	ギュ	ギョ
sya	syu	syo	zya	zyu	zyo
シャ	シュ	ショ	ジャ(ヂャ)	ジュ(ヂュ)	ジョ(ヂョ)
tya	tyu	tyo			
チャ	チュ	チョ			
nya	nyu	nyo			
ニャ	ニュ	ニョ			
hya	hyu	hyo	bya	byu	byo
ヒャ	ヒュ	ヒョ	ビャ	ビュ	ビョ
mya	myu	myo	pya	pyu	pyo
ミャ	ミュ	ミョ	ピャ	ピュ	ピョ
rya	ryu	ryo			
リャ	リュ	リョ			

〔備考1〕 以上は，現代語で標準的と認められる音を，ローマ字で書きあらわす場合と，かなで書きあらわす場合とを対應して示したものである。

〔備考2〕 次のようなつづり方も必要に應じて習わせる。
shi（シ），chi（チ），tsu（ツ），fu（フ），ji（ジ，ヂ），sha（シャ），shu（シュ），sho（ショ），cha（チャ），chu（チュ），cho（チョ），ja（ジャ，ヂャ），ju（ジュ，ヂュ），jo（ジョ，ヂョ），di（ヂ），du（ヅ），dya（ヂャ），dyu（ヂュ），dyo（ヂョ），wo（ヲ，助詞「を」にかぎる），kwa（クヮ），gwa（グヮ）

〔備考3〕 特殊な音の書きあらわし方については自由とする。

3. いわゆる長母音にはその上にやまがた「＾」をつけてあらわすか，または母音字を重ねてあらわす。ただし，「ていねい」「命令」などの「エイ」は ei とする。
   obâsan おばあさん　　nêsan ねえさん　　tôkyô 東京　　　　ryôri 料理
   kûki 空氣　　　　　　tyûi 注意　　　　ôkii, ookii 大きい　tiisai 小さい
   teinei ていねい　　　meirei 命令

4. はねる音は，すべて n であらわす。
   sannin 三人　sinbun 新聞　denpô 電報　kantoku 監督　tenki 天氣
   〔注意〕はねる音をあらわす n の次にすぐに母音字または y が続く場合には，n の後に切るしるし「'」を入れる。
   　　　　gen'in 原因　kin'yôbi 金曜日

5. つまる音は，次に來る子音字を重ねてあらわす。
   Nippon 日本　　　　gakkô 学校　　　　kitte 切手　　　　zassi 雜誌
   ossyaru おっしゃる　syuppatu 出発　　tyotto ちょっと
   ただし次のような場合にはアポストロフ「'」を使って示す。
   "A'" to sakebu.　「あっ」とさけぶ。

6. 文の最初の單語や固有名詞やその他必要のある場合には，その語頭に大文字を用いる.
   Kyô wa kin'yôbi desu.　きょうは金曜日です。　　Tôkyô 東京　　Huzisan 富士山
   〔附記1〕外來語は國語音のつづり方に從って書く。
   　　　　inki インキ　naihu ナイフ　tabako たばこ　ranpu ランプ
   〔附記2〕外国語（地名・人名を含む）のローマ字つづりは，原則として原語に從って書く。ただし日本語風に呼びならわした地名・人名は外來語なみにあつかう。

II　分ち書きのし方
1. 原則として單語はそれぞれ一続きに書き，他の單語から離して書く。
   Suzusii kaze ga soyosoyo huku.　涼しい風がそよそよ吹く。
   Kyô wa watakusi no tanzyôbi desu.　きょうは私の誕生日です。
   Kare wa eigo mo deki, sono ue Huransugo mo zyôzu da.
   　　　　彼は英語もでき，その上フランス語も上手だ。
   Iya, sonna kimoti wa nai.　いや，そんな氣持はない。
   〔注意1〕いわゆる形容動詞と認められる語は，「だ」をはなして書く。
   　　　　kirei da　きれいだ　　zyôzu da　じょうずだ
   〔注意2〕複合語で一語としてまだ十分に熟していないものにはつなぎ「-」を入れる。
   　　　　rigai-kankei 利害関係　hanasi-tuzukeru 話し続ける

　　　　　ただし，一語として熟したものには「-」を用いない。
　　　　　　hinoki ひのき　　amagasa あまがさ
〔注意3〕接頭語・接尾語は続けて書く。
　　　　　　otera お寺　　massakini まっ先に　　anatagata あなたがた
　　　　　　ronriteki 論理的　　dorodarake どろだらけ
　　　　　ただし，接尾語で上の語に続けて書くと，意味のまぎれやすい場合には，離して書く。
　　　　　　Hanako San 花子さん　Tarô Kun 太郎君　Itô Zirô Sama 伊藤次郎様
〔注意4〕固有名詞は次のように書く。
　　　　　　Nippon Ginkô 日本銀行　　Sumidagawa すみだ川　　Sakurazima 櫻島
　　　　　　Tôkyôwan 東京湾　　Tôkyô-to 東京都　　Tiba-ken 千葉縣

2. 助動詞は続けて書くのを原則とする。
　　　　　　kikaseru 聞かせる　　misaseru 見させる　　yorokobareru 喜ばれる
　　　　　　tasukerareru 助けられる　　kakanai 書かない　　tabeyô たべよう
　　　　　　ikitai いきたい　　hanasimasu 話します　　okita 起きた
　　　　　　moratta もらった　　yonda 読んだ　　mimai 見まい　　ikumai 行くまい
〔注意1〕助動詞「う」は接続する動詞・助動詞などによって，それぞれの行のオ段長音となる。
　　　　　　kakô 書こう　　sasô 差そう　　utô 打とう　　utaô 歌おう　　yomô 読もう
　　　　　　urô 賣ろう　　kogô こごう　　yobô 呼ぼう　　desyô でしょう　　masyô ましょう
〔注意2〕助動詞「そうだ」「ようだ」は sô da, yô da のように，それぞれ「だ」を離して書く。
〔注意3〕助動詞「そうだ」は様子・有様などの意味をあらわすものは，「そう」を前の語に続けて書くが，傳え聞く意味をあらわすものは前の語から離して書く。（次項参照）
　　　　　　arisô da　　有りそうだ　　aru sô da　　有るそうだ
　　　　　　suzusisô da　　涼しそうだ　　suzusii sô da　　涼しいそうだ

3. 助動詞のうちで「だ」「です」「らしい」「ようだ」および傳え聞く意味をあらわす場合の「そうだ」などは，離して書く。
　　　Are wa Huzisan da.　　　　　　　　　あれは富士山だ。
　　　Huzisan wa utukusii yama desu.　　　富士山は美しい山です。
　　　Mô minna kaetta yô da.　　　　　　　もうみんな帰ったようだ。
　　　Kon'ya wa ame ga huru rasii.　　　　今夜は雨が降るらしい。
　　　Kono hon wa Yamada Kun no rasii.　　この本は山田君のらしい。
　　　Asoko wa taihen atui sô da.　　　　　あそこはたいへん暑いそうだ。
〔注意〕接尾語の「らしい」は続けて書く。
　　　　　Ano otoko wa itu made tattemo kodomorasii, ne.

あの男はいつまでたっても子供らしいね。

4. 助詞は，離して書くのを原則とする。
   Kore wa watakusi no hon desu.　　これは私の本です。
   Koko wa, natu wa suzusii si, huyu wa atatakai.
   　　　ここは，夏は涼しいし，冬はあたたかい。
   Kare wa, natu demo huyu demo zyôbu da.　　彼は夏でも冬でもじょうぶだ。
   Tenki ga kuzureru na to omowaseru no ga kono kumo da.
   　　　天気がくずれるなと思わせるのがこの雲だ。
   〔注意1〕助詞「は」「も」が助詞「に」「で」に重なった場合には続けて書く。
   　　　　　Ue niwa ue ga aru.　　　　　上には上がある。
   　　　　　Dare nimo dekinai.　　　　　だれにもできない。
   　　　　　Tegami dewa osoku naru.　　　手紙ではおそくなる。
   　　　　　Kiku dake demo yoi.　　　　　聞くだけでもよい。
   〔注意2〕接続の「と」は続けて書く。
   　　　　　Haru ni naruto, tubame ga kuru.　春になると，つばめが來る。
   〔注意3〕禁止の「な」は続けて書く。
   　　　　　Ikuna, yo.　　　　　　　　　行くなよ。

5. 用言に付く助詞のうちで「ば」「ても」(「でも」)「て」(「で」)「ながら」「たり」(「だり」)などは続けて書く。
   Yomeba wakaru.　　　　　　　　　　読めば分る。
   Mitemo wakarumai.　　　　　　　　　見ても分るまい。
   Kusuri o nondemo naoranakatta.　　　くすりをのんでもなおらなかった。
   Dôzo mite kudasai.　　　　　　　　　どうぞ見て下さい。
   Ugokanaide kudasai.　　　　　　　　動かないで下さい。
   Nakinagara utatta.　　　　　　　　　泣きながら歌った。
   Kodomotati ga detari haittari site asonde iru.　子供達が出たり入ったりして遊んでいる。
   Tondari hanetari suru.　　　　　　　とんだりはねたりする。
   　　（「III　符号の使い方」以降は省略。用例の誤植が訂正された昭和24年版に拠る。）

～～～～～～～～～～～～～～～～～～～～～～～～～～～～～～～～～～～

(III) 内閣告示第一号「ローマ字のつづり方」・内閣訓令第一号「ローマ字のつづり方の実施について」　昭和29年12月9日公布
　　国語を書き表わす場合に用いるローマ字のつづり方を次のように定める．
　　昭和二十九年十二月九日
　　　　　　　　　　　　　　　　　　　　内閣総理大臣　　吉田　茂

301

ローマ字のつづり方

まえがき

1. 一般に国語を書き表わす場合は，第1表に掲げたつづり方によるものとする．
2. 国際的関係その他従来の慣例をにわかに改めがたい事情にある場合に限り，第2表に掲げたつづり方によってもさしつかえない．
3. 前二項のいずれの場合においても，おおむねそえがきを適用する．

第1表〔（ ）は重出を示す〕

a	i	u	e	o			
ka	ki	ku	ke	ko	kya	kyu	kyo
sa	si	su	se	so	sya	syu	syo
ta	ti	tu	te	to	tya	tyu	tyo
na	ni	nu	ne	no	nya	nyu	nyo
ha	hi	hu	he	ho	hya	hyu	hyo
ma	mi	mu	me	mo	mya	myu	myo
ya	(i)	yu	(e)	yo			
ra	ri	ru	re	ro	rya	ryu	ryo
wa	(i)	(u)	(e)	(o)			
ga	gi	gu	ge	go	gya	gyu	gyo
za	zi	zu	ze	zo	zya	zyu	zyo
da	(zi)	(zu)	de	do	(zya)	(zyu)	(zyo)
ba	bi	bu	be	bo	bya	byu	byo
pa	pi	pu	pe	po	pya	pyu	pyo

第2表

sha	shi	shu	sho
		tsu	
cha	chi	chu	cho
		fu	
ja	ji	ju	jo
di		du	
dya		dyu	dyo
kwa			
gwa			
			wo

そえがき

前表に定めたもののほか，おおむね次の各項による．

1. はねる音「ン」はすべてnと書く．
2. はねる音を表わすnと次にくる母音字またはyと切り離す必要がある場合には，nの次に'を入れる．
3. つまる音は，最初の子音字を重ねて表わす．
4. 長音は母音字の上に^をつけて表わす．なお，大文字の場合は母音字を並べてもよい．
5. 特殊音の書き表わし方は自由とする．
6. 文の書きはじめ，および固有名詞は語頭を大文字で書く．なお，固有名詞以外の名詞の語頭を大文字で書いてもよい．

内閣訓令第一号

各官庁

ローマ字のつづり方の実施について

　国語を書き表わす場合に用いるローマ字のつづり方については，昭和十二年九月二十一日内閣訓令第三号をもってその統一を図り，漸次これが実行を期したのであるが，その後，再びいくつかの方式が並び行われるようになり，官庁等の事務処理，一般社会生活，また教育・学術のうえにおいて，多くの不便があった．これを統一し，単一化することは，事務能率を高め，教育の効果をあげ，学術の進歩を図るうえに資するところが少なくないと信ずる．よって政府は，今回国語審議会の建議の趣旨を採択して，よりどころとすべきローマ字のつづり方を，本日，内閣告示第一号をもって告示した．今後，各官庁において，ローマ字で国語を書き表わす場合には，このつづり方によるとともに，広く各方面に，この使用を勧めて，その制定の趣旨が徹底するように努めることを希望する．

　なお，昭和十二年九月二十一日内閣訓令第三号は，廃止する．
昭和二十九年十二月九日

内閣総理大臣　吉田　茂

~~~~~~

(Ⅳ) 国際規格　ISO3602：Documentation － Romanization of Japanese(Kana Script), International Organization for Standerdization, 1989年9月1日

表1 - 非口蓋化音節を表わす1字仮名

No.	H	K	R	No.	H	K	R	No.	H	K	R	No.	H	K	R	No.	H	K	R
1	あ	ア	a	2	い	イ	i	3	う	ウ	u	4	え	エ	e	5	お	オ	o
6	か	カ	ka	7	き	キ	ki	8	く	ク	ku	9	け	ケ	ke	10	こ	コ	ko
11	さ	サ	sa	12	し	シ	si	13	す	ス	su	14	せ	セ	se	15	そ	ソ	so
16	た	タ	ta	17	ち	チ	ti	18	つ	ツ	tu	19	て	テ	te	20	と	ト	to
21	な	ナ	na	22	に	ニ	ni	23	ぬ	ヌ	nu	24	ね	ネ	ne	25	の	ノ	no
26	は	ハ	ha[1]	27	ひ	ヒ	hi	28	ふ	フ	hu	29	へ	ヘ	he[2]	30	ほ	ホ	ho
31	ま	マ	ma	32	み	ミ	mi	33	む	ム	mu	34	め	メ	me	35	も	モ	mo
36	や	ヤ	ya				—	37	ゆ	ユ	yu				—	38	よ	ヨ	yo
39	ら	ラ	ra	40	り	リ	ri	41	る	ル	ru	42	れ	レ	re	43	ろ	ロ	ro
44	わ	ワ	wa				—				—				—	45	を	ヲ	o[3]
																46	ん	ン	n
47	が	ガ	ga	48	ぎ	ギ	gi	49	ぐ	グ	gu	50	げ	ゲ	ge	51	ご	ゴ	go
52	ざ	ザ	za	53	じ	ジ	zi	54	ず	ズ	zu	55	ぜ	ゼ	ze	56	ぞ	ゾ	zo
57	だ	ダ	da	58	ぢ	ヂ	zi[4]	59	づ	ヅ	zu[4]	60	で	デ	de	61	ど	ド	do
62	ば	バ	ba	63	び	ビ	bi	64	ぶ	ブ	bu	65	べ	ベ	be	66	ぼ	ボ	bo
67	ぱ	パ	pa	68	ぴ	ピ	pi	69	ぷ	プ	pu	70	ぺ	ペ	pe	71	ぽ	ポ	po
								72	っ	ッ	-[5]								

凡例：　H ＝ 平仮名，K ＝ 片仮名，R ＝ ローマ字

1) 助詞「は」は発音通り wa と表記する。
2) 助詞「へ」は発音通り e と表記する。
3) 「を（ヲ）」は直接目的語を示す助詞としてのみ用いられる。ローマ字では o と書く。
4) 「ぢ（ヂ）」「づ（ヅ）」は「ち（チ）」と「つ（ツ）」の有声音として，それぞれ「ち（チ）」「つ（ツ）」に続けて書かれるときや，特定の複合語において用いられるが，ローマ字ではそれぞれ zi, zu と表記する。
5) 子音を重ねて表記する。5.4 を参照のこと。

表 2 - 非口蓋化音節を表わす 2 連字の仮名 [1]

No.	H	K	R	No.	H	K	R	No.	H	K	R
1	きゃ	キャ	kya	2	きゅ	キュ	kyu	3	きょ	キョ	kyo
4	しゃ	シャ	sya	5	しゅ	シュ	syu	6	しょ	ショ	syo
7	ちゃ	チャ	tya	8	ちゅ	チュ	tyu	9	ちょ	チョ	tyo
10	にゃ	ニャ	nya	11	にゅ	ニュ	nyu	12	にょ	ニョ	nyo
13	ひゃ	ヒャ	hya	14	ひゅ	ヒュ	hyu	15	ひょ	ヒョ	hyo
16	みゃ	ミャ	mya	17	みゅ	ミュ	myu	18	みょ	ミョ	myo
19	りゃ	リャ	rya	20	りゅ	リュ	ryu	21	りょ	リョ	ryo
22	ぎゃ	ギャ	gya	23	ぎゅ	ギュ	gyu	24	ぎょ	ギョ	gyo
25	じゃ	ジャ	zya	26	じゅ	ジュ	zyu	27	じょ	ジョ	zyo
28	ぢゃ	ヂャ	zya [2]	29	ぢゅ	ヂュ	zyu [2]	30	ぢょ	ヂョ	zyo [2]
31	びゃ	ビャ	bya	32	びゅ	ビュ	byu	33	びょ	ビョ	byo
34	ぴゃ	ピャ	pya	35	ぴゅ	ピュ	pyu	36	ぴょ	ピョ	pyo

凡例： H = 平仮名，K = 片仮名，R = ローマ字

1) ここに示す 2 連字は，普通の仮名とそれに続くやや右寄り（横書きでは下寄り）に書かれた小さい「ゃ（ャ）」「ゅ（ュ）」「ょ（ョ）」から成っている。
2) 「ぢゃ（ヂャ）」「ぢゅ（ヂュ）」「ぢょ（ヂョ）」は，特定の複合語でそれぞれ「ちゃ（チャ）」「ちゅ（チュ）」「ちょ（チョ）」の有声音として用いられるが，ローマ字では zya, zyu, zyo と表記する。

表 3a - 長音節を表わす２連字の仮名

No.	H	K	R	No.	H	K	R	No.	H	K	R	No.	H	K	R	No.	H	K	R
1	ああ	アア	â	2	いい	イイ	î	3	うう	ウウ	û	4	ええ	エエ	ê	5	おお	オオ	ô	6	おう	オウ	ô
7	かあ	カア	kâ	8	きい	キイ	kî	9	くう	クウ	kû	10	けえ	ケエ	kê	11	こお	コオ	kô	12	こう	コウ	kô
13	さあ	サア	sâ	14	しい	シイ	sî	15	すう	スウ	sû	16	せえ	セエ	sê	17	そお	ソオ	sô	18	そう	ソウ	sô
19	たあ	タア	tâ	20	ちい	チイ	tî	21	つう	ツウ	tû	22	てえ	テエ	tê	23	とお	トオ	tô	24	とう	トウ	tô
25	なあ	ナア	nâ	26	にい	ニイ	nî	27	ぬう	ヌウ	nû	28	ねえ	ネエ	nê	29	のお	ノオ	nô	30	のう	ノウ	nô
31	はあ	ハア	hâ	32	ひい	ヒイ	hî	33	ふう	フウ	hû	34	へえ	ヘエ	hê	35	ほお	ホオ	hô	36	ほう	ホウ	hô
37	まあ	マア	mâ	38	みい	ミイ	mî	39	むう	ムウ	mû	40	めえ	メエ	mê	41	もお	モオ	mô	42	もう	モウ	mô
43	やあ	ヤア	yâ					44	ゆう	ユウ	yû					45	よお	ヨオ	yô	46	よう	ヨウ	yô
47	らあ	ラア	râ	48	りい	リイ	rî	49	るう	ルウ	rû	50	れえ	レエ	rê	51	ろお	ロオ	rô	52	ろう	ロウ	rô
53	わあ	ワア	wâ																				
54	があ	ガア	gâ	55	ぎい	ギイ	gî	56	ぐう	グウ	gû	57	げえ	ゲエ	gê	58	ごお	ゴオ	gô	59	ごう	ゴウ	gô
60	ざあ	ザア	zâ	61	じい	ジイ	zî	62	ずう	ズウ	zû	63	ぜえ	ゼエ	zê	64	ぞお	ゾオ	zô	65	ぞう	ゾウ	zô
66	だあ	ダア	dâ	67	ぢい	ヂイ	zî	68	づう	ヅウ	zû	69	でえ	デエ	dê	70	どお	ドオ	dô	71	どう	ドウ	dô
72	ばあ	バア	bâ	73	びい	ビイ	bî	74	ぶう	ブウ	bû	75	べえ	ベエ	bê	76	ぼお	ボオ	bô	77	ぼう	ボウ	bô
78	ぱあ	パア	pâ	79	ぴい	ピイ	pî	80	ぷう	プウ	pû	81	ぺえ	ペエ	pê	82	ぽお	ポオ	pô	83	ぽう	ポウ	pô

凡例：H = 平仮名．K = 片仮名．R = ローマ字

1) この仮名２連字は、普通の大きさの仮名２字から成る。
   例： おかあさん okâsan　　おおきい ôkii
   　　 くうき kûki　　おとうさん otôsan
   　　 ねえさん nêsan

2) 母音と母音の間に形態素の切れ目がある場合、たとえ発音が類似していても、屈曲アクセント記号をつけた長母音の形で書いてはならない。
   例： なが あめ nagaame　　くう kuu
   　　 いい ん iin　　　　いう iu
   　　 きい ろ kiiro　　　くされえん kusareen
   　　 ほしい hosii　　　 おもう omou

305

表 3b - 長音節を表わす3連字の仮名

No.	H	K	R	No.	H	K	R	No.	H	K	R
1	きゃあ	キャア	kyâ	2	きゅう	キュウ	kyû	3	きょう	キョウ	kyô
4	しゃあ	シャア	syâ	5	しゅう	シュウ	syû	6	しょう	ショウ	syô
7	ちゃあ	チャア	tyâ	8	ちゅう	チュウ	tyû	9	ちょう	チョウ	tyô
10	にゃあ	ニャア	nyâ	11	にゅう	ニュウ	nyû	12	にょう	ニョウ	nyô
13	ひゃあ	ヒャア	hyâ	14	ひゅう	ヒュウ	hyû	15	ひょう	ヒョウ	hyô
16	みゃあ	ミャア	myâ	17	みゅう	ミュウ	myû	18	みょう	ミョウ	myô
19	りゃあ	リャア	ryâ	20	りゅう	リュウ	ryû	21	りょう	リョウ	ryô
22	ぎゃあ	ギャア	gyâ	23	ぎゅう	ギュウ	gyû	24	ぎょう	ギョウ	gyô
25	じゃあ	ジャア	zyâ	26	じゅう	ジュウ	zyû	27	じょう	ジョウ	zyô
28	ぢゃあ	ヂャア	zyâ	29	ぢゅう	ヅュウ	zyû	30	ぢょう	ヂョウ	zyô
31	びゃあ	ビャア	byâ	32	びゅう	ビュウ	byû	33	びょう	ビョウ	byô
34	ぴゃあ	ピャア	pyâ	35	ぴゅう	ピュウ	pyû	36	ぴょう	ピョウ	pyô

凡例： H = 平仮名，K = 片仮名，R = ローマ字

1) これらの3連字は普通の仮名，小さい仮名，普通の仮名の3字から成る。

例： こうぎょう　　kôgyô　　　　みょうじ　　　myôzi
　　しょうひょう　syôhyô　　　　りゅうこう　　ryûkô
　　ちゅうい　　　tyûi　　　　　ひょうじょう　hyôzyô
　　ぎゅうにゅう　gyûnyû　　　　はっぴょう　　happyô

2) 母音と母音の間に形態素の切れ目がある場合は，たとえ発音が類似していても，曲折アクセント記号をつけた長音の形で書いてはならない。

例： かいしゃあん　kaisyaan　　　きょおく　　　kyooku
　　ていしゅうん　teisyuun

（財団法人日本のローマ字社に拠る）

解説

わが国のローマ字史のなかでつづり方問題は最大の歴史的課題で，正に「百年河清を待つ」の感がある。明治10年代に入り，まず英国公使E.M.サトウら在日外国人の間でつづり方論争がはじまった。ヘボン式（英語式）と日本式（五十音図式）のつづり方の違いは約8%であるが，両式間でお互い相容れぬ対立が続いてきたので，その淵源をみておこう。

わが国最初のローマ字運動団体である羅馬字會は，明治18年1月17日に創立会開催，同3月27日に羅馬字会は書き方を決定（修正ヘボン式）し，同6月より機関誌『RŌMAJI ZASSHI』を創刊した。修正ヘボン式の呼称は，米国人宣教師・医師J. C. ヘボン（Hepburn）が明治19年10月に刊行した彼の辞書の第3版『改正増補和英英和語林集成』（第1版慶應3年，第2版明治5年）で，日本のローマ字運動のために小異を捨て，大同につくと宣言して羅馬字会式を採用したことに由来する。

羅馬字会式に不満足の物理学者田中館愛橘は，明治18年8月，『理学協会雑誌第16

巻』に「本会雑誌ヲ羅馬字ニテ発兌スルノ発議及ビ羅馬字用法意見」を発表した。ここに示されたつづり方は，世界に先駆けて音素の考えを示すものであった。日本語の音韻意識を表すローマ字で，後に日本式と呼ばれるようになった。羅馬字會式に反対の田中館らは明治 19 年 5 月羅馬字新誌社を興し，同月より機関誌『Rōmazi Sinsi』を創刊した。日本式の呼び名は，田中館門下の高足田丸卓郎が明治 38 年 12 月 25 日開催の東京帝大理科大学物理学教室ニュートン祭でローマ字論を発表，それまで田中館式・田丸式と呼称されていたのを日本式ローマ字と命名したことに由来する。

　明治 38 年 12 月 7 日，異なるローマ字つづり方の使用を認めてローマ字論者が大同団結してろーま字擴め會(明治 40 年 1 月西園寺公望首相が会頭就任，ローマ字ひろめ会)が創立された。しかし同会が明治 41 年 5 月 22 日に修正ヘボン式採用を決定したので，田中館愛橘・芳賀矢一・田丸卓郎らは同会と袂を分かち明治 42 年 7 月 10 日に日本式つづり字による図書出版を目的に「日本のろーま字社」(日本のローマ字社)を設立した。大正 10 年設立の日本ローマ字會はローマ字社の運動団体である。両派の対抗は蝸牛角上の争いのようだが，本質的違いゆえ譲れないものであった。両式の評価は目的でない。

(Ⅰ) 內閣訓令第三號「國語ノローマ字綴方統一ノ件」昭和 12 年 9 月 21 日公布
　昭和 3 年 7 月に開催された国際地理学会において，わが国の地名のローマ字つづり方の統一要請が決議されるなど，国際関係上，また教育上，学術上からもつづりは閑却できない問題となった。より現実的には，鉄道省や海軍省などで何れのつづり方を採用させるかなどあり，標準式(ヘボン式)・日本式両陣営からしかるべき調査機関の設置が要望された。標準式という呼び方は，ヘボン式と日本式の争いが烈しくなるなか，大正時代の末頃から使われはじめ，組織としてはローマ字ひろめ会が昭和 2 年 7 月 25 日に『標準ローマ字の主張』を刊行したのを嚆矢とする。

　昭和 5 年 11 月 25 日に「国語ノローマ字綴方ニ関スル事項ヲ調査」することを目的に，文部大臣を会長に官制の臨時ローマ字調査会が設置された。同会は臨時委員 8 名を含め委員延べ 125 人，委員には標準式(ヘボン式)・日本式両陣営と中立委員を任じ，昭和 11 年 6 月 30 日の廃止までの約 5 年 8 か月にわたり論争し審議のうえ，つづり方を議決した。内閣訓令第三号で公布されたので訓令式(国定式とも)と言われる。標準式と日本式が妥協し一つになって決定した訓令式は日本式と大体同じである。よってヘボン式陣営からは「日本式および同系列の」云々と言われた。

(Ⅱ) 文部省発表 「ローマ字文の書き方」　昭和 22 年 2 月 28 日
　本「ローマ字文の書き方」は「ローマ字教育の指針」とともに，昭和 22 年度の新学制から義務教育に国語ローマ字教育を導入するにあたり，文部省が全国のローマ字教育の担当者の参考に資するために作成し発行したものである。

「Ⅰつづり方」ほか，「Ⅱ分かち書きのしかた」「Ⅲ符号の使い方」まで，ローマ字の書き方全般について決められたものである。つづり方は，昭和12年の訓令式であるが，〔備考2〕で「次のようなつづり方も必要に応じて習わせる」として，標準(ヘボン)式つづり14例と日本式つづり8例を入れている。戦後の一時期，文部省検定国語ローマ字教科書が訓令式・標準式・日本式の3種で発行された理由の根拠のひとつである。

「内閣訓令第三号」と「ローマ字文の書き方」を較べると，「内閣訓令第三号」では「(長音符号の)ぼう(よこぼう，バーとも)」と「撥音n(ん)とその次に来る母音字aiueoまたはyとを切り離す必要あるとき，つなぎ〔-〕を用いる(例：品位＝hin-i)」であったのが，「ローマ字文の書き方」では「やまがた ^」と「nの次に切るしるしのアポストロフ〔'〕を入れる(例：原因＝gen'in)」になった。この2点は，従来から内閣訓令第三号の事務上の手違いといわれてきたものが，公に訂正されたものといえよう。

昭和27年3月10日の国語審議会第13総会に，同会ローマ字調査分科審議会分かち書き部会が部会報告「ローマ字文の分かち書きのしかた」を提出したことがあるが，これは成案でない。今日まで広く使われたのは本「ローマ字文の書き方」のみである。

(Ⅲ) 内閣告示第一号「ローマ字のつづり方」・内閣訓令第一号「ローマ字のつづり方の実施について」 昭和29年12月9日公布

占領下，訓令式・標準式・日本式の3式のつづり方が並び行われるようになった。文部省のローマ字教育協議会は昭和21年10月「ローマ字教育を行ふについての意見」を発表，つづり方については「さらに適当な機関を設け，学術上，教育上および実際生活上から研究を進め改善をはかられたきこと」と述べていた。国語審議会では，昭和23年10月設置の「ローマ字調査会」以来の審議事項を引き継いで，通算計54回に及ぶ会議での審議を重ねて，昭和28年3月の第18回総会で「ローマ字のつづり方」を決定した。

審議においては，戦前の訓令式をもとに審議したのでなく，委員も全員新しい別個の独立した機関で約5年半にわたって審議した結論は戦前の訓令式を再確認することになった。(新)訓令式・統一式・新日本式とも言われる。つづり方に第1表と第2表を設けたのが特徴で，第2表には，昭和22年の「ローマ字文の書き方」の〔備考2〕の標準(ヘボン)式と日本式のすべてが入っている。「まえがき」で「にわかに改めがたい事情にある場合に限り」として第2表の使用を認めたことが本当の統一を妨げることとなり今日に至っている。

なお，「内閣訓令第三号」と「ローマ字のつづり方」を較べると，その違いは文部省の「ローマ字文の書き方」と同じである。

(Ⅳ) 国際規格　ISO3602：Documentation － Romanization of Japanese(Kana Script), International Organization for Standerdization, 1989 年 9 月 1 日

　日本語ローマ字つづり方の国際規格は，ISO3602 として国際標準化機構（International Organization for Standerdization，頭字語 ISO，本部ジュネーブ）に登録されている。「ドキュメンテーション―日本語（かな書き）のローマ字表記」と題するもので，日本語のかな書きとローマ字書きを対応づけたものである。つまり，その内容は日本語のかな書きをローマ字に転写するときのローマ字つづり方の標準化である。

　ISO で採択されたのは，昭和 29 年の内閣告示の「ローマ字文のつづり方」の第 1 表と同じ訓令式であり，それにもとづいてくわしく規定されている。因みに，このつづり方は明治 18 年に田中館愛橘が『理学協会雑誌第 16 巻』で発表したのと同系列のものである。

　ISO には法的拘束力はなく，日本政府は上記を国際基準と認定していない。ひるがえって中国をみれば，中国は昭和 57（1982）年に ISO7098 が拼音(ピンイン)を国際基準として，政府がこれを認め国の内外で統一している。一昔前は北京のつづりはウェード式の Peiching（英語 Peking はそれより古い発音を写す）であったが，今はピンイン式 Beijing で，国際的にはベイジンと読まれている。前者をヘボン式，後者を訓令式とみれば分かり易い。

編著者・執筆者紹介

◆編著者 茅島 篤（かやしま　あつし）
コロンビア大学教育大学院博士課程修了，コロンビア大学東アジア研究所研究科修了。教育学博士。ハーバード大学大学院，コロンビア大学大学院，スタンフォード大学等で客員研究員を務める。工学院大学専任教員，早稲田大学講師，東洋大学講師などを務める。国語国字の分野では，文化庁国語施策百年史編集委員会執筆委員，財団法人日本のローマ字社理事長を務める。主著『国字ローマ字化の研究　改訂版――占領下日本の国内的・国際的要因の解明――』（文部省科研費補助金「一般学術図書」，風間書房）ほか著書・論文・飜訳・国際学会座長（研究発表），招聘講義等多数。（序，第2部1章，第3部4章，ローマ字年表，資料と解説）

◆執筆者（五十音順）

岩瀬　順一（いわせ　じゅんいち）
理学博士（東京大学），金沢大学教員，財団法人日本のローマ字社評議員。（第2部4章）

岩淵　匡（いわぶち　ただす）
元早稲田大学教授，元文化審議会国語分科会臨時委員（漢字小委員会委員），元文化庁国語施策百年史編集委員長。（第1部3章）

木村　一郎（きむら　いちろう）
財団法人日本のローマ字社常務理事・元前橋市立前橋高等学校教諭。著書『ふたつの広場で』（私家版）。（ローマ字年表）

清水　正之（しみず　まさゆき）
元湘南工科大学教授，財団法人日本のローマ字社理事。著書『はじめてのローマ字の本』（全3巻，共著，汐文社）（第2部3章）

清水　康行（しみず　やすゆき）
日本女子大学教授，元カイロ大学客員教授（派遣）。著書『国語施策百年史』（共編，ぎょうせい）。（第3部1章）

杉本つとむ（すぎもと つとむ）
文学博士（東北大学），早稲田大学名誉教授。著書『杉本つとむ著作選集』（全10巻，八坂書房）。（第1部1章）

高取　由紀（たかとり　ゆき）
言語学博士（エール大学），ジョージア州立大学准教授。論文 Forgotten Script Reform: Language Policy in Japan's Armed Forces. *Japan Studies Review.* Volume XV.（第2部2章）

竹端　瞭一（たけば　りょういち）
元川村学園女子大学大学院教授，元西オーストラリア大学日本研究科客員講師，財団法人日本のローマ字社理事。（第1部3章，ローマ字年表）

野村 雅昭（のむら まさあき）　国立国語研究所名誉所員，早稲田大学名誉教授。著書『漢字の未来 新版』（三元社）。（第3部5章）

前田 均（まえだ ひとし）　天理大学准教授，日本語教育史研究会運営委員。著書『日本語教科書目録集成』（科研費報告書）。（第3部3章）

松浦 明（まつうら あきら）　田中舘愛橘研究会会長，元法政大学講師。著書『はじめてのローマ字の本』（全3巻，共著，汐文社）。（第3部2章）

宮島 達夫（みやじま たつお）　元大阪大学教授，国立国語研究所名誉所員，財団法人日本のローマ字社評議員。（第1部2章）

日本語表記の新地平（にほんごひょうきのしんちへい）──漢字の未来・ローマ字の可能性（かんじのみらい・ローマじのかのうせい）──

発　行	2012年11月27日　第1刷発行
編　著	茅島　篤（かやしま あつし）
装　丁	スズキアキヒロ
印刷所	シナノ書籍印刷株式会社
発行所	株式会社　くろしお出版
	〒113-0033　東京都文京区本郷 3-21-10
	TEL 03-5684-3389　FAX 03-5684-4762
	http://www.9640.jp　e-mail: kurosio@9640.jp

©Atsushi Kayashima 2012, Printed in Japan
ISBN978-4-87424-569-9　C3081

●乱丁・落丁はお取り替えいたします。本書の無断転載・複製を禁じます。